北京大學中國語言學研究中心

早期北京話珍稀文獻集成
主編　劉雲

清代滿漢合璧文獻萃編
漢文主編　劉雲　陳曉
滿文主編　王碩　[日]竹越孝

續編兼漢清文指要

陳曉　[日]竹越孝　校注

国家出版基金项目
NATIONAL PUBLICATION FOUNDATION

北京大學出版社
PEKING UNIVERSITY PRESS

圖書在版編目 (CIP) 數據

續編兼漢清文指要 / 陳曉，(日) 竹越孝校注 . —北京：北京大學出版社，2018. 9
(早期北京話珍本典籍校釋與研究)
ISBN 978-7-301-29789-6

Ⅰ. ① 續⋯ Ⅱ. ① 陳⋯ ②竹⋯ Ⅲ . ① 滿語—教材②漢語—教材 Ⅳ . ① H221
② H193.9

中國版本圖書館 CIP 數據核字 (2018) 第 192446 號

書　　名	續編兼漢清文指要 XUBIAN JIAN HAN QINGWEN ZHIYAO
著作責任者	陳　曉　[日] 竹越孝　校注
責 任 編 輯	崔　蕊
標 準 書 號	ISBN 978-7-301-29789-6
出 版 發 行	北京大學出版社
地　　址	北京市海淀區成府路 205 號　100871
網　　址	http://www.pup.cn　　新浪微博：@ 北京大學出版社
電 子 信 箱	zpup@pup. cn
電　　話	郵購部 010-62752015　發行部 010-62750672　編輯部 010-62754144
印 刷 者	北京虎彩文化傳播有限公司
經 銷 者	新華書店
	720 毫米 ×1020 毫米　16 開本　28.75 印張　369 千字
	2018 年 9 月第 1 版　2018 年 9 月第 1 次印刷
定　　價	120.00 元

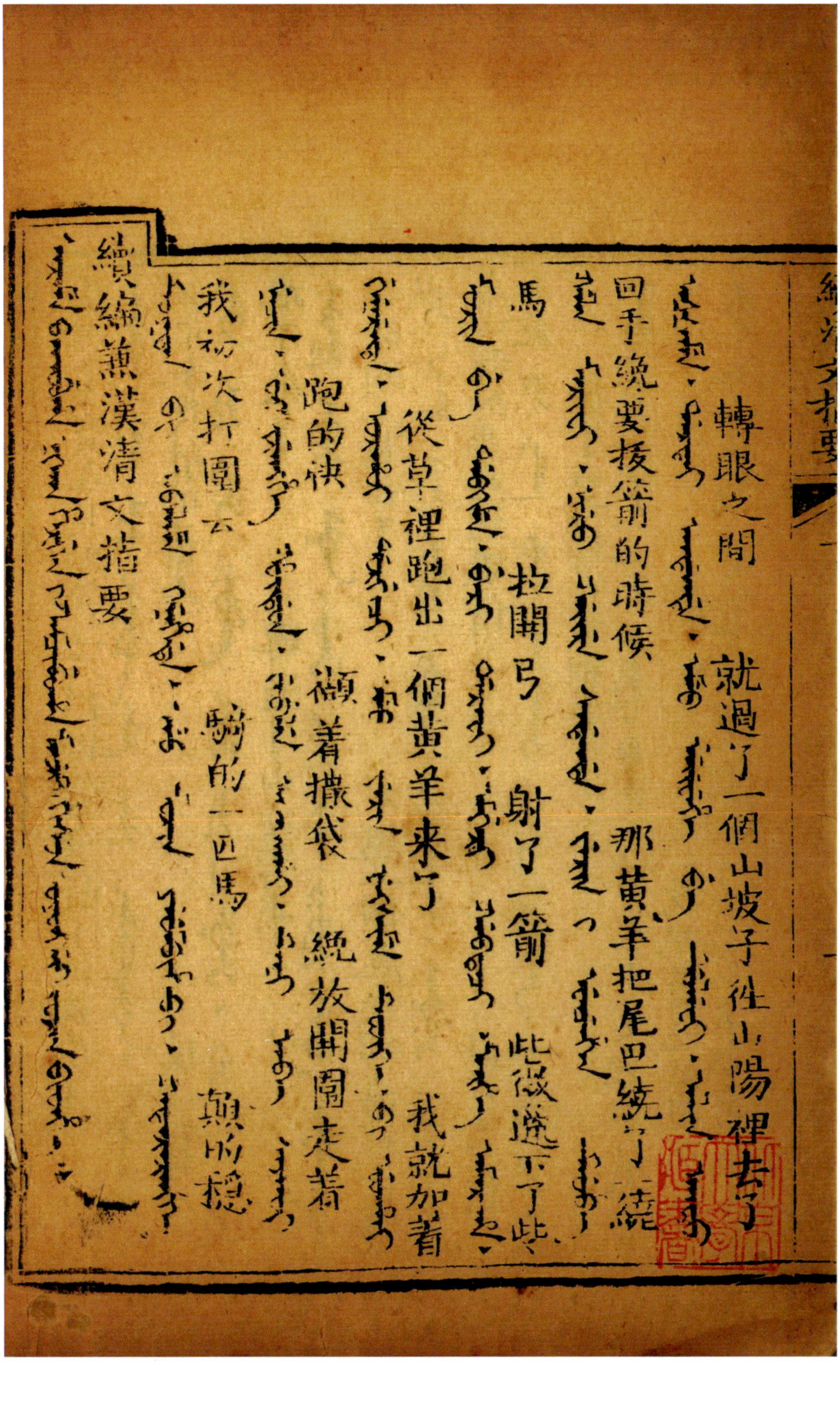
轉眼之間　就過了一個山坡子往山陽裡去了
回手繞要拔箭的時候　那黃羊把尾巴繞了繞
馬　拉開弓　射了一箭　些微遲下了些
從草裡跑出一個黃羊來了　我就加着
跑的快　顛着撒袋　繞放開圈走着
我初次打圍去　騎的一匹馬　顛的穩
續編兼漢清文指要

《續編兼漢清文指要》書影（來源：北京大學圖書館古籍部）

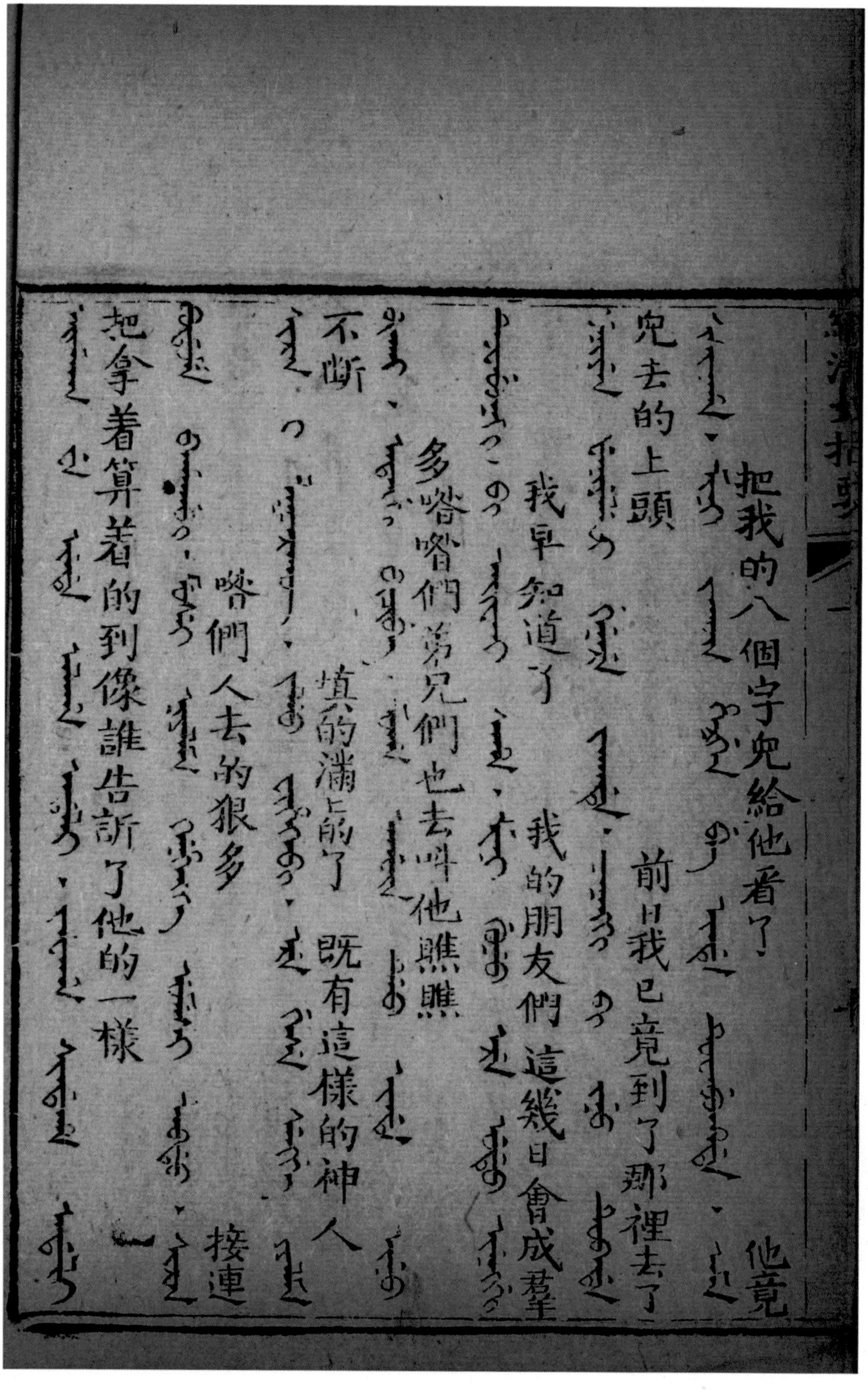
把我的八個字兒給他看了 他竟
兒去的上頭 前日我已竟到了那裡去了
我早知道了 我的朋友們這幾日會成羣
多喒喒們弟兄們也去叫他瞧瞧
不斷 填的滿滿的了 既有這樣的神人
喒們人去的狠多 接連
把拿着算着的到像誰告訴了他的一樣

《續編兼漢清文指要》書影（來源：北京大學圖書館古籍部）

總 序

語言是文化的重要組成部分，也是文化的載體。語言中有歷史。

多元一體的中華文化，體現在我國豐富的民族文化和地域文化及其語言和方言之中。

北京是遼金元明清五代國都（遼時爲陪都），千餘年來，逐漸成爲中華民族所公認的政治中心。北方多個少數民族文化與漢文化在這裏碰撞、融合，產生出以漢文化爲主體的、帶有民族文化風味的特色文化。

現今的北京話是我國漢語方言和地域文化中極具特色的一支，它與遼金元明四代的北京話是否有直接繼承關係還不是十分清楚。但可以肯定的是，它與清代以來旗人語言文化與漢人語言文化的彼此交融有直接關係。再往前追溯，旗人與漢人語言文化的接觸與交融在入關前已經十分深刻。本叢書收集整理的這些語料直接反映了清代以來北京話、京味文化的發展變化。

早期北京話有獨特的歷史傳承和文化底蘊，於中華文化、歷史有特別的意義。

一者，這一時期的北京歷經滿漢雙語共存、雙語互協而新生出的漢語方言——北京話，它最終成爲我國民族共同語（普通話）的基礎方言。這一過程是中華多元一體文化自然形成的諸過程之一，對於了解形成中華文化多元一體關係的具體進程有重要的價值。

二者，清代以來，北京曾歷經數次重要的社會變動：清王朝的逐漸孱弱、八國聯軍的入侵、帝制覆滅和民國建立及其伴隨的滿漢關係變化、各路軍閥的來來往往、日本侵略者的占領，等等。在這些不同的社會環境下，北京人的構成有無重要變化？北京話和京味文化是否有變化？進一步地，地域方言和文化與自身的傳承性或發展性有着什麼樣的關係？與社會變遷有着什麼樣的關係？清代以至民國時期早期北京話的語料爲研究語言文化自身傳承性與社會的關係提供了很好的素材。

了解歷史纔能更好地把握未來。新中國成立後，北京不僅是全國的政治中心，而且是全國的文化和科研中心，新的北京話和京味文化或正在形成。什麼是老北京京味文化的精華？如何傳承這些精華？爲把握新的地域文化形成的規律，爲傳承地域文化的精華，必須對過去的地域文化的特色及其形成過程進行細致的研究和理性的分析。而近幾十年來，各種新的傳媒形式不斷涌現，外來西方文化和國内其他地域文化的衝擊越來越强烈，北京地區人口流動日趨頻繁，老北京人逐漸分散，老北京話已幾近消失。清代以來各個重要歷史時期早期北京話語料的保護整理和研究迫在眉睫。

"早期北京話珍本典籍校釋與研究（暨早期北京話文獻數位化工程）"是北京大學中國語言學研究中心研究成果，由"早期北京話珍稀文獻集成""早期北京話數據庫"和"早期北京話研究書系"三部分組成。"集成"收録從清中葉到民國末年反映早期北京話面貌的珍稀文獻并對内容加以整理，"數據庫"爲研究者分析語料提供便利，"研究書系"是在上述文獻和數據庫基礎上對早期北京話的集中研究，反映了當前相關研究的最新進展。

本叢書可以爲語言學、歷史學、社會學、民俗學、文化學等多方面的研究提供素材。

願本叢書的出版爲中華優秀文化的傳承做出貢獻！

王洪君　郭鋭　劉雲

二〇一六年十月

“早期北京話珍稀文獻集成”序

清民两代是北京話走向成熟的關鍵階段。從漢語史的角度看，這是一個承前啓後的重要時期，而成熟後的北京話又開始爲當代漢民族共同語——普通話源源不斷地提供着養分。蔣紹愚先生對此有着深刻的認識：“特別是清初到19世紀末這一段的漢語，雖然按分期來説是屬於現代漢語而不屬於近代漢語，但這一段的語言（語法，尤其是詞彙）和‘五四’以後的語言（通常所説的‘現代漢語’就是指‘五四’以後的語言）還有若干不同，研究這一段語言對於研究近代漢語是如何發展到‘五四’以後的語言是很有價值的。”（《近代漢語研究概要》，北京大學出版社，2005年）然而國内的早期北京話研究并不盡如人意，在重視程度和材料發掘力度上都要落後於日本同行。自1876年至1945年間，日本漢語教學的目的語轉向當時的北京話，因此留下了大批的北京話教材，這爲其早期北京話研究提供了材料支撑。作爲日本北京話研究的奠基者，太田辰夫先生非常重視新語料的發掘，很早就利用了《小額》《北京》等京味兒小説材料。這種治學理念得到了很好的傳承，之後，日本陸續影印出版了《中國語學資料叢刊》《中國語教本類集成》《清民語料》等資料匯編，給研究帶來了便利。

新材料的發掘是學術研究的源頭活水。陳寅恪《〈敦煌劫餘録〉序》有云：“一時代之學術，必有其新材料與新問題。取用此材料，以研求問題，則爲此時代學術之新潮流。”我們的研究要想取得突破，必須打破材料桎梏。在具體思路上，一方面要拓展視野，關注“異族之故書”，深度利用好朝鮮、日本、泰西諸國作者所主導編纂的早期北京話教本；另一方面，更要利用本土優勢，在“吾國之舊籍”中深入挖掘，官話正音教本、滿漢合璧教本、京味兒小説、曲藝劇本等新類型語料大有文章可做。在明確了思路之後，我們從2004年開始了前期的準備工作，在北京大學中國語言學研究中心的大力支持下，早期北京話的挖掘整理工作於2007年正式啓動。本次推出的“早期北京話珍稀文獻集成”是階段性成果之一，總體設計上“取異族之故書與吾國之舊籍互相補正”，共分“日本北京話教科書匯編”“朝鮮日據時期漢語會話書匯編”“西人北京話教科書匯編”“清代滿漢合璧文獻萃編”“清代官話正音文獻”“十全福”“清末民初京味兒小説書系”“清末民初京味兒時評書系”八個系列，臚列如下：

“日本北京話教科書匯編”於日本早期北京話會話書、綜合教科書、改編讀物和風俗紀聞讀物中精選出《燕京婦語》《四聲聯珠》《華語跬步》《官話指南》《改訂官話指南》《亞細亞言語集》《京華事略》《北京紀聞》《北京風土編》《北京風俗問答》《北京事情》《伊蘇普喻言》《搜奇新編》《今古奇觀》等二十餘部作品。這些教材是日本早期北京話教學活動的縮影，也是研究早期北京方言、民俗、史地問題的寶貴資料。本系列的編纂得到了日本學界的大力幫助。冰野善寬、内田慶市、太田齋、鱒澤彰夫諸先生在書影拍攝方面給予了諸多幫助。書中日語例言、日語小引的翻譯得到了竹越孝先生的悉心指導，在此深表謝忱。

“朝鮮日據時期漢語會話書匯編”由韓國著名漢學家朴在淵教授和金雅瑛博士校注，收入《改正增補漢語獨學》《修正獨習漢語指南》《高等官話華語精選》《官話華語教范》《速修漢語自通》《速修漢語大成》《無先生速修中國語自通》《官話標準：短期速修中國語自通》《中語大全》《“内鮮滿”最速成中國語自通》等十餘部日據時期（1910年至1945年）朝鮮教材。這批教材既是對《老乞大》《朴通事》的傳承，又深受日本早期北京話教學活動的影響。在中韓語言史、文化史研究中，日據時期是近現代過渡的重要時期，這些資料具有多方面的研究價值。

“西人北京話教科書匯編”收録了《語言自邇集》《官話類編》等十餘部西人編纂教材。這些西方作者多受過語言學訓練，他們用印歐語的眼光考量漢語，解釋漢語語法現象，設計記音符號系統，對早期北京話語音、詞彙、語法面貌的描寫要比本土文獻更爲精準。感謝郭鋭老師提供了《官話類編》《北京話語音讀本》和《漢語口語初級讀本》的底本，《尋津録》、《語言自邇集》（第一版、第二版）、《漢英北京官話詞彙》、《華語入門》等底本由北京大學圖書館特藏部提供，謹致謝忱。《華英文義津逮》《言語聲片》爲筆者從海外購回，其中最爲珍貴的是老舍先生在倫敦東方學院執教期間，與英國學者共同編寫的教材——《言語聲片》。教材共分兩卷：第一卷爲英文卷，用英語講授漢語，用音標標注課文的讀音；第二卷爲漢字卷。《言語聲片》采用先用英語導入，再學習漢字的教學方法講授漢語口語，是世界上第一部有聲漢語教材。書中漢字均由老舍先生親筆書寫，全書由老舍先生録音，共十六張唱片，京韵十足，殊爲珍貴。

上述三類“異族之故書”經江藍生、張衛東、汪維輝、張美蘭、李無未、王順洪、張西平、魯健驥、王澧華諸先生介紹，已經進入學界視野，對北京話研究和對外漢語教學史研究産生了很大的推動作用。我們希望將更多的域外經典北京話教本引入進來，考慮到日本卷和朝鮮卷中很多抄本字迹潦草，難以辨認，而刻本、印本中也存在着大量的異體字和俗字，重排點校注釋的出版形式更利於研究者利用，這也是前文“深度利用”的含義所在。

對“吾國之舊籍”挖掘整理的成果，則體現在下面五個系列中：

“清代滿漢合璧文獻萃編”收入《清文啓蒙》《清話問答四十條》《清文指要》《續編兼漢清文指要》《庸言知旨》《滿漢成語對待》《清文接字》《重刻清文虚字指南編》等十餘部經典滿漢合璧文獻。入關以後，在漢語這一强勢語言的影響下，熟習滿語的滿人越來越少，故雍正以降，出現了一批用當時的北京話注釋翻譯的滿語會話書和語法書。這批教科書的目的本是教授旗人學習滿語，却無意中成爲了早期北京話的珍貴記録。“清代滿漢合璧文獻萃編”首次對這批文獻進行了大規模整理，不僅對北京話溯源和滿漢語言接觸研究具有重要意義，也將爲滿語研究和滿語教學創造極大便利。由於底本多爲善本古籍，研究者不易見到，在北京大學圖書館古籍部和日本神户市外國語大學竹越孝教授的大力協助下，“萃編”將以重排點校加影印的形式出版。

“清代官話正音文獻”收入《正音撮要》（高静亭著）和《正音咀華》（莎彝尊著）兩種代表著作。雍正六年（1728），雍正諭令福建、廣東兩省推行官話，福建爲此還專門設立了正音書館。這一“正音”運動的直接影響就是以《正音撮要》和《正音咀華》爲代表的一批官話正音教材的問世。這些書的作者或爲旗人，或寓居京城多年，書中保留着大量北京話詞彙和口語材料，具有極高的研究價值。沈國威先生和侯興泉先生對底本搜集助力良多，特此致謝。

《十全福》是北京大學圖書館藏《程硯秋玉霜簃戲曲珍本》之一種，爲同治元年陳金雀抄本。陳曉博士發現該傳奇雖爲崑腔戲，念白却多爲京話，較爲罕見。

以上三個系列均爲古籍，且不乏善本，研究者不容易接觸到，因此我們提供了影印全文。

總體來説，由於言文不一，清代的本土北京話語料數量較少。而到了清末民初，風氣漸開，情況有了很大變化。彭翼仲、文實權、蔡友梅等一批北京愛國知識分子通過開辦白話報來“開啓民智”“改良社會”。著名愛國報人彭翼仲在《京話日報》的發刊詞中這樣寫道：“本報爲輸進文明、改良風俗，以開通社會多數人之智識爲宗旨。故通幅概用京話，以淺顯之筆，達樸實之理，紀緊要之事，務令雅俗共賞，婦稚咸宜。”在當時北京白話報刊的諸多欄目中，最受市民歡迎的當屬京味兒小説連載和《益世餘譚》之類的評論欄目，語言極爲地道。

“清末民初京味兒小説書系”首次對以蔡友梅、冷佛、徐劍膽、儒丐、勳鋭爲代表的晚清民國京味兒作家群及作品進行系統挖掘和整理，從千餘部京味兒小説中萃取代表作家的代表作品，并加以點校注釋。該作家群活躍於清末民初，以報紙爲陣地，以小説爲工具，開展了一場轟轟烈烈的底層啓蒙運動，爲新文化運動的興起打下了一定的群衆基礎，他們的作品對老舍等京味兒小説大家的創作産生了積極影響。本系列的問世亦將爲文學史和思想史研究提供議題。于潤琦、方梅、陳清茹、雷曉彤諸先生爲本系列提供了部分底本或館藏綫索，首都圖書館歷史文獻閲覽室、天津圖書館、國家圖書館提供了極大便利，謹致謝意！

“清末民初京味兒時評書系”則收入《益世餘譚》和《益世餘墨》，均係著名京味兒小説家蔡友梅在民初報章上發表的專欄時評，由日本岐阜聖德學園大學劉一之教授、矢野賀子教授校注。

這一時期存世的報載北京話語料口語化程度高，且總量龐大，但發掘和整理却殊爲不易，稱得上“珍稀”二字。一方面，由於報載小説等欄目的流行，外地作者也加入了京味兒小説創作行列，五花八門的筆名背後還需考證作者是否爲京籍，以蔡友梅爲例，其真名爲蔡松齡，查明的筆名還有損、損公、退化、亦我、梅蒐、老梅、今睿等。另一方面，這些作者的作品多爲急就章，文字錯訛很多，并且鮮有單行本存世，老報紙殘損老化的情況日益嚴重，整理的難度可想而知。

上述八個系列在某種程度上填補了相關領域的空白。由於各個系列在内容、體例、出版年代和出版形式上都存在較大的差異，我們在整理時借鑒《朝鮮時代漢語教科書叢刊續編》《〈清文指要〉匯校與語言研究》等語言類古籍的整理體例，結合各個系列自身特點和讀者需求，靈活制定體例。“清末民初京味兒小説書系”和“清末民初京味兒時評書系”年代較近，讀者群體更爲廣泛，經過多方調研和反復討論，我們决定在整理時使用簡體横排的形式，儘可能同時滿足專業研究者和普通讀者的需求。“清代滿漢合璧文獻萃編”“清代官話正音文獻”等系列整理時則采用繁體。“早期北京話珍稀文獻集成”總計六十餘册，總字數近千萬字，稱得上是工程浩大，由於我們能力有限，體例和校注中難免會有疏漏，加之受客觀條件所限，一些擬定的重要書目本次無法收入，還望讀者多多諒解。

“早期北京話珍稀文獻集成”可以説是中日韓三國學者通力合作的結晶，得到了方方面面的幫助，我們還要感謝陸儉明、馬真、蔣紹愚、江藍生、崔希亮、方梅、張美蘭、陳前瑞、趙日新、陳躍紅、徐大軍、張世方、李明、鄧如冰、王强、陳保新諸先生的大力支持，感謝北京大學圖書館的協助以及蕭群書記的熱心協調。“集成”的編纂隊伍以青年學者爲主，經驗不足，兩位叢書總主編傾注了大量心血。王洪君老師不僅在經費和資料上提供保障，還積極扶掖新進，“我們搭臺，你們年輕人唱戲”的話語令人倍感温暖和鼓舞。郭鋭老師在經費和人員上也予以了大力支持，不僅對體例制定、底本選定等具體工作進行了細緻指導，還無私地將自己發現的新材料和新課題與大家分享，令人欽佩。“集成”能够順利出版還要特别感謝國家出版基金規劃管理辦公室的支持以及北京大學出版社王明舟社長、張鳳珠副總編的精心策劃，感謝漢語編輯部杜若明、鄧曉霞、張弘泓、宋立文等老師所付出的辛勞。需要感謝的師友還有很多，在此一并致以誠摯的謝意。

“上窮碧落下黄泉，動手動脚找東西。”我們不奢望引領“時代學術之新潮流”，惟願能給研究者帶來一些便利，免去一些奔波之苦，這也是我們向所有關心幫助過“早期北京話珍稀文獻集成”的人士致以的最誠摯的謝意。

劉　雲

二〇一五年六月二十三日

於對外經貿大學求索樓

二〇一六年四月十九日

改定於潤澤公館

整理説明

一　體例説明[1]

“清代滿漢合璧文獻萃編”（以下簡稱“萃編”）一共收入《清文啓蒙》《清話問答四十條》《一百條》《清語易言》《清文指要》《續編兼漢清文指要》《庸言知旨》《滿漢成語對待》《清文接字》《字法舉一歌》《重刻清文虚字指南編》等十一種清代滿漢合璧教本，大致分爲三類：（一）綜合性教本：如《清文啓蒙》和《清語易言》，既有會話内容，也涉及語音、詞彙、語法；（二）會話類教本：包括《清話問答四十條》《一百條》《清文指要》《續編兼漢清文指要》《庸言知旨》和《滿漢成語對待》六種；（三）虚詞和語法類教本：包括《清文接字》《字法舉一歌》和《重刻清文虚字指南編》三種。“萃編”首次對清代滿漢合璧教本進行系統整理，爲研究清代北京話、滿語以及滿漢語言接觸提供了材料上的便利。

“萃編”各書均由六部分組成：（一）書影；（二）導讀；（三）重排本；（四）轉寫本；（五）漢文詞彙索引；（六）影印本。各部分體例介紹如下：

（一）書影

各書文前均附彩色書影若干張。

（二）導讀

導讀部分對本書的作者、内容特點、版本和研究價值加以介紹。

（三）重排本

重排本爲豎排，版式大致仿照底本，滿文部分字體采用太清文鑒體，居左列，對應的漢文采用宋體繁體，居右列。滿文和漢文均經過校對整理。

1　本部分由劉雲執筆。

（四）轉寫本

轉寫本爲橫排，這部分是校勘整理工作的重點，以會話類教本《清話問答四十條》中的第一句爲例：

1-1^A age simbe tuwa-qi,
阿哥 你.**賓** 看-**條**
阿哥看你，（1a2）

底本中這一句以滿左漢右的形式呈現，占兩列，在轉寫本增加爲三行。第一行采用太清轉寫方案對底本中的滿文進行轉寫（詳見第二部分“太清轉寫方案説明”），更利於母語爲漢語的學習者和研究者使用。第三行對底本中的漢文部分進行整理，繁體字、簡化字照録，異體字、俗字等疑難字改爲相應的繁體正字，個别難以辨識的疑難字則照録原文。根據不同版本對滿文和漢文部分所做的校勘工作在脚注中予以説明。爲了方便不熟悉滿語的研究者使用，我們增列了第二行，對第一行滿文轉寫進行逐詞對譯，其中黑體字（如上例中的“**賓**”和“**條**”）是我們針對一些虚詞或語法標記專門設計的一套漢語術語（第三部分“語法標注方案”中有詳細介紹）。

此外爲了方便讀者檢索詞彙和查找底本，我們給會話類教本中的每一句都加注了索引號（如1-1^A）和底本號（1a2），“1-1^A”中第一個“1”代表第一節，第二個“1”代表第一句，上標的A和B代表對話人A和B，所以“1-1^A”的完整意義就是“第一節的第一句，是A説的”。索引部分“阿哥、看、你”所對應的索引號衹有“1-1”，讀者很容易找到這些詞在轉寫本中的位置。

而在句尾底本號“1a2”中，“1”代表底本葉心所記葉數爲“一”的書葉（古籍一個書葉大致對應於現代出版物中一頁紙張的正反兩面），“a”代表該葉的上半葉，“b”代表該葉的下半葉，“2”代表該半葉“第二大列”（多數情况下一個大列由一列滿文和一列對應的漢文構成。個别情况下滿漢文會混爲一大列，但此時大列之間的界限也會比較分明）。“1a2”的完整意義指在“底本第一葉上半葉的第二大列”能够找到這句話對應的滿漢原文。由於底本中的一些語句較長（尤其是滿文部分，通常比漢文長），經常會出現跨大列甚至跨葉的情况，例如：

1-3 sure banji-ha-bi,
聰明 生長-**完**-**現**
生的伶俐，（1a2-3）

1-7 bengsen taqi-re be hono ai se-re,
本事 學習-**未** **賓** 尚且 什麼 説-**未**
學本事還算不得什麽，（1a5-b1）

“1a2-3”表示在“底本第一葉上半葉的第二大列和第三大列”能找到該句對應的滿漢原文，“1a5-b1”則表示該句的滿漢原文位於“底本第一葉上半葉的第五大列和底本第一葉下半葉的第一大列”。通過上述底本號，讀者可以迅速定位相應的底本原文。

而《清文接字》等虚詞和語法類教本中的講解部分則無須逐詞對照和逐句索引，涉及的知識點、語法點酌情劃分爲若干小節，節號用“[1]……”表示。

（五）漢文詞彙索引

“萃編”索引爲選詞索引，重點選擇當時的口語詞以及一些特殊的虚詞、語法標記作爲詞目，并列齊詞目所在的原文語句的索引號。需要注意的是，虚詞和語法類教本中因較少出現口語詞彙，未出索引。綜合性教本中的語法講解部分也作同樣處理。爲了方便讀者查閲，漢文詞彙索引作爲附録，附於轉寫本後。

（六）影印本

滿漢合璧教本存世數量有限，館藏分散，且相當一部分已被列入善本，研究者鮮有機會一窺全貌。承蒙北京大學圖書館古籍部和日本大阪大學圖書館大力支持，“萃編”得以集齊相關底本，可爲研究者提供第一手材料。其中《一百條》《清語易言》的底本由日本大阪大學圖書館提供，竹越孝先生和陳曉博士其間出力甚夥；其餘九種底本皆爲北京大學圖書館藏本，感謝古籍部李雲、丁世良、常雯嵐等老師的大力協助。各書整理者在校勘整理過程中，還親赴國家圖書館、中央民族大學圖書館、日本國會圖書館、早稻田大學圖書館、天理圖書館、大阪大學圖書館、哈佛大學圖書館等處，查閲并參校了數量可觀的不同版本。另外，承北京外國語大學王繼紅教授惠示相關版本，特此致謝。

二 太清轉寫方案説明[1]

滿文自1599年創製以來，已有四百餘年歷史。清初，來華傳教士出於學習、研究和印刷的方便，創製了最早針對滿文的拉丁字母轉寫方案——俄國有基里爾字母轉寫方案，日、韓亦有用本民族字母轉寫滿文的方案，本文不做討論——目前，無論是國際還是國内，針對滿文都有多套拉丁字母轉寫方案，尚未達成統一。

本次整理包括《重刻清文虚字指南編》《清文啓蒙》等在内的十一種古籍，爲方便更多的科研工作者利用本"萃編"的語料，特增加滿文拉丁轉寫并附全文語法標注。據不完全統計，目前常見的滿文拉丁轉寫方案有八種。因此，在本"萃編"編寫中就涉及使用何種拉丁轉寫方案的問題。

本次整理工作，經過慎重考慮，采用由馬旭東先生設計的太清轉寫系統。做出這種決定的理由如下：

（一）本"萃編"讀者中絶大部分是以漢語爲母語或極其熟悉漢語文的人士，他們對漢語拼音相對敏感和熟悉，而太清轉寫系統與漢語拼音的高度一致性爲他們使用本"萃編"提供了便利。其他轉寫系統都或多或少地受到印歐語文的影響，出現了用如"dz""ts"等與中文拼音存在明顯差異的雙字母轉寫單輔音的情況，讓漢語母語者感到困惑。

（二）太清轉寫方案除"ng"外，没有使用雙字母表示音位，且没有使用26個字母之外的拉丁擴展字母，是一種經濟的方案。太清轉寫方案放弃了"š""ū""ž""ü""ö""ô""ů"等對絶大多數讀者來説陌生的擴展拉丁字母，加入了爲大部分轉寫方案放弃的"q""v"等基本拉丁字母。

（三）太清轉寫方案相較其他方案，對編寫書籍整理中使用的工具軟件更友好。其他的轉寫系統因爲不同程度地引入中國人不熟悉的"š""ū""ž""ü""ö""ô""ů"等擴展拉丁字母，使得不同的人在輸入這些字母時可能會用到看起來相同、但實際上編碼不同的字母，導致後期的詞彙索引、字母頻度等統計工作難以使用各種統計小工具。而太清轉寫系統嚴格使用26個字母和撇號來轉寫滿文，避免了這些問題，節省了大量的

1 本部分由馬旭東、王碩執筆。

人力和不必要的失誤。

（四）目前太清轉寫方案被十餘萬滿語文使用者當作“亞文字”“拉丁化滿文”“新新滿文”在各種場合中使用。在非學術領域，太清轉寫系統是絶對的强勢方案。基於抽樣調查的保守估計，目前在中國有超過十萬人使用該方案以服務語言生活。在學術領域，太清轉寫系統正被越來越多的機構和學者接受，比如：荷蘭萊頓大學漢學院正在進行的有史以來規模最大的歐盟滿學古籍數字化工程就采用了該系統，韓國慶熙大學，我國清華大學、中國人民大學、中央民族大學等高校的青年學者們也逐漸轉向於此。

基於以上四點理由，我們審慎地選擇了太清轉寫系統。

下面我們將用表格方式對比太清轉寫系統和其他系統，以方便廣大的讀者使用本“萃編”。以下表格轉引自馬旭東《滿文拉丁字母轉寫研究》（未刊稿），本文僅做適當調整。

1. 元音字母：

滿文	ᠠ	ᡝ	ᡳ	ᡟ	ᠣ	ᡠ	ᡡ
國際音標	/ɑ/	/ə/	/i/	/ɿ/	/ɔ/	/u/	/ʊ/
太清	a	e	i, (y')*	y'	o	u	v
穆麟德	a	e	i, y	y, 無	o	u	ū
BablePad	a	e	i	y	o	u	uu
新滿漢	a	e	i, y	y	o	u	uu
五體	a	e	i, y	y	o	u	ů
語彙集	a	e	i, y	y	o	u	û
Harlez	a	e	i		o	u	ô
Adam	a	e	i		o	u	ȯ
其他		ä, ö		ï	ô	ou	oe, ō

*祇有在輔音ᡮ、ᡯ後的ᡳ纔轉寫爲y'。

2. 輔音字母：

滿文	ᠪ	ᡦ	ᠮ	ᡶ ᡶ	ᡩ ᡩ (ᡩ)*	ᡨ ᡨ	ᠨ	ᠯ
國際音標	/p/	/pʰ/	/m/	/f/	/t/	/tʰ/	/n/	/l/
太清	b	p	m	f	d	t	n/n'**	l
穆麟德	b	p	m	f	d	t	n	l
BablePad	b	p	m	f	d	t	n	l
新滿漢	b	p	m	f	d	t	n	l
五體	b	p	m	f	d	t	n	l
語彙集	b	p	m	f	d	t	n	l
Harlez	b	p	m	f	d	t	n	l
Adam	b	p	m	f	d	t	n	l
其他	p	p'			t	t'		

*輔音字母d在母音字母v前沒有點兒，故而ᡩᡡ轉寫爲dv，而非tv。

**在單詞尾的輔音字母ᠨ轉寫爲n'。

滿文	ᡤ ᡤ	ᡴ ᡴ	ᡥ ᡥ	ᠩ	ᡬ	ᠺ	ᡭ
國際音標	/k, q/	/kʰ, qʰ/	/x, χ/	/ɴ, ŋ/	/k/	/kʰ/	/x/
太清	g	k	h	ng	g'	k'	h'
穆麟德	g	k	h	ng	g'	k'	h'
BablePad	g	k	h	ng	gh	kh	hh
新滿漢	g	k	h	ng	gg	kk	hh
五體	g	k	h	ng	ǵ	k'	ḫ
語彙集	g	k	h	ng	g'	k'	h'
Harlez	g	k	h	ng	g'	k'	h'
Adam	g	k	h	ng	g'	k'	h'
其他	k,γ	k', q	x, gh	ń, ñ, ṅ	ġ	ḱ	ẖ, xx, x'

滿文	ᠵ	ᠴ	ᡧ	ᡰ	ᡯ	ᡮ	ᠰ	ᡵ	ᠶ	ᠸ
國際音標	/tʃ/	/tʃ^{h}/	/ʃ/	/ɻ/	/ts/	/ts^{h}/	/s/	/r/	/j/	/w/
太清	j	q	x	r’	z	c	s	r	y	w
穆麟德	j	c	š	ž	dz	tsʻ	s	r	y	w
BablePad	j	c	x	z	dz	ts	s	r	y	w
新滿漢	zh	ch	sh	rr	z	c	s	r	y	w
五體	j	c	š	ž	dz	tsʻ	s	r	y	w
語彙集	j	c	s̀	z̀	z	zh	s	r	y	w
Harlez	j	c	s’	z’	dz	ts	s	r	y	w
Adam	j	c	x	ż	z	z’	s	r	y	w
其他	ǰ, ch	č, chʻ	j, ǰ	zh	tz	c̀,		rr, r’	j	v

3. 知、蚩、詩、日、資、雌、思音節：

滿文	ᡷᡳ	ᡱᡳ	ᡧᡳ	ᡰᡳ	ᡯᡳ	ᡮᡟ	ᠰᡟ
國際音標	/tʂʅ/	/tʂ^{h}ʅ/	/ʂʅ/	/ɻʅ/	/tsɿ/	/ts^{h}ɿ/	/sɿ/
太清	jy’	qy’	xi	r’i	zi	cy’	sy’
穆麟德	jy	cʻy	ši	ži	dzi	ts	sy
BablePad	zhi	chi	xi	zi	dzi	tsy	sy
新滿漢	zhy	chy	shi	rri	zy	cy	sy
五體	ǰ̆i	c’i	ši	ži	dzy	tsʻy	sy
語彙集	ǰi	c̆i	s̀i	z̀i	zy	c̀y	sy
Harlez	j’h	c’h	s’i	z’i	dz	ts	ss
Adam	j’i	c’i	xi	żi	-	-	ș
其他	d’i, ʒi, ǰi, jhi	ḉi, či		zhi	ze, tzi	tsï, zhy	sï

三　語法標注方案

1. 複——複數

在滿語中，指人的名詞可以通過接綴附加成分-sa、-se、-si、-so、-ta、-te、-ri構成其複數形式。如：

sakda-sa
老人-**複**
老人們

axa-ta
嫂子-**複**
嫂子們

在職務名詞後分寫的sa、在人名後分寫的se可以表達“……等人”之意。如：

oboi baturu sa
鰲拜 巴圖魯 **複**
鰲拜巴圖魯等

batu se
巴圖 **複**
巴圖等人

2. 屬——屬格格助詞

滿語的屬格格助詞爲-i或ni，用於標記人或事物的領屬關係等。如：

bou-i kouli
家-**屬** 規矩
家規

daiming ni qouha
大明 **屬** 士兵
大明的士兵

3. 工——工具格格助詞

滿語的工具格格助詞爲-i或ni，用於標記完成動作、行爲所借助的工具或手段。如：

tondo -i ejen be uile-mbi
忠 **工** 君主 **賓** 侍奉-**現**
以忠事君

qiyanliyang ni uda-mbi
錢糧 **工** 買-**現**
用錢糧買

另外，形容詞可以和工具格格助詞一起構成副詞來修飾動詞。如：

nuhan -i gama-mbi
從容 **工** 安排-**現**
從容地安排

4. 賓——賓格格助詞

滿語的賓格格助詞爲be，用於標記賓語，即動作、行爲所指向的受事。如：

bithe hvla-ra be sa-qi, ai gisure-re ba-bi,
書 讀-**未** **賓** 知道-**條** 什麽 説話-**未** 處-**有**
知道該念書，有什麽説處呢？

賓格格助詞be也可用於標記所經之處。如：

musei qouha nimanggi alin be gemu dule-ke.
咱們.**屬** 軍隊 雪 山 **賓** 都 經過-**完**
我兵皆已越過雪山。

5. 位——位格格助詞

滿語的位格格助詞爲de，用於標記動作發生的地點、時間、原因，以及人或事物所處的地點、時間和狀態等。如：

mujilen de eje-mbi
心 **位** 記住-**現**
心裏頭記

位格格助詞de也可用於標記動作、行爲進行的手段、方式。如：

emu gisun de waqihiya-me mute-ra-kv.

一 話語 **位** 完結-**并** 能够-**未**-**否**

不是一言能盡的。

某些由de構成的詞或詞組具有連詞、副詞等功能，如aikabade“若”，ede“因此”，emde“一同”，jakade“……之故；……之時”，ohode“若”等，可以不對其進行拆分標注，僅標注詞義。如：

bi gene-ra-kv ohode, tere mimbe jabqa-ra-kv-n?

我 去-**未**-**否** 倘若 他 我.**賓** 埋怨-**未**-**否**-**疑**

我若不去的時候，他不埋怨我麽？

6. 與——與格格助詞

滿語的與格格助詞爲de，用於標記動作、行爲的方向、目的和對象等。如：

niyalma de tusa ara-mbi

人 **與** 利益 做-**現**

與人方便

sy' pai leu se-re ba-de gene-mbi.

四 牌 樓 叫-**未** 地方-**與** 去-**現**

往四牌樓去。

7. 從——從格格助詞

滿語的從格格助詞爲qi，用於標記動作、行爲的起點、來源、原因等。另外，在事物之間進行比較時，從格格助詞qi用於標記比較的起點。如：

abka qi wasi-mbi

天 **從** 降下-**現**

自天而降

i sinqi antaka. minqi fulu.

他 你.**從** 怎麽樣 我.**從** 强

他比你如何？比我强。

8. 經——經格格助詞

滿語的經格格助詞爲deri，用於標記動作、行爲經過、通過之處。如：

edun sangga deri dosi-mbi
風 孔 **經** 進入-**現**
風由孔入

gisun angga deri tuqi-mbi
話 嘴巴 **經** 出來-**現**
話從口出

9. 完——完整體

滿語中動詞的完整體附加成分爲-HA（-ha/-he/-ho, -ka/-ke/-ko），表示做完了某動作或行爲。如：

erdemu ili-bu-ha manggi gebu mutebu-mbi.
德才 立-**使**-**完** 之後 名字 能成-**現**
德建而後名立。

aga hafu-ka
雨 濕透-**完**
雨下透了

在句中，動詞的完整體形式具有形容詞或名詞詞性。如：

ama eme -i taqibu-ha gisun be, gelhun akv jurqe-ra-kv.
父親 母親 **屬** 教導-**完** 話語 **賓** 怕 **否** 悖逆-**未**-**否**
父母教的話，不敢違背。

此句中taqibuha爲動詞taqibumbi“教導”的完整體形式，做形容詞修飾gisun，taqibuha gisun即“教導的話”。

sini gosi-ha be ali-ha.
你.**屬** 憐愛-**完** **賓** 接受-**完**
領了你的情。

此句中gosiha爲動詞gosimbi“憐愛”的完整體形式，在句中具有名詞詞性，做謂語動詞aliha的賓語，aliha是動詞alimbi“接受”的完整體形式。

10. 未——未完整體

滿語中動詞的未完整體附加成分一般爲-rA（-ra/-re/-ro），表示動作發生，没結束，或者將要發生。也可用於表達常識、公理等。如：

bi amala qouha fide-fi da-me gene-re.
我 然後 軍隊 調兵-**順** 救援-**并** 去-**未**
吾隨後便調兵接應也。

niyalma o-qi emu beye -i duin gargan be uherile-re.
人 成爲-**條** 一 身體 **屬** 四 肢 **賓** 統共-**未**
人以一身統四肢。

與完整體相似的是，動詞的未完整體形式在句中也具有形容詞或名詞詞性。如：

taqi-re urse
學習-**未** 者
學習者

taqire爲動詞taqimbi“學習”的未完整體形式，在此句中作形容詞修飾名詞urse“者”。

faihaqa-ra be baibu-ra-kv.
急躁-**未** **賓** 需要-**未**-**否**
不必着急。

faihaqara爲動詞faihaqambi“急躁”的未完整體形式，在此句中faihaqara是謂語動詞baiburakv“不必”的賓語。

11. 現——現在將來時

滿語中動詞的現在將來時附加成分爲-mbi，源自動詞bi“存在；有”，表示動作、行爲發生在説話的當前時刻或未來。也可用來泛指客觀事實、普遍真理等等。如：

age si bou-de aina-mbi? bithe hvla-mbi.
阿哥 你 家-**位** 做什麽-**現** 書 讀-**現**
阿哥你在家做什麽？讀書。

mini guqu qimari ji-mbi.

我.**屬** 朋友 明天 來-**現**

我的朋友明天來。

xun dergi qi mukde-mbi.

太陽 東方 **從** 升起-**現**

太陽從東方升起。

12. 過——過去時

滿語中動詞的過去時附加成分一般爲bihe或-mbihe，表示動作、行爲發生在説話的時刻之前。如：

dade gvwa ba-de te-mbihe.

原先 別的 處-**位** 居住-**過**

原先在別處住。

niyaman guqu de yandu-fi bai-ha bihe.

親戚 朋友 **與** 委托-**順** 找尋-**完** **過**

曾經煩親友們尋訪。

13. 否——否定式

滿語中動詞的否定附加成分爲-kv，表示不做某動作，或某動作没發生。如：

taqi-ra-kv oqi beye-be waliya-bu-mbi-kai.

學習-**未**-**否** 若是 自己-**賓** 丢弃-**使**-**現**-啊

不學則自弃也。

tuqi-bu-me gisure-he-kv

出去-**使**-**并** 説話-**完**-**否**

没説出來

形容詞、副詞等詞彙的否定式需要在後面接akv。akv在某些情况下也能表達實義，意思是“没有”。如：

uba-qi goro akv.

這裏-**從** 遠 **否**

離此處不遠。

taqin fonjin -i doro gvwa-de akv.
學 問 **屬** 道理 其他-**位** **否**
學問之道無他。

14. 疑——疑問語氣

滿語中表達疑問的附加成分爲-u和-n。如：

tere niyalma be taka-mbi-u?
那 人 **賓** 認識-**現**-**疑**
認得那個人麽?

baitala-qi ojo-ra-kv-n?
使用-**條** 可以-**未**-**否**-**疑**
不可用麽?

除此之外，還有表達疑問或反問的語氣詞，如na、ne、no、nu、ya等。

15. 祈——祈使式

滿語的祈使式分爲命令語氣和請願語氣。

1）動詞的詞幹可以表達命令語氣，即説話人直接命令聽話人做某事。如：

bithe be ure-me hvla.
書 **賓** 熟-**并** 讀.**祈**
將書熟熟的念。

2）附加成分-kini表達説話人對他人的欲使、指令、祝願等語氣。-kini後面連用sembi時，sembi引導説話人欲使、指令的内容，sembi在句中會有相應的形態變化。如：

bithe hvla-ra niyalma gvnin werexe-kini!
書 讀-**未** 人 心 留心-**祈**
讀書之人留心!

ejen -i jalafun enteheme akdun o-kini.
君主 **屬** 壽命 永遠 堅固 成爲-**祈**
願汗壽域永固。

si imbe ureshvn -i hvla-kini se.
你 他.賓 熟練 工 讀-祈 説.助.祈
你叫他念得熟熟地。

上句使用了兩次祈使式，-kini表達説話人欲使他人“熟讀”，se爲sembi祈使式，表達説話人對聽話人的命令語氣。

3）附加成分-ki表達説話人對聽話人的祈請語氣，請聽話人做某事。還可以表達説話人自己想要做某事。-ki後面連用sembi時，sembi引導祈請的内容，sembi在句中會有相應的形態變化。

説話人請聽話人做某事，如：

nahan -i dele te-ki.
炕 屬 上 坐-祈
在炕上坐。

説話人自己想要做某事。如：

gurun -i mohon akv kesi be hukxe-me karula-me faxxa-ki.
國家 屬 盡頭 否 恩 賓 感激-并 報答-并 奮勉-祈
感戴國家無窮的恩澤，願奮力報效。

bithe be tuwa-ki se-qi hafu buleku be tuwa.
書 賓 看-祈 説.助-條 通 鑒 賓 看.祈
要看書看《通鑒》。

此句中seqi引導了經由説話人之口説出、聽話人想要做的事情bithe be tuwaki“想要看書”，seqi爲助動詞sembi的條件副動詞形式。tuwa爲動詞tuwambi“看”的動詞詞幹形式，表達了説話人的命令語氣。

4）附加成分-rAu（-rau/-reu/-rou）表達説話人對聽話人的請求。-rAu可拆分爲未完整體附加成分-rA和疑問式附加成分-u，這種不確定性的疑問語氣使得-rAu所表達的祈請比-ki更显尊敬，用於對長輩、上級等提出請求。如：

kesi isibu-me xolo xangna-rau.
恩 施予-并 空閑 賞賜-祈
懇恩賞假。

此句爲説話人請求上級領導恩賜假期。

5）附加成分-qina表達説話人對聽話人的建議、祈請，態度比較隨意，不可對尊長、不熟悉的人使用，可對下級、平輩、熟人、好友使用。如：

yo-ki se-qi, uthai yo-qina!
走-**祈** 説.**助-條** 就 走-**祈**
要走，就走罷！

此句中yoki“要走”爲説話人認爲聽話人想要做的事情，由seqi引導，yoqina“走吧”表達祈使語氣，態度隨意，不够客氣。

16. 虛——虛擬語氣

附加成分-rahv和ayou用於表達“恐怕”“擔心”的意思，後面可連用助動詞sembi，根據語法需要，sembi在句中會有相應的形態變化。如：

inde ala-rahv se-me teni uttu taqi-bu-me hendu-he.
他.**與** 告訴-**虛** **助-并** 纔 這樣 學-**使-并** 説-**完**
恐怕告訴他纔這樣囑咐。

gungge gebu mutebu-ra-kv ayou se-mbi.
功 名 使成-**未-否** **虛** **助-現**
恐怕功名不成。

bi hono sitabu-ha ayou se-mbihe.
我 還 耽誤-**完** **虛** **助-過**
我還恐怕耽誤了。

17. 使——使動態

滿語中，動詞的使動態附加成分一般爲-bu，用於表達致使者讓某人做某事，通常受使者後面用賓格格助詞be標記。如：

ekxe-me niyalma be takvra-fi tuwa-na-bu-mbi.
急忙-**并** 人 **賓** 差遣-**順** 看-去-**使-現**
忙使人去看。

此句中，niyalma“人”是takvra-“差遣”這一動作的受使者，又是tuwana-“去看”這一動作的致使者，作爲間接賓語，用賓格格助詞be

標記。

coucou lu giyang ni ba-i taixeu hafan ju guwang be wan qeng
曹操 廬 江 **屬** 處-**屬** 太守 官員 朱 光 **賓** 宛 城

be tuwakiya-bu-mbi.
賓 看守-**使**-**現**

曹操命廬江太守朱光鎮守宛城。

此句中，太守朱光在曹操的促使下鎮守宛城，朱光既是曹操命令的受使者，也是tuwakiya-“看守”這一行爲的施事，用賓格格助詞be標記。此外，宛城是“看守”這一動作的受事，作爲直接賓語，也用be標記。

18. 被——被動態

滿語中，動詞的被動態附加成分爲-bu。如：

weri de basu-bu-mbi.
他人 **與** 恥笑-**被**-**現**

被人恥笑。

此句中，動詞basu-“恥笑”的施事爲weri“他人”，由與格格助詞de標記，受事主语（即恥笑對象）没有出現。

19. 并——并列副動詞

動詞的并列副動詞構形成分爲-me。

1）并列副動詞和後面的動詞構成并列結構，充當謂語，表示動作、行爲并列或同時發生。如：

giyan be songkolo-me fafun be tuwakiya-mbi.
理 **賓** 遵循-**并** 法令 **賓** 防守-**現**

循禮奉公。

根據動詞的詞義，副動詞形式有時可以看作相應的副詞，充當狀語修飾後面的謂語動詞。如：

ginggule-me eje-fi kiqe-ki.
恭謹-**并** 記住-**順** 勤奮-**祈**

謹記着奮勉。

此句中，副動詞gingguleme“恭謹地”修飾eje-“記住”，即“謹記”。

2）某些由-me構成的詞或詞組具有連詞、副詞等功能，如bime“和；而且”，bimbime“而且”，seme“因爲；雖然；無論”，aname“依次”，等等，可以不再拆分語法成分，僅標注整體的詞義。如：

gosin jurgan bime tondo nomhon.

仁 義 而且 忠 厚

仁義而且忠厚。

3）-me可以構成動詞的進行體，表達動作正在進行中，如現在時進行體V-me bi，過去時進行體V-me bihe。語法標注仍然寫作并列副動詞。如：

jing hergen ara-me bi.

正 字 寫-**并** **現**

正寫着字。

4）動詞的并列副動詞與助動詞mutembi和bahanambi構成固定搭配。V-me mutembi即“能够做某事”，V-me bahanambi即“學會做某事”。如：

emu gisun de waqihiya-me mute-ra-kv.

一 話語 **位** 完盡-**并** 能够-**未**-**否**

不是一言能盡的。

age si manjura-me bahana-mbi-u.

阿哥 你 説滿語-**并** 學會-**現**-**疑**

阿哥你會説滿洲話嗎？

20. 順——順序副動詞

動詞的順序副動詞構形成分爲-fi。

1）順序副動詞與其後動詞共同作謂語，表示動作行爲按時間順序、邏輯順序等依次發生，做完某事再做某事。如：

dosi-fi fonji-na.

進-**順** 問-去.**祈**

進去問去。

2）順序副動詞可用於引導原因。如：

yabun tuwakiyan sain ofi, niyalma teni kundule-me tuwa-mbi.
行爲 品行 好 因爲 人 纔 尊敬-**并** 對待-**現**

因爲品行好，人纔敬重。

此句中，ofi爲ombi“成爲”的順序副動詞形式，在句中引導原因從句。

ere udu inenggi baita bifi.
這 幾 日子 事情 因有

這幾日因爲有事。

此句中，bifi爲bimbi“存在”的順序副動詞形式。

3）-fi可以構成動詞的完成體，如現在時完成體V-fi bi，表達動作、行爲已經發生，狀態延續到現在。如：

tuwa-qi, duka yaksi-fi bi.
看-**條** 大門 關閉-**順** **現**

duka nei-qi se-me hvla-qi, umai jabu-re niyalma akv.
大門 開-**條** **助**-**并** 呼喚-**條** 全然 回答-**未** 人 **否**

一瞧，關着門呢。叫開門呢，没有答應的人。

此句中，yaksifi bi説明門關上這個動作已經發生，這個狀態延續到叙述者叫開門的當下。

21. 條——條件副動詞

動詞的條件副動詞構形成分爲-qi。

1）條件副動詞所表達的動作行爲是其後動作行爲發生的條件或前提假設，可表達“如果”“則”之意。如：

kiqe-me taqi-qi xangga-qi o-mbi.
勤奮-**并** 學-**條** 做成-**條** 可以-**現**

勤學則可成。

2）某些由-qi構成的詞或詞組具有連詞、副詞等功能，如oqi“若是”，biqi“若有”，seqi“若説”，akvqi“不然，否則”，eiqi“或者”，等等，僅標注詞義。如：

taqi-ra-kv oqi beye-be waliya-bu-mbi-kai.

學習-**未-否** 若是 自己-**賓** 抛弃-**使-現**-啊

不學則自弃也。

3）動詞的條件副動詞與助動詞ombi和aqambi構成固定搭配。V-qi ombi即“可以做某事”，V-qi aqambi即“應該做某事”。如：

tere bou te-qi ojo-ra-kv.

那 房子 居住-**條** 可以-**未-否**

那房子住不得。

taqi-re urse beye haqihiya-qi aqa-mbi.

學習-**未** 人們 自己 勸勉-**條** 應該-**現**

學者須自勉焉。

22. 持——持續副動詞

動詞的持續副動詞構形成分爲-hAi（-hai/-hei/-hoi）。

1）動詞的持續副動詞形式表示這個動作、行爲持續不停，一直進行或重複。如：

yabu-hai teye-ra-kv.

行-**持** 休息-**未-否**

只管走不歇着。

inenggi-dari tanta-hai fasi-me buqe-re de isibu-ha.

日子-每 打-**持** 上吊-**并** 死-**未** **與** 以致於-**完**

每日裏打過來打過去以致吊死了。

2）-hAi可以構成動詞的持續體，如現在時持續體V-hAi bi，表示動作、行爲持續不停，一直進行或重複。如

gemu mimbe tuwa-hai bi-kai.

全都 我.**賓** 看-**持** 現-啊

全都看着我。

sini ji-he nashvn sain bi-qibe, minde o-qi asuru baha-fi

你.**屬** 來-**完** 時機 好 存在-**讓** 我.**位** 成爲-**條** 十分 得以-**順**

gvnin akvmbu-ha-kv, soroqo-hoi bi.
心意 盡心-**完**-**否** 羞愧-**持** **現**

你來的機會固然好，在我却没有得十分盡心，尚在抱愧。

23. 至——直至副動詞

動詞的直至副動詞的構形成分爲-tAlA（-tala/-tele/-tolo），表示動作行爲進行到某時、某程度爲止。如：

goro goida-tala tuta-bu-ha.
遠 久-**至** 留下-**使**-**完**

久遠貽留。

fuzi hendu-me, inenggi-dari ebi-tele je-me, mujilen be
孔夫子 説道-**并** 日子-每 吃飽-**至** 吃-**并** 心思 **賓**

baitala-ra ba akv oqi, mangga kai se-he-bi.
使用-**未** 處 **否** 若是 困難 啊 説.**助**-**完**-**現**

子曰：飽食終日，無所用心，難矣哉！

24. 極——極盡副動詞

動詞的極盡副動詞的構形成分爲-tAi（-tai/-tei/-toi）。極盡副動詞往往用於修飾其後的動作、行爲，表示動作、行爲以某種極致的程度或方式進行。如：

nure omi-re de wa-tai amuran.
黄酒 喝-**未** **與** 殺-**極** 愛好

極好飲酒。

此句中，watai amuran意爲“愛得要死”，watai表示程度極深。

ahvta -i giyangga gisun be singge-tei eje-mbi.
兄長.**複** **屬** 理義的 話語 **賓** 浸透-**極** 記住-**現**

兄長們的理學言論發狠的記着。

singgetei ejembi意爲“牢牢地、深入地記住”，singgetei在此句中形容被理學言論完全浸透的狀態。

25. 延——延伸副動詞

動詞的延伸副動詞的構形成分爲-mpi或-pi，表示動作、行爲逐漸完成，達到極限程度。如：

monggon sa-mpi hargaxa-mbi, mujilen je-mpi yabu-mbi.
脖子 伸-**延** 仰望-**現** 心思 忍耐-**延** 行-**現**
引領而望，忍心而行。

tumen gurun uhe-i hvwaliya-pi, eiten gungge gemu badara-ka.
萬 國 統一-**工** 和好-**延** 所有 功勞 都 滋蔓-**完**
萬邦協和，庶績咸熙。

26. 前——未完成副動詞

動詞的未完成副動詞的構形成分爲-nggAlA（-nggala/-nggele/-nggolo），表示動作行爲發生、進行之前。如：

gisun waji-nggala, uthai gene-he.
話 完-**前** 就 去-**完**
話未完，便去了。

baita tuqi-nji-nggele, nene-me jaila-ha.
事情 出-來-**前** 先-**并** 躲避-**完**
事未發，先躲了。

27. 伴——伴隨副動詞

動詞的伴隨副動詞構形成分爲-rAlame（-ralame/-relame/-rolame），表示動作、行爲進行的同時伴隨別的動作。如：

hvla-ralame ara-mbi.
讀-**伴** 寫-**現**
隨念隨寫。

gisure-relame inje-mbi.
説-**伴** 笑-**現**。
且説且笑。

28. 弱——弱程度副動詞

動詞的弱程度副動詞構形成分爲-shvn/-shun/-meliyan，表示動作程度的減弱，即“略微”。如：

sarta-shvn
遲誤-**弱**
稍遲誤些

enggele-shun
探身-**弱**
稍前探些

29. 讓——讓步副動詞

動詞的讓步副動詞構形成分爲-qibe，表示雖然、即使或無論等。如：

umesi urgunje-qibe, damu sandalabu-ha-ngge ele goro o-ho-bi.
很 喜悦-**讓** 衹是 相隔-**完**-**名** 更加 遥遠 成爲-**完**-**現**
雖然狠喜歡，但只是相隔的，越發遠了。

30. 名——名物化

滿語的動詞、形容詞等可以通過ningge或-ngge轉變爲相應的名詞或名詞短語。通過名物化生成的名詞或名詞短語往往在句中充當話題。如：

ehe gisun tuqi-bu-ra-kv-ngge, uthai sain niyalma inu.
壞 話語 出-**使**-**未**-**否**-**名** 就 好 人 是
不説不好語，便是好人。

i sinde fonji-ha-ngge ai baita
他 你.**與** 問-**完**-**名** 什麼 事
他問你的是什麼事。

tumen jaka qi umesi wesihun ningge be niyalma se-mbi.
萬 事物 **從** 最 貴 **名** **賓** 人 叫做-**現**
比萬物最貴的是人。

31. 助——助動詞

滿語中的助動詞可分爲實義助動詞和表達語法功能的助動詞。

1）實義助動詞有mutembi、bahanambi、ombi、aqambi、tuwambi等，可以和其他動詞構成如下結構：V-me mutembi“能够做某事”，V-me bahanambi“學會做某事”，V-qi ombi“可以做某事”，V-qi aqambi“應該做某事”，V-me tuwambi“試試看做某事”。

對這一類助動詞不做語法標注，衹標注其實義。如：

age si gvni-me tuwa.
阿哥 你 想-并 看.祈
阿哥你想。

其中gvnime tuwa意爲“想想看”或“試想”。

2）bimbi、ombi、sembi三個動詞不僅具有實義，還可以當作助動詞使用。

如前所述，bimbi、ombi、sembi與其他語法功能附加成分可以構成連詞、副詞，如bime“并且”，biqi“若有”，oqi“若是”，ofi“因爲”，seqi“若説”，seme“雖然；無論”等。

bimbi、ombi、sembi在句中往往既有實義又兼具助動功能。又如oqi、seqi、sehengge、seme、sere、sehengge在句中也可用於標記話題。標注時可將助動詞詞幹和其後構形附加成分拆開，分别標注其語義和語法功能。如：

niyalma se-me jalan de banji-fi, uju-i uju de taqi-re-ngge oyonggo.
人 説.助-并 世界 位 生存-順 第一-屬 第一 位 學習-未-名 重要
人啊，生在世上，最最要緊的就是學習了。

此句中seme爲sembi的并列副動詞形式，提示了話題，又使niyalma seme具備副詞詞性修飾後面的謂語動詞banji-。

i emgeri sa-fi goida-ha, si kemuni ala-ra-kv o-fi aina-mbi.
他 已經 知道-順 久-完 你 仍 告訴-未-否 成爲.助-順 幹什麼-現
他知道已久，你還不告訴他幹什麼？

此句中ofi爲ombi的順序副動詞形式，由於alarakv無法直接附加-fi，所以需要助動詞ombi幫助其變爲合適的副動詞形式，然後纔能與後面的動詞

ainambi構成合乎語法的句子。

3）sembi作爲助動詞主要用於以下三種情況。

首先，sembi用於引導摹擬詞。如：

ser se-re ba-be olhoxo-ra-kv-qi ojo-ra-kv.
細微貌 **助-未** 處-**賓** 謹慎-**未-否-條** 可以-**未-否**

不可不慎其微。

seule-me gvni-re nergin-de lok se-me merki-me baha.
尋思-**并** 思考-**未** 頃刻-**位** 忽然貌 **助-并** 回憶-**并** 獲得.**完**

尋思之下，驀然想起。

其次，sembi用於引導説話的内容。如：

fuzi -i hendu-he, yadahvn bime sebjengge se-re gisun de
孔夫子 **屬** 説道-**完** 貧窮 而 快樂 説.**助-未** 話語 **位**

mute-ra-kv dere.
能够-**未-否** 吧

孔夫子説的，“貧而樂”的話，固是不能。

再次，sembi用於祈使句和虛擬語氣句，用法見祈使式和虛擬語氣。

32. 序——序數詞

基數詞變序數詞需要在基數詞之後附加-qi。如：

emu-qi
一-**序**

第一

33. 分——分配數詞

在基數詞之後附加-te構成分配數詞，表示“每幾；各幾”。如：

niyalma tome emu-te mahala.
人 每 一-**分** 帽子

每人各一個帽子。

補充説明：

1. 爲了避免語法功能成分的語法標注和實詞成分的語義標注相混淆，語法功能術語均縮寫爲一個字，使用黑體。如：

age simbe soli-na-ha de ainu jide-ra-kv.
阿哥 你.**賓** 邀請-去-**完** **位** 爲何 來-**未**-**否**

阿哥請你去，怎麼不來？

此句中，solinaha中soli-爲實義動詞詞幹，標注“邀請”，-na爲實詞性構詞成分，標注“去”，-ha爲完整體構形成分，標注“**完**”。

2. 同一個成分既有實詞詞義又有語法功能，或者一個成分有多個語法功能時，對同一個成分的多個標注之間用“.”隔開。如：

si imbe ureshvn -i hvla-kini se.
你 他.**賓** 熟練 **工** 讀-**祈** 説.**助**.**祈**

你叫他念得熟熟地。

人稱代詞的格附加成分統一不拆分，如上句中imbe標注爲“他.**賓**”。

3. 排除式第一人稱複數be標注爲“我們”，説明其所指對象不包括交談中的聽話人。包括式第一人稱複數muse標注爲“咱們”，説明其所指對象包括聽話人在内。

4. 本方案引用的例句部分取自本“萃編”，其餘例句通過日本東北大學栗林均先生建立的蒙古語諸語與滿語資料檢索系統（http://hkuri.cneas.tohoku.ac.jp/）檢索獲得。

以上説明，意在爲本“萃編”的滿文點校整理提供一套統一的標注指導方案。諸位點校者對滿語語法的分析思路各有側重點，在遵循標注方案的大原則下，對部分語法成分和某些單詞的標注、切分不免存在靈活處理的現象。例如seqi，從語義角度分析，可以將其當作一個固定成分，標注爲“若説”；從語法角度，可以拆分爲se-qi，當作動詞sembi的條件副動詞形式。又如jembi的未完整體形式存在特殊變化jetere，有兩種拆分方式：可以從現時層面分析，認爲jetere的詞幹是je-，而-tere是不規則變化的未完整體附加成分；也可以從語言演變的歷時變化角度分析，認爲詞幹是jete-，是jembi這個動詞的早期形式被保留在未完整體形式中。標注的方式原則上統一、細節上參差多態，不僅有利於表現某一語言成分在實際語句中的特徵，也便於讀者從多方面理解滿語這一黏着語的語法特色。

語法標注簡表*

簡稱	編號	名稱	示例	簡稱	編號	名稱	示例
伴	27	伴隨副動詞	-rAlame	弱	28	弱程度副動詞	-shvn, -shun, -meliyen
被	18	被動態	-bu	使	17	使動態	-bu
賓	4	賓格格助詞	be	屬	2	屬格格助詞	-i, ni
并	19	并列副動詞	-me	順	20	順序副動詞	-fi
持	22	持續副動詞	-hAi	條	21	條件副動詞	-qi
從	7	從格格助詞	qi	完	9	完整體	-HA
分	33	分配數詞	-te	未	10	未完整體	-rA
否	13	否定式	-kv, akv	位	5	位格格助詞	de
複	1	複數	-sa, -ta 等	現	11	現在將來時	-mbi
工	3	工具格格助詞	-i, ni	虛	16	虛擬語氣	ayou, -rahv
過	12	過去時	bihe, -mbihe	序	32	序數詞	-qi
極	24	極盡副動詞	-tAi	延	25	延伸副動詞	-mpi, -pi
經	8	經格格助詞	deri	疑	14	疑問語氣	-u, -n 等
名	30	名物化	-ngge, ningge	與	6	與格格助詞	de
祈	15	祈使式	-ki, -kini, -qina, -rAu 等	至	23	直至副動詞	-tAlA
前	26	未完成副動詞	-nggAlA	助	31	助動詞	sembi, ombi, bimbi 等
讓	29	讓步副動詞	-qibe				

*爲了方便讀者查閱，語法標注簡稱按音序排列，編號與正文中序號保持一致。

“萃編”滿文部分的整理是摸着石頭過河，上述語法標注系統是中日兩國參與滿文校注的作者們集體討論的結晶，由陸晨執筆匯總。方案雖充分吸收了前人時賢的研究成果，畢竟屬於開創之舉，難免存在不盡如人意之處，我們衷心希望得到廣大讀者的幫助和指正，以切磋共進。

本“萃編”的編校工作由北京大學出版社宋思佳老師精心統籌，杜若明、張弘泓、歐慧英三位老師在體例制定和底本搜集上給予了很多幫助，崔蕊、路冬月、唐娟華、王禾雨、王鐵軍等責編老師也付出了大量心血，在此深表謝忱。

編者

二〇一八年六月

目 録

導讀

陳　曉　［日］竹越孝

《續編兼漢清文指要》，滿文名Sirame nikan hergen -i kamqibuha manju gisun -i oyonggo jorin bithe，作者不詳，共兩卷。根據“續編”二字可知，此二卷爲《清文指要》的後續部分，無單獨的序文（以下簡稱《續清文指要》）。

與《清文指要》相同，《續清文指要》亦是根據乾隆年間的滿語教材《一百條》（1750）編纂而成。其上卷25條，下卷亦25條，體裁爲對話體或獨白體。這50條對應《一百條》的其中50條，與《清文指要》的50條合起來共100條。關於《一百條》和《清文指要》内容編排方面的對應關係，可參見太田辰夫（1951）[1]，浦廉一、伊東隆夫（1957）[2]以及竹越孝（2017）[3]。

《清文指要》的現存版本主要有：

乾隆五十四年（1789）雙峰閣刻本，前半部分爲《清文指要》。

嘉慶十四年（1809）三槐堂重刻本，前半部分爲《清文指要》。

嘉慶十四年（1809）大酉堂重刻本，前半部分爲《清文指要》。

此三種版本大同小異，僅有細微的差異。另外，值得注意的是，法國國立圖書館（Bibliothèque Nationale de France）的《清文指要》是點校者之一的竹越孝新近發現的版本，其刊行年代不詳，但有可能是最早的版本之一。理由有二：首先，全書字迹清晰，且滿文方面幾乎没有錯誤；第

1　太田辰夫（1951）《清代北京語語法研究の資料について》，《神户外大論叢》第2卷1號，13—30頁。

2　浦廉一、伊東隆夫（1957）《Tanggū Meyen（清話百條）の研究》，《広島大學文學部紀要》第12號，75—277頁。

3　竹越孝（2017）《從〈百條〉到〈清文指要〉——以話條排列與内容的對照爲中心》，“近代官話研究的新視野國際研討會”（2017年9月2日至3日）宣讀論文，天津：南開大學。

二，全書衹有《清文指要》50條，而没有《續清文指要》，因此很可能是衹有50條的版本先行刊刻發行，後又編纂了《續清文指要》，與前者合爲全本。

根據竹越孝（2017）的研究，《清文指要》將有關滿語學習的内容集中在前50條，尤其在卷首部分連續幾條都在强調學習滿語的重要性，而《續清文指要》没有關於滿語學習的内容。不過，這并不能表示後者不重視滿語學習，因爲《續清文指要》是與《清文指要》緊密相連的，且現在所見的絶大部分版本都是《清文指要》與《續清文指要》同函刊行。最初的序文也提到：

> 清語者，乃滿洲人之根本，任憑是誰不會使不得……我在裏頭走的空兒將老輩傳説，并我學記的，一句一句的集湊着，共集百條，教我族中子弟，以書名曰《清文指要》……（序1a2-3a5）

其中提到的“共集百條”是包括《續清文指要》的，因此其宗旨與《清文指要》相同，都是鼓勵滿人更好地學習滿語。

全書滿語對譯的漢語部分多使用北京話，且爲日常口語，例如下面兩段對話和獨白〔畫綫部分爲北京話詞彙，判斷標準參見太田辰夫（1964）[1]，（1969）[2]；陳曉（2015）[3]〕：

> 咱們没見面能有幾個月，怎麼這們快，鬍子白了有了老模樣了，阿哥你别怪我的嘴直，風聞説，你如今頑起錢来……（上2a3-6）
>
> 這全是人編造的没影兒的話。（上2a7-2b1）
>
> 昨日晚上，我就要睡覺來着，因爲親戚們全在這裏的上頭，我怎麼説撂了睡覺去呢，因爲那樣雖然勉强着又勉强，打着精神坐着，眼睛不由的媽搭下來……（下15b3-7）

這兩段内容的口語性很强，且其中的第一人稱複數包括式“咱們”、

1 太田辰夫（1964）《北京語の文法特点》，《久重福三郎先生・坂本一郎先生還暦記念中國研究》，37—55頁；《中國語文論集》（語學篇・元雜劇篇），1995，東京：汲古書院，243—265頁。

2 太田辰夫（1969）《近代漢語》，《中國語學新辭典》，東京：光生館，186—187頁；《中國語史通考》，1988，東京：白帝社，285—288頁。

3 陳曉（2015）《從滿（蒙）漢合璧等文獻管窺清代北京話的語法特徵》，《民族語文》第5期，21—34頁。

禁止副詞“别”、“這們”（即“這麼”）、没影兒（表“無根據”）、句末助詞“來着”、撂（表“留下”，亦有“放置不管”之義）、媽搭（表眼皮向下垂的動作），都是當時北京話或北方官話的典型特徵。另外，其他的北京話詞彙和語法現象包括：程度副詞“狠”、呢（提醒對方注意）、多咱（表“什麼時候”）、搭拉（表“下垂”）、壓派（表示用强制的手段排解糾紛）、老家兒（表“父母”）、道惱（向遭遇不幸或不快事情的人進行問候安慰）、膊洛盖兒（表“膝蓋”）等。尤其是提醒對方注意的“呢”是清代北京話的典型特點，用例甚多。

《清文指要》（包括《續清文指要》）系列教科書影響深遠、它原本從幾乎單一爲滿語的《一百條》（1750）發展而來，加上漢語以後形成滿漢合璧本。後又發展爲蒙漢合璧本《初學指南》（1794）、滿蒙漢合璧本《三合語録》（1830），後又演變爲漢語教科書《問答篇》和《語言自邇集・談論篇百章》（1867），經歷了一個從滿語教材到蒙語教材、再到漢語教材的過程，其編排形式從幾乎單一的滿文到滿漢合璧，又到蒙漢合璧，再到滿蒙漢合璧，最後變爲衹有漢語的單一形式〔可參見竹越孝（2015）[1]〕。

因此，研究對比《清文指要》系列教科書之間的關係，無論是對滿語史、漢語史還是對早期北京話的研究，都有很大的積極作用。并且，在時間的長度與資料的豐富性上，《清文指要》（包括《續清文指要》）等一大批清代滿漢合璧文獻是清代漢語研究最具價值的資料之一。

本次點校依據的底本爲北京大學圖書館藏嘉慶十四年（1809）重刻三槐堂本《續編兼漢清文指要》。對於不同版本的異文均在注釋中體現，參校本爲上文所提到的“雙峰閣本”及“大酉堂本”。

1 竹越孝（2015）《從滿語教材到漢語教材——清代滿漢合璧會話教材的語言及其演變》，《民族語文》第6期，66—75頁。

重排本

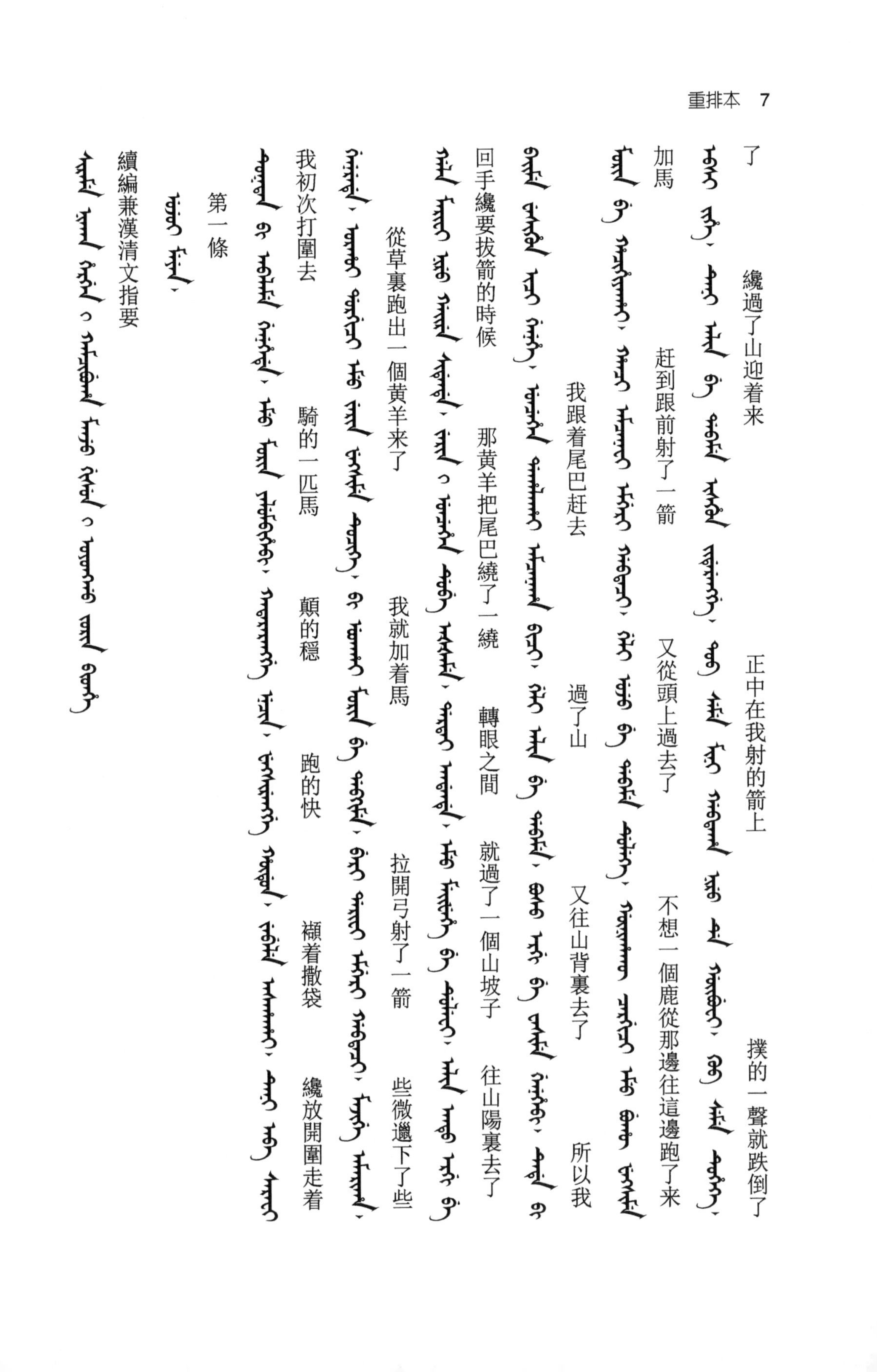

續編兼漢清文指要

第一條

我初次打圍去　騎的一匹馬　顛的穩　跑的快　褀着撒袋　纔放開圍走着

從草裏跑出一個黄羊来了　我就加着馬　拉開弓射了一箭　些微邋下了些

回手纔要拔箭的時候　那黄羊把尾巴繞了一繞　轉眼之間　就過了一個山坡子　往山陽裏去了

我跟着尾巴赶去　過了山　又往山背裏去了　所以我

加馬　赶到跟前射了一箭　又從頭上過去了　不想一個鹿從那邊往這邊跑了来

了　纔過了山迎着来　正中在我射的箭上　撲的一聲就跌倒了

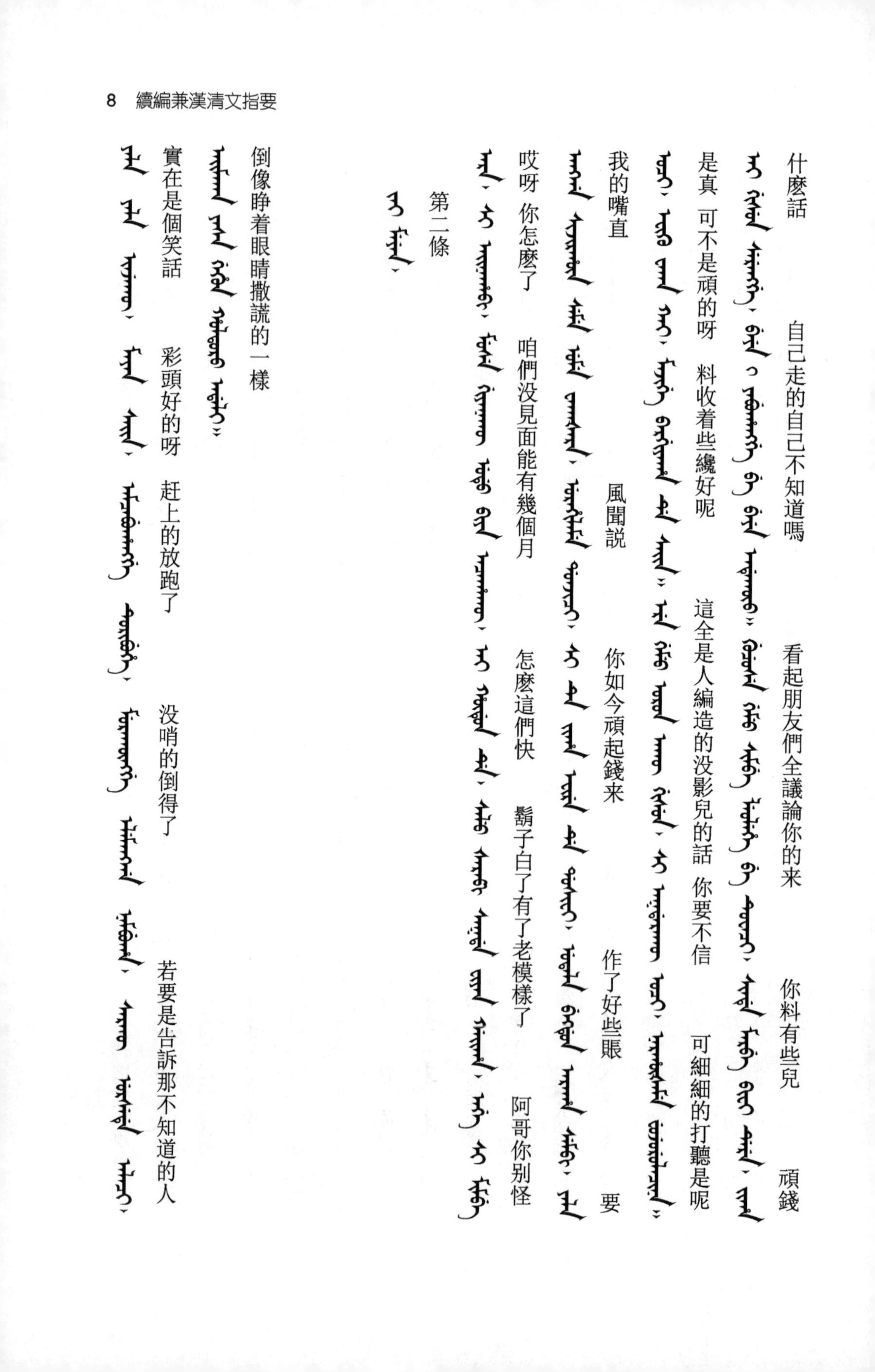

什麼話 自己走的自己不知道嗎 看起朋友們全議論你的来 你料有些兒 頑錢

是真 可不是頑的呀 料收着些纔好呢 這全是人編造的没影兒的話 你要不信 可細細的打聽是呢

我的嘴直 風聞説 你如今頑起錢来 作了好些賬 要

哎呀 你怎麼了 咱們没見面能有幾個月 怎麼這們快 鬍子白了有了老模様了 阿哥你别怪

第二條

倒像睁着眼睛撒謊的一様

實在是個笑話 彩頭好的呀 赶上的放跑了 没哨的倒得了 若要是告訴那不知道的人

我說 大風要来了呀 乘着風還未起咱們走罷 所以各自各自散了將到家裏 就刮起

昨日并没風 是好好的天氣来着 清清亮亮的日色 忽然變的冷颼颼的了 那個上

第三條

誰什麼相干 豈說得是相好嗎 要是没有的事好罷咧 我打聽作什麼呢

看見的 雖然不多 只少也有一百還多 咱們是知己的朋友啊 要是明知不勸說與

即將産業蕩盡 毫無所存之時纔歇手呢 像這樣的咱們的耳躲裏聽見 眼睛裏

啊那是了手 要說是貪進去了 就說是有什麼能存得住呢 終久不遭罪戾

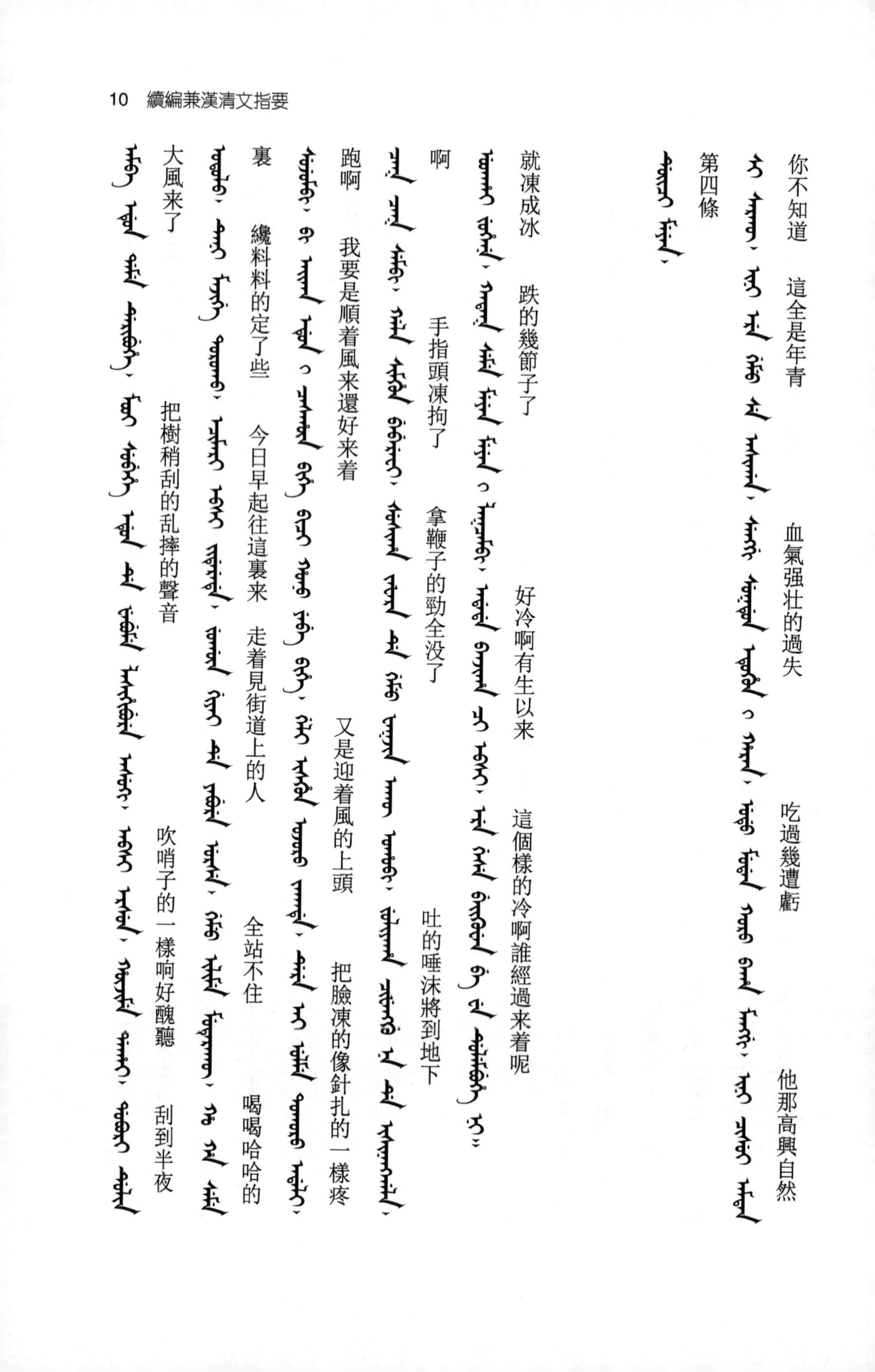

你不知道 這全是年青 血氣强壯的過失 吃過幾遭虧 他那高興自然

第四條

就凍成冰 跌的幾節子了 好冷啊有生以来 這個樣的冷啊誰經過来着呢

啊 手指頭凍拘了 拿鞭子的勁全沒了 吐的唾沫將到地下

跑啊 我要是順着風来還好来着 又是迎着風的上頭 把臉凍的像針扎的一樣疼

裏 纔料料的定了些 今日早起往這裏来 走着見街道上的人 全站不住 喝喝哈哈的

大風来了 把樹稍刮的乱摔的聲音 吹哨子的一樣响好醜聽 刮到半夜

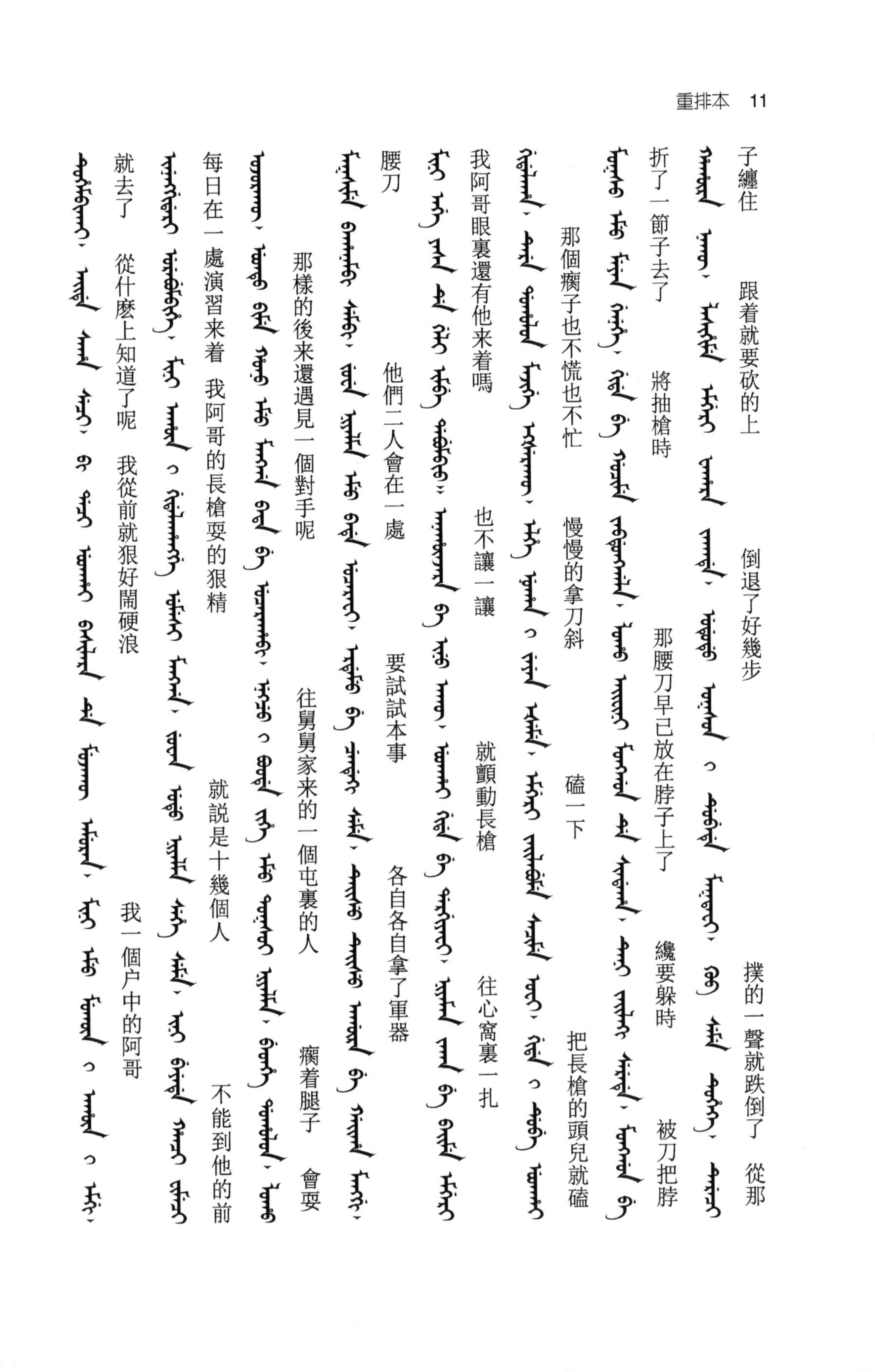

子纏住 跟着就要砍的上 倒退了好幾步 撲的一聲就跌倒了 從那

折了一節子去了 將抽槍時 那腰刀早已放在脖子上了 纔要躲時 被刀把脖

那個瘸子也不慌也不忙 慢慢的拿刀斜 磕一下 把長槍的頭兒就磕

我阿哥眼裏還有他来着嗎 也不讓一讓 就顫動長槍 往心窩裏一扎

腰刀 他們二人會在一處 要試試本事 各自各自拿了軍器

那樣的後来還遇見一個對手呢 往舅舅家来的一個屯裏的人 瘸着腿子 會耍

每日在一處演習来着 我阿哥的長槍要的狠精 就說是十幾個人 不能到他的前

就去了 從什麼上知道了呢 我從前就狠好鬧硬浪 我一個户中的阿哥

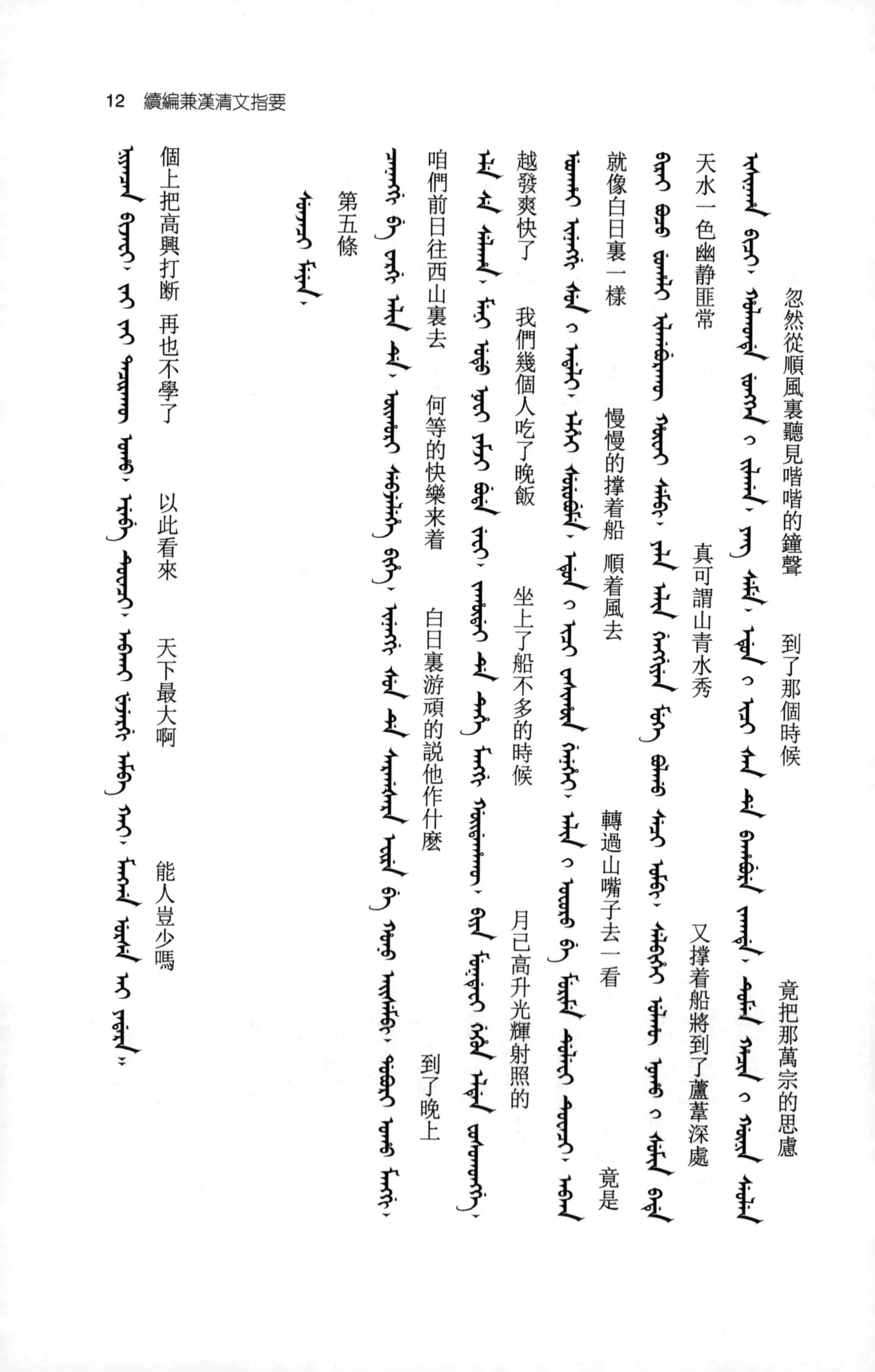

忽然從順風裏聽見嗜嗜的鐘聲 到了那個時候 竟把那萬宗的思慮

天水一色幽靜匪常 真可謂山青水秀 又撑着船將到了蘆葦深處

就像白日裏一樣 慢慢的撑着船 順着風去 轉過山嘴子去一看 竟是

越發爽快了 我們幾個人吃了晚飯 坐上了船不多的時候 月已高升光輝射照的

咱們前日往西山裏去 何等的快樂来着 白日裏游頑的說他作什麽 到了晚上

第五條

個上把高興打断 再也不學了 以此看來 天下最大啊 能人豈少嗎

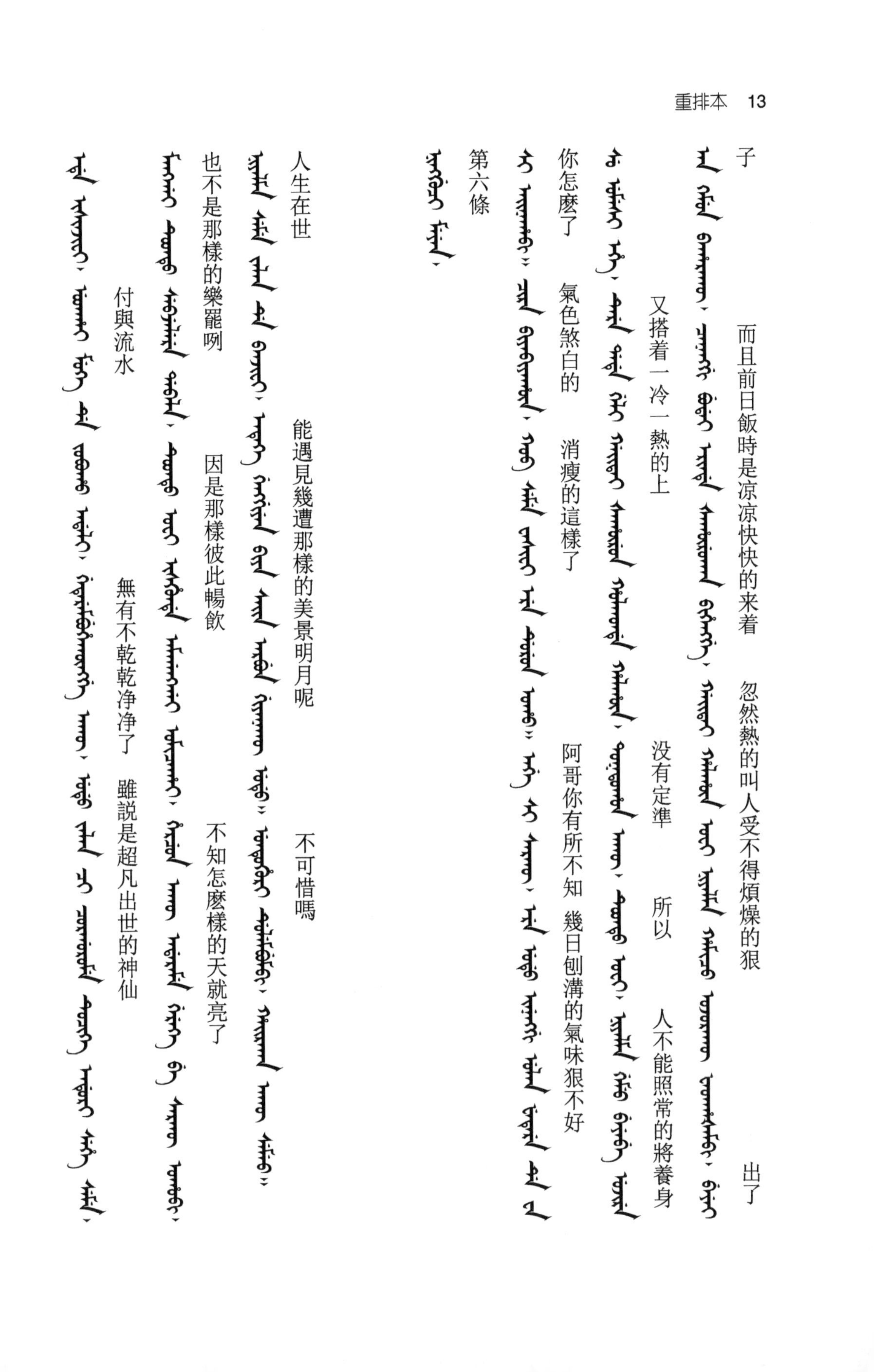

子　而且前日飯時是涼涼快快的來着　忽然熱的叫人受不得煩燥的狠　出了

又搭着一冷一熱的上　沒有定準　所以　人不能照常的將養身

你怎麼了　氣色煞白的　消瘦的這樣了　阿哥你有所不知　幾日刨溝的氣味狠不好

第六條

人生在世　能遇見幾遭那樣的美景明月呢　不可惜嗎

也不是那樣的樂罷咧　因是那樣彼此暢飲　不知怎麼樣的天就亮了

付與流水　無有不乾乾淨淨了　雖說是超凡出世的神仙

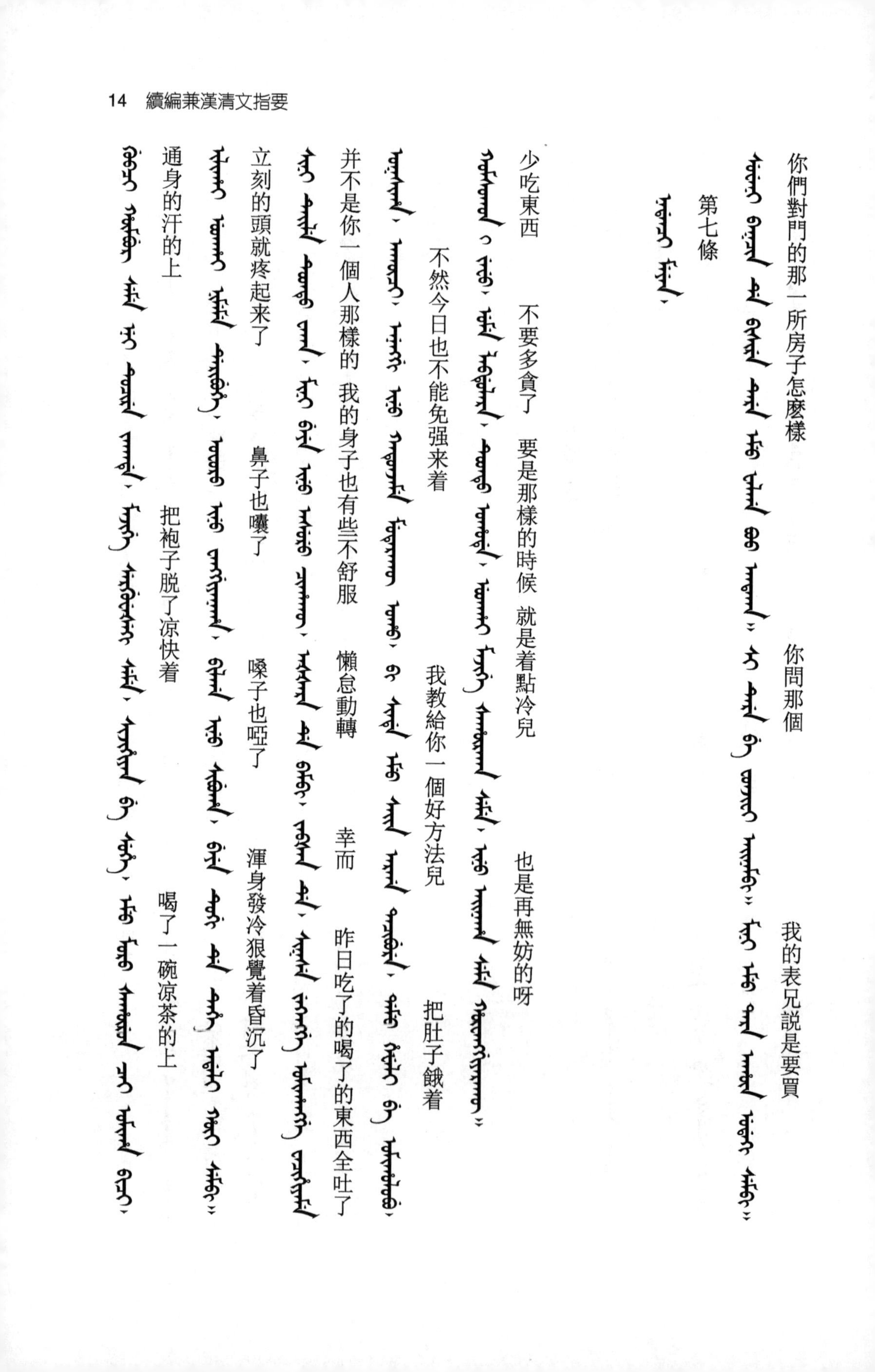

你們對門的那一所房子怎麼樣　你問那個　我的表兄說是要買

第七條

少吃東西　不要多貪了　要是那樣的時候　就是着點冷兒　也是再無妨的呀

不然今日也不能免强来着　我教給你一個好方法兒　把肚子餓着

并不是你一個人那樣的　我的身子也有些不舒服　懶怠動轉　幸而　昨日吃了的喝了的東西全吐了

立刻的頭就疼起來了　鼻子也囔了　嗓子也啞了　渾身發冷狠覺着昏沉了

通身的汗的上　把袍子脫了涼快着　喝了一碗涼茶的上

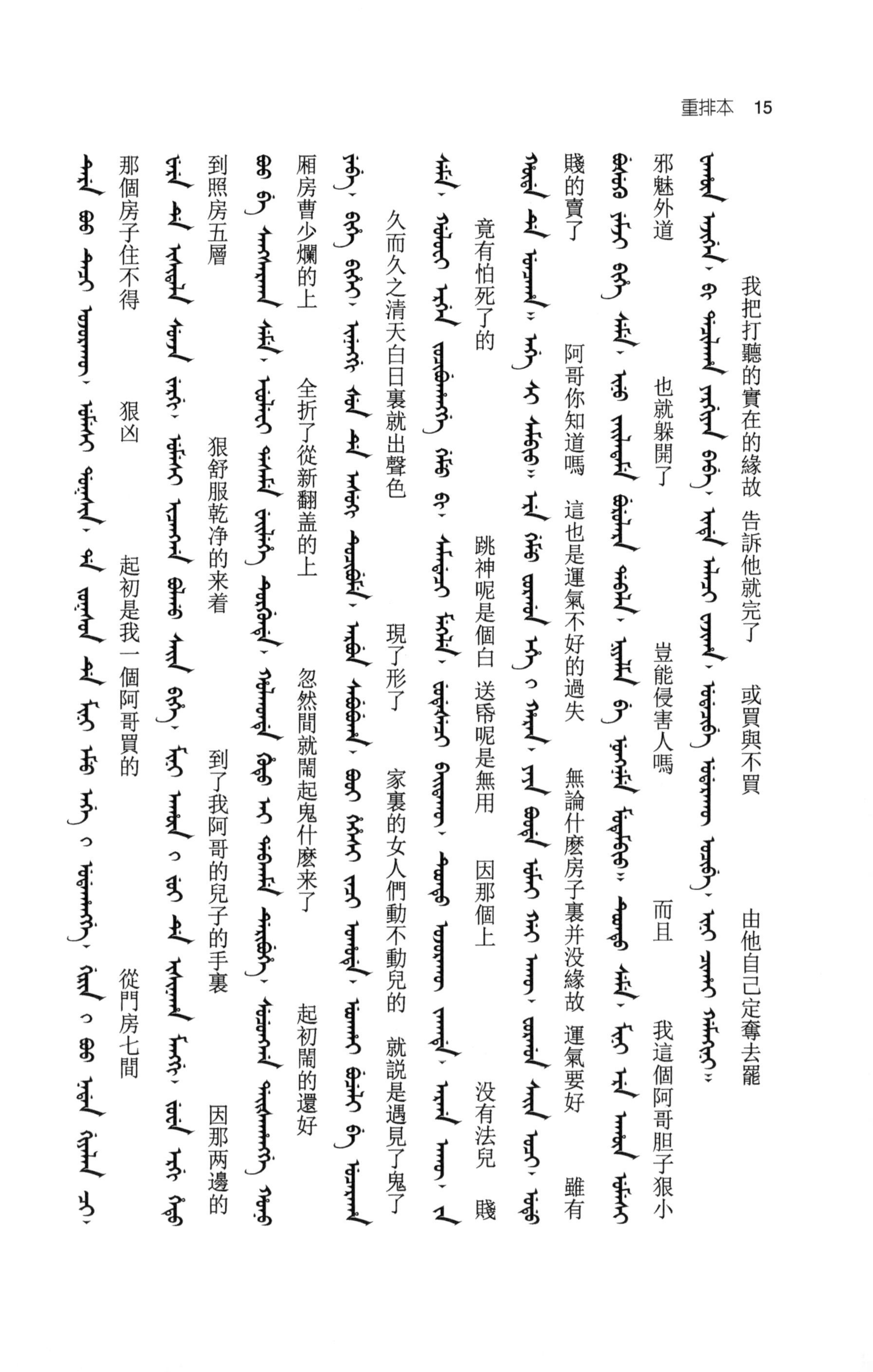

那個房子住不得 狠凶 起初是我一個阿哥買的 從門房七間

到照房五層 狠舒服乾净的来着 到了我阿哥的兒子的手裏 因那兩邊的

廂房曹少爛的上 全折了從新翻盖的上 忽然間就鬧起鬼什麼来了 起初鬧的還好

久而久之清天白日裏就出聲色 現了形了 家裏的女人們動不動兒的 就説是遇見了鬼了

竟有怕死了的 跳神呢是個白 送祟呢是無用 因那個上 没有法兒 賤

賤的賣了 阿哥你知道嗎 這也是運氣不好的過失 無論什麼房子裏并没緣故 運氣要好 雖有

邪魅外道 也就躲開了 豈能侵害人嗎 而且 我這個阿哥胆子狠小

我把打聽的實在的緣故 告訴他就完了 或買與不買 由他自己定奪去罷

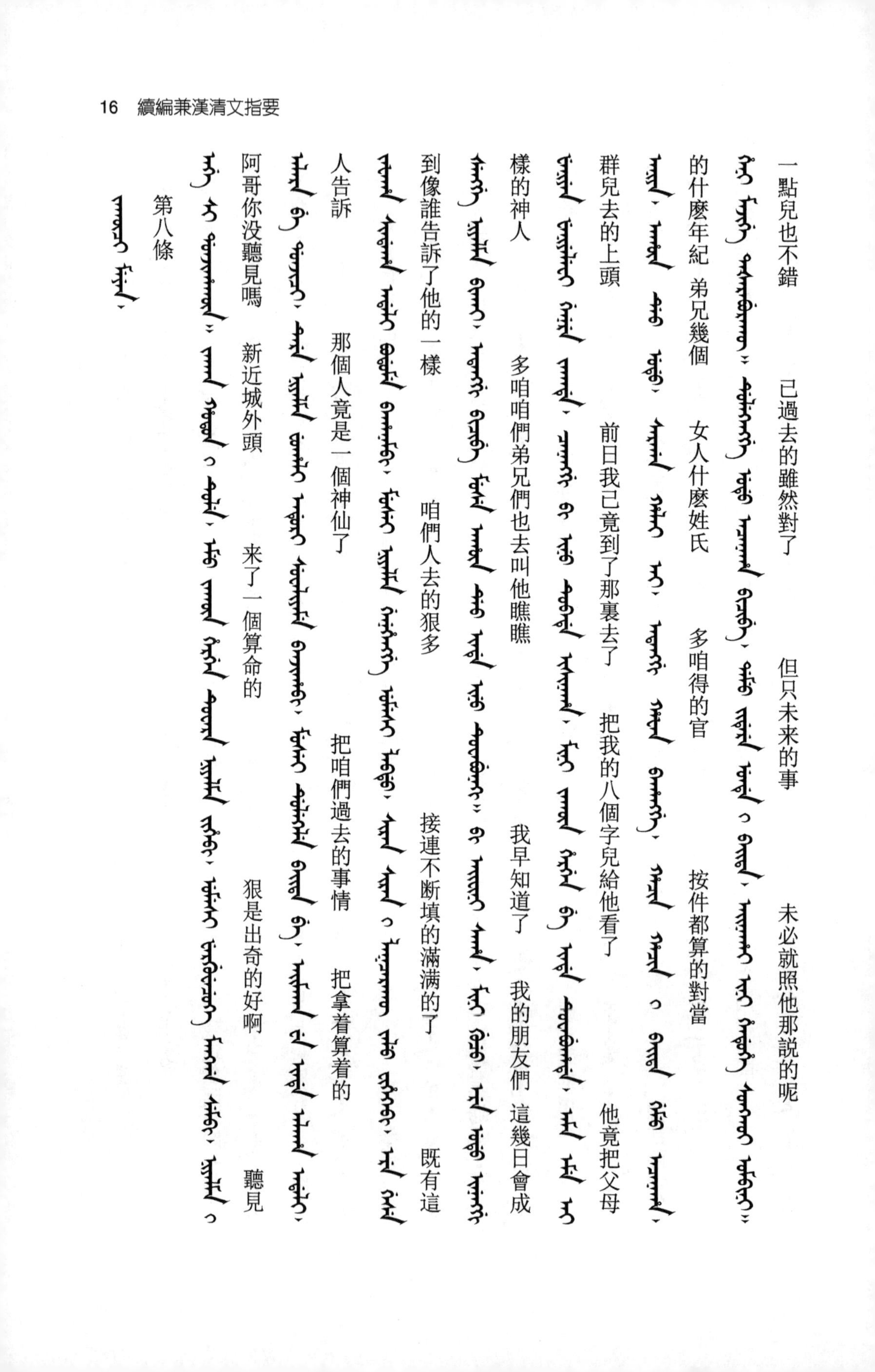

一點兒也不錯　已過去的雖然對了　但只未來的事　未必就照他那說的呢

的什麼年紀　弟兄幾個　女人什麼姓氏　多咱得的官　按件都算的對當

群兒去的上頭　前日我已竟到了那裏去了　把我的八個字兒給他看了　他竟把父母

樣的神人　多咱咱們弟兄們也去叫他瞧瞧　我早知道了　我的朋友們　這幾日會成

到像誰告訴了他的一樣　咱們人去的狠多　接連不斷填的滿滿的了　既有這

人告訴　那個人竟是一個神仙了　把咱們過去的事情　把拿着算着的

阿哥你没聽見嗎　新近城外頭　来了一個算命的　狠是出奇的好啊　聽見

第八條

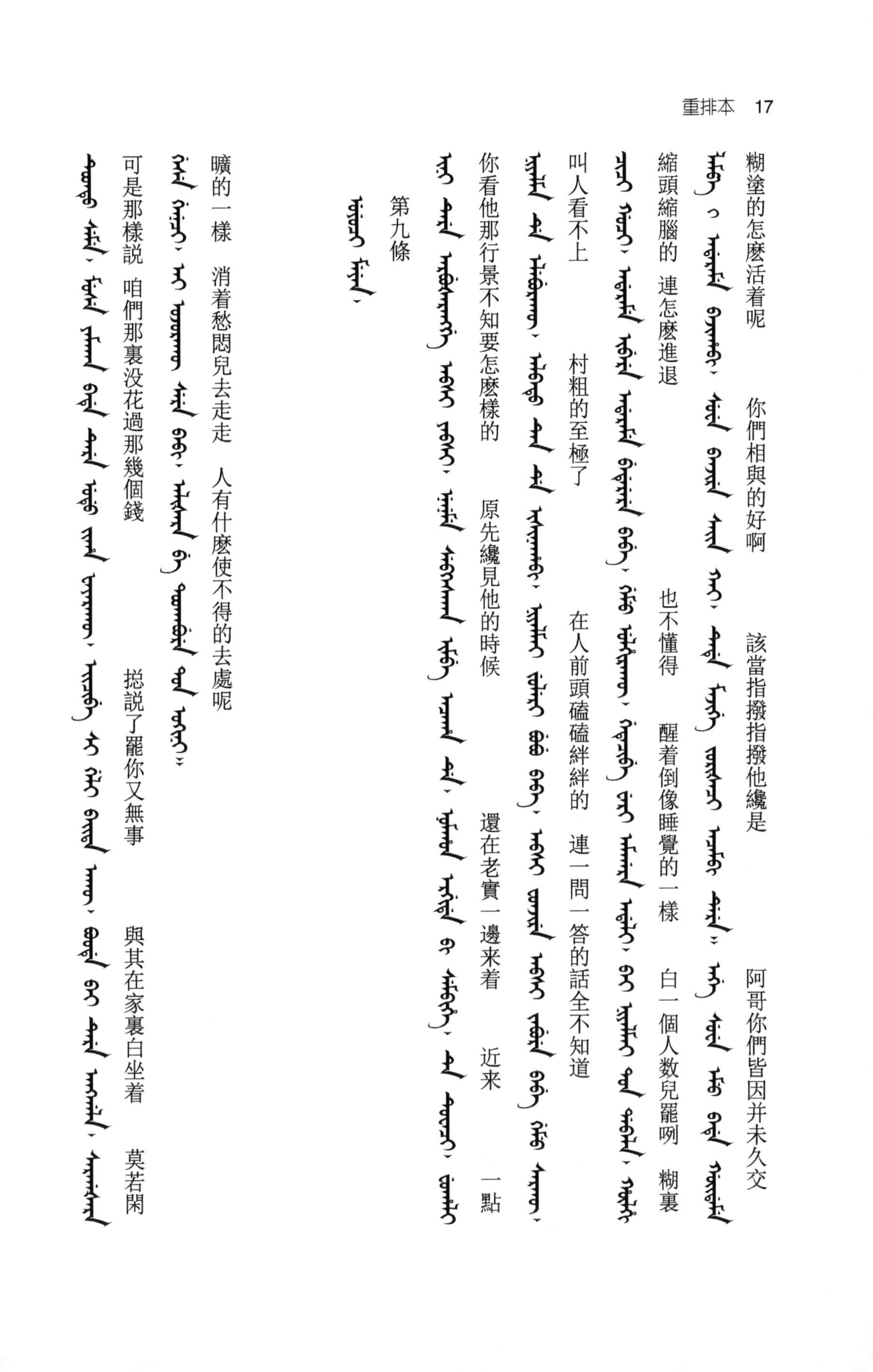

糊塗的怎麼活着呢　你們相與的好啊　該當指撥指撥他纔是　阿哥你們皆因并未久交

縮頭縮腦的　連怎麼進退　也不懂得　醒着倒像睡覺的一様　白一個人数兒罷咧　糊裏

叫人看不上　村粗的至極了　在人前頭磕磕絆絆的　連一問一答的話全不知道

你看他那行景不知要怎麼様的　原先纔見他的時候　還在老實一邊来着　近来　一點

第九條

曠的一様　消着愁悶兒去走走　人有什麼使不得的去處呢

可是那様説　咱們那裏没花過那幾個錢　揔説了罷你又無事　與其在家裏白坐着　莫若閑

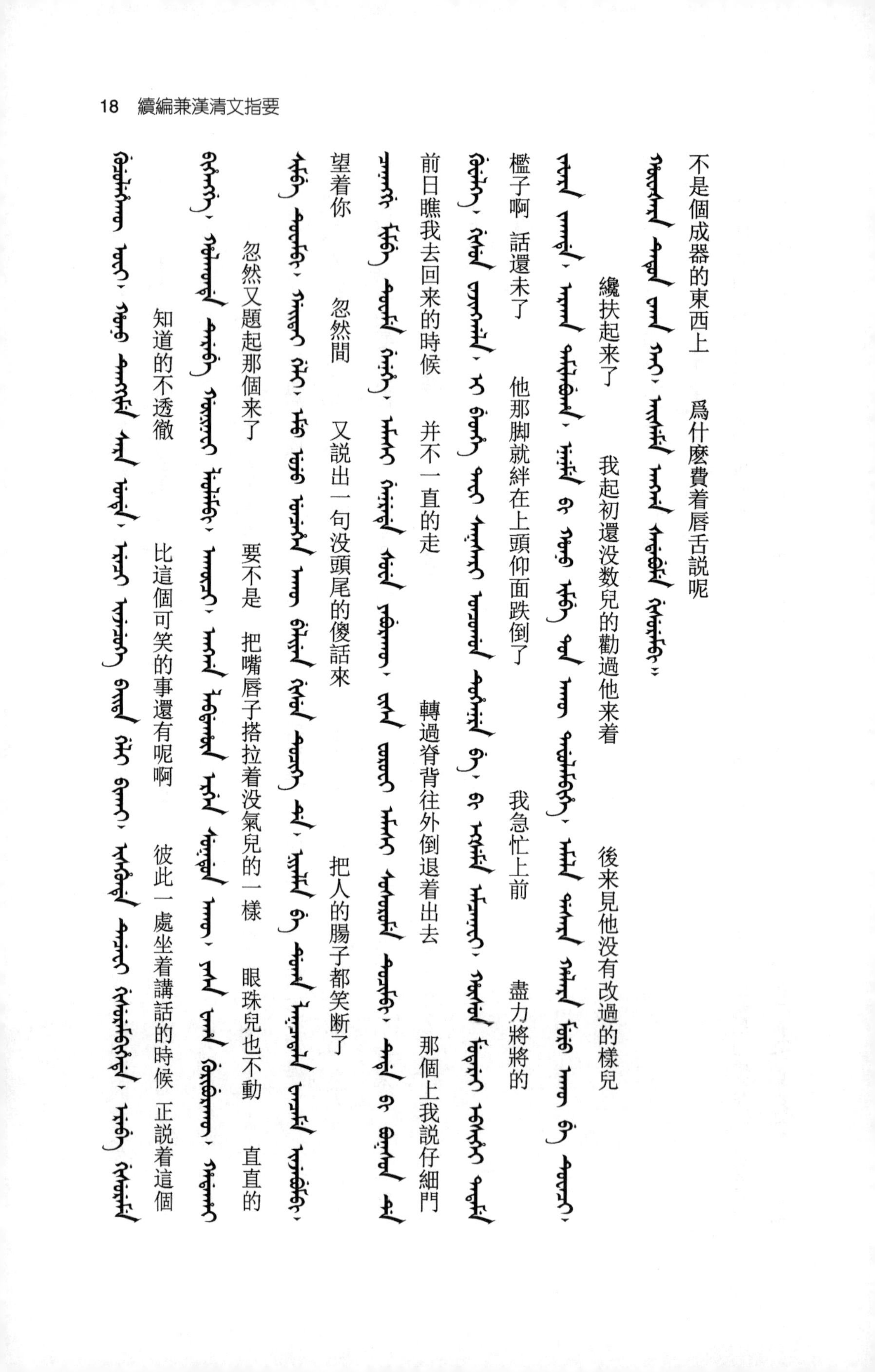

不是個成器的東西上　爲什麼費着唇舌説呢

纔扶起來了　我起初還没数兒的勸過他来着　後来見他没有改過的樣兒

檻子啊　話還未了　他那脚就絆在上頭仰面跌倒了　我急忙上前　盡力將將的

前日瞧我去回來的時候　并不一直的走　轉過脊背往外倒退着出去　那個上我説仔細門

望着你　忽然間　又説出一句没頭尾的傻話來　把人的腸子都笑斷了

忽然又題起那個來了　要不是　把嘴唇子搭拉着没氣兒的一樣　眼珠兒也不動　直直的

知道的不透徹　比這個可笑的事還有呢啊　彼此一處坐着講話的時候　正説着這個

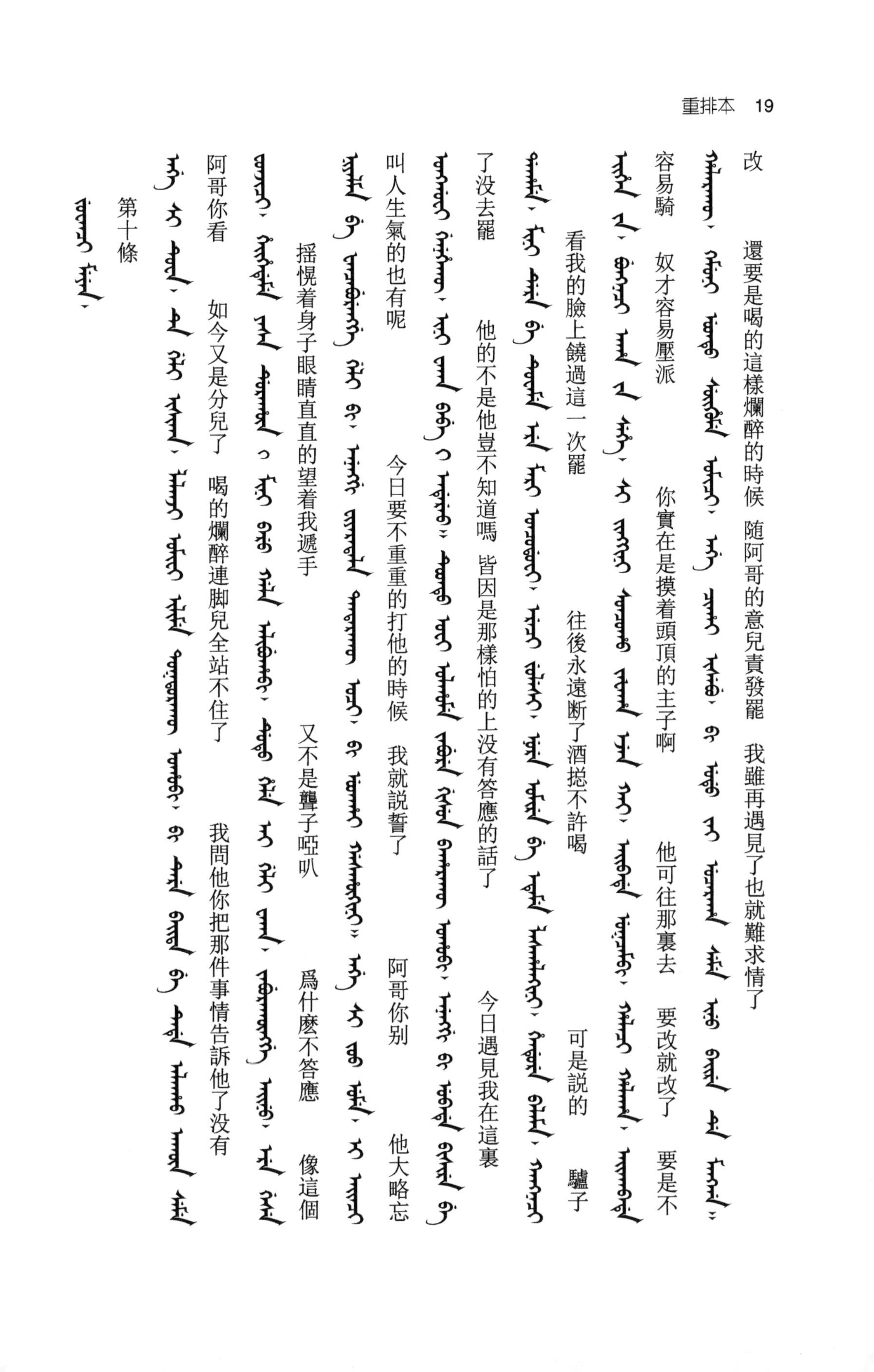

改　還要是喝的這樣爛醉的時候　隨阿哥的意兒責發罷　我雖再遇見了也就難求情了

容易騎　奴才容易壓派　你實在是摸着頭頂的主子啊　他可往那裏去　要改就改了　要是不

看我的臉上饒過這一次罷　往後永遠斷了酒撂不許喝　可是説的　驢子

了没去罷　他的不是他豈不知道嗎　皆因是那樣怕的上没有答應的話了　今日遇見我在這裏

叫人生氣的也有呢　今日要不重重的打他的時候　我就説誓了　阿哥你別　他大略忘

搖愰着身子眼睛直直的望着我遞手　又不是聾子啞叭　爲什麼不答應　像這個

阿哥你看　如今又是分兒了　喝的爛醉連脚兒全站不住了　我問他你把那件事情告訴他了没有

第十條

阿哥你如何知道呢　生来是一個不成器的魂灵兒　一説喝酒就死也不肯放　比他阿媽脖子上的血還

這一次饒過了的時候　就説是改了嗎　也不過減等着喝一兩日罷咧　過去了又是照

舊的喝啊

ᠠᠨ ᡳ ᠣᠮᡳᠮᠪᡳ᠉

第十一條

ᠵᡠᠸᠠᠨ ᡝᠮᡠᠴᡳ ᠮᡝᠶᡝᠨ

阿哥個的這個孩子是第幾個的　這是我的老格兒　出了花兒了嗎　没有呢　他們全是連胎生的弟兄　九個

全存下了　阿哥我不是頑　嫂子好手段啊　是第一個善養孩子的呀　竟是個子孫娘娘了

你實在是個有福的人啊　未必是福　生来的孽啊　大些的還好些　小的們終日裏哭哭喊喊

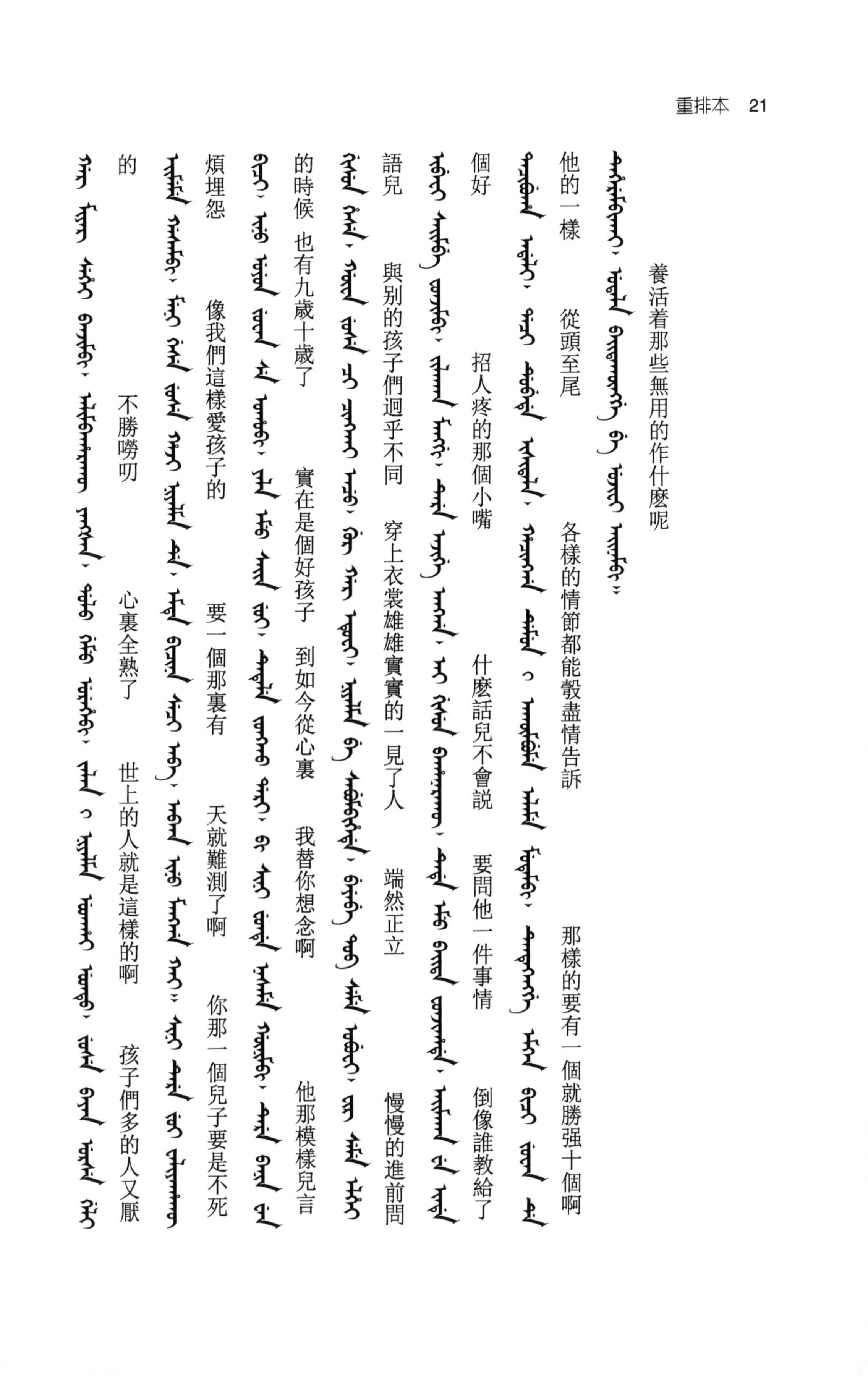

養活着那些無用的作什麼呢

[illegible]

他的一樣 從頭至尾 各樣的情節都能彀盡情告訴 那樣的要有一個就勝强十個啊

[illegible]

個好 招人疼的那個小嘴 什麼話兒不會説 要問他一件事情 倒像誰教給了

[illegible]

語兒 與別的孩子們迥乎不同 穿上衣裳雄雄實實的一見了人 端然正立 慢慢的進前問

[illegible]

的時候 也有九歲十歲了 實在是個好孩子 到如今從心裏 我替你想念啊 他那模樣兒言

[illegible]

煩埋怨 像我們這樣愛孩子的 要一個那裏有 天就難測了啊 你那一個兒子要是不死

[illegible]

的 不勝嘮叨 心裏全熟了 世上的人就是這樣的啊 孩子們多的人又厭

[illegible]

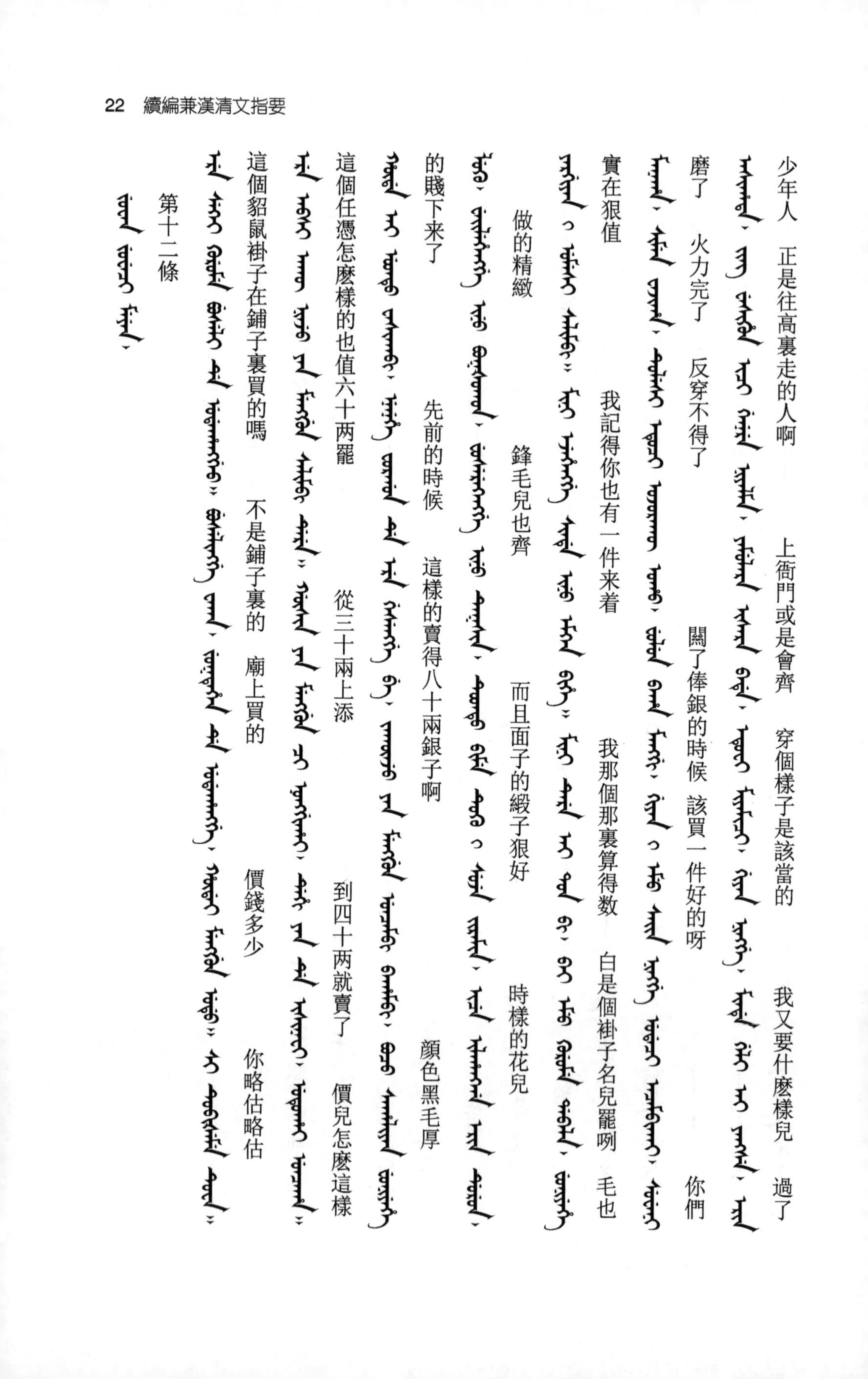

少年人　正是往高裏走的人啊　上衙門或是會齊　穿個樣子是該當的　我又要什麼樣兒　過了

磨了　火力完了　反穿不得了　闕了俸銀的時候　該買一件好的呀　你們

實在狠值　我記得你也有一件来着　我那個那裏算得数　白是個褂子名兒罷咧　毛也

做的精緻　鋒毛兒也齊　而且面子的緞子狠好　時樣的花兒

的賤下来了　先前的時候　這樣的賣得八十兩銀子啊　顔色黑毛厚

這個任憑怎麼樣的也值六十兩罷　從三十兩上添　到四十兩就賣了　價兒怎麼這樣

這個貂鼠褂子在鋪子裏買的嗎　不是鋪子裏的　廟上買的　價錢多少　你略估略估

第十二條

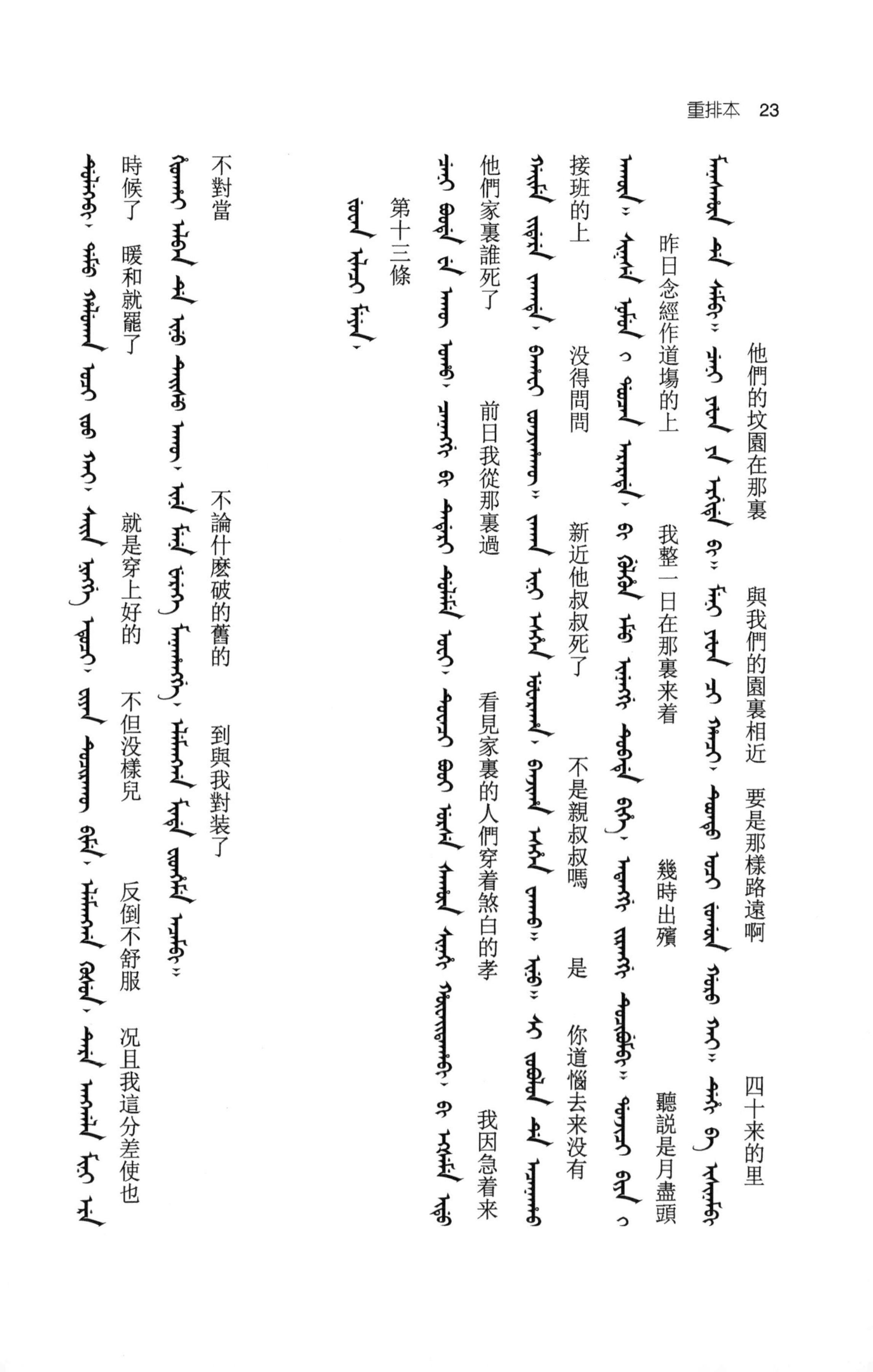

他們的坟園在那裏 與我們的園裏相近 要是那樣路遠啊 四十来的里

昨日念經作道場的上 我整一日在那裏来着 幾時出殯 聽説是月盡頭

接班的上 没得問問 新近他叔叔死了 不是親叔叔嗎 是 你道惱去来没有

他們家裏誰死了 前日我從那裏過 看見家裏的人們穿着煞白的孝 我因急着来

第十三條

不對當 不論什麼破的舊的 到與我對裝了

時候了 暖和就罷了 就是穿上好的 不但没樣兒 反倒不舒服 况且我這分差使也

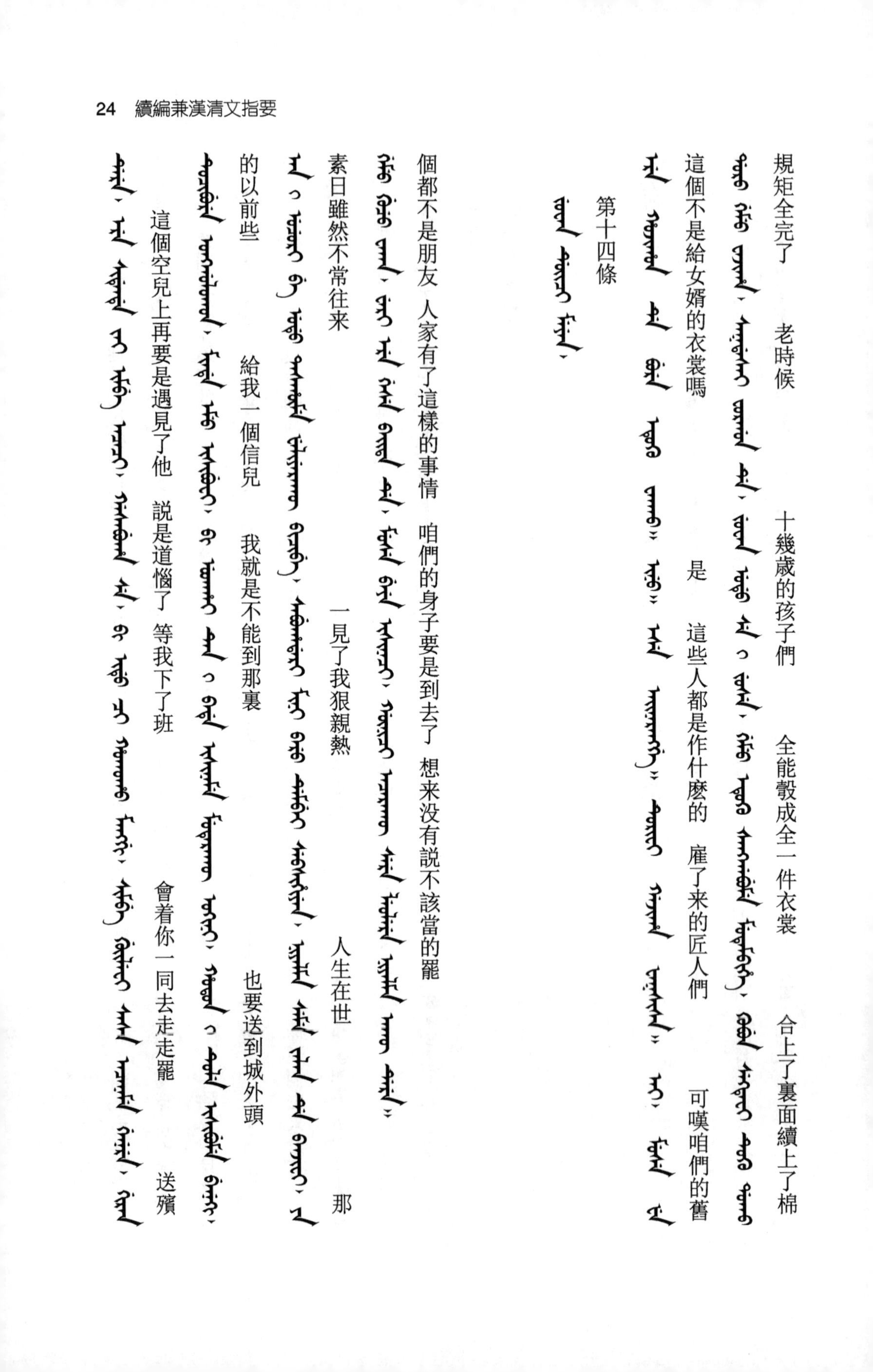

規矩全完了　老時候　十幾歲的孩子們　全能彀成全一件衣裳　合上了裏面續上了棉

這個不是給女婿的衣裳嗎　是　這些人都是作什麼的　雇了来的匠人們　可嘆咱們的舊

第十四條

個都不是朋友　人家有了這樣的事情　咱們的身子要是到去了　想来没有說不該當的罷

素日雖然不常往来　一見了我狠親熱　人生在世　那

的以前些　給我一個信兒　我就是不能到那裏　也要送到城外頭

這個空兒上再要是遇見了他　說是道惱了　等我下了班　會着你一同去走走罷　送殯

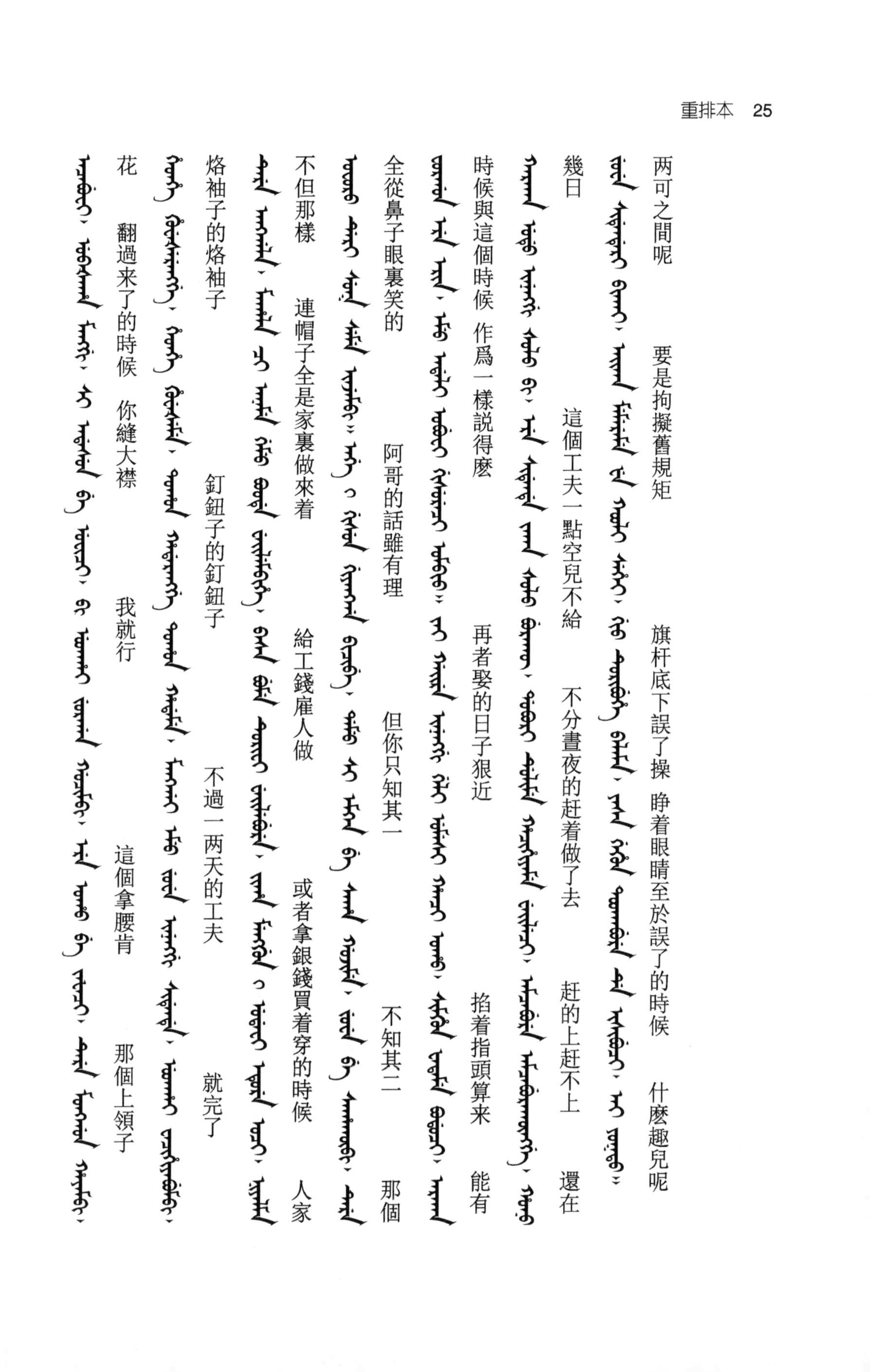

兩可之間呢　要是拘擬舊規矩　旗杆底下誤了操　睁着眼睛至於誤了的時候　什麼趣兒呢

幾日　這個工夫一點空兒不給　不分晝夜的赶着做了去　赶的上赶不上　還在

時候與這個時候　作爲一樣說得麼　再者娶的日子狠近　掐着指頭算來　能有

全從鼻子眼裏笑的　阿哥的話雖有理　但你只知其一　不知其二　那個

不但那様　連帽子全是家裏做來着　給工錢雇人做　或者拿銀錢買着穿的時候　人家

烙袖子的烙袖子　釘鈕子的釘鈕子　不過一兩天的工夫　就完了

花　翻過来了的時候　你縫大襟　我就行　這個拿腰肯　那個上領子

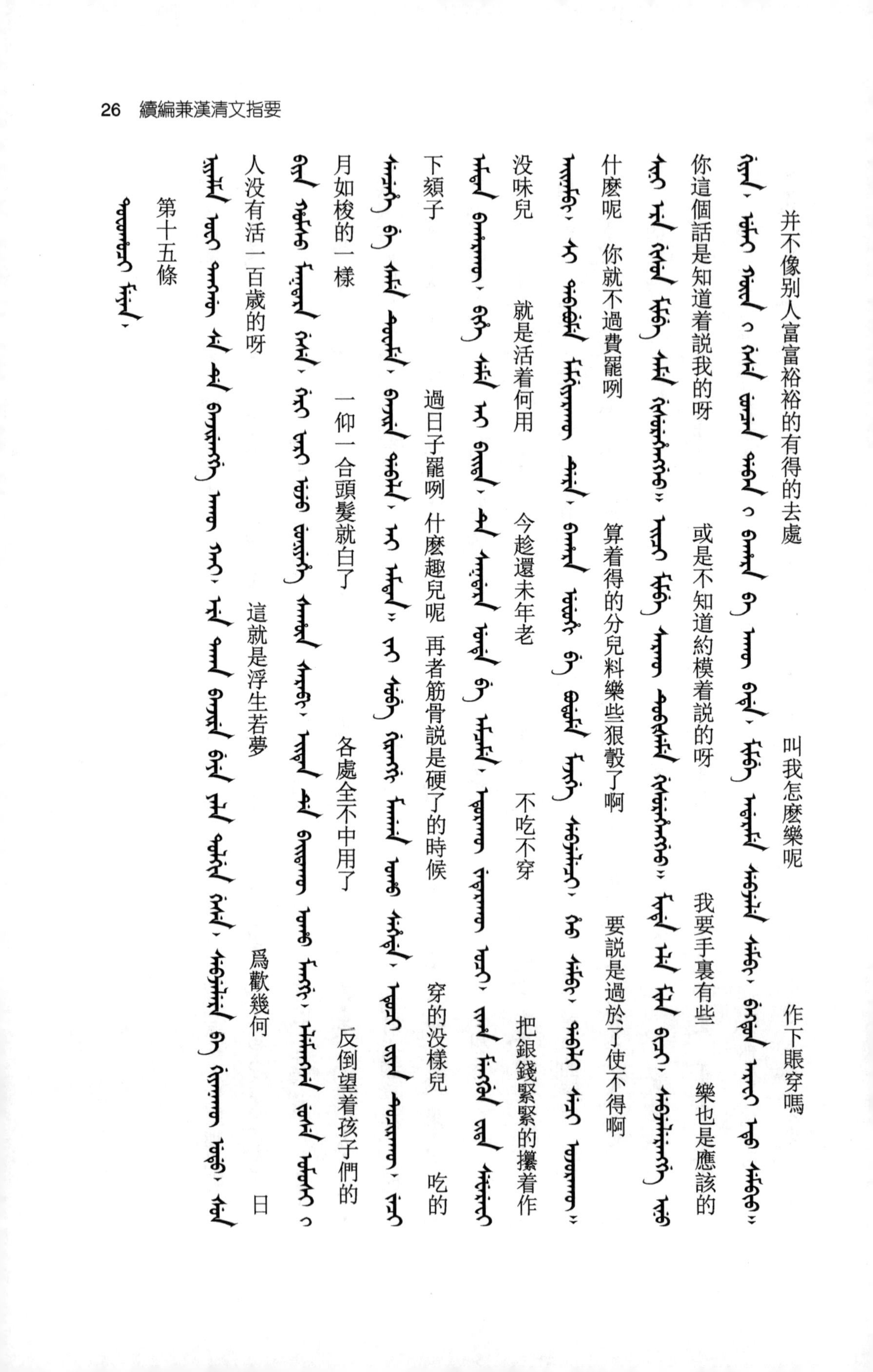

并不像别人富富裕裕的有得的去處　叫我怎麽樂呢　作下賬穿嗎

你這個話是知道着説我的呀　或是不知道約模着説的呀　我要手裏有些　樂也是應該的

什麽呢　你就不過費罷咧　算着得的分兒料樂些狠彀了啊　要説是過於了使不得啊

没味兒　就是活着何用　今趁還未年老　不吃不穿　把銀錢緊緊的攥着作

下頦子　過日子罷咧　什麽趣兒呢　再者筋骨説是硬了的時候　穿的没樣兒　吃的

月如梭的一樣　一仰一合頭髮就白了　各處全不中用了　反倒望着孩子們的

人没有活一百歲的呀　這就是浮生若夢　爲歡幾何　日

第十五條

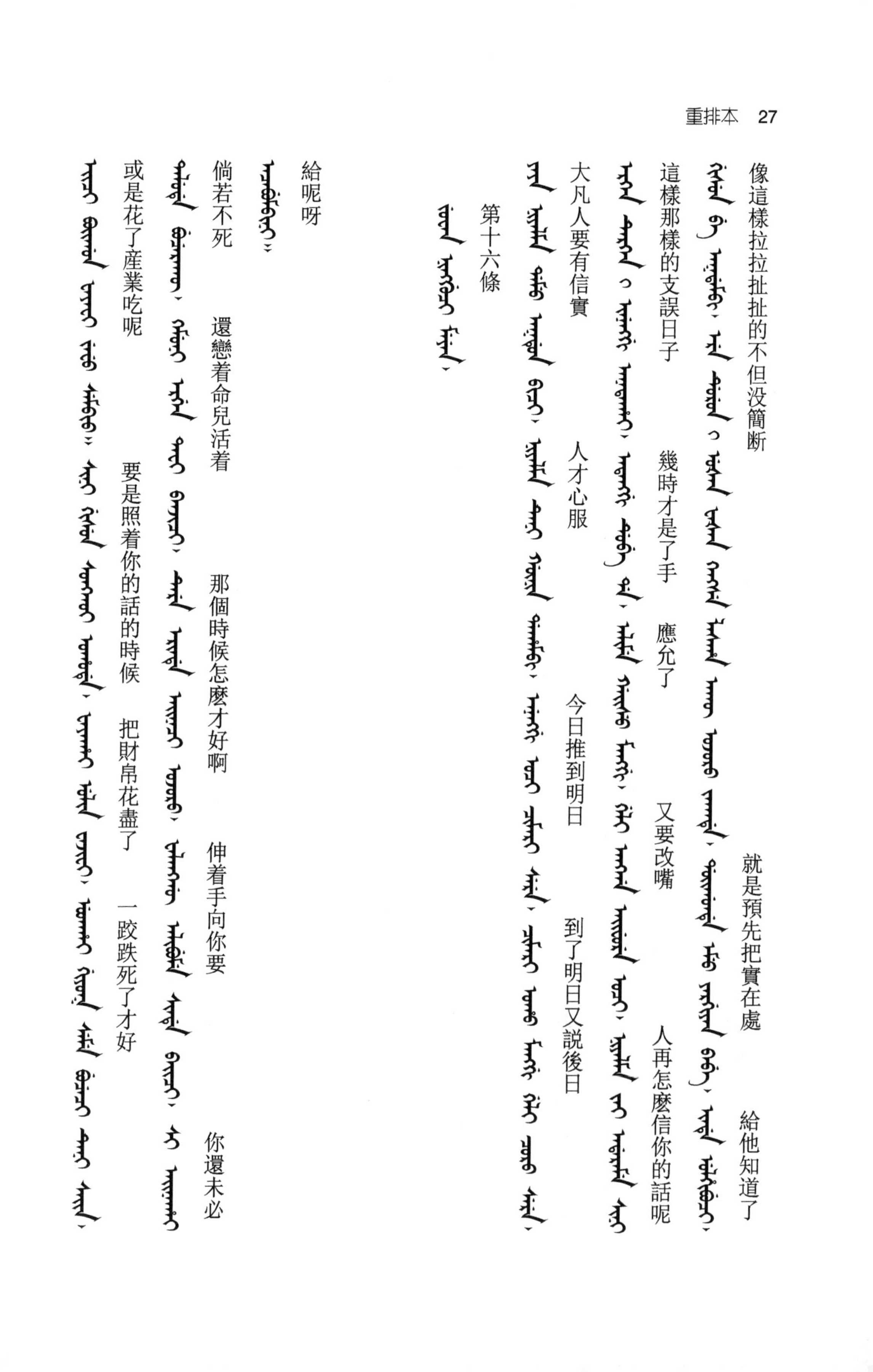

像這様拉拉扯扯的不但没簡斷　就是預先把實在處　給他知道了

這様那様的支誤日子　幾時才是了手　應允了　又要改嘴　人再怎麼信你的話呢

大凡人要有信實　人才心服　今日推到明日　到了明日又説後日

第十六條

給呢呀

倘若不死　還戀着命兒活着　那個時候怎麼才好啊　伸着手向你要　你還未必

或是花了産業吃呢　要是照着你的話的時候　把財帛花盡了　一跤跌死了才好

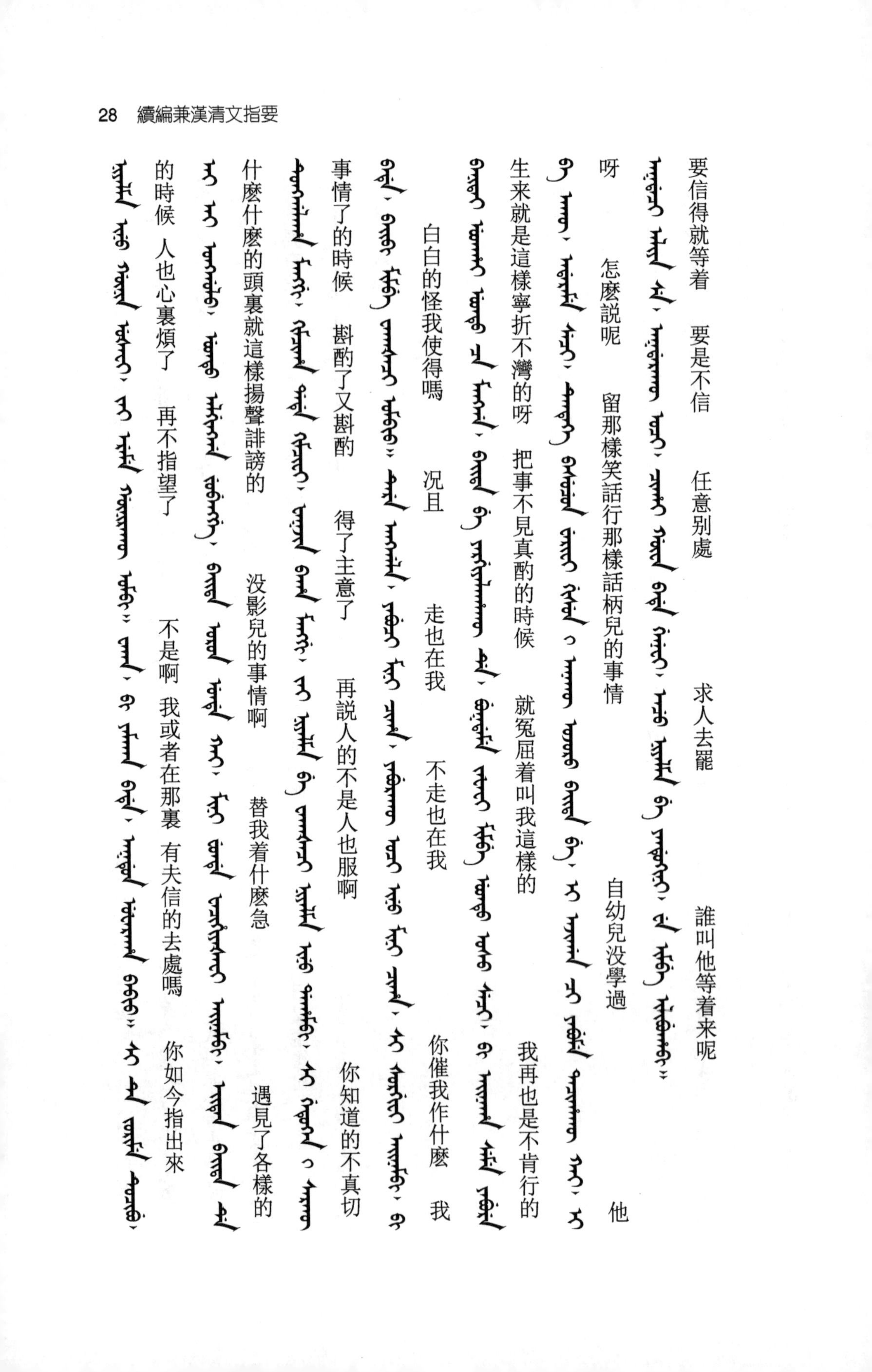

要信得就等着　要是不信　任意別處　求人去罷　誰叫他等着來呢

呀　怎麼說呢　留那樣笑話行那樣話柄兒的事情　自幼兒没學過　他

生來就是這樣寧折不彎的呀　把事不見真酌的時候　就冤屈着叫我這樣的　我再也是不肯行的

白白的怪我使得嗎　況且　走也在我　不走也在我　你催我作什麼　我

事情了的時候　斟酌了又斟酌　得了主意了　再說人的不是人也服啊　你知道的不真切

什麼什麼的頭裏就這樣揚聲誹謗的　没影兒的事情啊　替我着什麼急　遇見了各樣的

的時候　人也心裏煩了　再不指望了　不是啊　我或者在那裏　有失信的去處嗎　你如今指出來

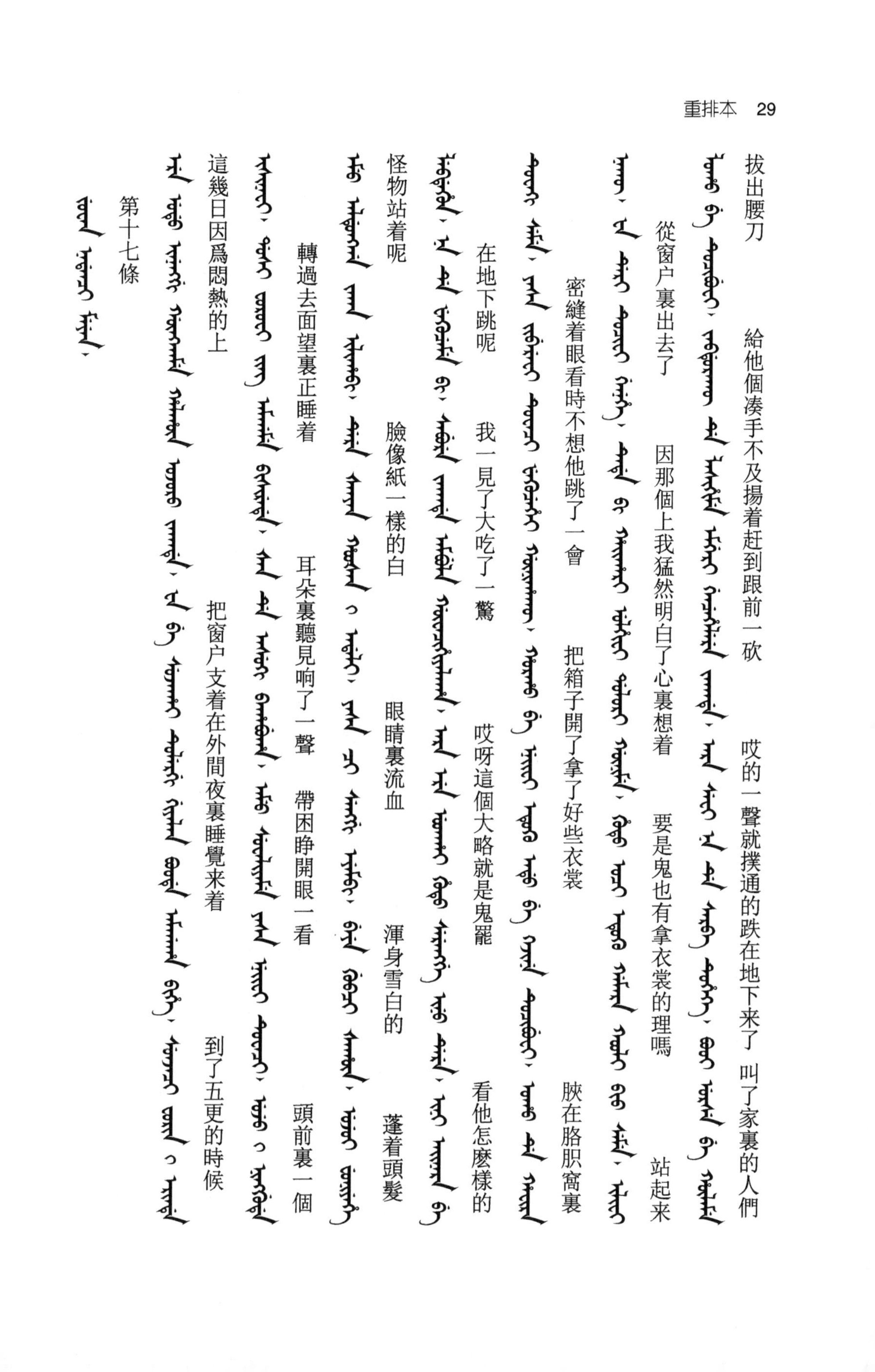

第十七條

這幾日因爲悶熱的上 把窗户支着在外間夜裏睡覺来着 到了五更的時候

轉過去面望裏正睡着 耳朵裏聽見响了一聲 帶困睁開眼一看 頭前裏一個

怪物站着呢 臉像紙一樣的白 眼睛裏流血 渾身雪白的 蓬着頭髮

在地下跳呢 我一見了大吃了一驚 哎呀這個大略就是鬼罷 看他怎麼樣的

密縫着眼看時不想他跳了一會 把箱子開了拿了好些衣裳 脥在胳肢窩裏

從窗户裏出去了 因那個上我猛然明白了心裏想着 要是鬼也有拿衣裳的理嗎 站起来

拔出腰刀 給他個湊手不及揚着赶到跟前一砍 哎的一聲就撲通的跌在地下来了 叫了家裏的人們

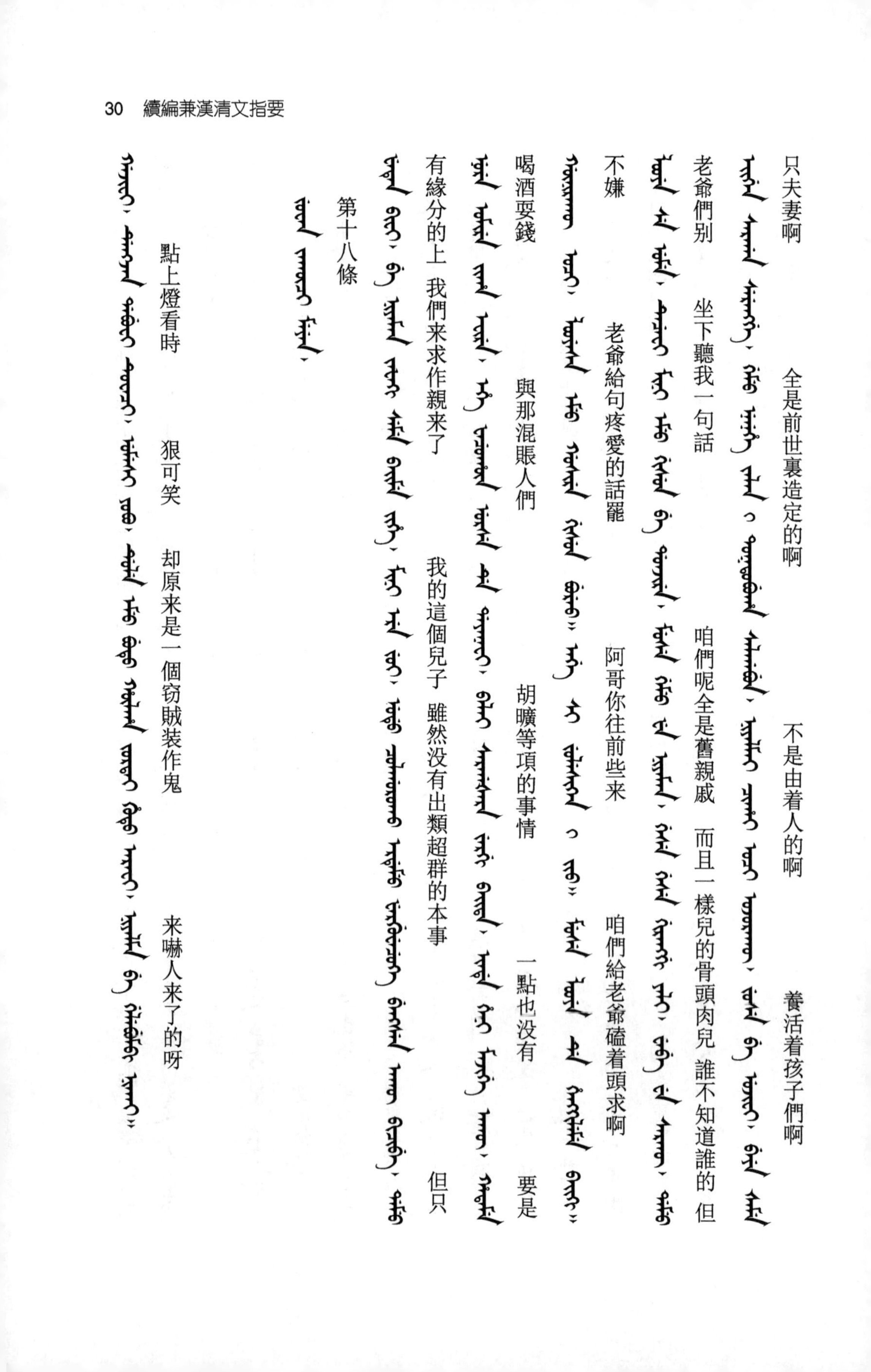

只夫妻啊 全是前世裏造定的啊 不是由着人的啊 養活着孩子們啊

老爺們別 坐下聽我一句話 咱們呢全是舊親戚 而且一樣兒的骨頭肉兒 誰不知道誰的 但

不嫌 老爺給句疼愛的話罷 阿哥你往前些来 咱們給老爺磕着頭求啊

喝酒要錢 與那混賬人們 胡曠等項的事情 一點也没有 要是

有緣分的上 我們来求作親来了 我的這個兒子 雖然没有出類超群的本事 但只

第十八條

點上燈看時 狠可笑 却原来是一個窃賊装作鬼 来嚇人来了的呀

你說他們是結髮夫妻嗎　是継娶的啊　這個老婆妨了好幾個漢子了　身形兒好

第十九條

磕頭也不遲啊

瞧了姑娘的時候　把阿哥也叫進去　給這裏的太太們瞧瞧　彼此全說是合式了　再

是啊　老爺的話狠聖明　把這話就通知咱們來的太太們

有老家兒　没見這個阿哥　第二件來的太太們　也瞧瞧我的醜女兒

親身眼看着成雙成對的了　爲父母的那些勞苦心腸也就完了　雖然那們　頭一件我

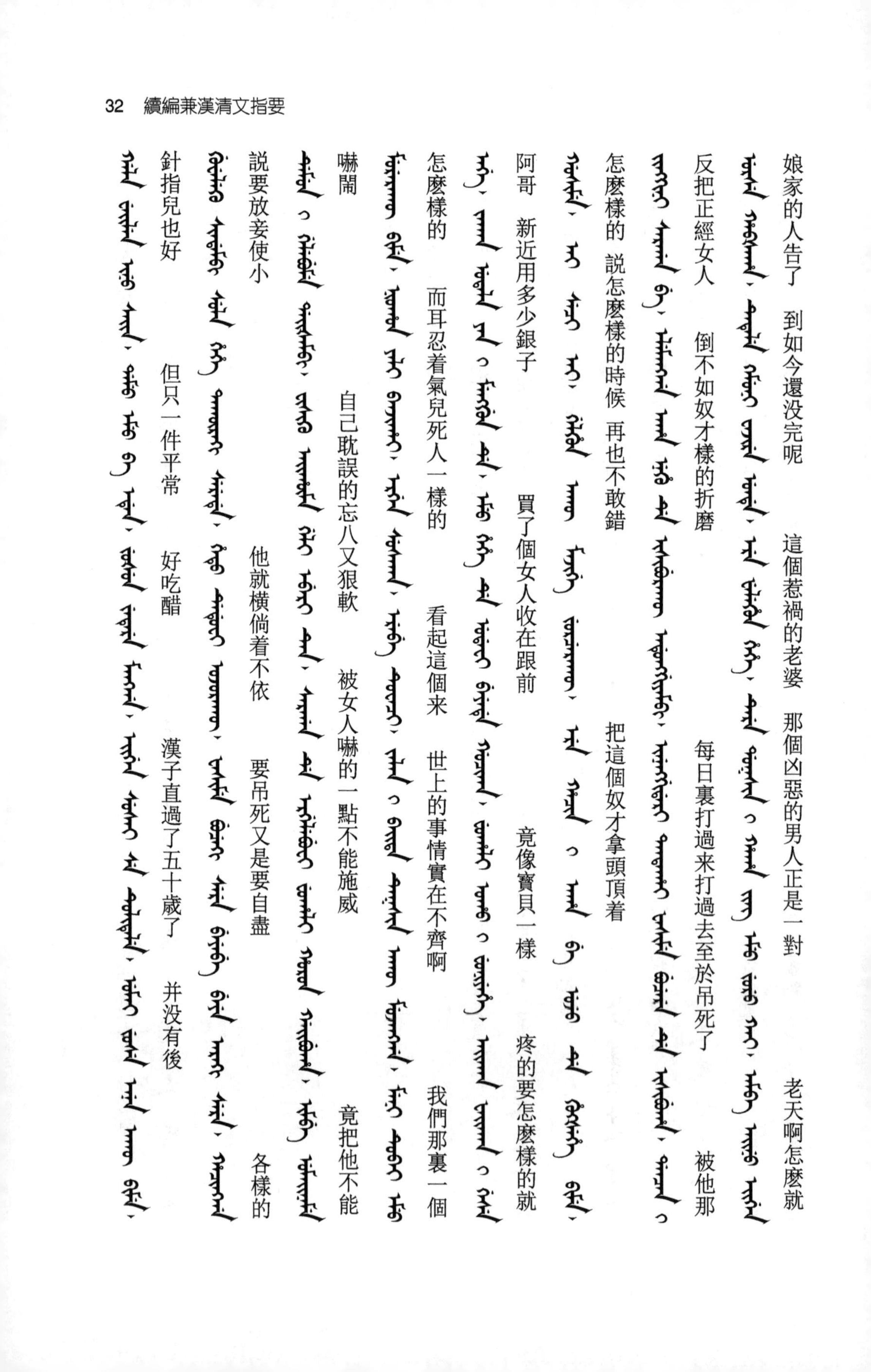

娘家的人告了　到如今還沒完呢　這個惹禍的老婆　那個凶惡的男人正是一對　老天啊怎麼就

反把正經女人　倒不如奴才樣的折磨　每日裏打過来打過去至於吊死了　被他那

怎麼樣的　說怎麼樣的時候　再也不敢錯　把這個奴才拿頭頂着

阿哥　新近用多少銀子　買了個女人收在跟前　竟像寶貝一樣　疼的要怎麼樣的就

怎麼樣的　而耳忍着氣兒死人一樣的　看起這個来　世上的事情實在不齊啊　我們那裏一個

嚇鬧　自己耽誤的忘八又狠軟　被女人嚇的一點不能施威　竟把他不能

說要放妾使小　他就横倘着不依　要吊死又是要自盡　各樣的

針指兒也好　但只一件平常　好吃醋　漢子直過了五十歲了　并沒有後

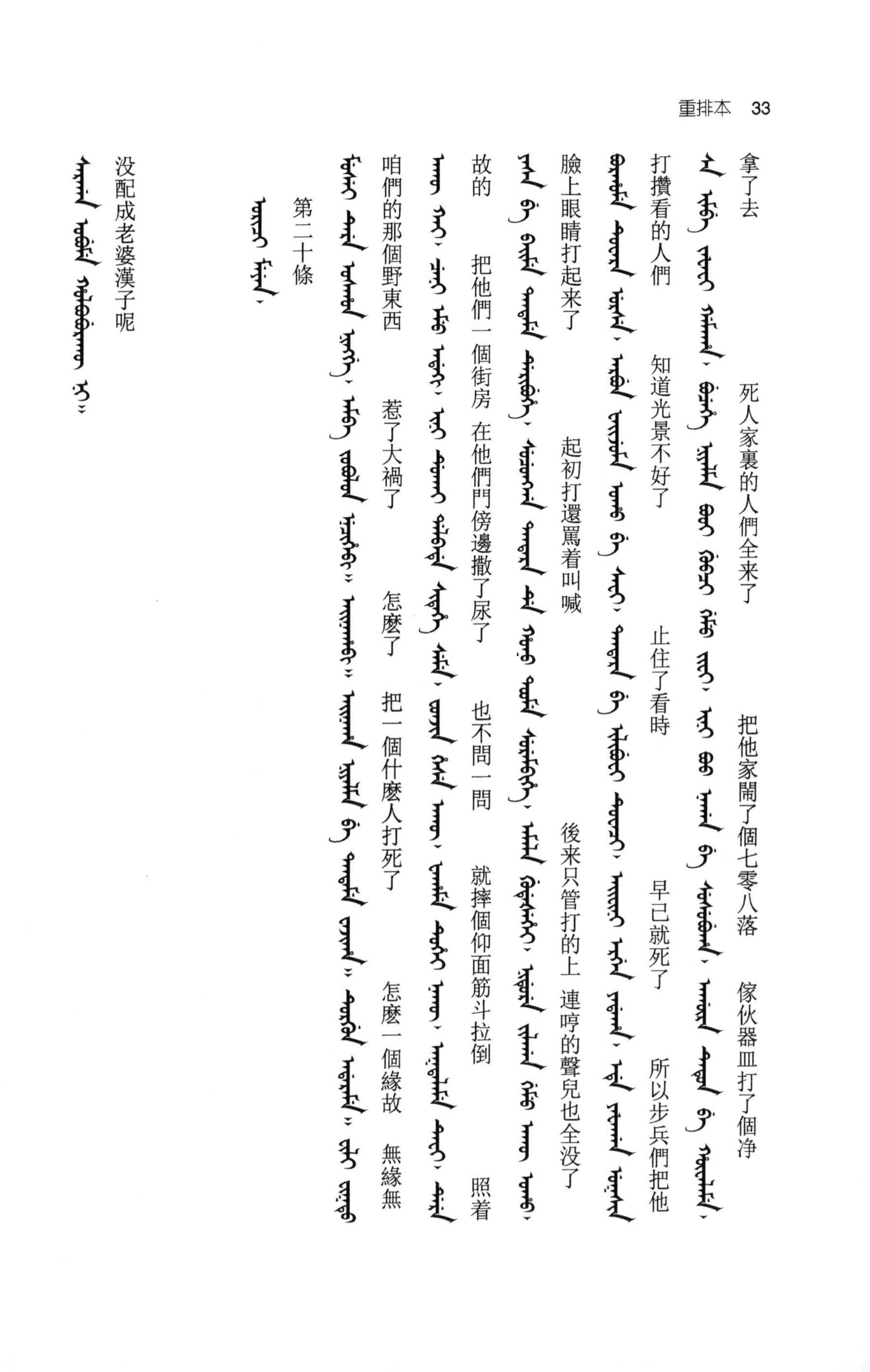

拿了去　死人家裏的人們全来了　把他家鬧了個七零八落　傢伙器皿打了個净

打攢看的人們　知道光景不好了　止住了看時　早已就死了　所以步兵們把他

臉上眼睛打起来了　起初打還罵着叫喊　後来只管打的上　連哼的聲兒也全没了

故的　把他們一個街房　在他們門傍邊撒了尿了　也不問一問　就摔個仰面筋斗拉倒　照着

咱們的那個野東西　惹了大禍了　怎麽了　把一個什麽人打死了　怎麽一個緣故　無緣無

第二十條

没配成老婆漢子呢

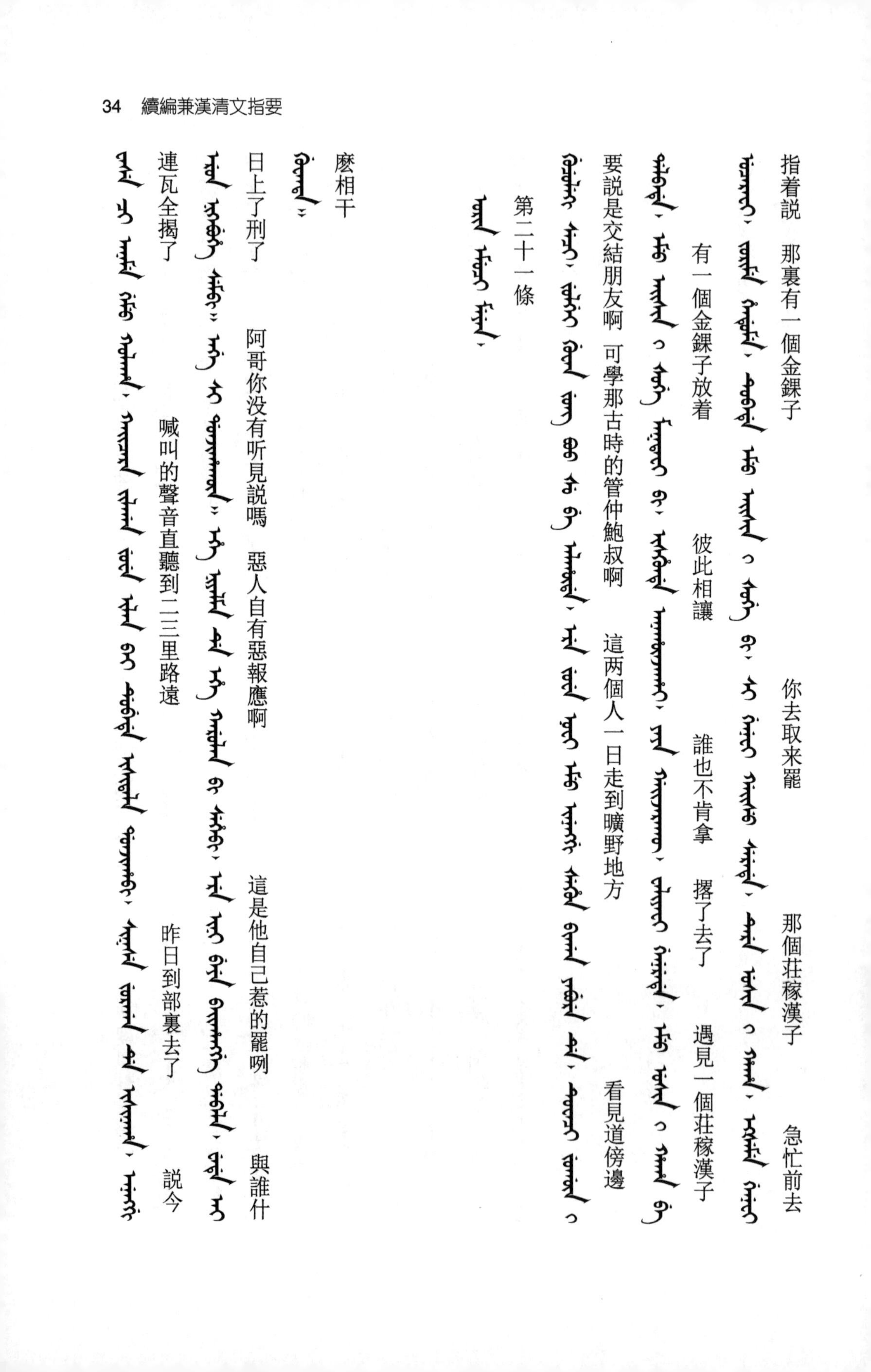

連瓦全揭了 喊叫的聲音直聽到二三里路遠 昨日到部裏去了 說今

日上了刑了 阿哥你没有听見說嗎 惡人自有惡報應啊 這是他自己惹的罷咧 與誰什

麼相干

第二十一條

要說是交結朋友啊 可學那古時的管仲鮑叔啊 這兩個人一日走到曠野地方 看見道傍邊

有一個金錁子放着 彼此相讓 誰也不肯拿 撂了去了 遇見一個莊稼漢子

指着說 那裏有一個金錁子 你去取来罷 那個莊稼漢子 急忙前去

ᡤᠠᡳᠴᡳ᠈ ᠠᡳᠰᡳᠨ ᠪᡝ ᠪᠠᡥᠠᡵᠠᡴᡡ᠈ ᡝᠮᡠ ᠵᡠᠸᡝ ᡠᠵᡠᠩᡤᠠ ᠮᡝᡳᡥᡝ ᠪᡝ ᠰᠠᠪᡠᡶᡳ᠈ ᠠᠮᠪᡠᠯᠠ ᡤᠣᠯᠣᡶᡳ᠈ ᡥᠣᠮᡳᠨ ᡳ ᠮᡝᡳᡥᡝ ᠪᡝ ᠮᡝᡳᡨᡝᠮᡝ ᠵᡠᠸᡝ ᠮᡝᠶᡝᠨ

取時 不見金子 見一個兩頭蛇 吃了一大驚 拿鋤頭把蛇砍爲兩段

ᠠᠮᠠᠰᡳ ᠵᡳᡶᡳ᠈ ᠪᡝᠴᡠᠨᡠᠮᡝ ᡥᡝᠨᡩᡠᠮᡝ᠈ ᠪᡳ ᠰᡠᠸᡝᠨᡩᡝ ᠠᡳ ᡴᡳᠮᡠᠨ ᠪᡳ᠉ ᠵᡠᠸᡝ ᡠᠵᡠᠩᡤᠠ ᠮᡝᡳᡥᡝ ᠪᡝ᠈ ᠠᡳᠨᡠ ᠠᡳᠰᡳᠨ ᡧᠣᡤᡝ ᠰᡝᠮᡝ ᠮᡳᠮᠪᡝ ᡥᠣᠯᡨᠣᡶᡳ

赶回来吵鬧着說 我與你們有仇嗎 把兩頭蛇 怎麼哄我說是金錁子

ᡝᠯᡝᡴᡝᡳ᠈ ᠮᡳᠨᡳ ᡝᡵᡤᡝᠨ ᠪᡝ ᠵᠣᠴᡳᠪᡠᠮᠪᡳᡥᡝ᠈ ᠵᡠᠸᡝ ᠨᠣᡶᡳ ᠠᡴᡩᠠᡵᠠᡴᡡ᠈ ᠰᠠᠰᠠ ᡤᡝᠨᡝᡶᡳ ᡨᡠᠸᠠᠴᡳ᠈ ᠠᠨ ᡳ ᠠᡳᠰᡳᠨ ᡳ ᡧᠣᡤᡝ

幾乎没送了我的命啊 二人不信 一同前去看時 照舊還是金錁子

ᠮᡝᡳᡨᡝᠪᡠᡶᡳ᠈ ᠵᡠᠸᡝ ᠮᡝᠶᡝᠨ ᠣᡶᡳ ᠨᠠ ᡩᡝ ᠪᡳ᠈ ᡤᡠᠸᠠᠨ ᠵᡠᠩ᠈ ᠪᠣᠣ ᡧᡠ ᠮᡝᠨᡳ ᠮᡝᠨᡳ ᡩᡠᠯᡳᠨ ᠪᡝ ᡤᠠᡳᡶᡳ ᠵᡳᡥᡝ᠈ ᡨᡝᡵᡝ ᡠᠰᡳᠨ ᡳ ᠨᡳᠶᠠᠯᠮᠠ᠈ ᠠᠨ ᡳ ᡠᠨᡨᡠᡥᡠᠨ

可吹爲兩段在地下 管仲鮑叔各取了一半来了 那個莊稼漢子 仍舊空手去

ᡤᠠᠯᠠ ᡤᡝᠨᡝᡥᡝ᠈ ᠵᡠᠯᡤᡝᡳ ᠨᡳᠶᠠᠯᠮᠠᡳ ᡤᡠᠴᡠ ᡤᡠᠴᡠᠯᡝᡵᡝ ᡩᠣᡵᠣ ᡠᡨᡨᡠ᠈ ᡝᡵᡝ ᡠᡩᡠ ᠰᡠᡩᡠᡵᡳ ᡩᡝ ᠠᡩᠠᠯᡳ ᠪᡳᠴᡳᠪᡝ᠈ ᠶᠠᡵᡤᡳᠶᠠᠨ ᡳ ᡨᡝ ᡳ ᠵᠠᠯᠠᠨ ᡳ

了 古人交結朋友的道理是這樣 這個雖與野史相近 實在可與如今爭利的人

ᠠᡳᠰᡳ ᠪᡝ ᡨᡝᠮᡧᡝᡵᡝ ᠨᡳᠶᠠᠯᠮᠠ ᡩᡝ᠈ ᡨᡠᠸᠠᡴᡡ ᠣᠪᡠᠴᡳ ᠣᠮᠪᡳ ᡴᠠᡳ᠉

作個榜樣啊

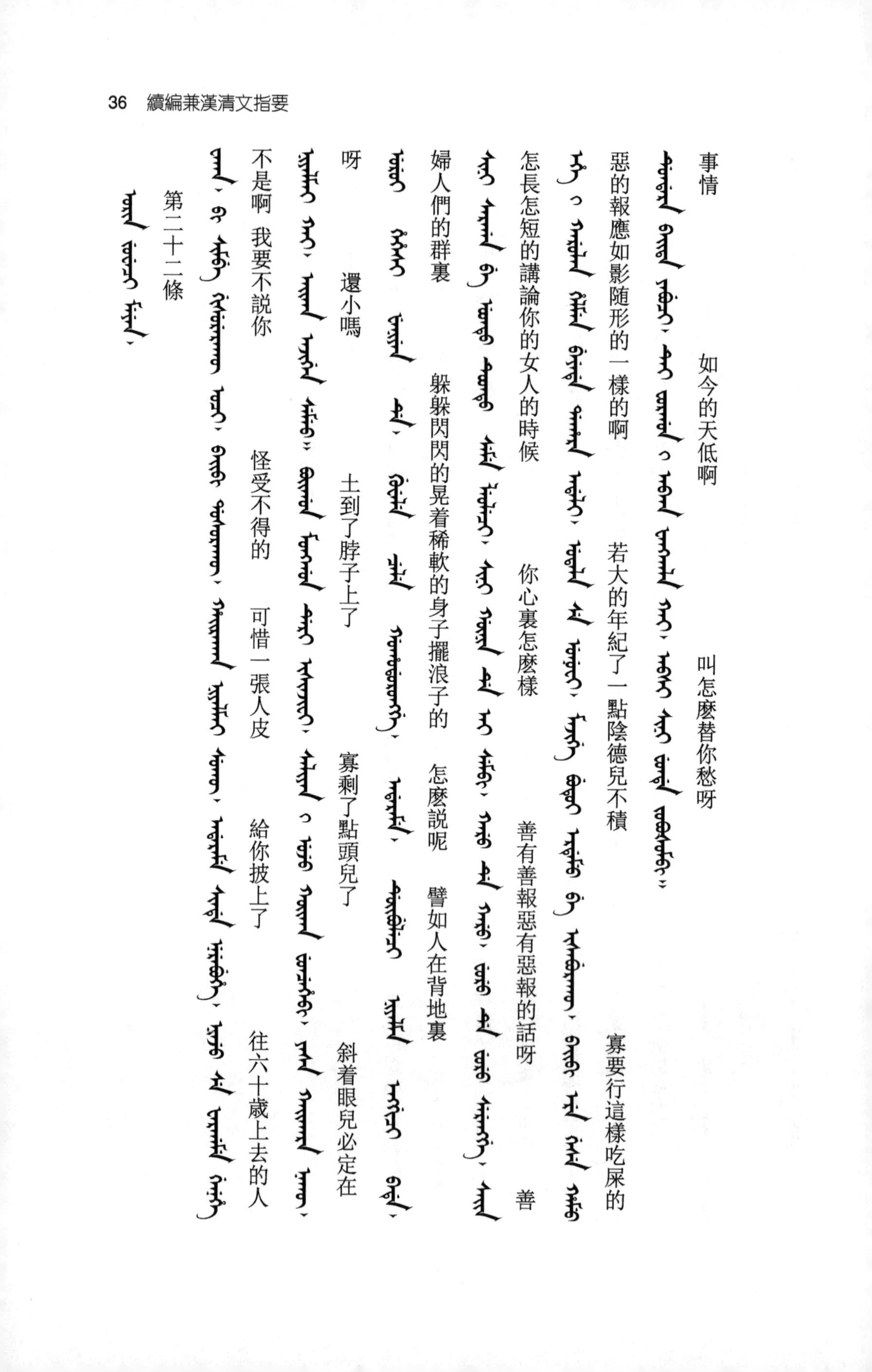

事情 如今的天低啊 叫怎麼替你愁呀

惡的報應如影隨形的一樣的啊 若大的年紀了一點陰德兒不積 寡要行這樣吃屎的

怎長怎短的講論你的女人的時候 你心裏怎麼樣 善有善報惡有惡報的話呀 善

婦人們的群裏 躲躲閃閃的晃着稀軟的身子擺浪子的 怎麼說呢 譬如人在背地裏

呀 還小嗎 土到了脖子上了 寡剩了點頭兒了 斜着眼兒必定在

不是啊 我要不說你 怪受不得的 可惜一張人皮 給你披上了 往六十歲上去的人

第二十二條

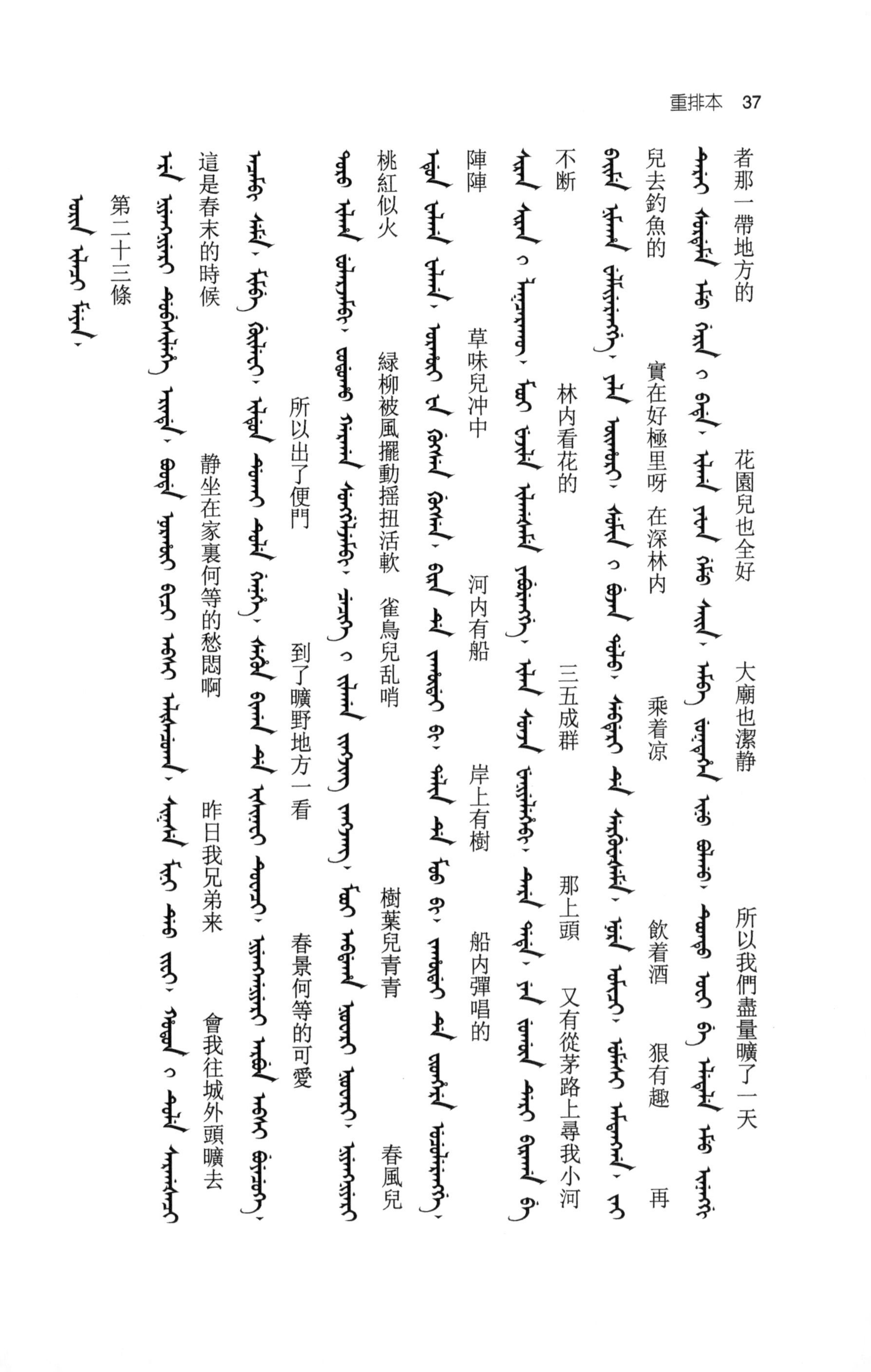

第二十三條

這是春末的時候 靜坐在家裏何等的愁悶啊 昨日我兄弟来 會我往城外頭曠去

所以出了便門 到了曠野地方一看 春景何等的可愛

桃紅似火 綠柳被風擺動搖扭活軟 雀鳥兒乱哨 樹葉兒青青 春風兒

陣陣 草味兒冲中 河內有船 岸上有樹 船內彈唱的

不斷 林內看花的 三五成群 那上頭 又有從茅路上尋我小河

兒去釣魚的 實在好極里呀 在深林內 乘着凉 飲着酒 狠有趣 再

者那一帶地方的 花園兒也全好 大廟也潔靜 所以我們盡量曠了一天

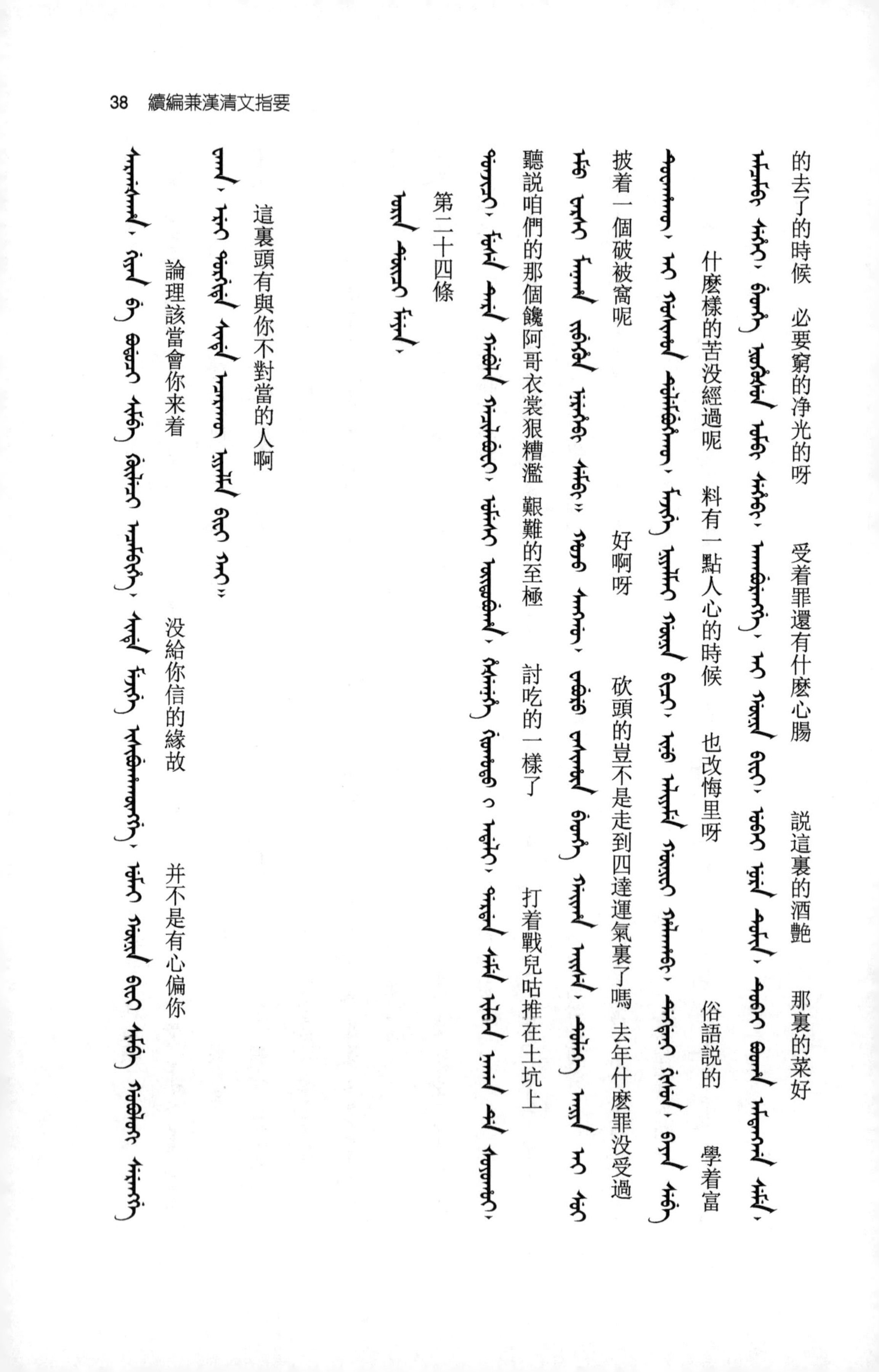

的去了的時候 必要窮的净光的呀 受着罪還有什麽心腸 說這裏的酒艷 那裏的菜好

什麽樣的苦没經過呢 料有一點人心的時候 也改悔里呀 俗語說的 學着富

披着一個破被窩呢 好啊呀 砍頭的豈不是走到四達運氣裏了嗎 去年什麽罪没受過

聽說咱們的那個饞阿哥衣裳狠糟濫 艱難的至極 討吃的一樣了 打着戰兒咕推在土坑上

第二十四條

這裏頭有與你不對當的人啊

論理該當會你来着 没給你信的緣故 并不是有心偏你

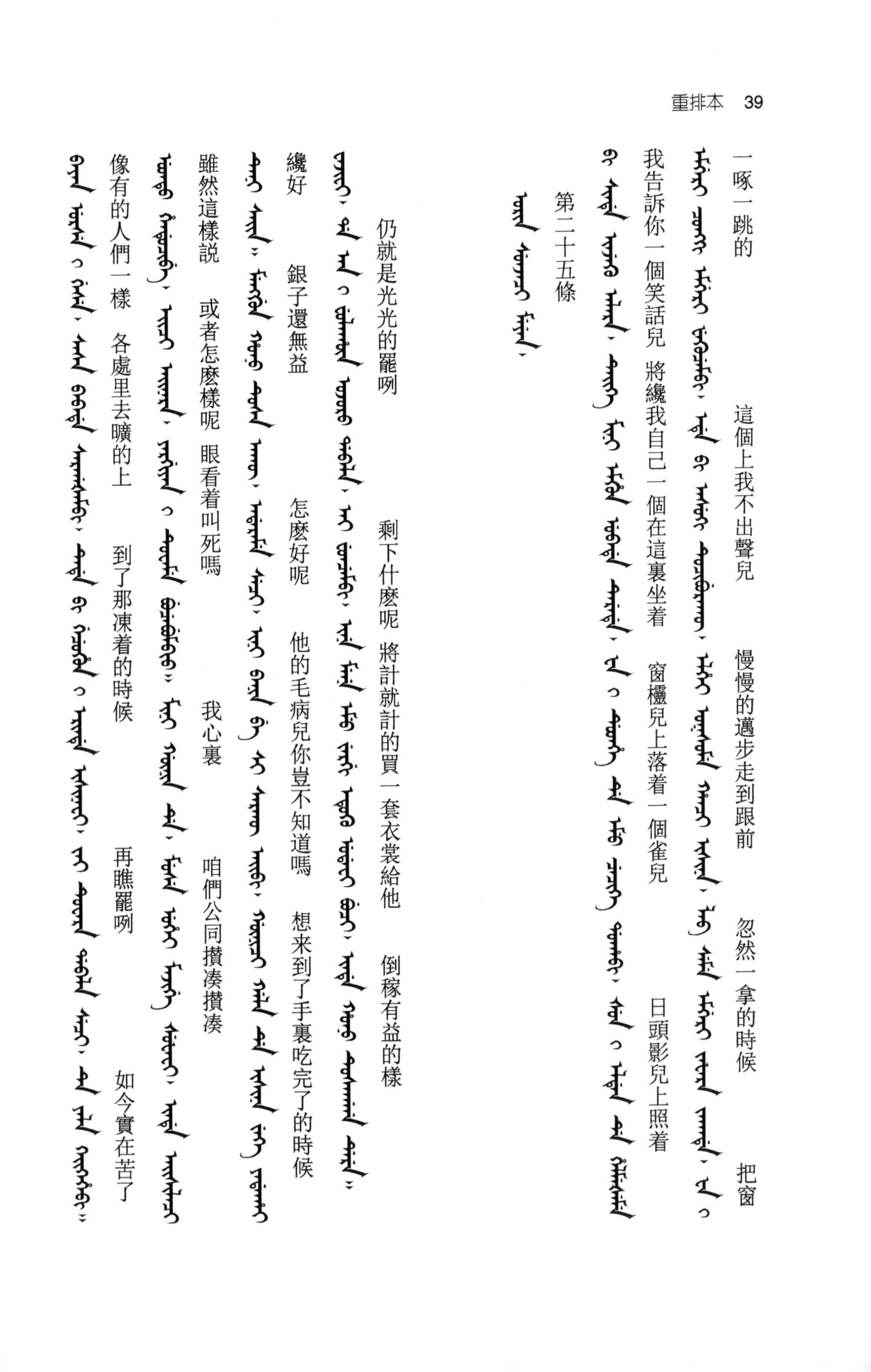

一啄一跳的 這個上我不出聲兒 慢慢的邁步走到跟前 忽然一拿的時候 把窗

我告訴你一個笑話兒 將纔我自己一個在這裏坐着 窗櫺兒上落着一個雀兒 日頭影兒上照着

第二十五條

仍就是光光的罷咧 剩下什麼呢 將計就計的買一套衣裳給他 倒稼有益的樣

纔好 銀子還無益 怎麼好呢 他的毛病兒你豈不知道嗎 想来到了手裏吃完了的時候

雖然這樣説 或者怎麼樣呢 眼看着叫死嗎 我心裏 咱們公同攢凑攢凑

像有的人們一樣 各處里去曠的上 到了那凍着的時候 再瞧罷咧 如今實在苦了

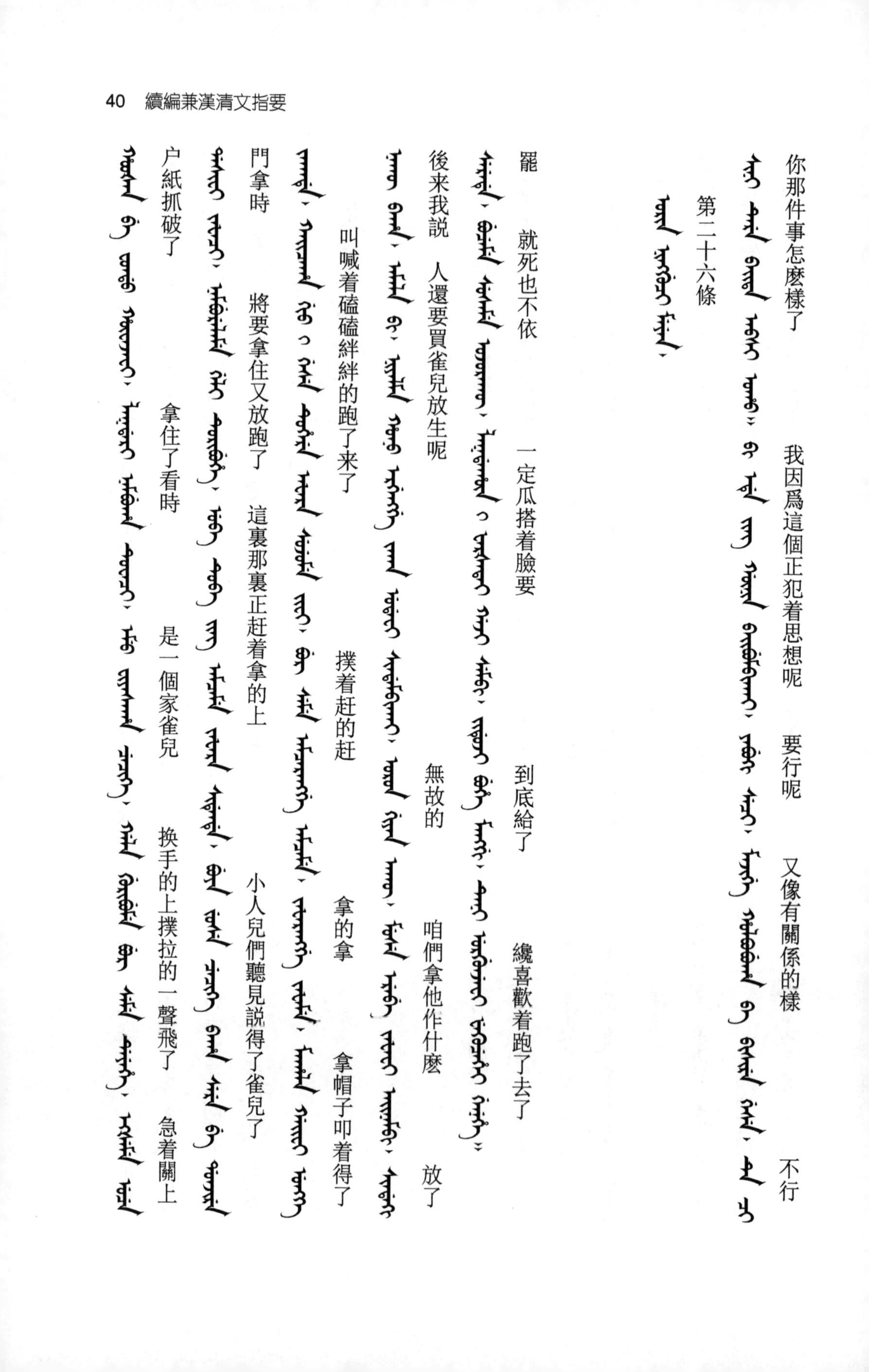

你那件事怎麼樣了　我因爲這個正犯着思想呢　要行呢　又像有關係的樣　不行

第二十六條

罷　就死也不依　一定瓜搭着臉要　到底給了　纔喜歡着跑了去了

後来我說　人還要買雀兒放生呢　無故的　咱們拿他作什麼　放了

叫喊着磕磕絆絆的跑了来了　撲着赶的赶　拿的拿　拿帽子叩着得了

門拿時　將要拿住又放跑了　這裏那裏正赶着拿的上　小人兒們聽見說得了雀兒了

户紙抓破了　拿住了看時　是一個家雀兒　換手的上撲拉的一聲飛了　急着關上

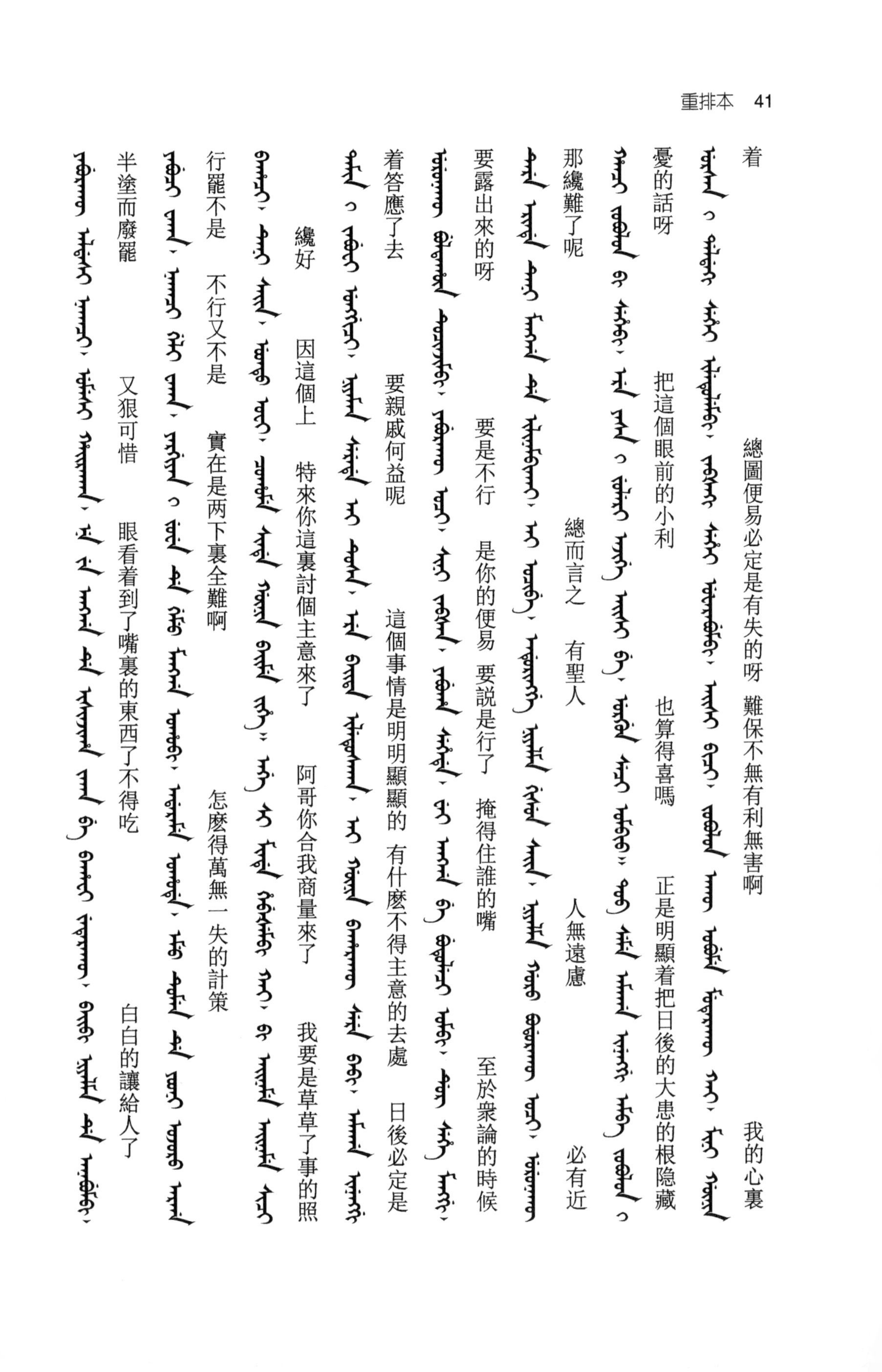

着 總圖便易必定是有失的呀 難保不無有利無害啊 我的心裏
憂的話呀 把這個眼前的小利 也算得喜嗎 正是明顯着把日後的大患的根隱藏
那纔難了呢 總而言之 有聖人 人無遠慮 必有近
要露出來的呀 要是不行 是你的便易 要說是行了 掩得住誰的嘴 至於衆論的時候
着答應了去 要親戚何益呢 這個事情是明明顯顯的 有什麼不得主意的去處 日後必定是
纔好 因這個上 特來你這裏討個主意來了 阿哥你合我商量來了 我要是草草了事的照
行罷不是 不行又不是 實在是兩下裏全難啊 怎麼得萬無一失的計策
半塗而廢罷 又狠可惜 眼看着到了嘴裏的東西了不得吃 白白的讓給人了

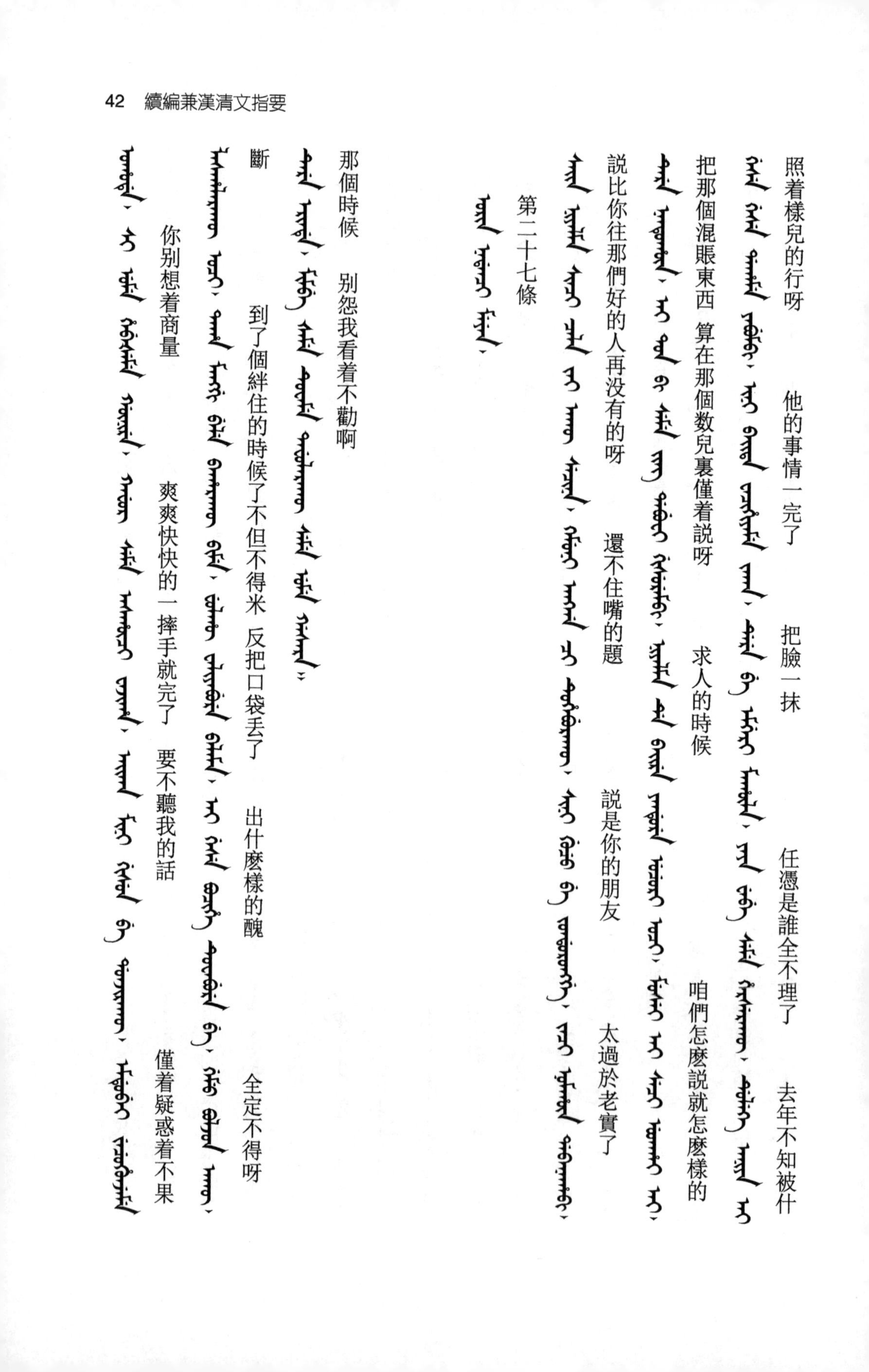

照着樣兒的行呀　他的事情一完了　把臉一抹　任憑是誰全不理了　去年不知被什

把那個混賬東西　算在那個数兒裏僅着說呀　求人的時候　咱們怎麽說就怎麽樣的

說比你往那們好的人再沒有的呀　還不住嘴的題　說是你的朋友　太過於老實了

第二十七條

那個時候　別怨我看着不勸啊

斷　到了個絆住的時候了不但不得米　反把口袋丢了　出什麽樣的醜　全定不得呀

你別想着商量　爽爽快快的一摔手就完了　要不聽我的話　僅着疑惑着不果

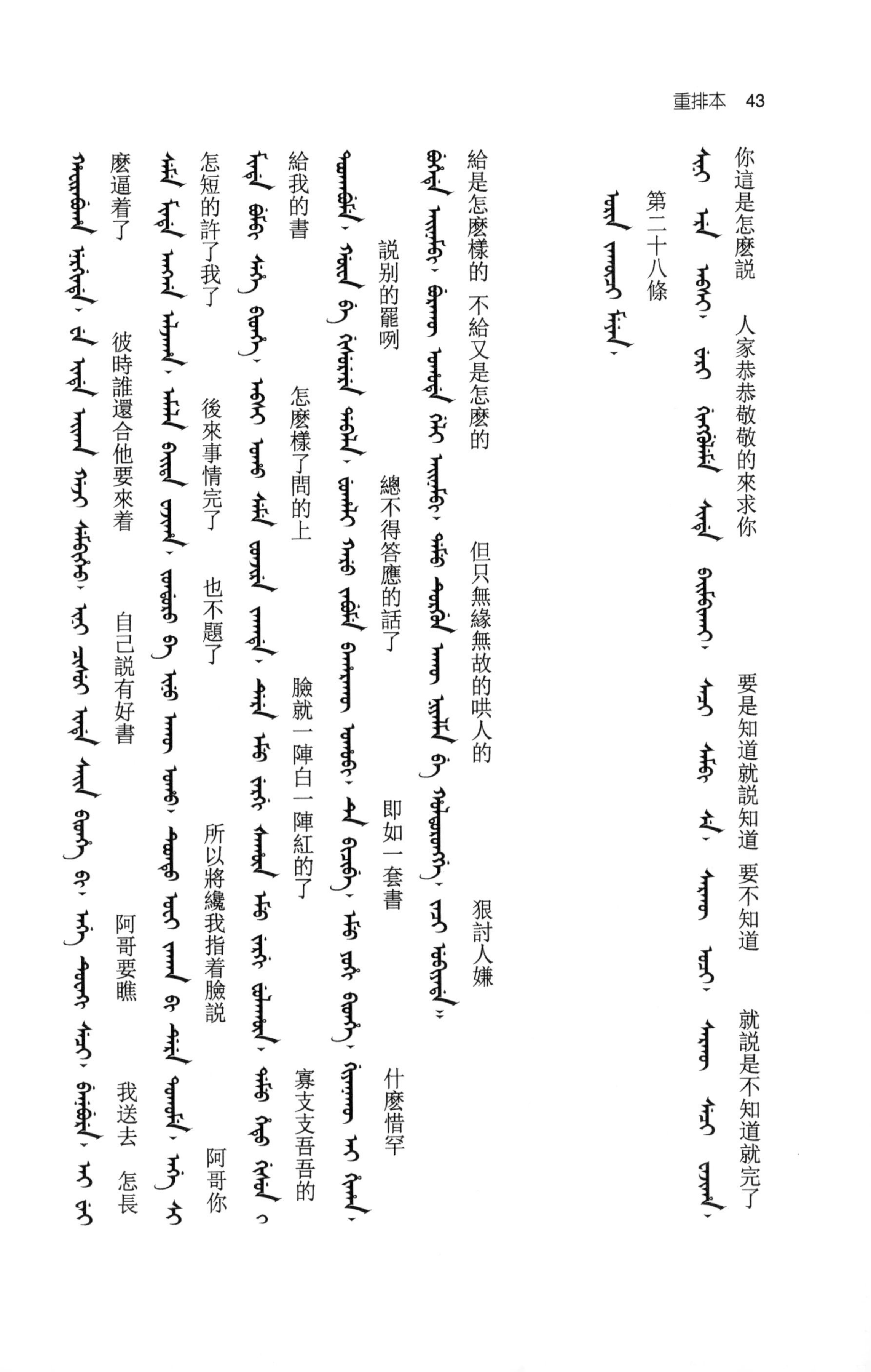

你這是怎麼說 人家恭恭敬敬的來求你 要是知道就說知道 要不知道 就說是不知道就完了

第二十八條

給是怎麼樣的 不給又是怎麼的 但只無緣無故的哄人的 狠討人嫌

說別的罷咧 總不得答應的話了 即如一套書 什麼惜罕

給我的書 怎麼樣了問的上 臉就一陣白一陣紅的了 寡支支吾吾的

怎短的許了我了 後來事情完了 也不題了 所以將纔我指着臉說 阿哥你

麼逼着了 彼時誰還合他要來着 自己說有好書 阿哥要瞧 我送去 怎長

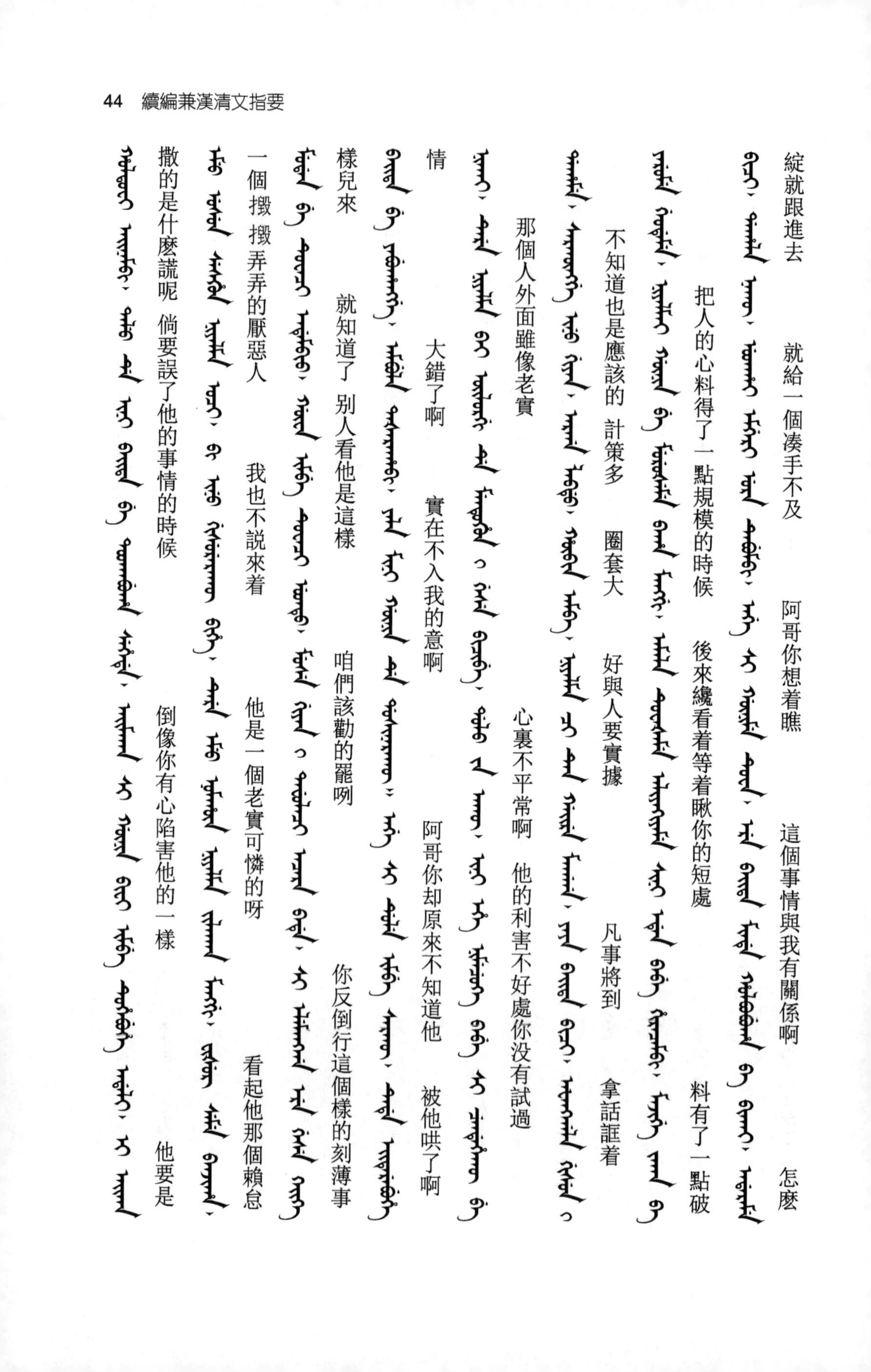

綻就跟進去　就給一個湊手不及　阿哥你想着瞧　這個事情與我有關係啊　怎麽

把人的心料得了一點規模的時候　後來纔看着等着瞅你的短處　料有了一點破

不知道也是應該的　計策多　圈套大　好與人要實據　凡事將到　拿話詎着

那個人外面雖像老實　心裏不平常啊　他的利害不好處你没有試過

情　大錯了啊　實在不入我的意啊　阿哥你却原來不知道他　被他哄了啊

樣兒來　就知道了　別人看他是這樣　咱們該勸的罷咧　你反倒行這個樣的刻薄事

一個　撥撥弄弄的厭惡人　我也不説來着　他是一個老實可憐的呀　看起他那個賴怠

撒的是什麽謊呢　倘要誤了他的事情的時候　倒像你有心陷害他的一樣　他要是

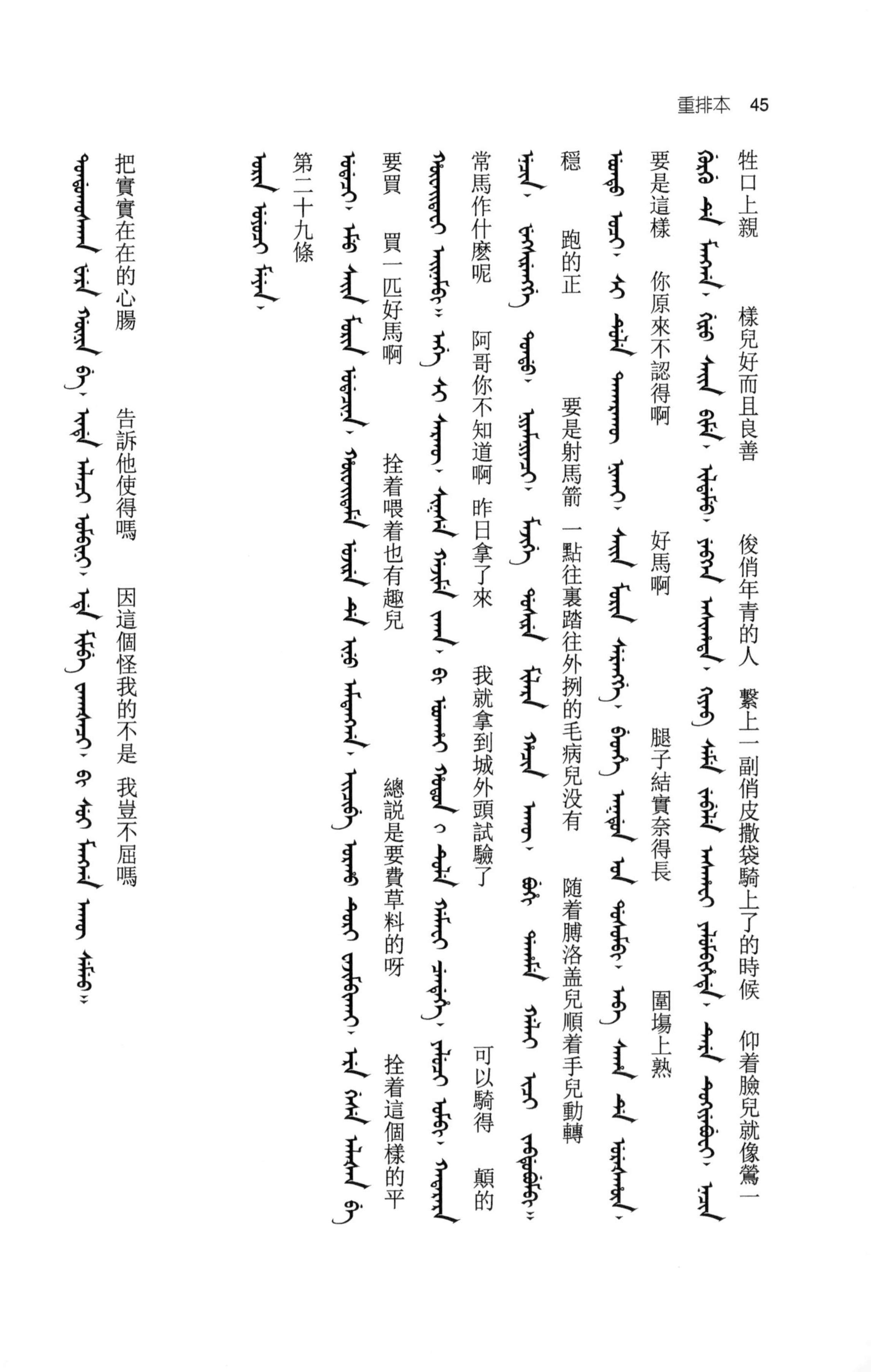

牲口上親　樣兒好而且良善　俊俏年青的人　繫上一副俏皮撒袋騎上了的時候　仰着臉兒就像鶯一

要是這樣　你原來不認得啊　好馬啊　腿子結實奈得長　圍塲上熟

穩　跑的正　要是射馬箭　一點往裏踏往外拶的毛病兒没有　随着膊洛盖兒順着手兒動轉

常馬作什麽呢　阿哥你不知道啊　昨日拿了來　我就拿到城外頭試驗了　可以騎得　顛的

要買　買一匹好馬啊　拴着喂着也有趣兒　總説是要費草料的呀　拴着這個樣的平

第二十九條

把實實在在的心腸　告訴他使得嗎　因這個怪我的不是　我豈不屈嗎

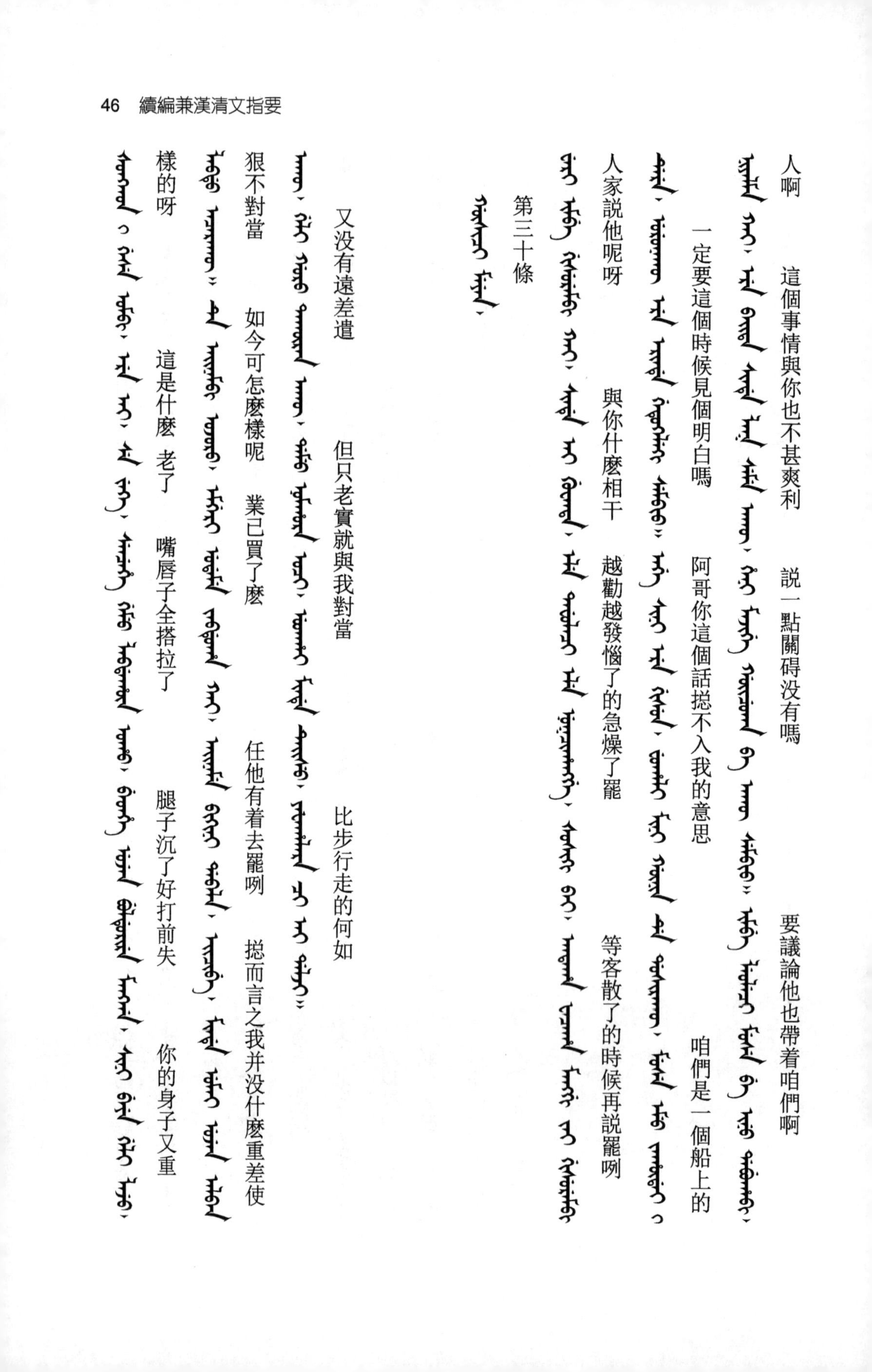

人啊　這個事情與你也不甚爽利　說一點關碍沒有嗎　要議論他也帶着咱們啊

一定要這個時候見個明白嗎　阿哥你這個話揌不入我的意思　咱們是一個船上的

人家說他呢呀　與你什麼相干　越勸越發惱了的急燥了罷　等客散了的時候再說罷咧

第三十條

又沒有遠差遣　但只老實就與我對當　比步行走的何如

狠不對當　如今可怎麼樣呢　業已買了麼　任他有着去罷咧　揌而言之我并沒什麼重差使

樣的呀　這是什麼　老了　嘴唇子全搭拉了　腿子沉了好打前失　你的身子又重

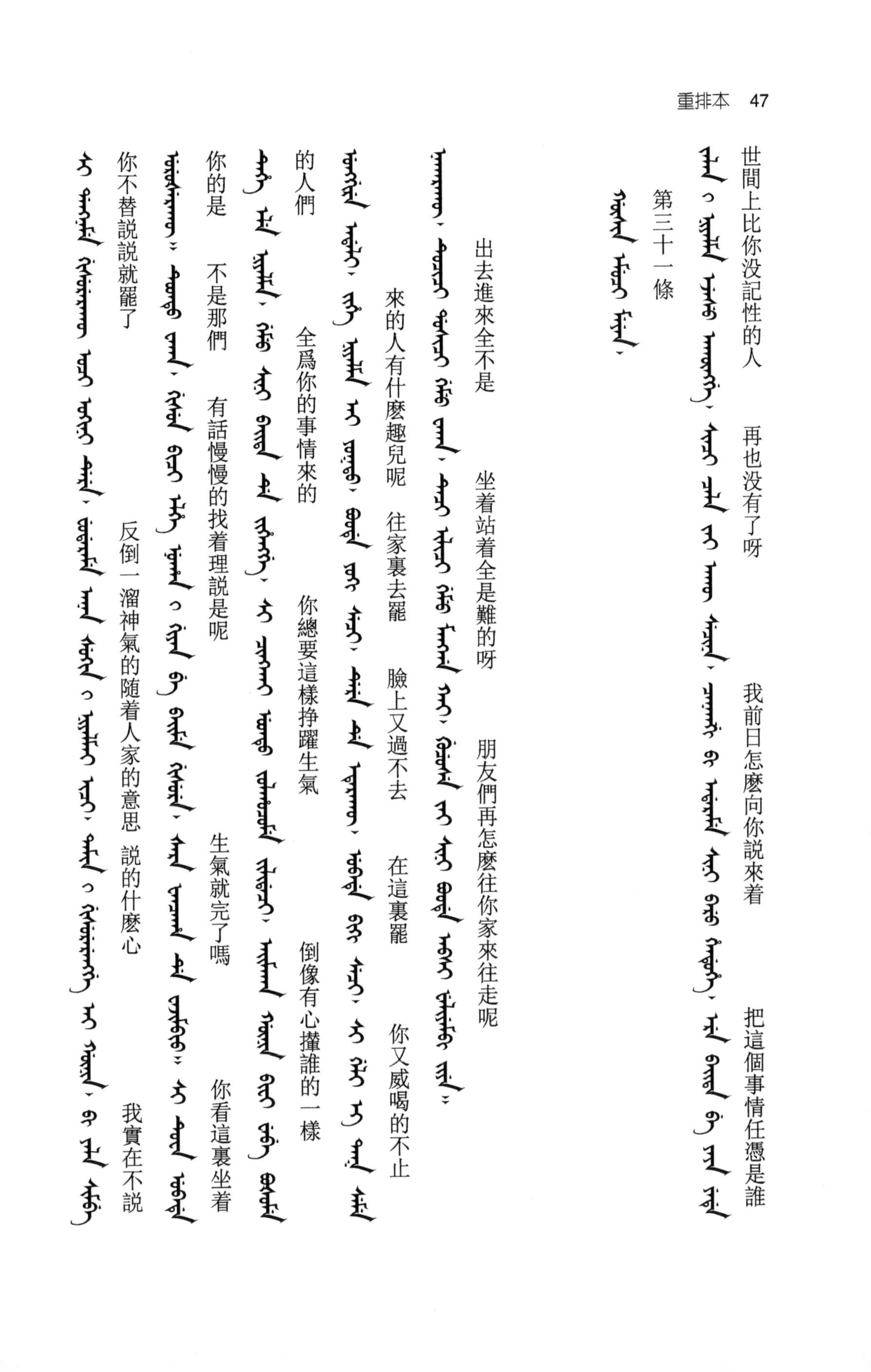

世間上比你没記性的人 再也没有了呀 我前日怎麽向你説來着 把這個事情任憑是誰

第三十一條

出去進來全不是 坐着站着全是難的呀 朋友們再怎麽往你家來往走呢

來的人有什麽趣兒呢 往家裏去罷 臉上又過不去 在這裏罷 你又威喝的不止

的人們 全爲你的事情來的 你總要這樣掙躍生氣 倒像有心擡誰的一樣

你的是 不是那們 有話慢慢的找着理説是呢 生氣就完了嗎 你看這裏坐着

你不替説説就罷了 反倒一溜神氣的随着人家的意思 說的什麽心 我實在不説

酌量着預備 也不至於晚啊

也別埋怨 就那們不知道的一樣有着去罷 看他們怎麼樣 依了罷了 至於狠不依的時候 再

個心就只天知道罷 我的是與不是 久而自明 我的心裏 你

實在委屈 但只事已至此 我如今就分晰着說到嘴酸了 你信嗎 這

把一件好好的事情 弄的到了這個地步 全是你啊 阿哥你怪我 我

們豈沒聽見 他們倘若羞惱變成怒 抗拒我們好嗎

不要叫知覺了 你到底漏了風聲了 把咱們瞞着商議的話 如今傳揚出去了 各處的人們全知道了啊 他

們說的惜食長飽 惜衣長暖的話呀 你能有多大福啊 這樣的抛撒五谷

矩 吃有什麼盡休啊 一味的要是這樣的時候 不但折福啊 就有什麼不完呢 有老家兒

又是什麼富翁呢 吃着這個想着那個 想來想去就買了來 抛抛撒撒的花費了 嘴有什麼規

那販運的人們 是怎麼樣的心苦勞碌 纔到了這裏來了 就是一粒是輕易得的嗎 況且 咱們

你心裏也安嗎 你雖然知道吃飯 但只未知米糧的艱難處啊 耕種的與

剩下的飯 給家裏的人們吃也好啊 任着意兒全倒在洋溝裏是怎麼的

把好東西惜罕着儉省的時候 纔是過日子人的道理呢 要不說你 我總是不舒服 吃

第三十二條

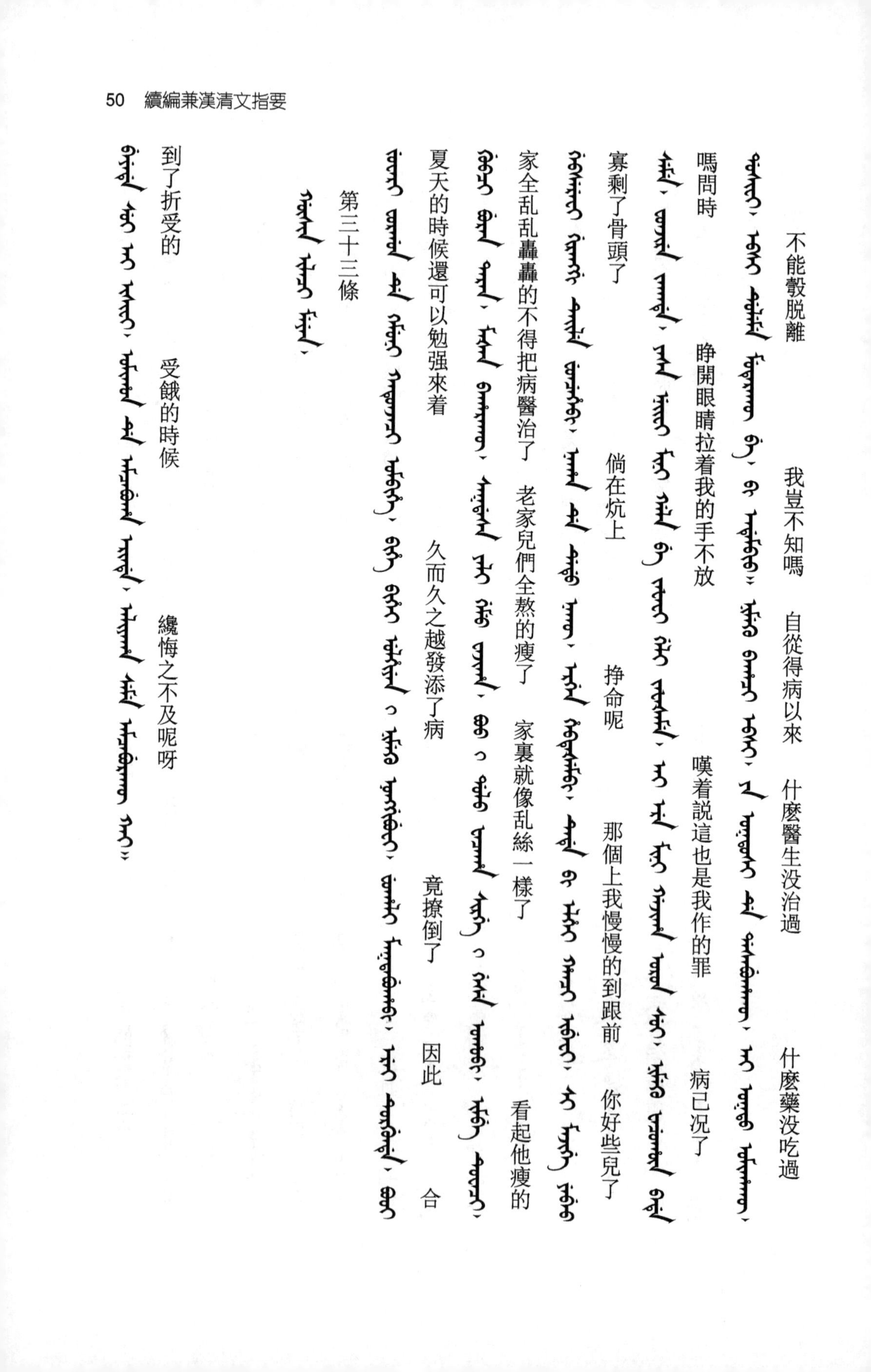

不能彀脱離　我豈不知嗎　自從得病以來　什麽醫生没治過　什麽藥没吃過

嗎問時　睜開眼睛拉着我的手不放　嘆着説這也是我作的罪　病已況了

寡剩了骨頭了　倘在炕上　挣命呢　那個上我慢慢的到跟前　你好些兒了

家全乱乱轟轟的不得把病醫治了　老家兒們全熬的瘦了　家裏就像乱絲一樣了　看起他瘦的

夏天的時候還可以勉强來着　久而久之越發添了病　竟擦倒了　因此　合

第三十三條

到了折受的　受餓的時候　纔悔之不及呢呀

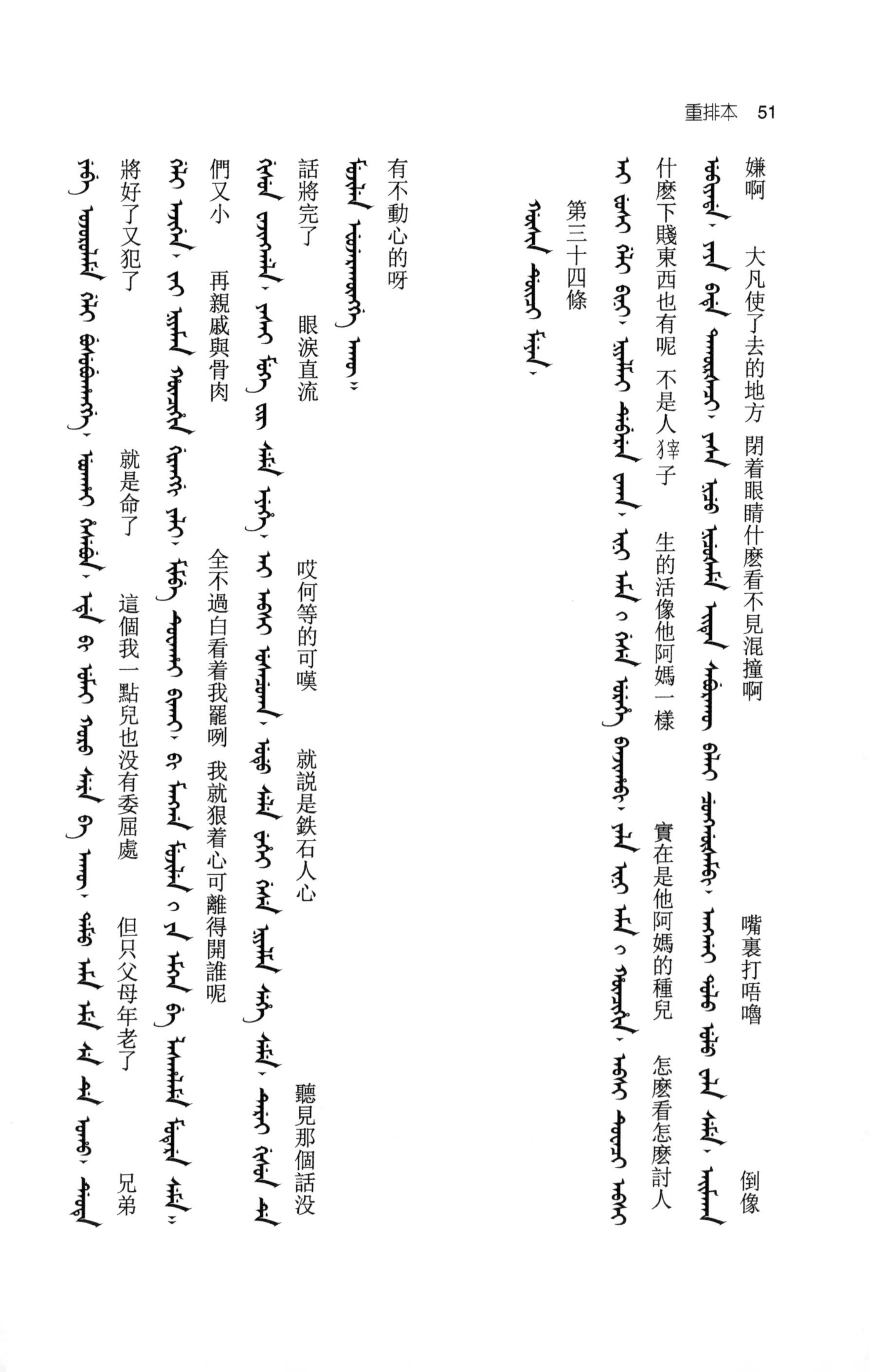

嫌啊　大凡使了去的地方　閉着眼睛什麼看不見混撞啊　嘴裏打唔嚕　倒像
什麼下賤東西也有呢　不是人猝子　生的活像他阿媽一樣　實在是他阿媽的種兒　怎麼看怎麼討人

第三十四條

有不動心的呀

話將完了　眼淚直流　哎何等的可嘆　就説是鐵石人心　聽見那個話没

們又小　再親戚與骨肉　全不過白看着我罷咧　我就狠着心可離得開誰呢

將好了又犯了　就是命了　這個我一點兒也没有委屈處　但只父母年老了　兄弟

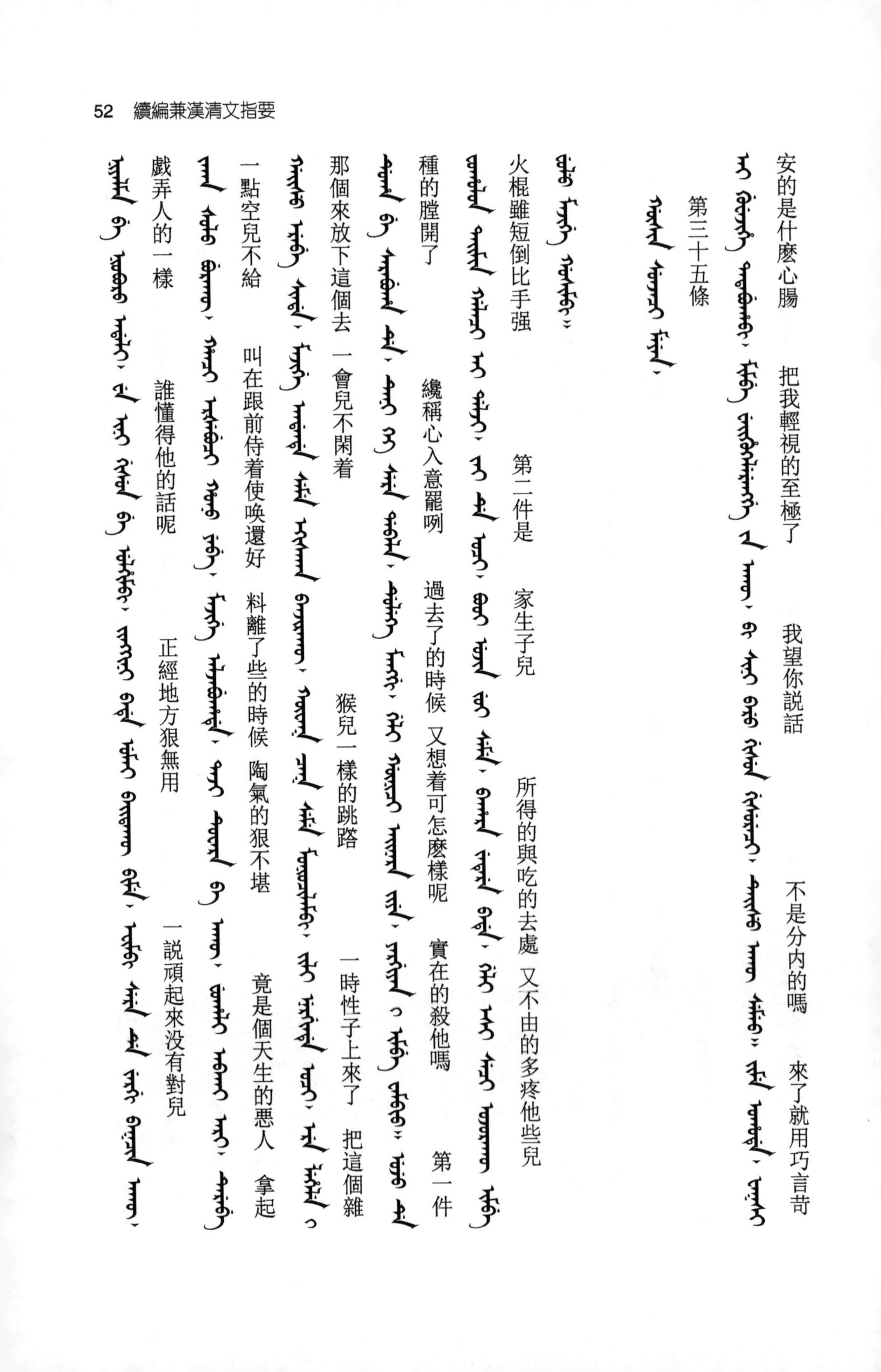

安的是什麼心腸 把我輕視的至極了 我望你說話 不是分内的嗎 來了就用巧言苛

第三十五條

火棍雖短倒比手强 第二件是 家生子兒 所得的與吃的去處 又不由的多疼他些兒

種的膛開了 纔稱心入意罷咧 過去了的時候 又想着可怎麼樣呢 實在的殺他嗎 第一件

那個來放下這個去 一會兒不閑着 猴兒一樣的跳踏 一時性子上來了 把這個雜

一點空兒不給 叫在跟前侍着使喚還好 料離了些的時候 陶氣的狠不堪 竟是個天生的惡人 拿起

戲弄人的一樣 誰懂得他的話呢 正經地方狠無用 一說頑起來没有對兒

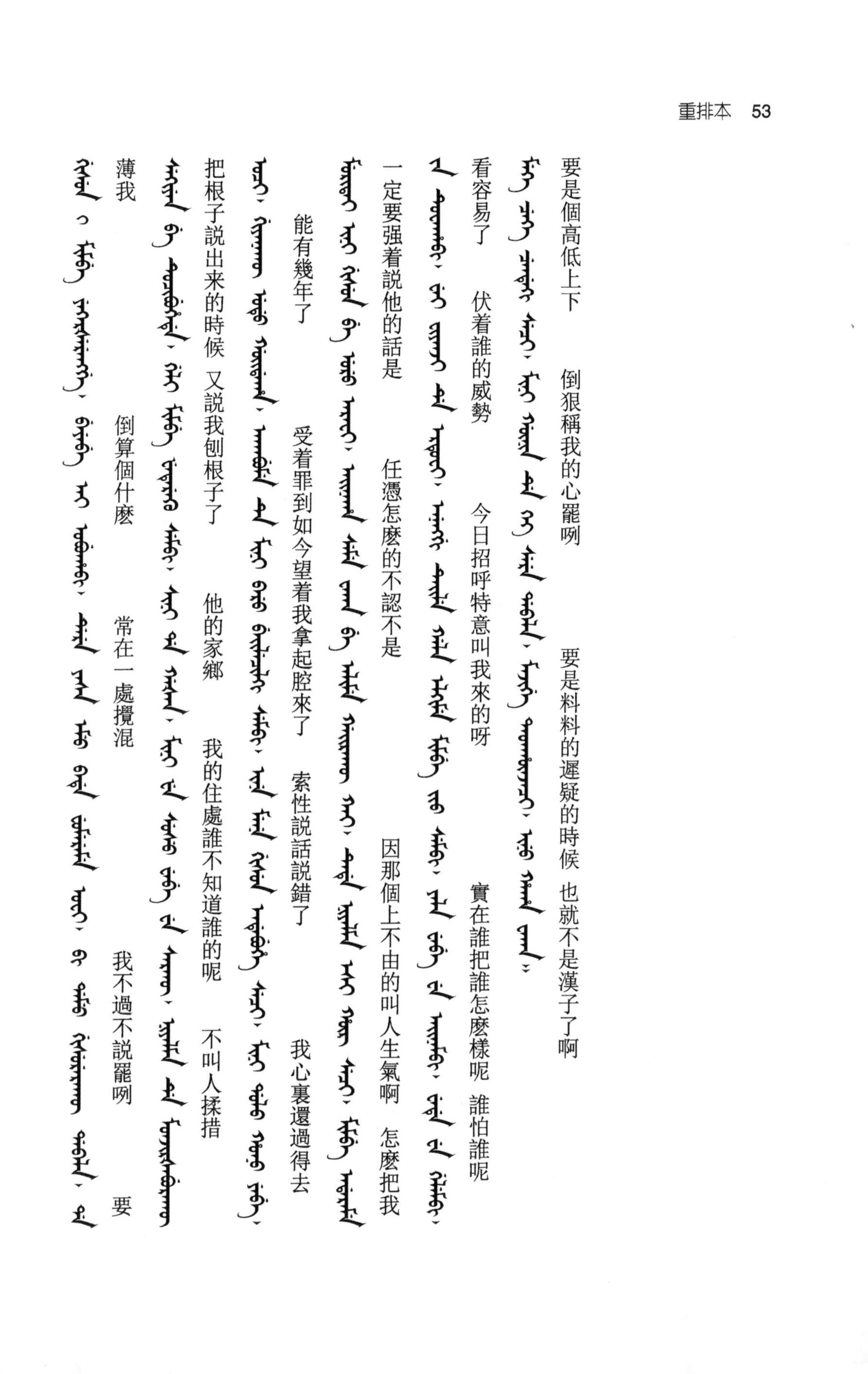

要是個高低上下　倒狠稱我的心罷咧　要是料料的遲疑的時候　也就不是漢子了啊

看容易了　伏着誰的威勢　今日招呼特意叫我來的呀　實在誰把誰怎麼樣呢　誰怕誰呢

一定要强着説他的話是　任憑怎麼的不認不是　因那個上不由的叫人生氣啊　怎麼把我

能有幾年了　受着罪到如今望着我拿起腔來了　索性説話説錯了　我心裏還過得去

把根子説出来的時候　又説我刨根子了　他的家鄉　我的住處誰不知道誰的呢　不叫人揉措

薄我　倒算個什麼　常在一處攪混　我不過不説罷咧　要

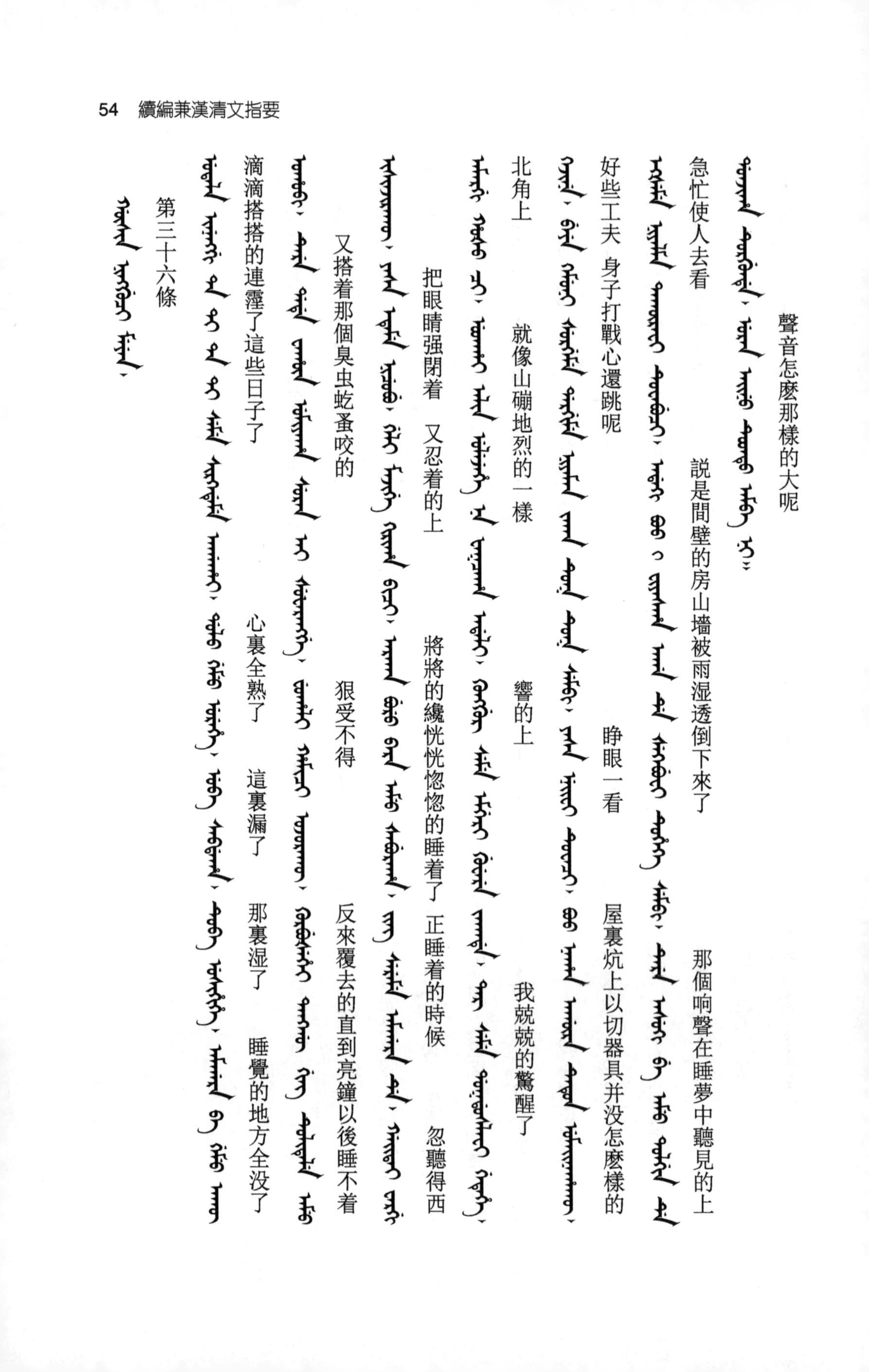

第三十六條

滴滴搭搭的連霪了這些日子了 心裏全熟了 這裏漏了 那裏湿了 睡覺的地方全没了

又搭着那個臭虫虼蚤咬的 狠受不得 反來覆去的直到亮鐘以後睡不着

把眼睛强閉着 又忍着的上 將將的纔恍恍惚惚的睡着了 正睡着的時候 忽聽得西

北角上 就像山硼地烈的一樣 響的上 我兢兢的驚醒了

好些工夫 身子打戰心還跳呢 睁眼一看 屋裏炕上以切器具并没怎麼樣的

急忙使人去看 說是間壁的房山墻被雨湿透倒下來了 那個响聲在睡夢中聽見的上

聲音怎麼那樣的大呢

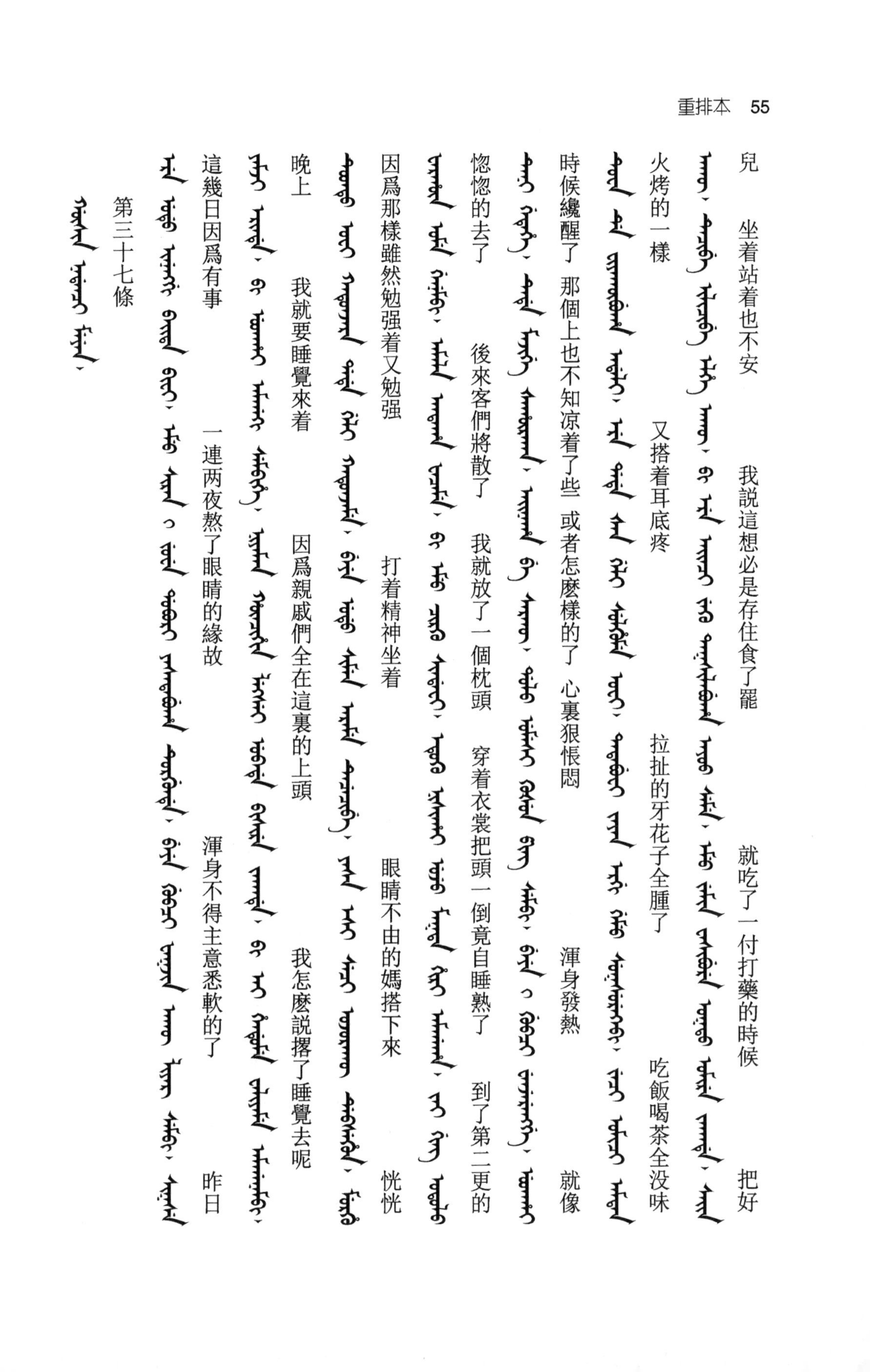

第三十七條

這幾日因爲有事　一連兩夜熬了眼睛的緣故　渾身不得主意悉軟的了　昨日

晚上　我就要睡覺來着　因爲親戚們全在這裏的上頭　我怎麼說撂了睡覺去呢

因爲那樣雖然勉强着又勉强　打着精神坐着　眼睛不由的媽搭下來　恍恍

惚惚的去了　後來客們將散了　我就放了一個枕頭　穿着衣裳把頭一倒竟自睡熟了　到了第二更的

時候纔醒了　那個上也不知涼着了些　或者怎麼樣的了　心裏狠悵悶　渾身發熱　就像

火烤的一樣　又搭着耳底疼　拉扯的牙花子全腫了　吃飯喝茶全沒味

兒　坐着站着也不安　我說這想必是存住食了罷　就吃了一付打藥的時候　把好

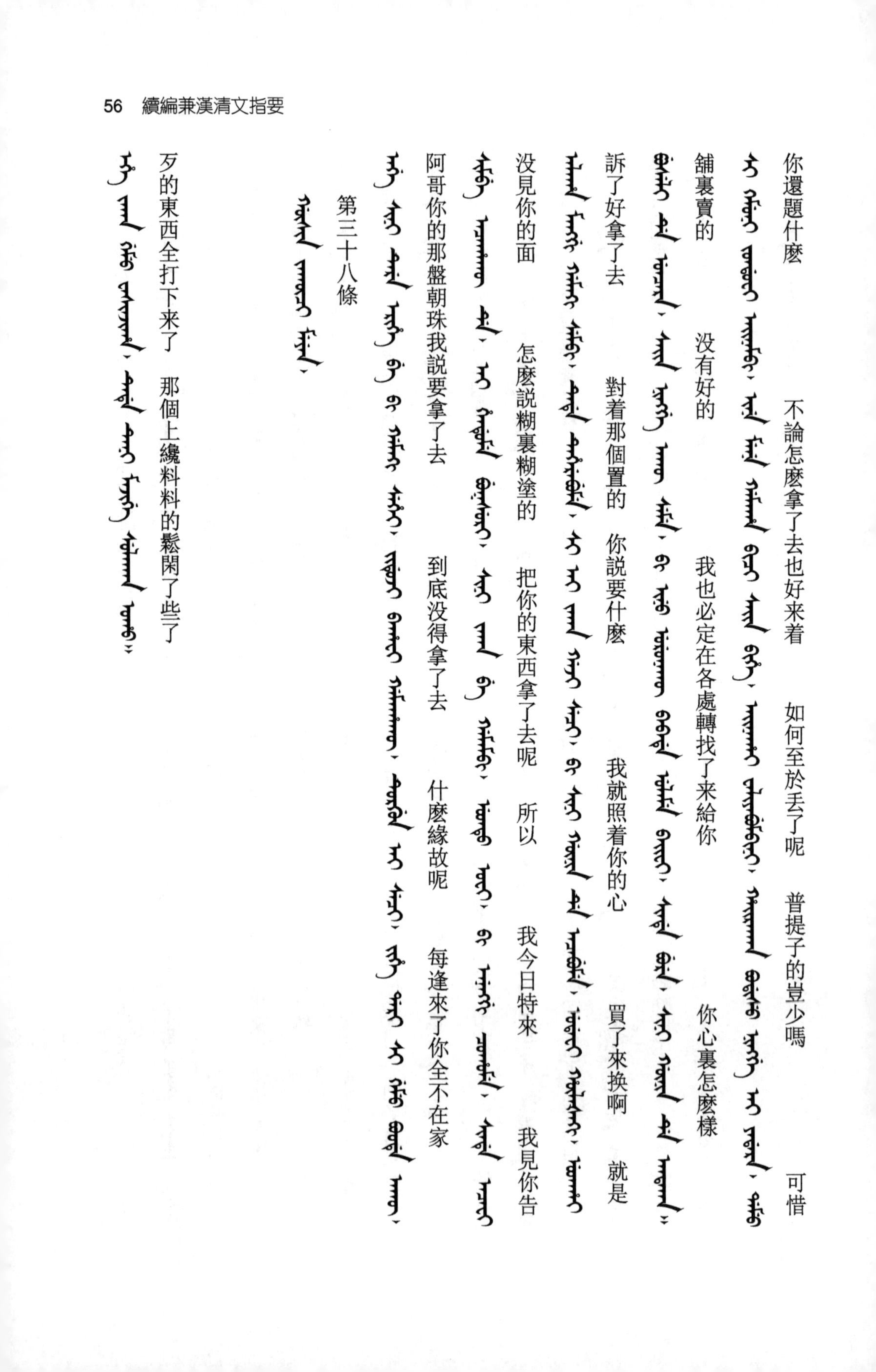

你還題什麼　不論怎麼拿了去也好来着　如何至於丟了呢　普提子的豈少嗎　可惜

舖裏賣的　沒有好的　我也必定在各處轉找了來給你　你心裏怎麼樣

訴了好拿了去　對着那個置的　你說要什麼　我就照着你的心　買了來換啊　就是

沒見你的面　怎麼說糊裏糊塗的　把你的東西拿了去呢　所以　我今日特來　我見你告

阿哥你的那盤朝珠我說要拿了去　到底沒得拿了去　什麼緣故呢　每逢來了你全不在家

第三十八條

歹的東西全打下来了　那個上纔料料的鬆閑了些了

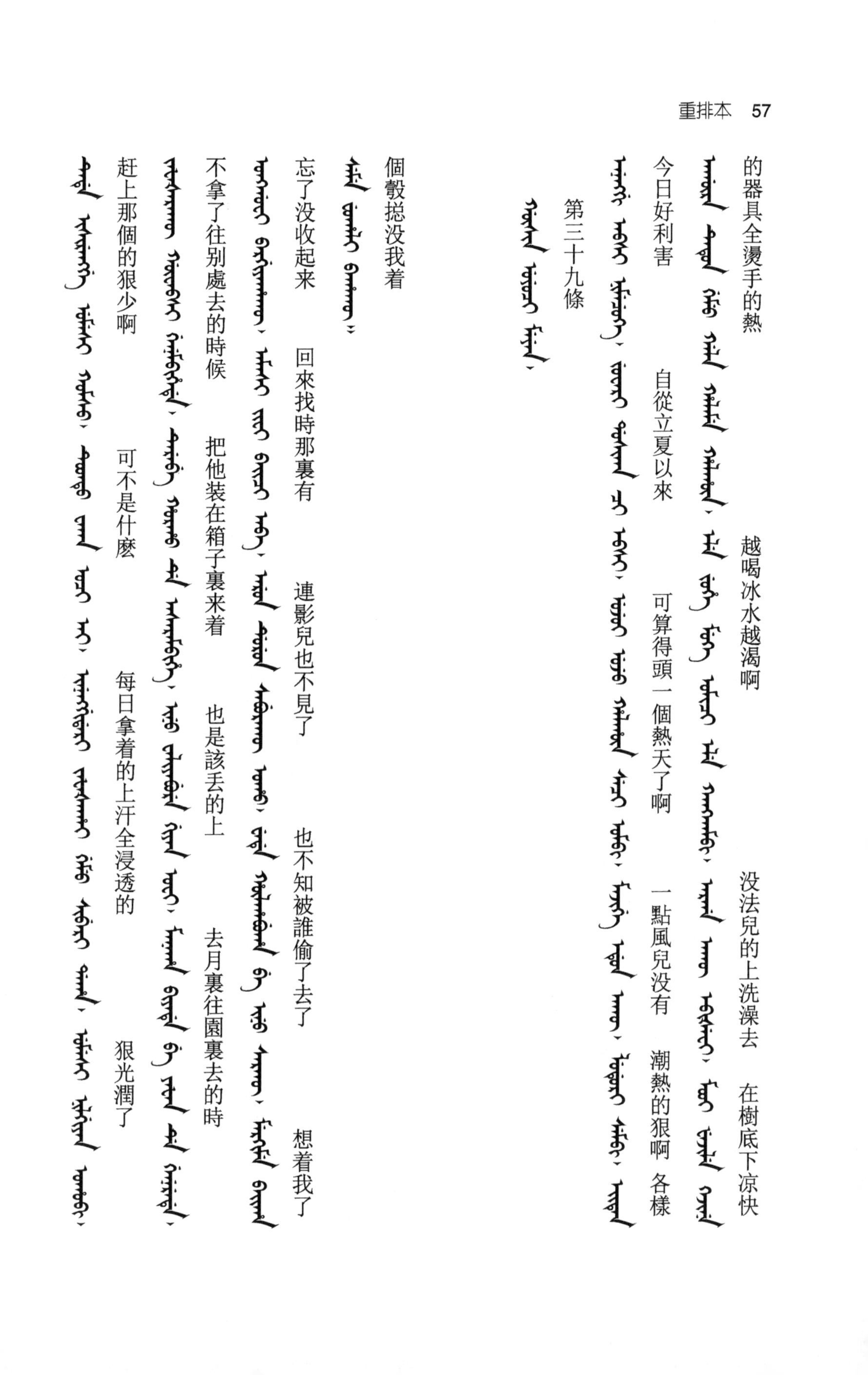

的器具全燙手的熱　越喝冰水越渴啊　没法兒的上洗澡去　在樹底下涼快

今日好利害　自從立夏以來　可算得頭一個熱天了啊　一點風兒没有　潮熱的狠啊　各樣

第三十九條

個瞉揺没我着

忘了没收起來　回來找時那裏有　連影兒也不見了　也不知被誰偷了去了　想着我了

不拿了往別處去的時候　把他裝在箱子裏來着　也是該丟的上　去月裏往園裏去的時

趕上那個的狠少啊　可不是什麽　每日拿着的上汗全浸透的　狠光潤了

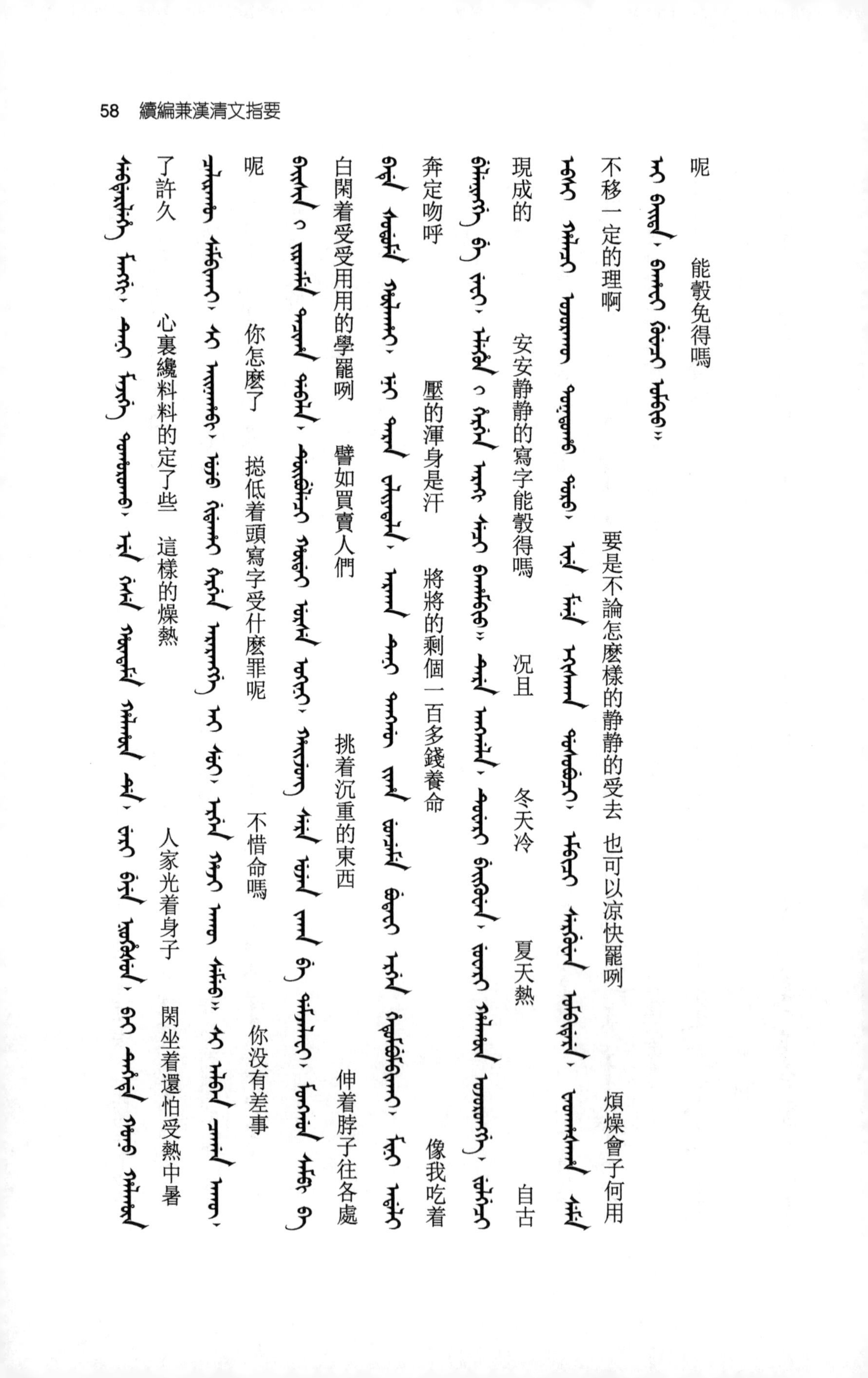

呢　能彀免得嗎

不移一定的理啊　要是不論怎麼樣的靜靜的受去　也可以凉快罷咧　煩燥會子何用

現成的　安安靜靜的寫字能彀得嗎　况且　冬天冷　夏天熱　自古

奔定吻呼　壓的渾身是汗　將將的剩個一百多錢養命　像我吃着

白閑着受受用用的學罷咧　譬如買賣人們　挑着沉重的東西　伸着脖子往各處

呢　你怎麼了　摀低着頭寫字受什麼罪呢　不惜命嗎　你没有差事

了許久　心裏纔料料的定了些　這樣的燥熱　人家光着身子　閑坐着還怕受熱中暑

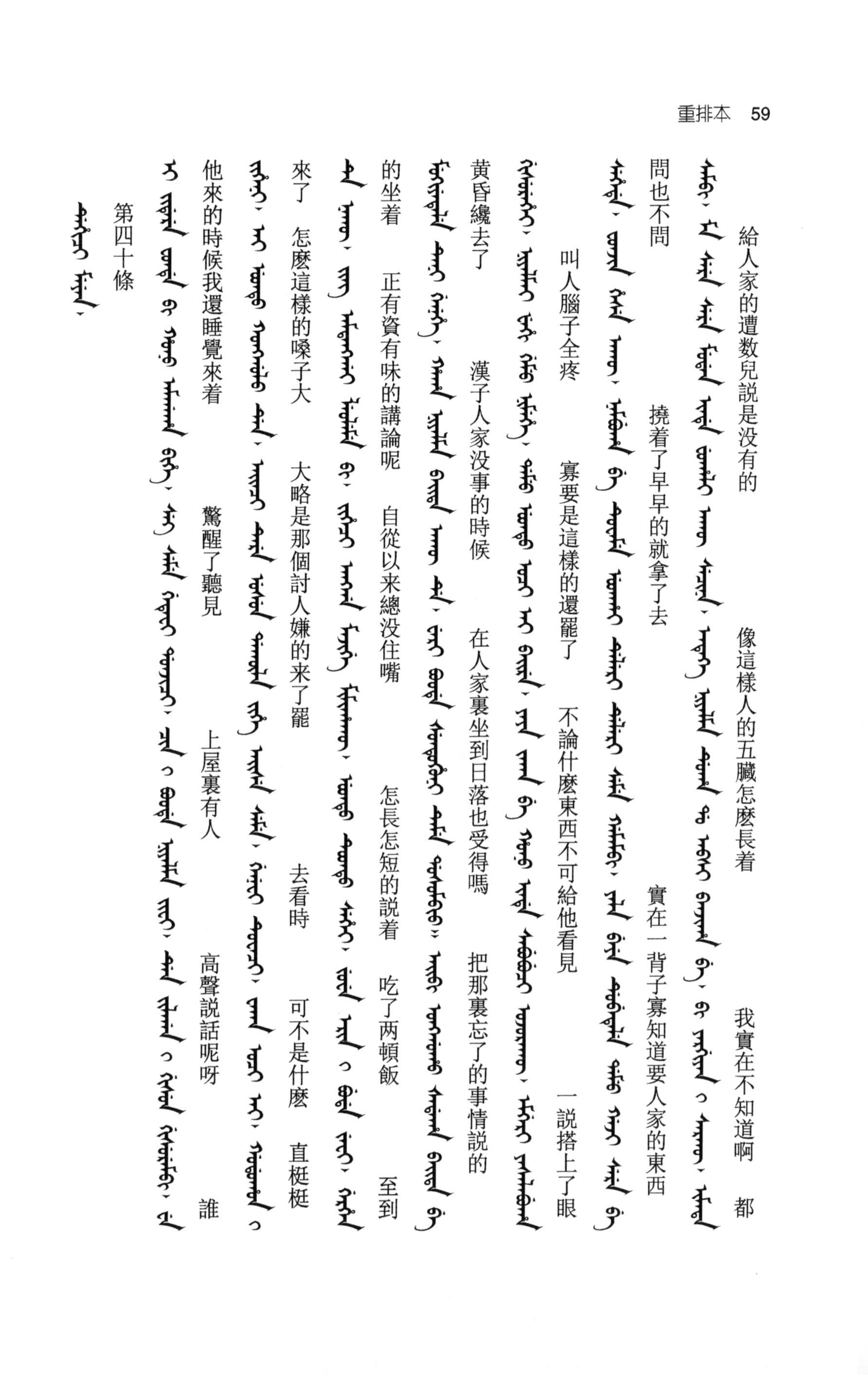

給人家的遭数兒說是没有的 像這樣人的五臟怎麼長着 我實在不知道啊 都

問也不問 撓着了早早的就拿了去 實在一背子寡知道要人家的東西

叫人腦子全疼 寡要是這樣的還罷了 不論什麼東西不可給他看見 一說搭上了眼

黃昏纔去了 漢子人家没事的時候 在人家裏坐到日落也受得嗎 把那裏忘了的事情說的

的坐着 正有資有味的講論呢 自從以来總没住嘴 怎長怎短的說着 吃了兩頓飯 至到

來了 怎麼這樣的嗓子大 大略是那個討人嫌的來了罷 去看時 可不是什麼 直梃梃

他來的時候我還睡覺來着 驚醒了聽見 上屋裏有人 高聲說話呢呀 誰

第四十條

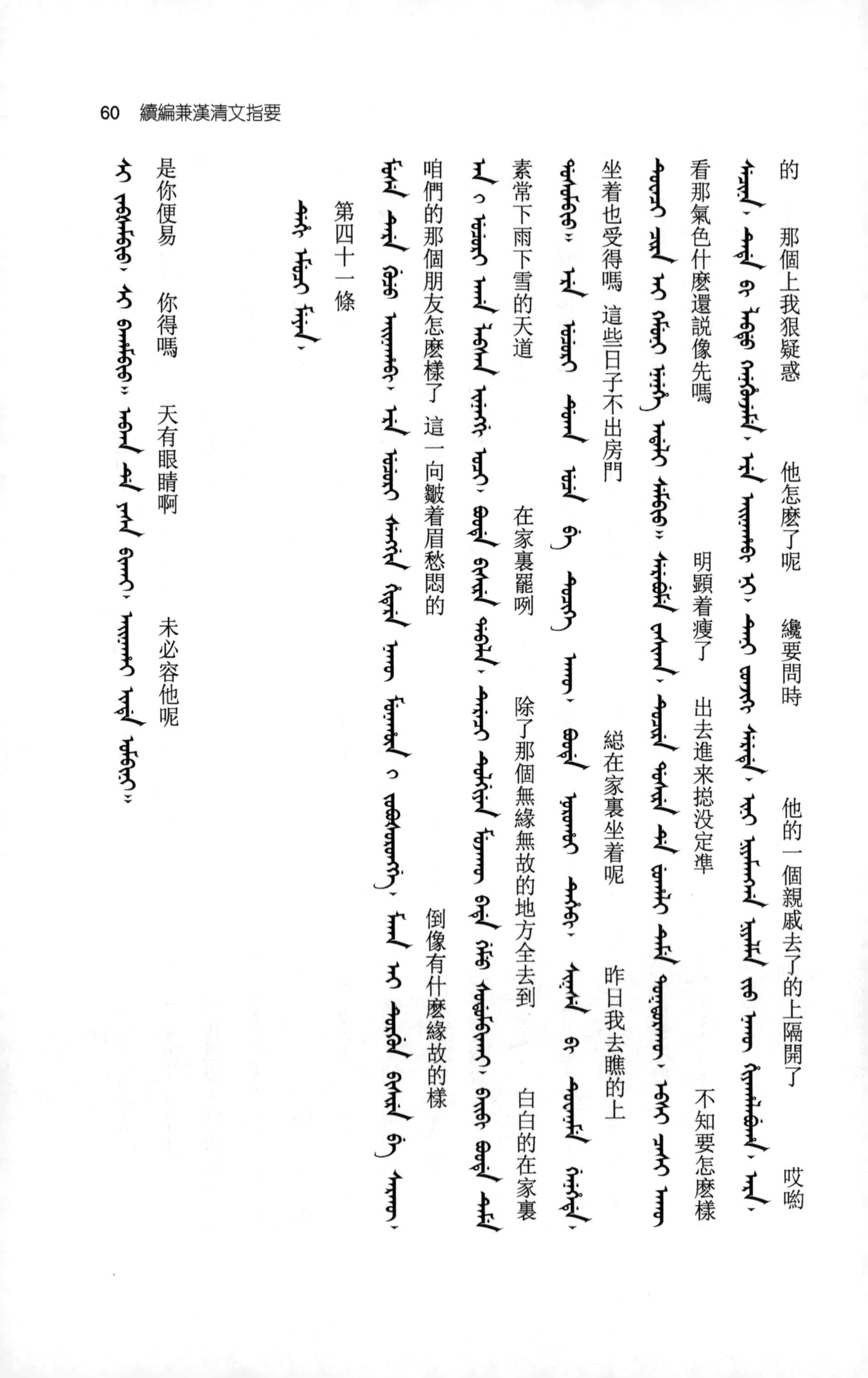

的　那個上我狠疑惑　他怎麼了呢　纔要問時　他的一個親戚去了的上隔開了　哎喲

看那氣色什麼還説像先嗎　明顯着瘦了　出去進來揔没定準　不知要怎麼樣

坐着也受得嗎　這些日子不出房門　總在家裏坐着呢　昨日我去瞧的上

素常下雨下雪的天道　在家裏罷咧　除了那個無緣無故的地方全去到　白白的在家裏

咱們的那個朋友怎麼樣了　這一向皺着眉愁悶的　倒像有什麼緣故的樣

第四十一條

是你便易　你得嗎　天有眼睛啊　未必容他呢

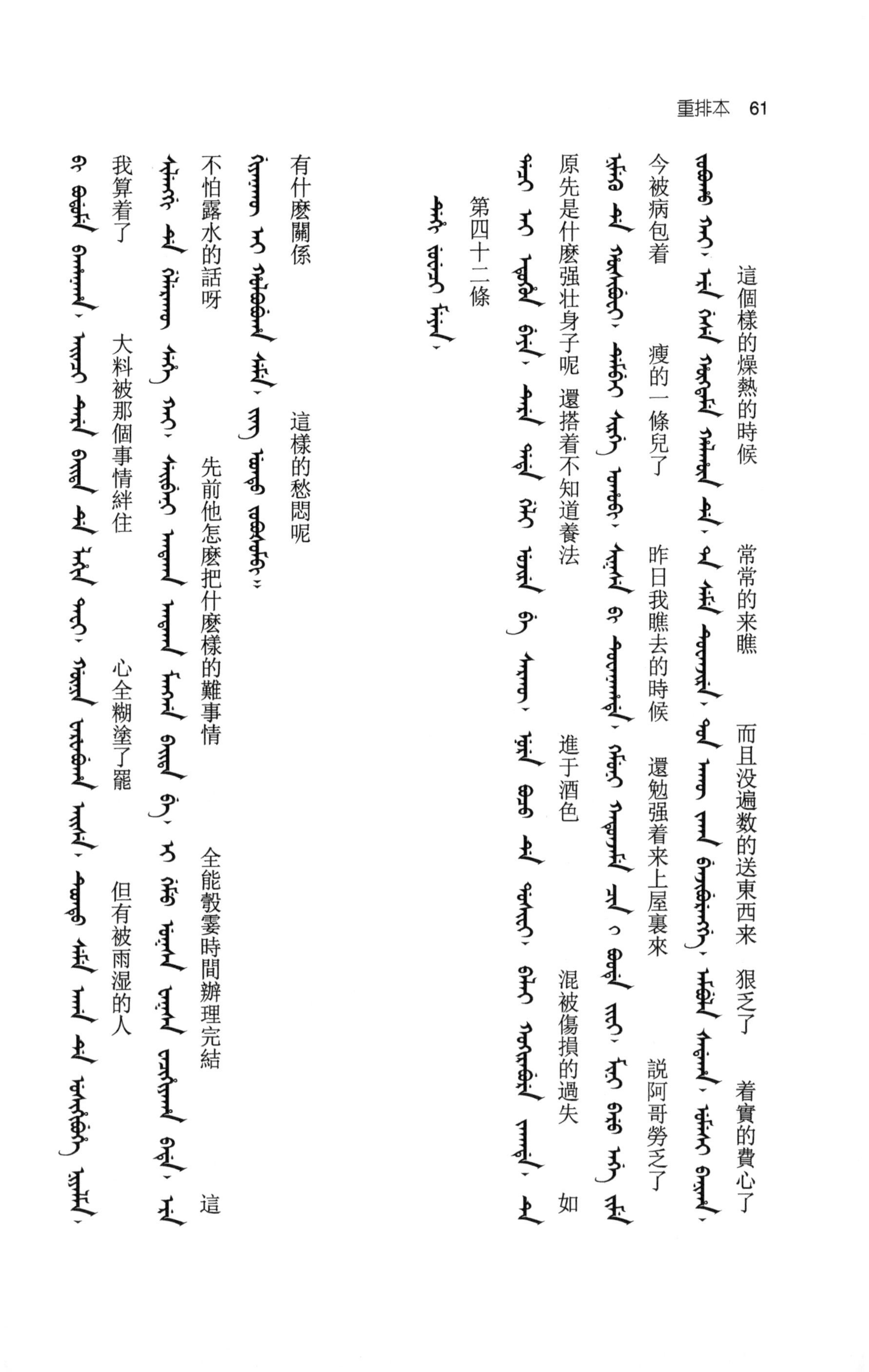

這個樣的燥熱的時候　常常的来瞧　而且没遍数的送東西来　狠乏了　着實的費心了

今被病包着　瘦的一條兒了　昨日我瞧去的時候　還勉强着来上屋裏來　說阿哥勞乏了

原先是什麼强壯身子呢　還搭着不知道養法　進于酒色　混被傷損的過失　如

第四十二條

有什麼關係　這樣的愁悶呢

不怕露水的話呀　先前他怎麼把什麼樣的難事情　全能彀霎時間辦理完結　這

我算着了　大料被那個事情絆住　心全糊塗了罷　但有被雨湿的人

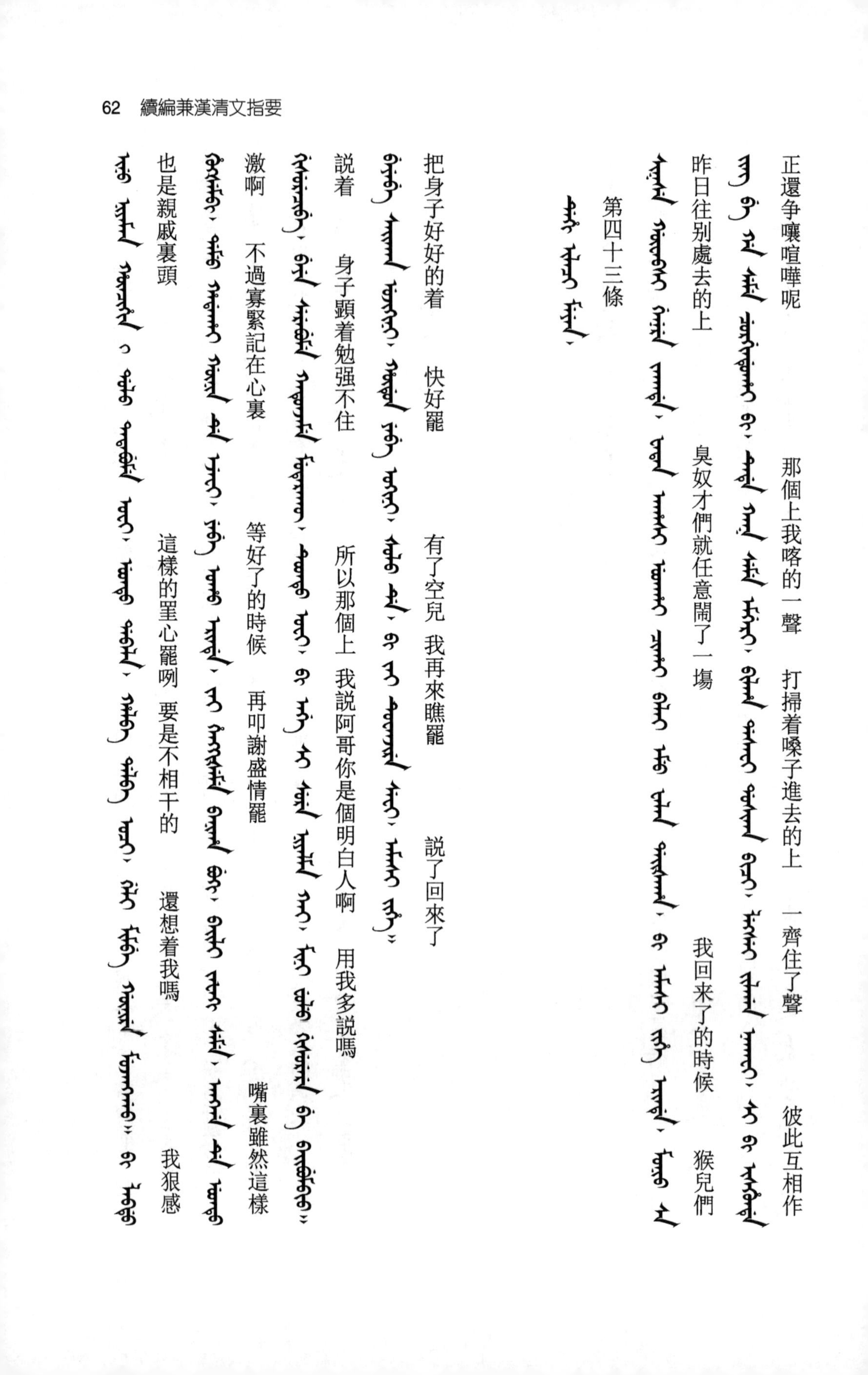

正還爭嚷喧嘩呢　那個上我喀的一聲　打掃着嗓子進去的上　一齊住了聲　彼此互相作

昨日往別處去的上　臭奴才們就任意鬧了一場　我回来了的時候　猴兒們

第四十三條

把身子好好的着　快好罷　有了空兒　我再來瞧罷　說了回來了

說着　身子顫着勉强不住　所以那個上　我說阿哥你是個明白人啊　用我多說嗎

激啊　不過寡緊記在心裏　等好了的時候　再叩謝盛情罷　嘴裏雖然這樣

也是親戚裏頭　這樣的罣心罷咧　要是不相干的　還想着我嗎　我狠感

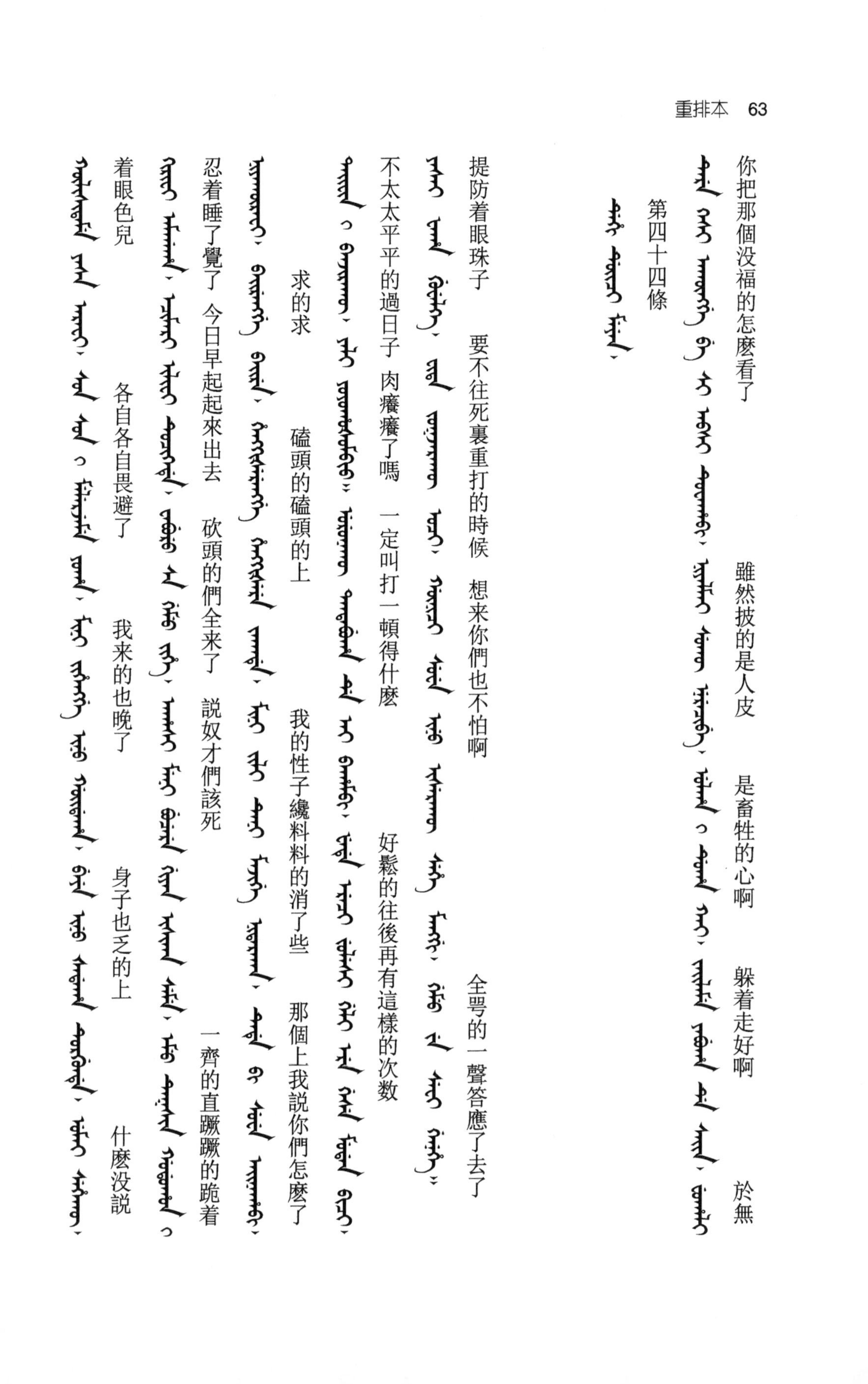

你把那個没福的怎麼看了　雖然披的是人皮　是畜牲的心啊　躲着走好啊　於無

第四十四條

提防着眼珠子　要不往死裏重打的時候　想來你們也不怕啊　全甹的一聲答應了去了

不太太平平的過日子　肉癢癢了嗎　一定叫打一頓得什麼　好鬆的往後再有這樣的次数

求的求　磕頭的磕頭的上　我的性子纔料料的消了些　那個上我説你們怎麼了

忍着睡了覺了　今日早起起來出去　砍頭的們全來了　説奴才們該死　一齊的直蹶蹶的跪着

着眼色兒　各自各自畏避了　我来的也晚了　身子也乏的上　什麼没説

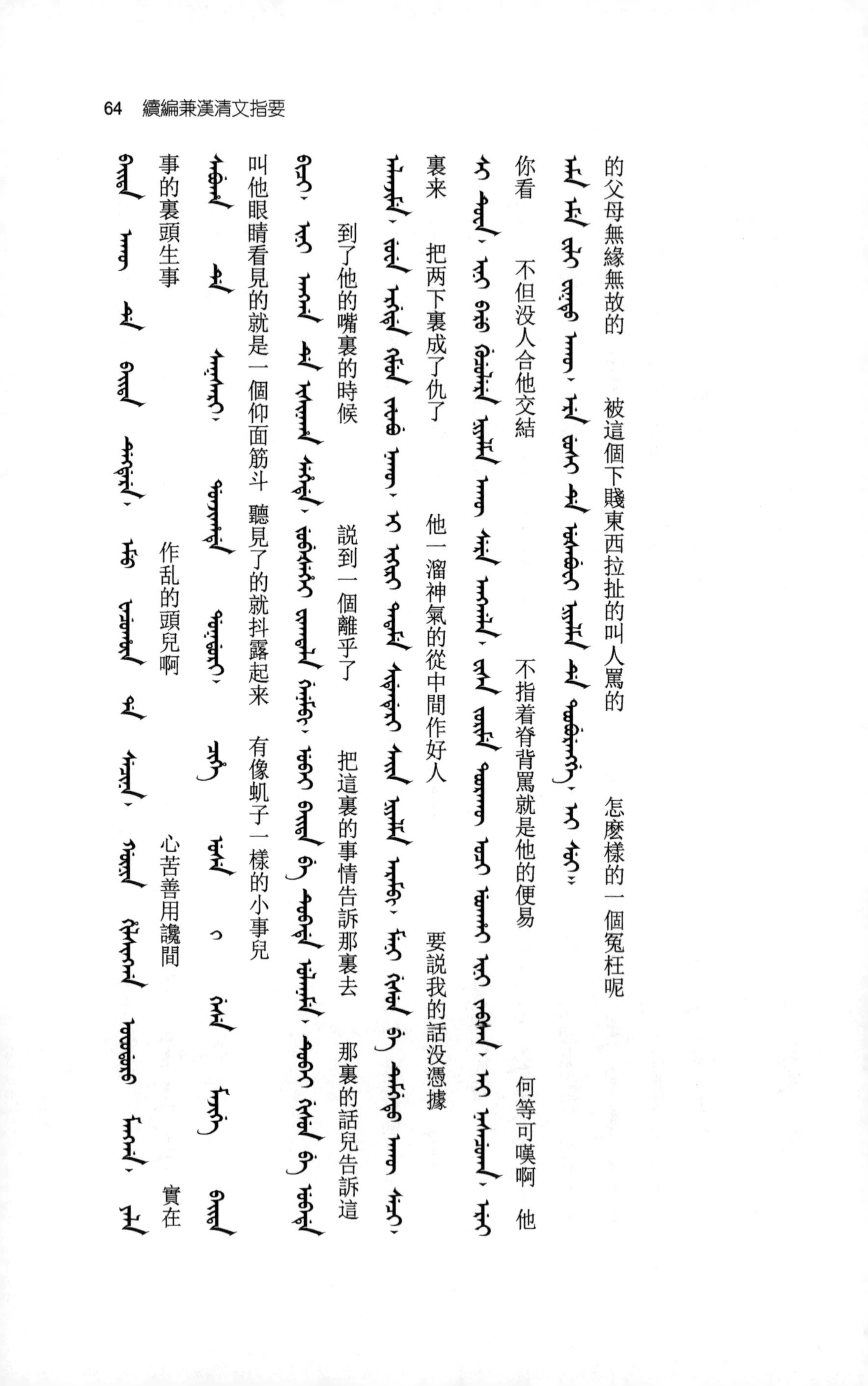

的父母無緣無故的　被這個下賤東西拉扯的叫人罵的　怎麼樣的一個冤枉呢

你看　不但没人合他交結　不指着脊背罵就是他的便易　何等可嘆啊　他

裏来　把两下裏成了仇了　他一溜神氣的從中間作好人　要説我的話没憑據

到了他的嘴裏的時候　説到一個離乎了　把這裏的事情告訴那裏去　那裏的話兒告訴這

叫他眼睛看見的就是一個仰面筋斗　聽見了的就抖露起来　有像虮子一樣的小事兒

事的裏頭生事　作乱的頭兒啊　心苦善用讒間　實在

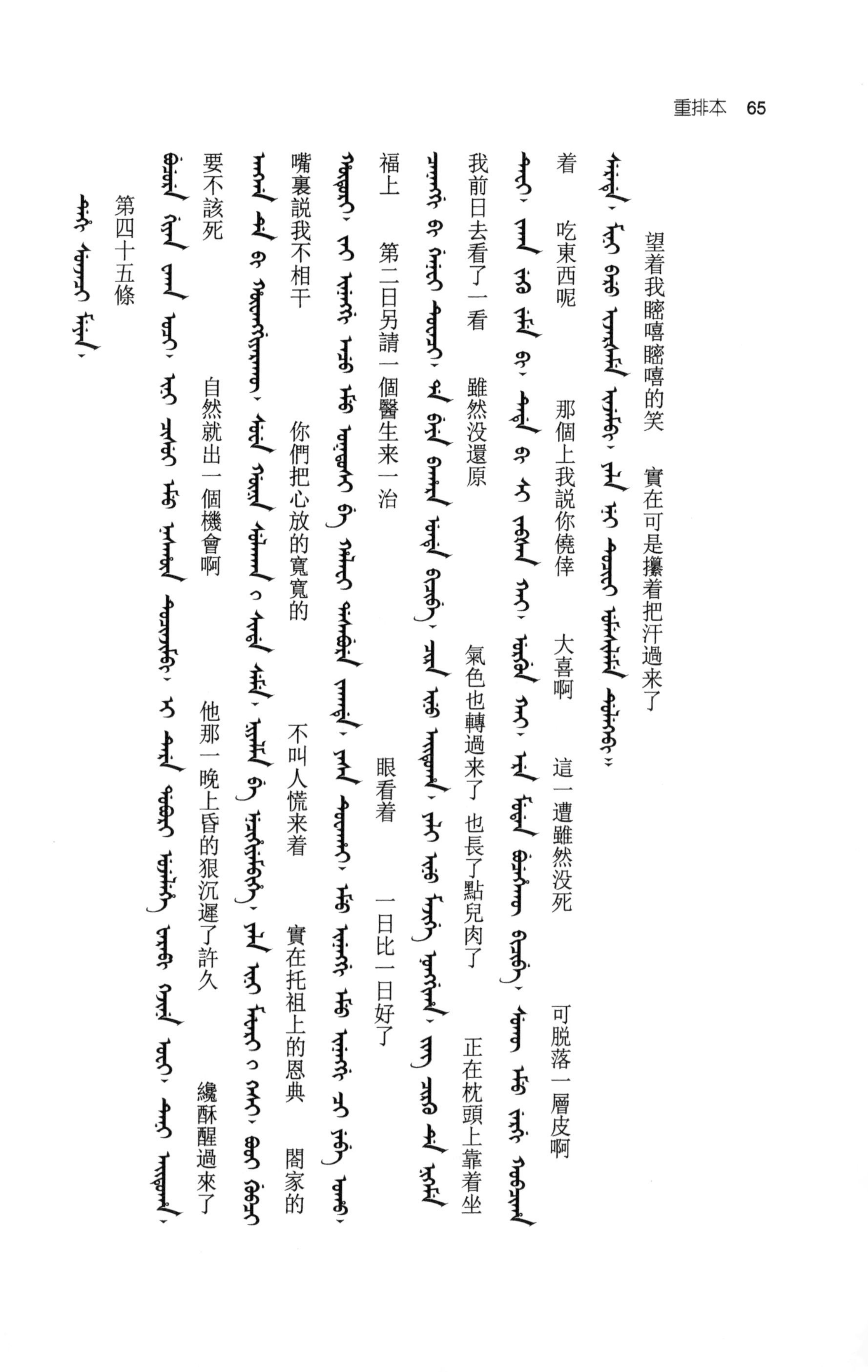

望着我瞧嘻瞧嘻的笑　實在可是攥着把汗過來了

着　吃東西呢　那個上我説你僥倖　大喜啊　這一遭雖然没死　可脱落一層皮啊

我前日去看了一看　雖然没還原　氣色也轉過來了　也長了點兒肉了　正在枕頭上靠着坐

福上　第二日另請一個醫生來一治　眼看着　一日比一日好了

嘴裏説我不相干　你們把心放的寬寬的　不叫人慌來着　實在托祖上的恩典　閤家的

要不該死　自然就出一個機會啊　他那一晚上昏的狠沉遲了許久　纔酥醒過來了

第四十五條

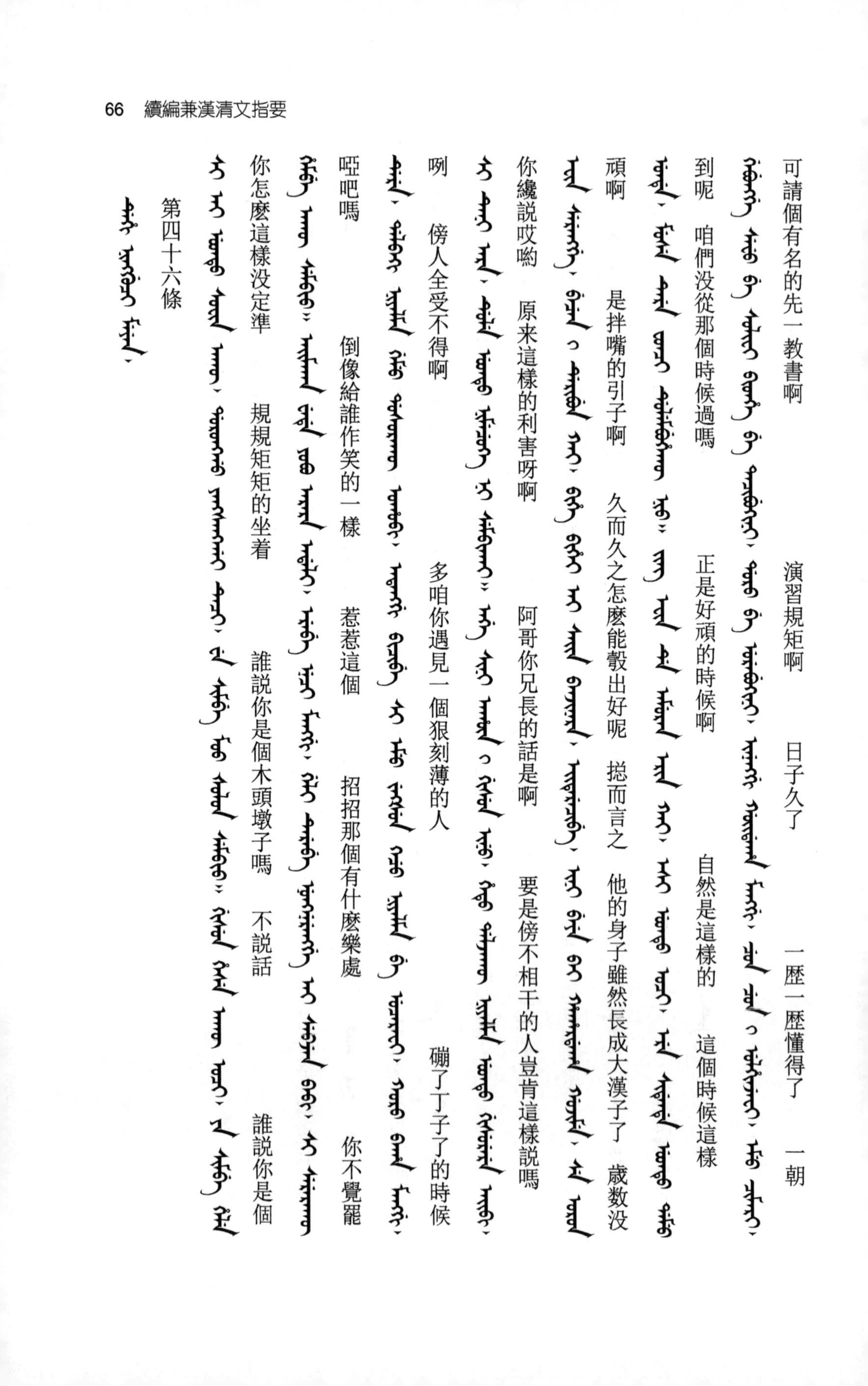

可請個有名的先一教書啊　演習規矩啊　日子久了　一歷一歷懂得了　一朝

到呢　咱們没從那個時候過嗎　正是好頑的時候啊　自然是這樣的　這個時候這樣

頑啊　是拌嘴的引子啊　久而久之怎麽能彀出好呢　捴而言之　他的身子雖然長成大漢子了　歲数没

你纔説哎喲　原来這樣的利害呀啊　阿哥你兄長的話是啊　要是傍不相干的人豈肯這樣説嗎

咧　傍人全受不得啊　多咱你遇見一個狠刻薄的人　磞了丁子了的時候

啞吧嗎　倒像給誰作笑的一樣　惹惹這個　招招那個有什麽樂處　你不覺罷

你怎麽這樣没定準　規規矩矩的坐着　誰説你是個木頭墩子嗎　不説話　誰説你是個

第四十六條

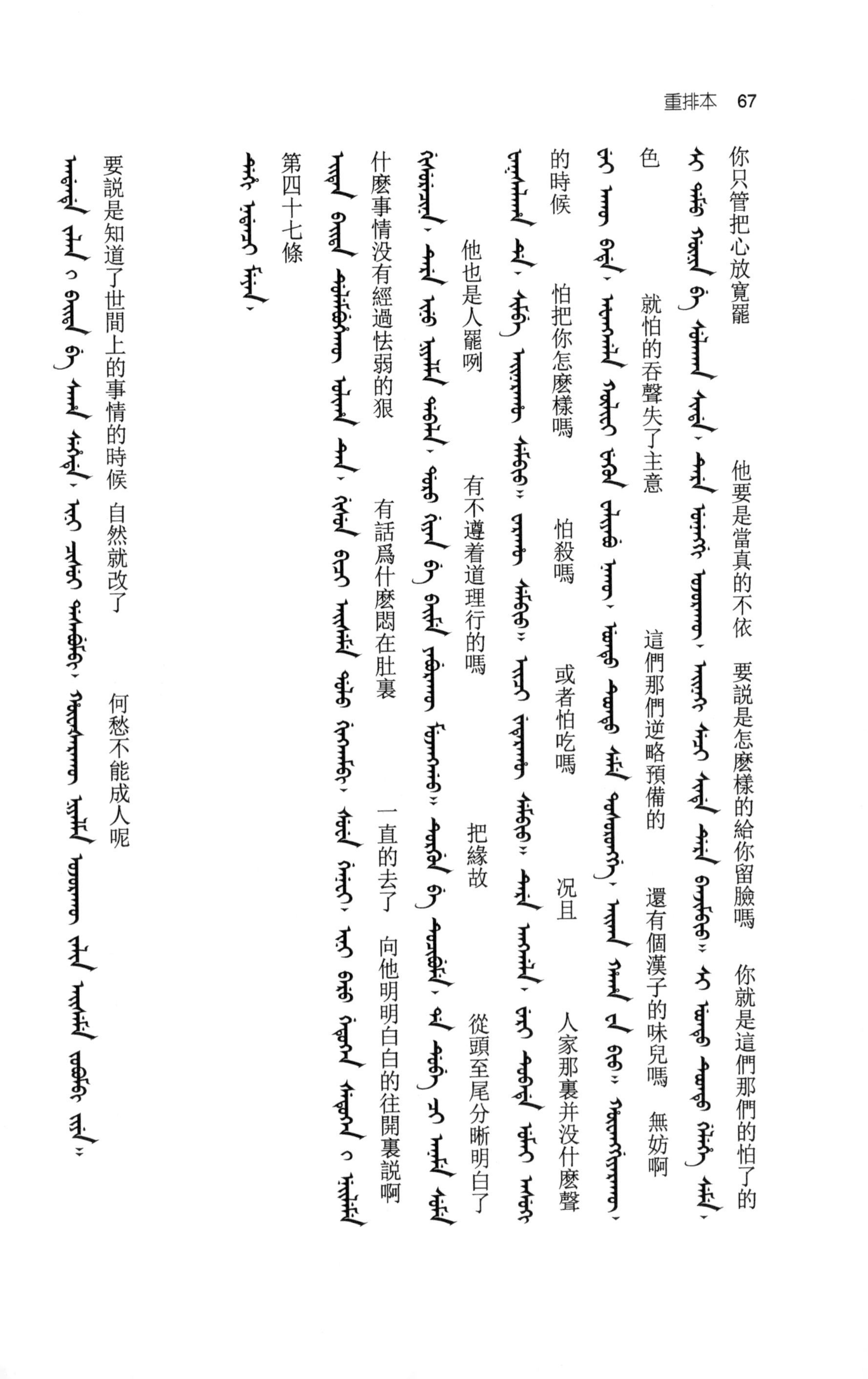

你只管把心放寬罷 他要是當真的不依 要說是怎麼様的給你留臉嗎 你就是這們那們的怕了的色 就怕的呑聲失了主意 這們那們逆略預備的 還有個漢子的味兒嗎 無妨啊的時候 怕把你怎麼樣嗎 怕殺嗎 或者怕吃嗎 況且 人家那裏并没什麼聲

他也是人罷咧 有不遵着道理行的嗎 把緣故 從頭至尾分晰明白了

什麼事情没有經過怯弱的狠 有話爲什麼悶在肚裏 一直的去了 向他明明白白的往開裏說啊

第四十七條

要說是知道了世間上的事情的時候 自然就改了 何愁不能成人呢

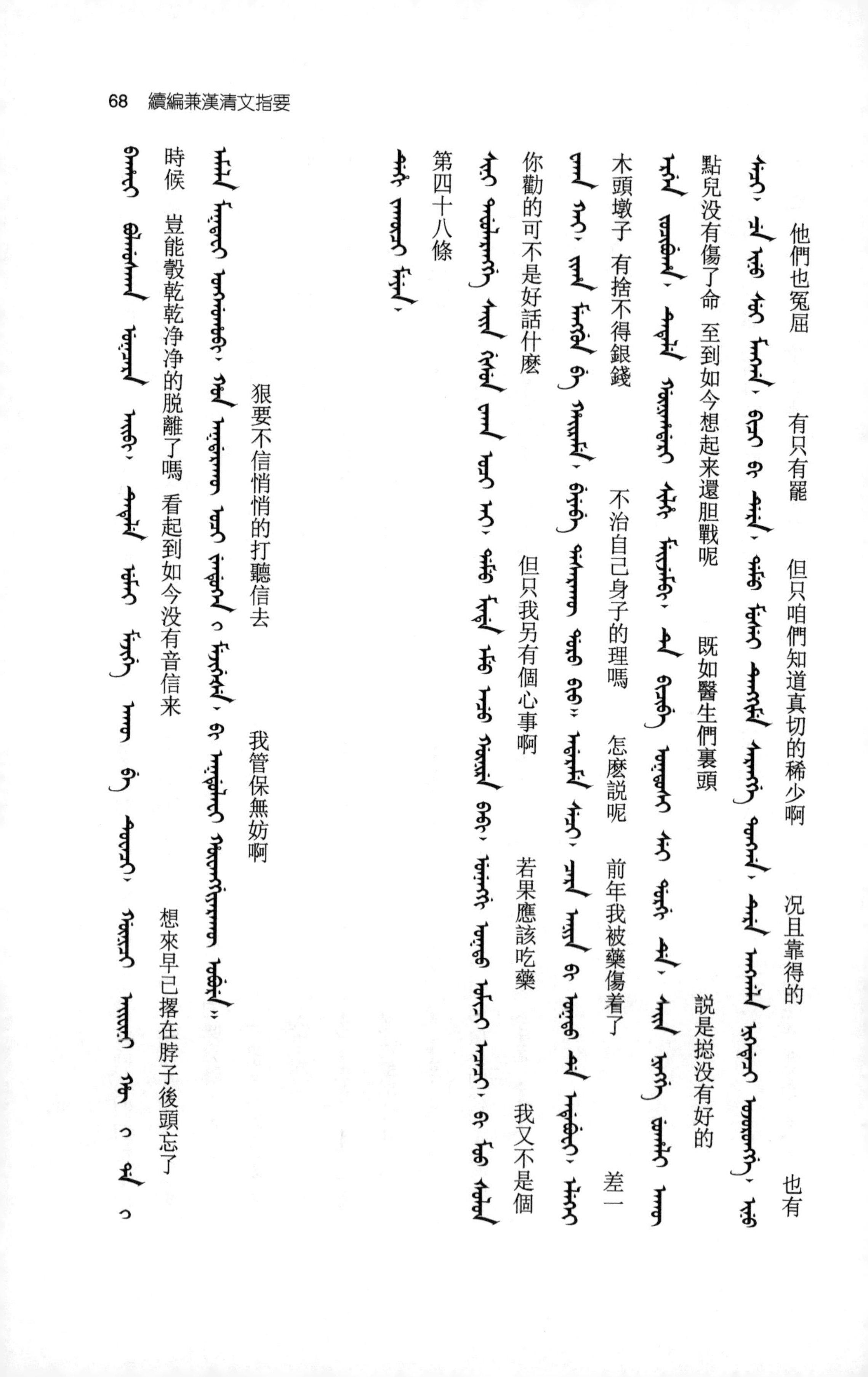

時候 豈能彀乾乾淨淨的脫離了嗎 看起到如今沒有音信來 想來早已擱在脖子後頭忘了

狠要不信悄悄的打聽信去 我管保無妨啊

第四十八條

你勸的可不是好話什麼 但只我另有個心事啊 若果應該吃藥 我又不是個

木頭墩子 有捨不得銀錢 不治自己身子的理嗎 怎麼說呢 前年我被藥傷着了 差一

點兒沒有傷了命 至到如今想起來還胆戰呢 既如醫生們裏頭 說是捴沒有好的

他們也冤屈 有只有罷 但只咱們知道真切的稀少啊 況且靠得的 也有

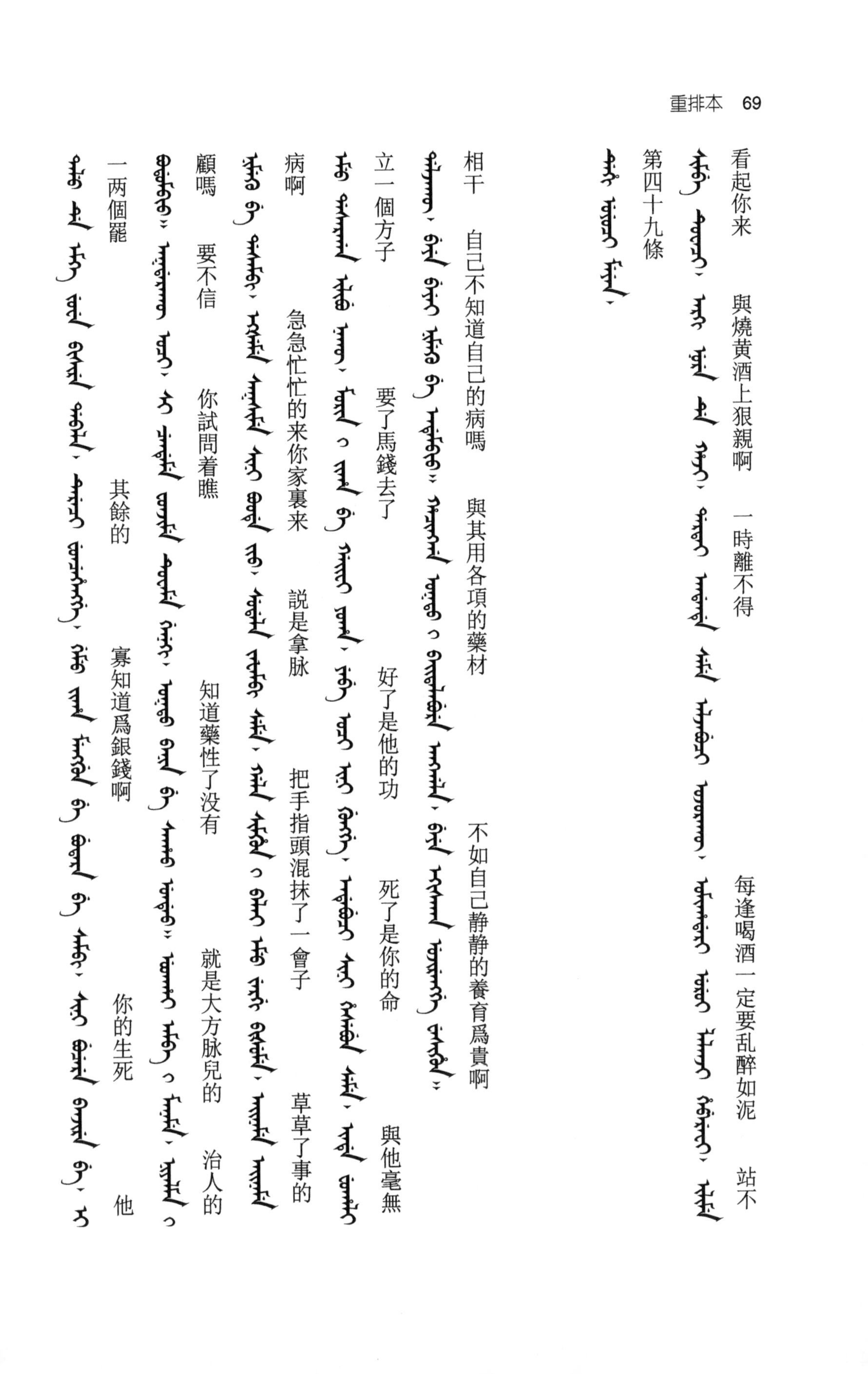

看起你来　與燒黄酒上狠親啊　一時離不得　每逢喝酒一定要乱醉如泥　站不

第四十九條

相干　自己不知道自己的病嗎　與其用各項的藥材　不如自己静静的養育爲貴啊

立一個方子　要了馬錢去了　好了是他的功　死了是你的命　與他毫無

病啊　急急忙忙的来你家裏来　説是拿脉　把手指頭混抹了一會子　草草了事的

顧嗎　要不信　你試問着瞧　知道藥性了没有　就是大方脉兒的　治人的

一兩個罷　其餘的　寡知道爲銀錢啊　你的生死　他

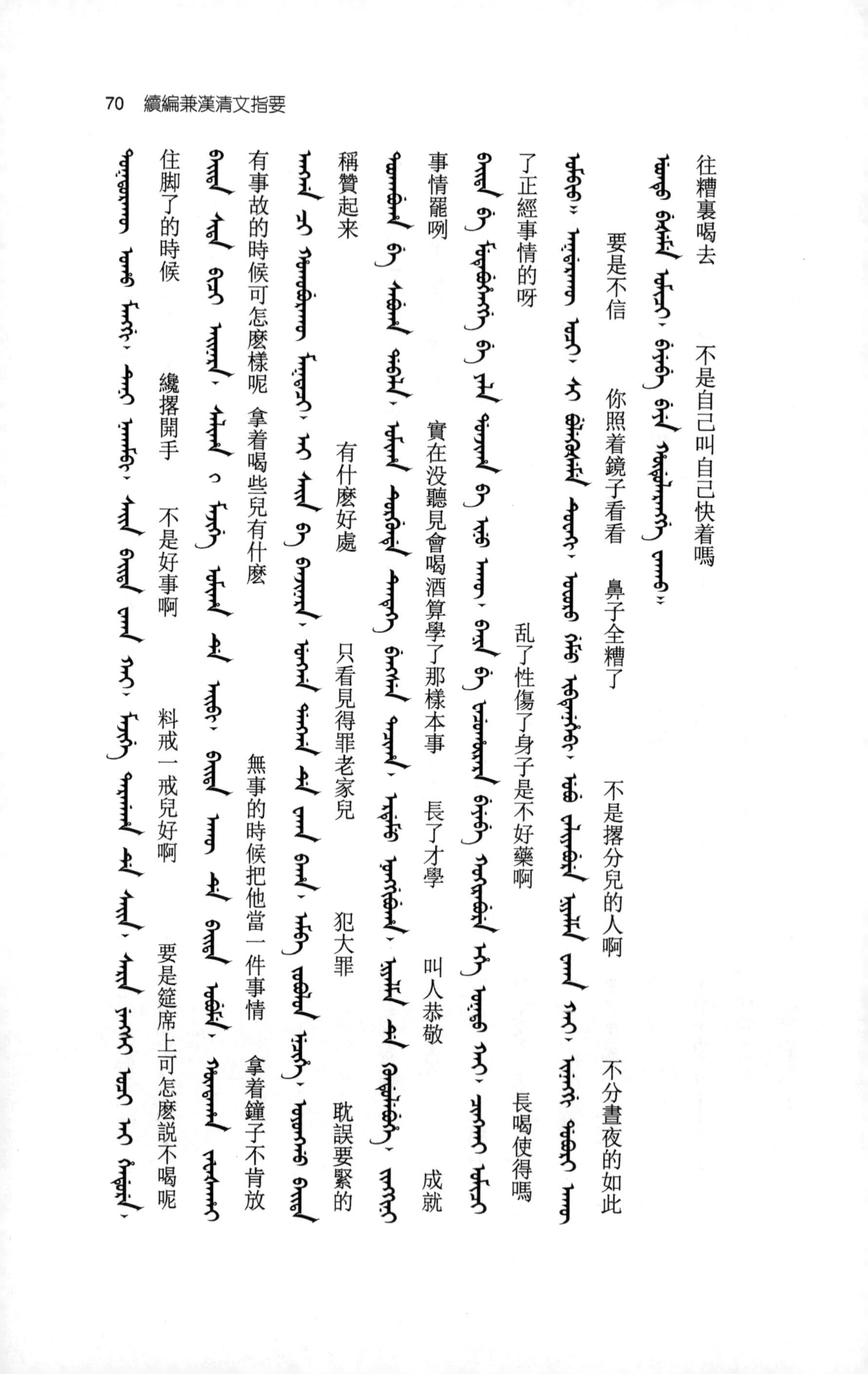

往糟裏喝去　不是自己叫自己快着嗎

要是不信　你照着鏡子看看　鼻子全糟了　不是撂分兒的人啊　不分晝夜的如此

了正經事情的呀　乱了性傷了身子是不好藥啊　長喝使得嗎

事情罷咧　實在没聽見會喝酒算學了那樣本事　長了才學　叫人恭敬　成就

稱贊起來　有什麽好處　只看見得罪老家兒　犯大罪　耽誤要緊的

有事故的時候可怎麽樣呢　拿着喝些兒有什麽　無事的時候把他當一件事情　拿着鐘子不肯放

住脚了的時候　纔撂開手　不是好事啊　料戒一戒兒好啊　要是筵席上可怎麽說不喝呢

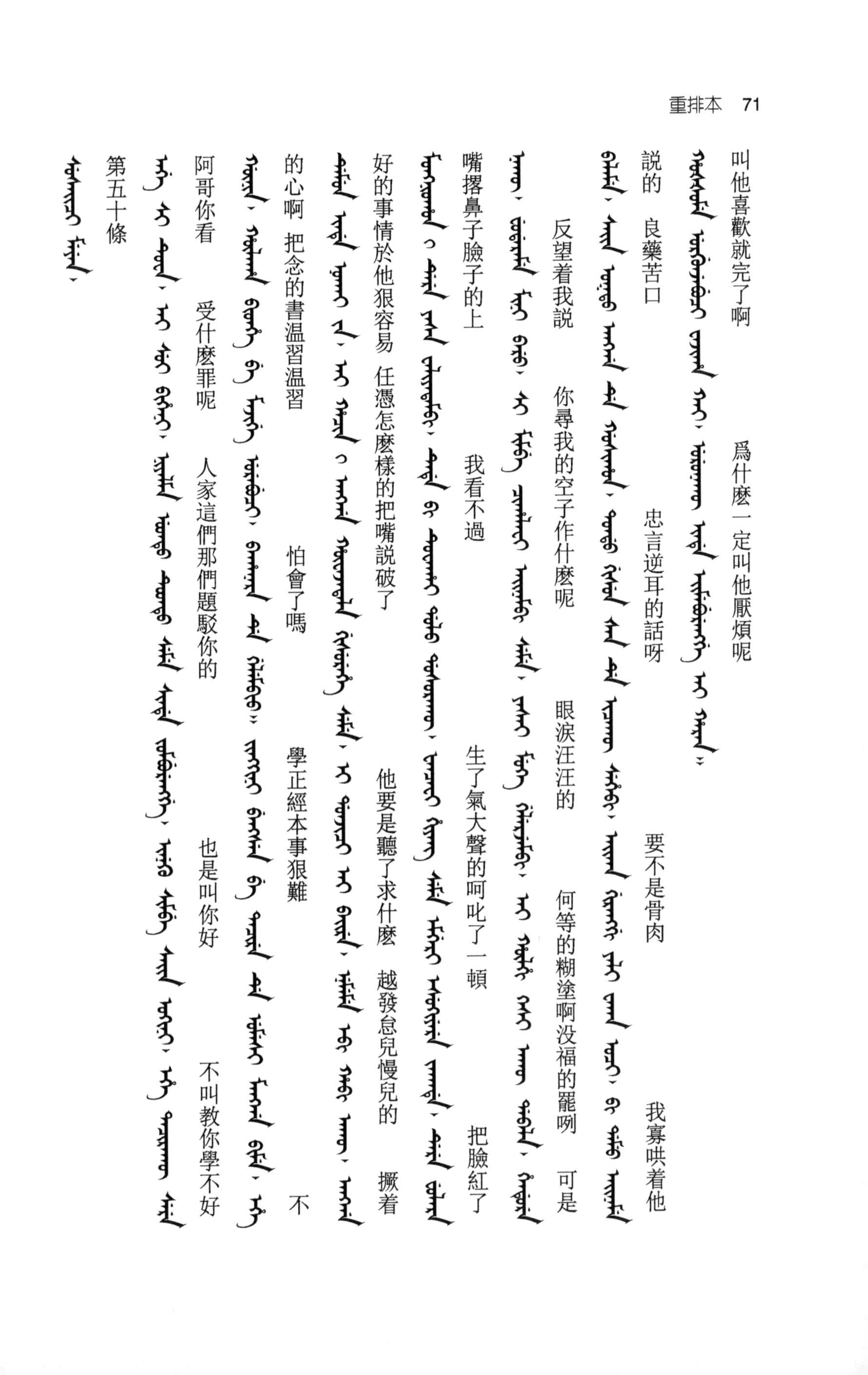

叫他喜歡就完了啊　爲什麽一定叫他厭煩呢

說的　良藥苦口　忠言逆耳的話呀　要不是骨肉　我寡哄着他

反望着我說　你尋我的空子作什麽呢　眼淚汪汪的　何等的糊塗啊没福的罷咧　可是

嘴撂鼻子臉子的上　我看不過　生了氣大聲的呵叱了一頓　把臉紅了

好的事情於他狠容易　任憑怎麽樣的把嘴說破了　他要是聽了求什麽　越發怠兒慢兒的　撅着

的心啊　把念的書溫習溫習　怕會了嗎　學正經本事狠難　不

阿哥你看　受什麽罪呢　人家這們那們題駁你的　也是叫你好　不叫教你學不好

第五十條

轉寫本

sira-me nikan hergen -i kamqibu-ha manju gisun -i oyonggo jorin bithe
接續-并 漢 字 屬 兼有-完 滿 語 屬 重要 指示 書

續編兼漢清文指要

第1條

1-1[A] tuktan bi abala-me gene-he-de,
初次 我 打圍-并 去-完-位
我初次打圍去,（上1a2）

1-2 emu morin yalu-mbihe-bi,
一 馬 騎-過-完-現
騎的一匹馬,（上1a2）

1-3 katara-ra-ngge neqin,
顛-未-名 平穩
顛的穩,（上1a2-3）

1-4 feksi-re-ngge hvdun,
跑-未-名 快
跑的快,（上1a3）

1-5 jebele asha-hai,
箭袋 帶-持
𧝑着撒袋,（上1a3）

1-6 teni aba sara-fi gene-re-de,
纔 圍 擴大-順 去-未-位
纔放開圍走着,（上1a3-4）

1-7 orho-i dorgi-qi emu jerin feksi-me tuqi-ke,
草-屬 裏面-從 一 黃羊 跑-并 出-完

從草裏跑出一個黄羊来了，（上1a4）

1-8 bi uthai morin be dabki-me,

我 就 馬 **賓** 拍鞭-**并**

我就加着馬，（上1a4）

1-9 beri dari-fi emgeri gabta-qi,

弓 拉-**順** 一次 射-**條**

拉開弓射了一箭，（上1a5）

1-10 majige amari-ha,

稍微 落後-**完**

些微邋下了些，（上1a5）

1-11 gala mari-fi niru gai-re siden-de,

手 回-**順** 箭 取-**未** 時候-**位**

回手纔要拔箭的時候，（上1a6）

1-12 jerin -i unqehen dube axxa-me,

黄羊 **屬** 尾巴 尖端 震動-**并**

那黄羊把尾巴繞了一繞，（上1a6-7）

1-13 dartai andande,

瞬間 頃刻

轉眼之間，（上1a7）

1-14 emu meifehe be dule-fi,

一 山坡 **賓** 經過-**順**

就過了一個山坡子，（上1a7）

1-15 alin antu ergi be bai-me wesihun iqi gene-he,

山 南 方向 **賓** 求-**并** 上 順應 去-**完**

往山陽裏去了，（上1a7-1b1）

1-16 unqehen dahala-hai amqa-na-ha bi-qi,

尾巴 跟隨-**持** 追趕-去-**完** 有-**條**

我跟着尾巴赶去，（上1b1-2）

1-17 geli alin be daba-me,

又 山 **賓** 跨越-**并**

過了山，（上1b2）

1-18 boso ergi be wasi-me gene-he-bi,

北 方向 **賓** 降下-**并** 去-**完**-**現**

又往山背裏去了，（上1b2）

1-19 tede bi morin be haqihiya-hai,

那.**位** 我 馬 **賓** 催促-**持**

所以我加馬，（上1b3）

1-20 hanqi amqa-na-fi emgeri gabta-qi,

附近 趕-去-**順** 一次 射-**條**

赶到跟前射了一箭，（上1b3）

1-21 geli uju be daba-me dule-ke,

又 頭 **賓** 跨越-**并** 通過-**完**

又從頭上過去了，（上1b4）

1-22 gvni-ha-kv qargi-qi emu buhv feksi-me ebsi ji-he,

想-**完**-**否** 對面-**從** 一 鹿 跑-**并** 這邊 來-**完**

不想一個鹿從那邊往這邊跑了来了，（上1b4-5）

1-23 teni alin be daba-me ishun ji-dere-ngge,

纔 山 **賓** 跨越-**并** 對面 來-**未**-**名**

纔過了山迎着来，（上1b5）

1-24 tob se-me mini gabta-ha niru de goi-bu-fi,

恰好 助-并 我.屬 射-完 箭 與 釘-被-順

正中在我射的箭上，（上1b6）

1-25 kub se-me tuhe-ke,

倒地貌 助-并 倒-完

撲的一聲就跌倒了，（上1b6-7）

1-26 yala yala injekv,

真是 真是 笑話

實在是個笑話兒，（上1b7）

1-27 mayan sain,

運氣 好

彩頭好的呀，（上1b7）

1-28 amqabu-ha-ngge turi-bu-he,

趕得上-完-名 落下-使-完

赶上的放跑了，（上1b7）

1-29 mura-kv-ngge elemangga nambu-ha,

吹哨.未-否-名 反倒 捕捉-完

没哨的倒得了，（上2a1）

1-30 sar-kv urse-de ala-qi,

知道.未-否 人們-與 告訴-條

若要是告訴那不知道的人，（上2a1）

1-31 aimaka yasa gehun holto-ro adali。

好像 眼睛 明顯 説謊-未 一樣

倒像睁着眼睛撒謊的一樣。（上2a1-2）

第2條

2-1[A] ara, si aina-ha-bi,

哎呀 你 做什麽-完-現

哎呀你怎麽了，（上2a3）

2-2 muse giyanakv udu biya aqa-ha-kv,

咱們 能有 幾個 月份 見面-完-否

咱們没見面能有幾個月，（上2a3）

2-3 ai hvdun de,

怎麽 快 位

怎麽這們快，（上2a3-4）

2-4 salu xara-pi sakda fiyan gai-ha,

鬍鬚 變白-延 老 顏色 顯出-完

鬍子白了有了老模樣了，（上2a4）

2-5 age si mimbe angga sijirhvn se-me ume wakaxa-ra,

阿哥 你 我.賓 嘴 忠言 助-并 不要 責怪-未

阿哥你别怪我的嘴直，（上2a4-5）

2-6 urahila-me donji-qi,

打聽-并 聽-條

風聞説，（上2a5）

2-7 si te jiha efi-re de dosi-fi,

你 現在 錢 玩-未 位 沉溺-順

你如今頑起錢来，（上2a5-6）

2-8 utala bekdun ara-ha se-mbi,

許多 債務 做-完 助-現

作了好些賬，（上2a6）

2-9 yala oqi,

果真 若是

要是真，（上2a6）

2-10 efiku waka kai,

兒戲 不是 啊

可不是頑的呀，（上2a7）

2-11 majige bargiya-ha de sain。

稍微 收斂-**完** **位** 好

料收着些纔好呢。（上2a7）

2-12[B] ere gemu oron akv gisun,

這 全都 踪影 **否** 話語

這全是人編造的没影兒的話，（上2a7-2b1）

2-13 si akda-ra-kv oqi,

你 相信-**未-否** 若是

你要不信，（上2b1）

2-14 narhvxa-me fujurula-qina。

辨别-**并** 訪問-**祈**

可細細的打聽是呢。（上2b1-2）

2-15[A] ai gisun se-re-ngge,

什麽 話語 説-**未-名**

什麽話，（上2b2）

2-16 beye -i yabu-ha-ngge be beye endekv-u[1]?

自己 **屬** 行事-**完-名** **賓** 自己 瞞不過-**疑**

---

1 endekvu：意不詳，據《新刊清文指要》（下2b3）作"endere"，此處或爲"enderekv"之誤，故語法標注據"enderekv"而譯。

自己走的自己不知道嗎?（上2b2-3）

2-17 guqu-se gemu simbe leule-he be tuwa-qi,

朋友-**複** 全都 你.**賓** 議論-**完** **賓** 看-**條**

看起朋友們全議論你的来,（上2b3）

2-18 sinde marbe[1] bi-fi dere,

你.**與** 稍微 有-**順** 啊

你料有些兒罷,（上2b3-4）

2-19 jiha efi-re de ai dube,

錢 耍-**未** **位** 什麽 末端

頑錢啊那是了手,（上2b4）

2-20 lifa dosi-ka se-he-de,

深 沉溺-**完** **助-完-位**

要説是貪進去了,（上2b4）

2-21 ai bi-he se-me taksi-mbi,

什麽 有-**完** **助-并** 存續-**現**

就説是有什麽能存得住呢,（上2b5）

2-22 wajima dube-de weile daksa ara-ra-kv o-qi,

末尾 末端-**位** 罪 過錯 做-**未-否** 成爲-**條**

終久不遭罪戾,（上2b5-6）

2-23 uthai majige hede funqe-bu-ra-kv,

就 稍微 根 剩餘-**使-未-否**

即將産業蕩盡,（上2b6）

2-24 bou boigon fulahvn waji-fi teni naka-mbi,

家 家産 赤貧 完結-**順** 纔 停止-**現**

---

1 marbe：雙峰閣本作majige。

毫無所存之時纔歇手呢，（上2b6-7）

2-25 ere gese-ngge musei xan de donji-ha,

這 樣子-名 咱們.屬 耳朵 位 聽-完

像這樣的喒們的耳躲裏聽見，（上2b7）

2-26 yasa de sabu-ha-ngge,

眼睛 位 看見-完-名

眼睛裏看見的，（上3a1）

2-27 labdu akv bi-qibe,

多 否 有-讓

雖然不多，（上3a1）

2-28 absi akv tanggv funqe-mbi,

怎麽 否 一百 剩餘-現

只少也有一百還多，（上3a1-2）

2-29 si bi muse sa-ha tuwa-ha guqu kai,

你 我 咱們 知道-完 看-完 朋友 啊

喒們是知己的朋友啊，（上3a2）

2-30 aika sa-me tafula-ra-kv we-i guwanta se-qi,

若是 知道-并 勸諫-未-否 誰-屬 關係 説-條

要是明知不勸説與誰什麽相干，（上3a2-3）

2-31 banjire sain se-re-ngge ai-de,

相處 好 助-未-名 什麽-位

豈説得是相好嗎，（上3a3）

2-32 ainame akv oqi sain dabala,

寧可 否 若是 好 罷了

要是没有的事好罷咧，（上3a4）

2-33 bi fujurula-fi aina-mbi。

我 詢問-**順** 做什麽-**現**

我打聽作什麽呢。（上3a4）

第3條

3-1[A] sikse umai edun su akv，

昨天 完全 風 絲 **否**

昨日并没風，（上3a5）

3-2 abka hoqikosaka bihe-ngge，

天氣 爽快 **過-名**

是好好的天氣来着，（上3a5）

3-3 gaitai ehere-fi soihon，

突然 不好-**順** 黄色

清清亮亮的日色，（上3a5-6）

3-4 xun -i elden gemu fundehun o-ho-bi，

太陽 **屬** 光 都 慘白 成爲-**完-現**

忽然變的冷颼颼的了，（上3a6）

3-5 tede bi faijuma，

那.**位** 我 怪異

那個上我説，（上3a6-7）

3-6 ayan edun da-ra isi-ka，

大 風 吹-**未** 到-**完**

大風要来了呀，（上3a7）

3-7 edun dekde-re onggolo， muse yo-ki se-fi，

風 起-**未** 之前 咱們 走-**祈** 説-**順**

乘着風還未起喒們走罷，（上3a7-3b1）

3-8 beri beri[1] faqa-fi bou-de isina-ra-ngge，

弓 弓 散-**順** 家-**與** 到達-**未**-**名**

所以各自各自散了將到家裏，（上3b1）

3-9 hou se-me amba edun da-me deri-bu-he，

刮風貌 **助**-**并** 大 風 吹-**并** 開始-**使**-**完**

就刮起大風来了，（上3b1-2）

3-10 mou-i subehe edun de febu-me lasihi-bu-re asuki，

樹-**屬** 梢 風 **位** 向-**并** 打-**被**-**未** 聲音

把樹稍刮的乱捽的聲音，（上3b2-3）

3-11 absi ersun，

何其 厲害

吹哨子的一樣响好醜聽，（上3b3）

3-12 hvji-me da-hai，dobori dulin o-tolo，

刮-**并** 吹-**持** 夜晚 一半 成爲-**至**

刮到半夜裏，（上3b3-4）

3-13 teni majige toro-ko，

纔 稍微 定-**完**

纔料料的定了些，（上3b4）

3-14 eqimari ebsi ji-dere-de，

今天早上 這裏 來-**未**-**位**

今日早起往這裏来，（上3b4）

3-15 jugvn giyai de yabu-re urse，

路 街 **位** 走-**未** 人們

1 beri beri：此爲固定用法，意爲“各自散去”。

走着見街道上的人，（上3b4-5）

3-16 gemu ili-me mute-ra-kv,

都 站-并 可以-未-否

全站不住，（上3b5）

3-17 ho ha se-me suju-mbi,

喘氣貌 助-并 跑-現

喝喝哈哈的跑啊，（上3b5-6）

3-18 bi aika edun -i qashvn bi-he biqi hono yebe bihe,

我 如果 風 屬 順着 有-完 若是 還 稍好 過

我要是順着風来還好来着，（上3b6-7）

3-19 geli ishun o-joro jakade,

又 風 成爲-未 因爲

又是迎着風的上頭，（上3b7）

3-20 dere ai ulme toko-ro adali, qak qak se-mbi,

臉 什麼 全然 刺扎-未 一樣 凛冽 貌 助-現

把臉凍的像針扎的一樣疼啊，（上3b7-4a1）

3-21 gala simhun bebere-fi,

手 指 抽搐-順

手指頭凍拘了，（上4a1）

3-22 xusiha jafa-ra de gemu fakjin akv o-ho-bi,

鞭 拿-未 位 完全 倚靠 否 成爲-完-現

拿鞭子的勁全没了，（上4a1-2）

3-23 juliya-ha qifenggu na de isina-nggala,

吐-完 唾沫 地 與 到達-前

吐的唾沫將到地下，（上4a2）

3-24 uthai juhene,

就 結冰.**祈**

就凍成冰，（上4a3）

3-25 katak se-me meyen meyen -i lakqa-mbi,

結冰貌 **助-并** 節 節 **工** 斷開-**現**

跌的幾節子了，（上4a3）

3-26 adada banji-ha qi ebsi,

哎呀 出生-**完** **從** 以來

好冷啊有生以来，（上4a3-4）

3-27 ere gese beikuwen be we dule-mbu-he ni。

這 樣子 寒冷 **賓** 誰 經過-**使-完** 呢

這個樣的冷啊誰經過来着呢。（上4a4）

第4條

4-1[A] si sar-kv,

你 知道.**未-否**

你不知道，（上4a5）

4-2 ini ere gemu se asigan,

他.**屬** 這 都 歲數 年輕

這全是年青，（上4a5）

4-3 senggi sukdun etuhun -i haran,

血 氣 强壯 **屬** 緣由

血氣强壯的過失，（上4a5-6）

4-4 udu mudan koro baha manggi,

幾 次 痛苦 得到.**完** 之後

吃過幾遭虧，（上4a6）

4-5 ini qisui[1] amtan tuhe-mbi-kai,

他.**屬** 任意 興趣 跌倒-**現**-啊

他那高興自然就去了，（上4a6-7）

4-6 aide sa-ha se-qi,

爲什麽 知道-**完** **助**-**條**

從什麽上知道了呢，（上4a7）

4-7 bi da-qi uthai basilara de mujakv amuran,

我 原本-**從** 就 武術 **與** 的確 愛好

我從前就狠好鬧硬浪，（上4a7-4b1）

4-8 mini emu mukvn -i ahvn -i emgi,

我.**屬** 一 族 **屬** 兄長 **屬** 一起

我一個户中的阿哥，（上4b1）

4-9 inenggi-dari urebu-mbihe,

日子-每 練習-**過**

每日在一處演習来着，（上4b1-2）

4-10 mini ahvn -i gidala-ha-ngge umesi mangga,

我.**屬** 兄長 **屬** 刺扎-**完**-**名** 很 巧妙

我阿哥的長槍要的狠精，（上4b2）

4-11 juwan udu niyalma se-he seme,

十 幾 人 **助**-**完** 雖然

就説是十幾個人，（上4b2-3）

4-12 ini beye-de hanqi fime-qi o-jora-kv,

他.**屬** 身體-**位** 近 靠近-**條** 可以-**未**-**否**

---

1 ini qisui：此爲固定用法，意爲“自然而然”。

不能到他的跟前，（上4b3）

4-13 uttu bime hono emu mangga bata be uqara-ha-bi,
這樣 而且 更 一 難 敵人 **賓** 遇見-**完-現**
那樣的後来還遇見一個對手呢，（上4b3-4）

4-14 nekqu -i bou-de ji-he emu tokso-i niyalma,
舅母 **屬** 家-**位** 來-**完** 一 屯-**屬** 人
往舅舅家来的一個屯裏的人，（上4b4-5）

4-15 bethe doholon,
脚 瘸
瘸着腿子，（上4b5）

4-16 loho maksi-me bahana-mbi se-mbi,
腰刀 跳舞-**并** 可以-**現** **助-現**
會要腰刀，（上4b5）

4-17 juwe niyalma emu ba-de uqara-fi,
二 人 一 地方-**位** 遇見-**順**
他們二人會在一處，（上4b6）

4-18 erdemu be qende-ki se-me,
本事 **賓** 試驗-**祈** **助-并**
要試試本事，（上4b6）

4-19 teisu teisu agvra be gai-ha manggi,
各自 各自 武器 **賓** 拿-**完** 之後
各自各自拿了軍器，（上4b7）

4-20 mini age yasa de geli imbe dabu-mbi-u?
我.**屬** 阿哥 眼睛 **位** 又 他.**賓** 認識-**現-疑**
我阿哥眼裏還有他来着嗎？（上4b7-5a1）

4-21 anahvnja-ra ba inu akv,

謙讓-**未** 地方 也 **否**

也不讓一讓，（上5a1）

4-22 uthai gida be dargiya-fi,

就 槍 **賓** 舉起-**順**

就顫動長槍，（上5a1-2）

4-23 niyaman jaka be bai-me emgeri gidala-ha,

心臟 處所 **賓** 求-**并** 一次 刺扎-**完**

往心窩裏一扎，（上5a2）

4-24 tere doholon majige ekxe-ra-kv,

那個 瘸子 稍微 慌忙-**未-否**

那個瘸子也不慌也不忙，（上5a2-3）

4-25 elhe nuhan -i jeyen exe-me,

平安 從容 **工** 刃 斜-**并**

慢慢的拿刀斜，（上5a3）

4-26 emgeri jaila-bu-me saqi-me ofi,

一次 躲避-**使-并** 砍-**并** 因爲

磕一下，（上5a3-4）

4-27 gida -i dube uthai mokso emu meyen gene-he,

槍 **屬** 尖端 就 截斷 一 節 去-**完**

把長槍的頭兒就磕折了一節子去了，（上5a4）

4-28 gida be goqi-me jabdu-nggala,

槍 **賓** 抽-**并** 趕上-**前**

將抽槍時，（上5a4-5）

4-29 loho aifini monggon de sinda-ha,

腰刀 早已 脖子 **位** 放-**完**

那腰刀早已放在脖子上了，（上5a5）

4-30 teni jaila-ki se-re-de,

纔 躲-**祈** **助-未-位**

纔要躲時，（上5a5-6）

4-31 monggon be hahvra nakv[1],

脖子 **賓** 掐.**祈** 之後

被刀把脖子纏住，（上5a6）

4-32 lasihi-me emgeri faha-ra jakade,

摔-**并** 一次 摔-**未** 因此

跟着就要砍的上，（上5a6-7）

4-33 ududu okson -i dube-de makta-fi,

幾 步 **屬** 末端-**位** 拋-**順**

倒退了好幾步，（上5a7）

4-34 kub se-me tuhe-ke,

倒下貌 **助-并** 倒-**完**

撲的一聲就跌倒了，（上5a7）

4-35 tere-qi niyanqan bija-fi,

那-**從** 鋭氣 折斷-**順**

從那個上把高興打断，（上5b1）

4-36 jai jai taqi-ra-kv o-ho,

再 再 學-**未-否** 成爲-**完**

---

1 nakv：nakv之前的動詞爲祈使形式時，并非表示祈使語氣，與nakv聯用意爲“……之後，馬上就……”。

再也不學了，（上5b1）

4-37 ere-be tuwa-qi,

這-**賓** 看-**條**

以此看來，（上5b1）

4-38 abka-i fejergi amba kai,

天-**屬** 下面 大 啊

天下最大啊，（上5b2）

4-39 mangga urse ai yadara?

善於 人們 怎麽 少

能人豈少嗎？（上5b2）

第5條

5-1[A] qananggi be wargi alin de,

前日 我們 西 山 **位**

咱們前日往西山裹去，（上5b3）

5-2 oihori sebjele-he bihe,

偶然 歡樂-**完** **過**

何等的快樂来着，（上5b3）

5-3 inenggi xun de sargaxa-ra efi-re be hono ai-se-mbi,

白天 時候 **位** 逛-**未** 玩-**未** **賓** 還 什麽-説-**現**

白日裹游頑的説他作什麽，（上5b3-4）

5-4 dobori o-ho manggi,

晚上 成爲-**完** 之後

到了晚上，（上5b4-5）

5-5 ele se sela-ha,

越發 大大 爽快-完

越發爽快了，（上5b5）

5-6 meni udu nofi yamji buda je-fi,

我們.屬 幾 人 晚 飯 吃-順

我們幾個人吃了晚飯，（上5b5）

5-7 jahvdai de te-he manggi goida-ha-kv,

船 位 坐-完 之後 久-完-否

坐上了船不多的時候，（上5b6）

5-8 biya mukde-fi gehun elden foso-ko-ngge,

月亮 出來-順 明亮 光 照-完-名

月已高升光輝射照的，（上5b6-7）

5-9 uthai inenggi xun -i adali,

就 白晝 時候 屬 一樣

就像白日裏一樣，（上5b7）

5-10 elhei xuru-bu-me,

慢慢 撑-使-并

慢慢的撑着船，（上5b7-6a1）

5-11 edun -i iqi wasihvn gene-hei,

風 屬 順應 往下 去-持

順着風去，（上6a1）

5-12 alin -i oforo be muri-me dule-fi tuwa-qi,

山 屬 角 賓 拐-并 通過-順 看-條

轉過山嘴子去一看，（上6a1-2）

5-13 abka bira-i boqo fuhali ilga-bu-ra-kv hvwai se-mbi,

天 河-**屬** 顔色 完全 區别-**被**-**未**-**否** 水大貌 **助**-**現**

竟是天水一色幽静匪常，（上6a2-3）

5-14 yala alin genggiyen muke bolgo se-qi o-mbi,

真是 山 明 水 清 **助**-**條** 可以-**現**

真可謂山青水秀，（上6a3-4）

5-15 selbi-hei ulhv noho -i xumin ba-de isina-ha bi-qi,

劃-**持** 蘆葦 衹有 **屬** 深 地方-**與** 到達-**完** 有-**條**

又撑着船將到了蘆葦深處，（上6a4-5）

5-16 holkonde jungken -i jilgan, yang se-me,

突然 鐘 **屬** 聲音 當當響貌 **助**-**并**

忽然從順風裏聽見喈喈的鐘聲，（上6a5-6）

5-17 edun -i iqi xan de baha-bu-re jakade,

風 **屬** 順應 耳朵 **位** 得到-**使**-**未** 因爲

到了那個時候，（上6a6）

5-18 tumen haqin -i gvnin seulen ede isinji-fi,

一萬 種類 **屬** 心思 思慮 這.**與** 至於-**順**

竟把那萬宗的思慮，（上6a6-7）

5-19 uthai muke de jobo-ho[1] adali,

就 水 **位** 洗-**完** 一様

付與流水，（上6a7-6b1）

5-20 geterembu-he-kv-ngge akv,

除盡-**完**-**否**-**名** **否**

---

1 joboho：意爲“受苦，發愁”，似乎不符合此處語境，故語法標注據《新刊清文指要》（下6b6）oboho而譯。

無有不乾乾净净了，（上6b1）

5-21 udu jalan qi qorgoro-me tuqi-ke enduri se-he seme，

幾 世代 **從** 脱離-**并** 出-**完** 神仙 **助-完** 雖然

雖説是超凡出世的神仙，（上6b1-2）

5-22 manggai tuttu sebjele-re dabala，

不過 那樣 歡樂-**未** 罷了

也不是那樣的樂罷咧，（上6b2-3）

5-23 tuttu ofi ishunde amgangga-i omi-qa-hai，

那樣 因爲 互相 以後-**工** 喝-齊-**持**

因是那樣彼此暢飲，（上6b3）

5-24 herqun akv adarame gere-ke be sar-kv o-ho-bi，

意中 **否** 什麽時候 亮-**完** **賓** 知道.**未-否** 成爲-**完-現**

不知怎麽樣的天就亮了，（上6b4）

5-25 niyalma se-me jalan de banji-fi，

人 **助-并** 世間 **位** 出生-**順**

人生在世，（上6b4-5）

5-26 enteke genggiyen biya sain arbun giyanakv udu?

這樣 明亮 月亮 好 風景 能有 幾個

能遇見幾遭那樣的美景明月呢？（上6b5-6）

5-27 untuhuri dule-mbu-mbi，hairaka akv se-me-u?

徒然 過去-**使-現** 愛惜 **否** **助-并-疑**

不可惜嗎？（上6b6-7）

第6條

6-1[A] si aina-ha-bi,

你 做什麽-完-現

你怎麽了，（上7a1）

6-2 qira biyabiyahvn,

臉色 蒼白

氣色煞白的，（上7a1）

6-3 kob se-me wasi-fi ere durun o-ho。

一下子 助-并 衰敗-順 這個 樣子 成爲-完

消瘦的這樣了。（上7a1-2）

6-4[B] age si sar-kv,

阿哥 你 知道.未-否

阿哥你有所不知，（上7a2）

6-5 ere udu inenggi ulan fete-re de wa su umesi ehe,

這 幾 日子 溝渠 刨-未 位 味道 氣味 非常 壞

這幾日刨溝的氣味狠不好，（上7a2-3）

6-6 tere da-de[1] geli gaitai xahvrun holkonde halhvn,

那個 原本-位 又 忽然 冷 忽然 熱

又搭着一冷一熱的上，（上7a3-4）

6-7 toktohon akv,

確定 否

没有定準，（上7a4）

6-8 tuttu ofi,

那樣 因爲

1 tere dade：此二詞聯用意爲“而且，加之”。

所以，（上7a4）

6-9 niyalma gemu beye-be uji-re an kemun baha-ra-kv,
人 都 身體-賓 養-未 平常 規則 得到-未-否
人不能照常的將養身子，（上7a4-5）

6-10 qananggi buda-i erin-de xahvrukan bihe-ngge,
前幾天 飯-屬 時候-位 凉 過-名
而且前日飯時是凉凉快快的来着，（上7a5-6）

6-11 gaitai halhvn o-fi niyalma hami-qo[1] o-jora-kv fathaxa-mbi,
突然 熱 成爲-順 人 承受-條 可以-未-否 焦躁-現
忽然熱的叫人受不得煩燥的狠，（上7a6-7）

6-12 beye-i gubqi hvmbur se-me nei tuqi-re jakade,
身體-屬 整個 濕淋淋貌 助-并 汗 出-未 因爲
出了通身的汗的上，（上7a7-7b1）

6-13 majige serguwexe-ki se-me, sijihiyan be su-he,
稍微 凉快-祈 想-并 上衣 賓 脱-完
把袍子脱了凉快着，（上7b1）

6-14 emu moro xahvrun qai omi-ha bi-qi,
一 碗 冷 水 喝-完 有-條
喝了一碗凉茶的上，（上7b1-2）

6-15 ilihai uthai nime-me deribu-he,
立刻 就 痛-并 開始-完
立刻的頭就疼起来了，（上7b2-3）

6-16 oforo inu wanggiya-na-ha,
鼻 也 傷風-去-完

1 hamiqo：雙峰閣本作hamiqi。語法標注亦據此。

鼻子也囔了，（上7b3）

6-17 bilga inu sibu-ha,

喉嚨 也 沙啞-**完**

嗓子也啞了，（上7b3-4）

6-18 beye tugi de te-he adali hvi se-mbi。

身體 雲 **位** 住-**完** 同樣 眩暈 **助-現**

渾身發冷狠覺着昏沉了。（上7b4）

6-19[A] sini teile tuttu waka,

你.**屬** 衹是 那樣 不是

并不是你一個人那様的，（上7b5）

6-20 mini beye inu asuru qihakv,

我.**屬** 身體 也 很 不舒服

我的身子也有些不舒服，（上7b5-6）

6-21 axxa-ra de ba-mbi,

動-**未** **位** 懈怠-**現**

懶怠動轉，（上7b6）

6-22 jabxan de,

幸運 **位**

幸而，（上7b6）

6-23 sikse je-ke-ngge omi-ha-ngge waqihiya-me oksi-ha,

昨天 吃-**完-名** 喝-**完-名** 用盡-**并** 吐-**完**

昨日吃了的喝了的東西全吐了，（上7b6-7）

6-24 akvqi, enenggi inu katunja-me mute-ra-kv o-ho,

否則 今天 也 忍受-**并** 能够-**未-否** 成爲-**完**

不然今日也不能免强来着，（上7b7-8a1）

6-25 bi sinde emu sain arga taqibu-re,

我 你.**與** 一 好 方法 教導-**未**

我教給你一個好方法兒,（上8a1-2）

6-26 damu hefeli be omiholo-bu,

祇是 肚子 **賓** 餓-**使.祈**

把肚子餓着,（上8a2）

6-27 komsokon -i jefu,

少些 **工** 吃.**祈**

少吃東西,（上8a2）

6-28 ume labdula-ra,

不要 增多-**未**

不要多貪了,（上8a3）

6-29 tuttu ohode,

那樣 若

要是那樣的時候,（上8a3）

6-30 uthai majige xahvrkan se-me,

就即使 稍微 冷 **助-并**

就是着點冷兒,（上8a3-4）

6-31 inu aina-ha se-me hvwanggiya-ra-kv。

也 做什麼-**完** **助-并** 妨礙-**未-否**

也是再無妨的呀。（上8a4）

第7條

7-1[A] suweni bakqin de, bisi-re tere emu falga bou antaka?

你們.**屬** 對面 **位** 有-**未** 那個 一 座 家 如何

你們對門的那一所房子怎麽樣?（上8a5）

7-2[B] si tere be fonji-fi aina-mbi?

你 那個 **賓** 問-**順** 做什麽-**現**

你問那個做什麽?（上8a6）

7-3[A] mini emu tara ahvn uda-ki se-mbi。

我.**屬** 一 表親 兄長 買-**祈** 説-**現**

我的表兄説是要買。（上8a6-7）

7-4[B] tere bou te-qi o-jora-kv,

那個 家 住-**條** 可以-**未**-**否**

那個房子住不得,（上8a7）

7-5 umesi doksin,

非常 凶殘

狠凶,（上8a7-8b1）

7-6 da jokson de mini emu age -i uda-ha-ngge,

原本 起初 **位** 我.**屬** 一 阿哥 **屬** 買-**完**-**名**

起初是我一個阿哥買的,（上8b1）

7-7 girin -i bou nadan giyalan qi,

門 **屬** 家 七 房間 **從**

從門房七間,（上8b2）

7-8 fere de isi-tala sunja jergi,

底 **與** 到達-**至** 五 層

到照房五層,（上8b2-3）

7-9 umesi iqangga bolgo sain bihe,

非常 舒服 乾净 好 **過**

狠舒服乾净的来着,（上8b3）

7-10 mini ahvn -i jui de isina-ha manggi,

我.屬 兄長 **屬** 孩子 **與** 到達-**完** 以後

到了我阿哥的兒子的手裏,(上8b3-4)

7-11 juwe ergi hetu bou[1] be sangsara-ka se-me,

兩 側 旁邊 房 **賓** 朽壞-**完** **助-并**

因那两邊的廂房彰爛的上,(上8b4-5)

7-12 efule-fi dasa-me weile-he turgun-de,

拆毁-**順** 修理-**并** 修建-**完** 原因-**位**

全折了從新翻盖的上,(上8b5)

7-13 holkonde hutu ai dabka-me deribu-he,

突然 鬼 什麽 作祟-**并** 開始-**完**

忽然間就鬧起鬼什麽来了,(上8b6)

7-14 suqungga daixa-ha-ngge hono yebe,

起初 搗亂-**完-名** 尚且 稍好

起初鬧的還好,(上8b6-7)

7-15 bi-he bi-hei, inenggi xun de asuki tuqi-bu-me,

有-**完** 有-**持** 白天 時候 **位** 聲響 出-**使-并**

久而久之清天白日裏就出聲色,(上8b7-9a1)

7-16 arbun sabubu-ha,

形象 展現-**完**

現了形了,(上9a1)

7-17 bou-i hehe-si jaqi o-ho-de[2],

家-**屬** 女人-**複** 如果 成爲-**完-位**

---

1 hetu bou:二詞聯用專指"廂房"。

2 aika ohode:此處意爲"動不動"。

家裏的女人們動不動兒的，（上9a1）

7-18 uthai buqeli be uqara-ha se-me,

就 鬼魂 **賓** 遇見-**完** 説-**并**

就説是遇見了鬼了，（上9a1-2）

7-19 golo-fi ergen joqi-bu-ha-ngge gemu bi,

驚嚇-**順** 性命 喪失-**使**-**完**-**名** 也 有

竟有怕死了的，（上9a2-3）

7-20 samada-qi mekele,

薩滿跳神-**條** 枉然

跳神呢是個白，（上9a3）

7-21 fudexe-qi baita-kv,

送祟-**條** 作用-**否**

送𥚃呢是無用，（上9a3）

7-22 tuttu o-jora-kv jakade,

那樣 可以-**未**-**否** 因爲

因那個上，（上9a3-4）

7-23 arga akv,

方法 **否**

没有法兒，（上9a4）

7-24 ja hvda de unqa-ha。

便宜 價格 **位** 賣-**完**

賤賤的賣了。（上9a4）

7-25[A] age si sa-mbi-u?

阿哥 你 知道-**現**-**疑**

阿哥你知道嗎？（上9a4-5）

7-26 ere gemu forgon ehe -i haran,

這 全都 運氣 壞 **屬** 原因

這也是運氣不好的過失, （上9a5）

7-27 yaya bou-de umai gai akv,

大概 家-**位** 完全 關係 **否**

無論什麽房子裏并没緣故, （上9a5-6）

7-28 forgon sain oqi,

運氣 好 若是

運氣要好, （上9a6）

7-29 udu buxuku yemji bi-he seme,

即使 魑魅 魍魎 有-**完** 雖然

雖有邪魅外道, （上9a6-7）

7-30 inu jailata-me burula-ra dabala,

又 躲避-**并** 逃走-**未** 而已

也就躲開了, （上9a7）

7-31 niyalma be nungne-me mute-mbi-u?

人 **賓** 騷擾-**并** 能够-**現**-**疑**

豈能侵害人嗎? （上9a7-9b1）

7-32 tuttu se-me,

那麽 **助**-**并**

而且, （上9b1）

7-33 mini ere ahvn umesi fahvn ajigen,

我.**屬** 這個 兄長 非常 膽子 小

我這個阿哥胆子狠小, （上9b1-2）

7-34 bi daqila-ha yargiyan ba-be,

我 打聽-**完** 真實 地方-**賓**

我把打聽的實在的緣故，（上9b2）

7-35 inde ala-qi waji-ha,

他.**與** 告訴-**條** 完結-**完**

告訴他就完了，（上9b2-3）

7-36 uda-qibe uda-ra-kv o-qibe,

買-**讓** 買-**未**-**否** 成爲-**讓**

或買與不買，（上9b3）

7-37 ini qihai gama-kini。

他.**屬** 任由 處理-**祈**

由他自己定奪去罷。（上9b3）

第8條

8-1[A] age si donji-ha-kv-n?

阿哥 你 聽-**完**-**否**-**疑**

阿哥你没聽見嗎？（上9b4）

8-2 jakan hoton -i tule,

最近 城 **屬** 外面

新近城外頭，（上9b4）

8-3 emu jakvn hergen tuwa-ra niyalma ji-he-bi,

一 八 字 看-**未** 人 來-**完**-**現**

来了一個算命的，（上9b4-5）

8-4 umesi ferguwequke mangga se-mbi,

非常 奇特 出衆 **助**-**現**

狠是出奇的好啊，（上9b5-6）

8-5 niyalma -i ala-ra be donji-qi,
人 屬 告訴-未 賓 聽-條
聽見人告訴，（上9b6）

8-6 tere niyalma fuhali enduri suwaliya-me banji-ha-bi,
那個 人 完全 神仙 合并-并 生存-完-現
那個人竟是一個神仙了，（上9b6-7）

8-7 musei dulekele baita be,
咱們.屬 過去-所有 事情 賓
把咱們過去的事情，（上9b7）

8-8 aimaka we inde ala-ha adali,
好像 誰 他.與 告訴-完 同樣
把拿着算着的，（上10a1）

8-9 jafa-ha sinda-ha adali bodo-me bahana-mbi,
取-完 放置-完 樣子 籌算-并 領會-現
到像誰告訴了他的一樣，（上10a1-2）

8-10 musei niyalma gene-he-ngge umesi labdu,
咱們.屬 人 去-完-名 非常 多
咱們人去的狠多，（上10a2）

8-11 siran siran -i lakqa-ra-kv jalu fihe-ke-bi,
陸續 陸續 工 斷絶-未-否 滿 擁擠-完-現
接連不断填的滿滿的了，（上10a2-3）

8-12 ere gese xengge niyalma bi-kai,
這 樣子 神聖 人 有-啊
既有這樣的神人，（上10a3-4）

8-13 atanggi bi-qibe muse ahvn deu inde inu tuwa-bu-na-ki。

什麼時候 有-**讓** 咱們 兄 弟 他.**與** 也 看-**被**-去-**祈**

多咱咱們弟兄們也去叫他瞧瞧。（上10a4-5）

8-14[B] bi aifini sa-ha,

我 早就 知道-**完**

我早知道了，（上10a5）

8-15 mini guqu,

我.**屬** 朋友

我的朋友們，（上10a5）

8-16 ere udu inenggi feniyen feniyele-fi gene-re jakade,

這個 幾 日子 人群 成群-**順** 去-**未** 因爲

這幾日會成群兒去的上頭，（上10a5-6）

8-17 qananggi bi inu tuba-de isina-ha,

前幾天 我 也 那裏-**與** 到達-**完**

前日我已竟到了那裏去了，（上10a6-7）

8-18 mini jakvn hergen be inde tuwa-bu-ha-de,

我.**屬** 八 字 **賓** 他.**與** 看-**使**-**完**-**位**

把我的八個字兒給他看了，（上10a7）

8-19 ama eme ai aniya,

父親 母親 什麼 年

他竟把父母的什麼年紀，（上10a7-10b1）

8-20 ahvn deu udu,

兄 弟 幾個

弟兄幾個，（上10b1）

8-21 sargan halai ai,

妻 姓 什麽

女人什麽姓氏,（上10b1）

8-22 atanggi hafan baha-ngge,

什麽時候 官 得到.**完-名**

多咱得的官,（上10b2）

8-23 haqin haqin[1] -i baita gemu aqa-na-ha,

種類 種類 **屬** 事情 都 相合-去-**完**

按件都算的對當,（上10b2）

8-24 heni majige taxarabu-ra-kv。

略微 稍微 弄錯-**未-否**

一點兒也不錯。（上10b3）

8-25[A] duleke-ngge udu aqa-na-ha bi-qibe,

過去-**名** 儘管 相合-去-**完** 有-**讓**

已過去的雖然對了,（上10b3）

8-26 damu jidere unde -i baita,

衹是 下一個 尚未 **屬** 事情

但只未来的事,（上10b4）

8-27 ainahai ini hendu-he songkoi o-mbi-ni。

未必 他.**屬** 說-**完** 按照 成爲-**現**-呢

未必就照他那說的呢。（上10b4-5）

8-28[B] tuttu se-me,

那樣 說-**并**

---

1 haqin haqin：此爲固定用法，意爲“各種各樣”。

可是那樣説，（上10b5）

8-29 muse yamaka ba-de tere udu jiha faya-ra-kv，

咱們 可能 地方-**位** 那個 幾 錢 花費-**未-否**

咱們那裏没花過那幾個錢，（上10b5-6）

8-30 eiqibe si geli baita akv，

總之 你 又 事情 **否**

揔説了罷你又無事，（上10b6）

8-31 bou-de bai tere anggala[1]，

家-**位** 白白 那 而且

與其在家裏白坐着，（上10b6-7）

8-32 sargaxa-ra gese gene-qi，

游玩-**未** 樣子 去-**條**

莫若閑曠的一樣，（上10b7）

8-33 ai o-jora-kv se-re ba-bi，

什麽 可以-**未-否** **助-未** 地方-有

消着愁悶兒去走走，（上10b7-11a1）

8-34 alixa-ra be toukabu-re ton o-kini。

煩悶-**未** **賓** 解悶-**未** 数目 成爲-**祈**

人[2]有什麽使不得的去處呢。（上11a1）

第9條

9-1[A] ini tere arbuxa-ra-ngge absi yabsi，

他.**屬** 那個 舉動-**未-名** 怎麽様 好不

---

1 tere anggala：此爲固定用法，意爲“况且”。

2 人：疑爲“又”字之誤。

你看他那行景不知要怎麼樣的，（上11a2）

9-2 neneme sebkesaka imbe aqa-ha de,

起先 難得 他.賓 見面-完 位

原先纔見他的時候，（上11a2-3）

9-3 nomhon ergi-de bi se-mbihe,

老實 這邊-位 在 助-過

還在老實一邊来着，（上11a3）

9-4 te tuwa-qi,

現在 看-條

近来，（上11a3）

9-5 fuhali niyalma de ele-bu-ra-kv,

完全 人 與 滿意-被-未-否

一點叫人看不上，（上11a3-4）

9-6 albatu ten de isina-ha-bi,

粗俗 極端 與 達到-完-現

村粗的至極了，（上11a4）

9-7 niyalma-i juleri bubu baba,

人-屬 面前 拙沌 磕絆

在人前頭磕磕絆絆的，（上11a4-5）

9-8 absi fonji-re absi jabu-re ba-be gemu sar-kv,

怎麼 問-未 怎麼 回答-未 地方-賓 全都 知道.未-否

連一問一答的話全不知道，（上11a5-6）

9-9 qiqi goqi,

畏首 畏尾

縮頭縮腦的，（上11a6）

9-10 adarame ibe-re adarame bedere-re ba-be,
怎麽 前進-未 怎麽 後退-未 地方-賓
連怎麽進退，（上11a6-7）

9-11 gemu ulhi-ra-kv,
都 明白-未-否
也不懂得，（上11a7）

9-12 gete-qibe weri amga-ra adali,
醒-讓 别人 睡-未 一樣
醒着倒像睡覺的一樣，（上11a7）

9-13 bai niyalma-i ton dabala,
白白 人-屬 數目 而已
白一個人数兒罷咧，（上11a7-11b1）

9-14 hvlhi lampa -i adarame baji-ha-bi,
糊裏 糊塗 工 怎麽 生活-完-現
糊裏糊塗的怎麽活着呢，（上11b1）

9-15 suwe banji-re sain kai,
你們 相處-未 好 啊
你們相與的好啊，（上11b1-2）

9-16 tede majige jorixa-qi aqa-mbi dere。
那.位 稍微 指示-條 應該-現 呀
該當指撥指撥他纔是。（上11b2）

9-17[B] age suwe emu ba-de goida-me guqule-he-kv ofi,
阿哥 你們 一 地方-位 長久-并 交往-完-否 因爲
阿哥你們皆因并未久交，（上11b3）

9-18 hono tengki-me sa-ra unde,

還 深刻-**并** 知道-**未** 尚未

知道的不透徹，（上11b3-4）

9-19 ere-qi injequke baita geli bi-kai,

這個-**從** 可笑 事情 又 有-啊

比這個可笑的事還有呢啊，（上11b4）

9-20 ishunde te-qe-fi gisure-mbihe-de,

互相 坐-齊-**順** 説-**過-位**

彼此一處坐着講話的時候，（上11b5）

9-21 ere-be gisure-me bihe-ngge,

這個-**賓** 説-**并** **過-名**

正説着這個，（上11b5）

9-22 holkonde tere-be gvni-na-fi leule-mbi,

突然 那個-**賓** 想-出-**順** 談論-**現**

忽然又題起那個来了，（上11b6）

9-23 akvqi,

要不然

要不是，（上11b6）

9-24 angga labdahvn ergen sukdun akv,

嘴 下垂 氣息 呼氣 **否**

把嘴唇子搭拉着没氣兒的一樣，（上11b6-7）

9-25 yasa faha guribu-ra-kv,

眼睛 球 動-**未-否**

眼珠兒也不動，（上11b7）

9-26 hada-hai simbe tuwa-mbi,

釘-**持** 你.**賓** 看-**現**

直直的望着你，（上11b7-12a1）

9-27 gaitai geli,

忽然 忽然

忽然間，（上12a1）

9-28 emu uju unqehen akv beliyen gisun tuqi-ke de,

一 頭 尾 **否** 傻 話 出-**完** **位**

又説出一句没頭尾的傻話來，（上12a1-2）

9-29 niyalma be duha lakqa-tala fanqa-me inje-bu-mbi,

人 **賓** 腸子 斷-**至** 憋氣-**并** 笑-**使**-**現**

把人的腸子都笑断了，（上12a2）

9-30 qananggi mimbe tuwa-me gene-he,

前幾天 我.**賓** 看-**并** 去-**完**

前日瞧我去回来的時候，（上12a3）

9-31 amasi gene-re-de xuwe yabu-ra-kv,

返回 去-**未**-**位** 徑直 去-**未**-**否**

并不一直的走，（上12a3）

9-32 fisa foro-fi amasi sosoro-me tuqi-mbi,

後背 朝向-**順** 往後 退-**并** 出-**現**

轉過脊背往外倒退着出去，（上12a3-4）

9-33 tede bi bokson de guwelke,

那.**位** 我 門檻 **與** 小心.**祈**

那個上我説仔細門檻子啊，（上12a4-5）

9-34 gisun waji-nggala,

話語 完結-**前**

話還未了，（上12a5）

9-35 i bethe ta-fi saksari onqogon tuhe-ne-re be,

他 脚 絆-**順** 仰面 向 跌倒-去-**未** **賓**

他那脚就絆在上頭仰面跌倒了，（上12a5-6）

9-36 bi ekxe-me amqa-na-fi,

我 忙-**并** 追-去-**順**

我急忙上前，（上12a6）

9-37 hvsun mutere-i ebsihe-i tata-me jafa-ra jakade,

力量 能力-**工** 盡力-**工** 拉-**并** 抓-**未** 因爲

盡力將將的，（上12a6-7）

9-38 arkan tamila-bu-ha,

剛剛 扶-**使**-**完**

纔扶起来了，（上12a7）

9-39 neneme bi hono imbe ton akv[1] tafula-mbihe,

起先 我 還 他.**賓** 數量 **否** 勸諫-**過**

我起初還没数兒的勸過他来着，（上12b1）

9-40 amala dasa-ra hala-ra muru akv be tuwa-qi,

後來 改正-**未** 改變-**未** 樣子 **否** **賓** 看-**條**

後来見他没有改過的樣兒，（上12b1-2）

9-41 hvwaxa-ra tetun waka kai,

成長-**未** 器皿 不是 啊

---

1 ton akv：此爲固定用法，意爲“不時，時常”。

不是個成器的東西上，（上12b2-3）

9-42 aiseme angga xada-bu-me gisure-mbi。

爲什麽 口 勞乏-**使**-**并** 説-**現**

爲什麽費着唇舌説呢。（上12b3）

第10條

10-1[A] age si tuwa,

阿哥 你 看.**祈**

阿哥你看，（上12b4）

10-2 te geli isi-ka,

現在 又 足够-**完**

如今又是分兒了，（上12b4）

10-3 lalanji omi-fi ili-me tokto-ra-kv o-ho-bi,

爛醉 喝-**順** 站-**并** 定住-**未**-**否** 成爲-**完**-**現**

喝的爛醉連脚兒全站不住了，（上12b4-5）

10-4 bi tere baita be tede ala-ha-u akv-n se-me fonji-qi,

我 那個 事情 **賓** 他.**與** 告訴-**完**-**疑** 否-**疑** **助**-**并** 聽-**條**

我問他你把那件事情告訴他了没有，（上12b5-6）

10-5 heihede-me yasa durahvn -i mini baru gala alibu-ha-bi,

踉蹌-**并** 眼睛 發愣 **工** 我.**屬** 向 手 呈遞-**完**-**現**

摇愰着身子眼睛直直的望着我遞手，（上12b6-7）

10-6 dutu hele ai geli waka,

聾子 啞巴 什麽 又 不是

又不是聾子啞叭，（上12b7）

10-7 jabu-ra-kv-ngge ainu,

回答-**未-否-名** 爲什麽

爲什麽不答應，（上12b7）

10-8 ere gese niyalma be fanqa-bu-re-ngge geli bi[1],

這 樣子 人 **賓** 生氣-**使-未-名** 也 有

像這個叫人生氣的也有呢，（上13a1）

10-9 enenggi fiyaratala tanta-ra-kv oqi,

今天 狠狠 打-**未-否** 若是

今日要不重重的打他的時候，（上13a1-2）

10-10 bi uthai gashv-kini。

我 就 發誓-**祈**

我就説誓了。（上13a2）

10-11[B] age si jou ume,

阿哥 你 算了 不要

阿哥你别，（上13a2-3）

10-12 i ainqi onggo-fi gene-he-kv,

他 或許 忘-**順** 去-**完-否**

他大略忘了没去罷，（上13a3）

10-13 ini waka ba-be i ende-re-u?

他.**屬** 錯誤 地方-**賓** 他 欺瞞-**未-疑**

他的不是他豈不知道嗎？（上13a3-4）

10-14 tuttu ofi olho-me jabu-re gisun baha-ra-kv o-ho-bi,

那様 因爲 畏懼-**并** 回答-**未** 話語 得到-**未-否** 成爲-**完-現**

---

1 bi：雙峰閣本作bini。

皆因是那樣怕的上没有答應的話了，（上13a4-5）

10-15 enenggi bi uba-de bi-sire be dahame，

今天 我 這裏-**位** 在-**未** **賓** 既然

今日遇見我在這裏，（上13a5）

10-16 mini dere be tuwa-me ere mari onqodo-fi，

我.**屬** 臉面 **賓** 看-**并** 這 次 寬恕-**順**

看我的臉上饒過這一次罷，（上13a6）

10-17 ere-qi julesi， nure omi-re be ete-me lashala-kini，

這-**從** 向前 酒 喝-**未** **賓** 克服-**并** 斷絶-**祈**

往後永遠断了酒揔不許喝，（上13a6-7）

10-18 hendu-re balama，

説-**未** 雖然

可是説的，（上13a7）

10-19 kangna-qi eihen ja，

跳上騎-**條** 驢 容易

驢子容易騎，（上13b1）

10-20 bungna-qi aha ja se-he，

壓迫-**條** 奴僕 容易 **助**-**完**

奴才容易壓派，（上13b1）

10-21 si jingkini sonqoho jafa-ha ejen kai，

你 真是 辮子 持有-**完** 主人 啊

你實在是摸着頭頂的主子啊，（上13b1-2）

10-22 aiba-de ukqa-mbi，

哪裏-**位** 逃-**現**

他可往那裏去，（上13b2）

10-23 hala-qi hala-ha,
改變-**條** 改變-**完**
要改就改了，（上13b2）

10-24 aikabade hala-ra-kv,
如果 改變-**未-否**
要是不改，（上13b3）

10-25 kemuni uttu suihu-me omi-qi,
還 這樣 醉-**并** 喝-**條**
還要是喝的這樣爛醉的時候，（上13b3）

10-26 age qihai isebu,
阿哥 隨意 責罰.**祈**
随阿哥的意兒責發罷，（上13b3-4）

10-27 bi udu jai uqara-ha seme inu bai-re de mangga。
我 即使 再 遇見-**完** 雖然 也 求-**未 位** 難
我雖再遇見了也就難求情了。（上13b4-5）

10-28[A] age si ainambaha-fi sa-ra,
阿哥 你 如何能够-**順** 知道-**未**
阿哥你如何知道呢，（上13b5）

10-29 banitai emu gushe-ra-kv fayangga,
稟性 一 成器-**未-否** 魂魄
生来是一個不成器的魂灵兒，（上13b5-6）

10-30 arki omi-mbi se-re-de uthai buqe-mbi,
酒 喝-**現** 説-**未-位** 就 死-**現**
一説喝酒就死也不肯放，（上13b6）

10-31 ini ama-i senggi qi hono haji,
他.屬 父親-屬 血 從 還 親近
比他阿媽脖子上的血還，（上13b6-7）

10-32 ere mudan guwebu-he de,
這 次 饒恕-完 位
這一次饒過了的時候，（上13b7）

10-33 uthai hala-mbi se-mbi-u?
就 改變-現 說-現-疑
就說是改了嗎？（上13b7-14a1）

10-34 manggai oqi, emu juwe inenggi subuhvn dabala,
不過 若是 一 二 日子 清醒 而已
也不過減等着喝一兩日罷咧，（上14a1-2）

10-35 duleke manggi geli fe an -i omi-mbi。
過去 以後 還 舊 平常工 喝-現
過去了又是照舊的喝啊。（上14a2）

第11條

11-1[A] age ere jui sini udu-qi-ngge?
阿哥 這個 孩子 你.屬 幾-序-名
阿哥個的這個孩子是第幾個的？（上14a3）

11-2[B] ere mini fiyanggv。
這個 我.屬 末子
這是我的老格兒。（上14a3）

11-3[A] mama erxe-he-u?
天花 出疹子-完-疑

出了花兒了嗎？（上14a3-4）

11-4[B] unde,

尚未

没有呢，（上14a4）

11-5 ese gemu ikiri ahvn deu,

這.**複** 全都 孿生 兄 弟

他們全是連胎生的弟兄，（上14a4）

11-6 uyun banji-fi uyun taksi-ha。

九 生-**順** 九 存續-**完**

九個全存下了。（上14a4-5）

11-7[A] age bi yobodo-ro-ngge waka,

阿哥 我 開玩笑-**未-名** 不是

阿哥我不是頑，（上14a5）

11-8 axa mergen kai,

嫂子 賢慧 啊

嫂子好手段啊，（上14a5）

11-9 juse banjibu-re de salibu-ha-bi,

孩子.**複** 生-**未** **位** 掌管-**完-現**

是第一個善養孩子的呀，（上14a6）

11-10 omosi mama se-qi o-mbi,

子孫.**複** 娘娘 説-**條** 可以-**現**

竟是個子孫娘娘了，（上14a6）

11-11 si yala hvturi yongkiya-ha niyalma。

你 果真 福 完備-**完** 人

你實在是個有福的人啊。（上14a7）

11-12[B] aina-ha hvturi,

做什麼-**完** 福

未必是福，（上14a7）

11-13 gaji-ha sui kai,

帶來-**完** 罪 啊

生来的孽啊，（上14a7-14b1）

11-14 ambakan ningge hono yebe,

稍大 者 還 稍好

大些的還好些，（上14b1）

11-15 ajigesi ningge inenggi-dari gar miyar se-hei banji-mbi,

小 者 日子-每 呱哇叫 貌 **助-持** 生活-**現**

小的們終日裏哭哭喊喊的，（上14b1-2）

11-16 alimbaharakv yangxan,

不勝 聒噪

不勝嘮叨，（上14b2）

11-17 dolo gemu ure-he-bi,

心中 都 熟-**完-現**

心裏全熟了。（上14b2）

11-18[A] jalan -i niyalma uthai uttu,

世間 **屬** 人 就 這樣

世上的人就是這樣的啊，（上14b2-3）

11-19 juse bayan urse geli eime-me gasa-mbi,

孩子.**複** 豐富 人們 都 厭煩-**并** 抱怨-**現**

孩子們多的人又厭煩埋怨，（上14b3）

11-20 meni gese juse haji niyalma de,

我們.屬 一樣 孩子.複 親近 人 位

像我們這樣愛孩子的,(上14b4)

11-21 emte bi-qina se-qi aba,

一 有-祈 助-條 哪裏

要一個那裏有,(上14b4-5)

11-22 abka inu mangga kai。

天 也 難 啊

天就難測了啊。(上14b5)

11-23[B] sini tere jui waliya-ha-kv biqi,

你.屬 那個 孩子 丢失-完-否 若是

你那一個兒子要是不死的時候,(上14b5-6)

11-24 inu uyun juwan se o-ho-bi,

也 九 十 歲 成爲-完-現

也有九歲十歲了,(上14b6)

11-25 yala emu sain jui,

確實 一 好 孩子

實在是個好孩子,(上14b6)

11-26 tetele jongko dari,

至今 提起.祈 每次

到如今從心裏,(上14b7)

11-27 bi sini funde nasa-me gvni-mbi,

我 你.屬 代替 嘆息-并 想-現

我替你想念啊,(上14b7)

11-28 tere banin wen gisun hese[1],

他 容貌 優雅 話語 命令

他那模樣兒言語兒,(上15a1)

11-29 gvwa juse qi qingkai enqu,

其他 孩子.**複** **從** 完全 相異

與別的孩子們迥乎不同,(上15a1-2)

11-30 gur gar etu-fi, niyalma be sabu-mbihe-de,

整 潔貌 穿-**順** 人 **賓** 看見-**過-位**

穿上衣裳雄雄實實的一見了人,(上15a2)

11-31 beye-be tob se-me o-bu-fi,

身體-**賓** 正直 **助-并** 成爲-**使-順**

端然正立,(上15a2-3)

11-32 fir se-me elhei ibe-fi saim-be fonji-mbi,

莊重 **助-并** 慢慢 上前-**順** 好-**賓** 問-**現**

慢慢的進前問個好,(上15a3)

11-33 jilakan manggi, tere ajige angga,

憐愛 祇是 那個 小 嘴

招人疼的那個小嘴,(上15a4)

11-34 ai gisun bahana-ra-kv,

什麽 話語 能够-**未-否**

什麽話兒不會説,(上15a4)

11-35 tede emu baita fonji-ha-de,

他.**與** 一 事情 問-**完-位**

1 gisun hese:此爲固定用法,意爲“言談”。

要問他一件事情，（上15a4-5）

11-36 aimaka we inde taqibu-ha adali,
好像 誰 他.**與** 教導-**完** 一樣
倒像誰教給了他的一樣，（上15a5）

11-37 da-qi dube-de isi-tala,
原本-**從** 末端-**與** 到達-**至**
從頭至尾，（上15a6）

11-38 haqingga demun -i akvmbu-me ala-me mute-mbi,
各種 行爲 **工** 竭盡-**并** 告訴-**并** 能够-**現**
各樣的情節都能彀盡情告訴，（上15a6-7）

11-39 tenteke-ngge emken bi-qi juwan de tehere-mbi-kai,
那樣-**名** 一個 有-**條** 十 **與** 匹敵-**現**-啊
那樣的要有一個就勝强十個啊，（上15a7）

11-40 utala baitakv-ngge be uji-fi aina-mbi。
許多 廢物-**名** **賓** 養-**順** 做什麽-**現**
養活着那些無用的作什麽呢。（上15a7-15b1）

第12條

12-1[A] ere seke-i kurume puseli de uda-ha-ngge-u?
這個 貂-**屬** 褂子 店鋪 **位** 買-**完**-**名**-**疑**
這個貂鼠褂子在鋪子裏買的嗎？（上15b2）

12-2[B] puseli-ngge waka,
店鋪-**名** 不是
不是鋪子裏的，（上15b2）

12-3 juktehen de uda-ha-ngge,

廟 位 買-完-名

廟上買的。（上15b3）

12-4[A] hvda-i menggun udu?

價格-屬 銀子 多少

價錢多少？（上15b3）

12-5[B] si tubixe-me tuwa。

你 猜-并 看.祈

你略估略估。（上15b3-4）

12-6[A] ere absi akv ninju yan menggun sali-mbi dere。

這個 怎麽 否 六十 兩 銀子 值-現 吧

這個任憑怎麽樣的也值六十两罷。（上15b4）

12-7[B] gvsin yan menggun qi nonggi-hai,

三十 兩 銀子 從 增加-持

從三十兩上添，（上15b5）

12-8 dehi yan de isina-fi, utuhai unqa-ha。

四十 兩 與 達到-順 就 賣-完

到四十两就賣了。（上15b5-6）

12-9[A] hvda ai uttu wasi-ka-bi,

價格 怎麽 這樣 降下-完-現

價兒怎麽這樣的賤下来了，（上15b6）

12-10 nenehe forgon de ere gese-ngge be,

以前 時候 位 這個 樣子-名 賓

先前的時候，（上15b6-7）

12-11 jakvnju yan menggun unqa-mbi baha-mbi,
八十 兩 銀子 賣-現 能够-現
這樣的賣得八十兩銀子啊，（上15b7-16a1）

12-12 boqo sahaliyan funiyehe luku,
顔色 黑 毛 厚
顔色黑毛厚，（上16a1）

12-13 weile-he-ngge inu bokxokon,
製作-完-名 也 精緻
做的精緻，（上16a1）

12-14 fusere-ke-ngge inu teksin,
鑲邊-完-名 也 整齊
鋒毛兒也齊，（上16a2）

12-15 tuttu bime tuku -i suje jiramin,
那樣 而且 表面 屬 緞子 豐厚
而且面子的緞子狠好，（上16a2）

12-16 iqe ilhangga erin durun,
新 花紋 當下 樣子
時樣的花兒，（上16a3）

12-17 yargiyan -i umesi sali-mbi。
確實 屬 非常 值-現
實在狠值。（上16a3）

12-18[B] mini eje-he-ngge sinde inu emken bi-he。
我.屬 記得-完-名 阿哥 你.與 一 有-完
我記得你也有一件来着。（上16a3-4）

12-19[A] mini tere ai ton bi,

我.屬 那個 什麼 數 有

我那個那裏算得数,（上16a4-5）

12-20 bai emu kurume dabala,

衹是 一 褂子 而已

白是個褂子名兒罷咧,（上16a5）

12-21 funiyehe mana-ha,

毛 磨破-完

毛也磨了,（上16a5）

12-22 simen waji-ha,

水分 完結-完

火力完了,（上16a5）

12-23 tulesi etu-qi o-jora-kv o-ho,

向外 穿-條 可以-未-否 成爲-完

反穿不得了,（上16a6）

12-24 fulun baha manggi,

俸禄 得到.完 以後

關了俸銀的時候,（上16a6）

12-25 giyan -i emu sain ningge uda-qi aqa-mbi-kai,

正經 工 一 好 東西 買-條 應該-現-啊

該買一件好的呀,（上16a6-7）

12-26 suweni asihata,

你們.屬 青年.複

你們少年人,（上16a7）

12-27 jing wesihun iqi gene-re niyalma,

正好 高貴 順應 去-未 人

正是往高裏走的人啊，（上16a7-16b1）

12-28 yamula-ra isa-ra ba-de,

上衙門-未 聚集-未 地方-位

上衙門或是會齊，（上16b1）

12-29 etu-fi miyami-qi, giyan ningge,

穿-順 裝飾-條 正直 事情

穿個樣子是該當的，（上16b1-2）

12-30 minde geli ai yangse,

我.與 又 什麽 姿態

我又要什麽樣兒，（上16b2）

12-31 erin dule-ke-bi,

時候 超過-完-現

過了時候了，（上16b2）

12-32 damu halukan o-qi jou kai,

衹是 暖和 成爲-條 算了 啊

暖和就罷了，（上16b3）

12-33 sain ningge etu-qi,

好 東西 穿-條

就是穿上好的，（上16b3）

12-34 fiyan tuqi-ra-kv bime,

顔色 出-未-否 而且

不但没樣兒，（上16b3-4）

12-35 elemangga kuxun,

反而 不舒服

反倒不舒服，（上16b4）

12-36 tere anggala mini ere hitha-i alban de inu teisu akv,

那個 而且 我.**屬** 這個 披甲-**屬** 公務 **位** 也 相稱 **否**

况且我這分差使也不對當，（上16b4-5）

12-37 ine mene[1] fereke mana-ha-ngge,

乾脆 誠然 古舊 磨破-**完**-**名**

不論什麽破的舊的，（上16b5）

12-38 elemangga minde fithe-me aqa-mbi[2]。

反而 我.**與** 彈-**并** 符合-**現**

到與我對装了。（上16b6）

第13條

13-1[A] qeni bou-de we akv o-ho,

他們.**屬** 家-**位** 誰 **否** 成爲-**完**

他們家裏誰死了，（上16b7）

13-2 qananggi bi tederi dule-me o-fi,

前幾天 我 那裏.**經** 經過-**并** 成爲-**順**

前日我從那裏過，（上16b7-17a1）

13-3 tuwa-qi bou-i urse xahvn sinahi hvwaita-ha-bi ,

看-**條** 家-**屬** 人們 白色 喪服 束-**完**-**現**

看見家裏的人們穿着煞白的孝，（上17a1）

---

1 ine mene：此爲固定用法，意爲“乾脆”。

2 fitheme aqambi：此爲固定用法，意爲“正合適”。

13-4 bi ekxe-me idu gai-me jidere jakade,
我 忙-并 值班 取-并 下一個 因爲
我因急着来接班的上,(上17a1-2)

13-5 baha-fi fonji-ha-kv。
能够-順 問-完-否
没得問問。(上17a2)

13-6[B] jakan ini eshen ufara-ha,
最近 他.屬 叔父 亡故-完
新近他叔叔死了。(上17a2-3)

13-7[A] banjiha eshen waka-u?
親生 叔父 不是-疑
不是親叔叔嗎?(上17a3)

13-8[B] inu。
是
是。(上17a3)

13-9[A] si jobolon de aqa-na-ha-u akv-n?
你 喪事 與 見面-去-完-疑 否-疑
你道惱去来没有?(上17a3-4)

13-10[B] sikse nomun -i douqan ara-ra-de,
昨天 經卷 屬 道場 做-未-位
昨日念經作道場的上,(上17a4)

13-11 bi gulhun emu inenggi tuba-de bi-he,
我 完全 一 日子 那裏-位 在-完
我整一日在那裏来着。(上17a4-5)

13-12[A] atanggi jiranggi tuqi-bu-mbi?

什麼時候 遺體 出-**使**-**現**

幾時出殯?（上17a5）

13-13[B] donji-qi biya -i manashvn de se-mbi。

聽-**條** 月份 **屬** 月末 **位** **助**-**現**

聽説是月盡頭。（上17a5-6）

13-14[A] qeni yafan ya ergi-de bi?

他們.**屬** 園子 哪個 方向-**位** 有

他們的坟園在那裏?（上17a6）

13-15[B] meni yafan qi hanqi,

我們.**屬** 園子 **從** 近

與我們的園裏相近。（上17a7）

13-16[A] tuttu oqi jugvn goro kai。

那様 若是 路途 遠 啊

要是那様路遠啊。（上17a7）

13-17[B] dehi ba isina-mbi dere,

四十 里 到-**現** 吧

四十来的里。（上17b1）

13-18[A] ere siden-de jai imbe aqa-qi,

這個 期間-**位** 再 他.**賓** 見面-**條**

這個空兒上再要是遇見了他,（上17b1）

13-19 gasabu-ha se,

致哀-**完** **助**.**祈**

説是道惱了,（上17b1-2）

13-20 bi idu qi hoko-ho manggi,
我 值班 從 離開-完 以後
等我下了班，（上17b2）

13-21 simbe guile-fi sasa aqa-na-me gene-re,
你.賓 約請-順 一起 見面-去-并 去-未
會着你一同去走走罷，（上17b2-3）

13-22 giran tuqi-bu-re onggolokon,
遺體 出-使-未 之前-稍微
送殯的以前些，（上17b3）

13-23 minde emu isibu-fi,
我.與 一 送-順
給我一個信兒，（上17b3-4）

13-24 bi uthai ten -i ba-de isina-me mute-ra-kv o-kini,
我 就 極端 屬 地方-與 到達-并 能够-未-否 成爲-祈
我就是不能到那裏，（上17b4）

13-25 hoton -i tule isibu-me bene-ki,
城 屬 外面 達到-并 送-祈
也要送到城外頭，（上17b5）

13-26 an -i uquri be udu tashv-me feliye-ra-kv bi-qibe,
平常 屬 時候 我們 幾 往來不斷-并 來往-未-否 有-讓
素日雖然不常往来，（上17b5-6）

13-27 sabu-ha-dari mini baru dembei sebsihiyen,
看見-完-每 我.屬 向 甚是 和氣
一見了我狠親熱，（上17b6-7）

13-28 niyalma se-me jalan de banji-fi,

人 **助-并** 世間 **位** 生存-**順**

人生在世，（上17b7）

13-29 ya gemu guqu waka,

誰 又 朋友 不是

那個都不是朋友，（上17b7-18a1）

13-30 weri ere gese baita de,

別人 這個 樣子 事情 **位**

人家有了這樣的事情，（上18a1）

13-31 muse beye isina-qi,

咱們 自己 到達-**條**

咱們的身子要是到去了，（上18a1）

13-32 gvni-qi aqa-ra-kv se-re leule-re niyalma akv dere。

想-**條** 應該-**未-否** **助-未** 議論-**未** 人 **否** 吧

想来没有説不該當的罷。（上18a1-2）

第14條

14-1A ere hojihon de bu-re etuku waka-u?

這個 女婿 **與** 給-**未** 衣服 不是-**疑**

這個不是給女婿的衣裳嗎？（上18a3）

14-2B inu。

是

是。（上18a3）

14-3A ese aina-ra-ngge?

他們 做什麼-**未-名**

這些人都是作什麼的?（上18a3-4）

14-4[B] turi-fi gaji-ha faksi-sa。

雇用-**順** 帶來-**完** 匠人-**複**

雇了来的匠人們。（上18a4）

14-5[A] ai, muse fe doro gemu waji-ha,

哎 咱們 舊 禮儀 全都 完結-**完**

可嘆咱們的舊規矩全完了,（上18a4）

14-6 sakda-sa-i forgon de,

老人-**複-屬** 時候 **位**

老時候,（上18a5）

14-7 juwan udu se -i juse,

十 幾 歲 **屬** 孩子.**複**

十幾歲的孩子們,（上18a5）

14-8 gemu etuku xangga-bu-me mute-mbihe,

全都 衣服 完成-**使-并** 能够-**過**

全能彀成全一件衣裳,（上18a5-6）

14-9 kubun sekte-fi tuku doko aqa-bu-fi,

棉花 鋪-**順** 表面 裏面 適合-**使-順**

合上了裹面續上了棉花,（上18a6-7）

14-10 ubaxa-ha manggi,

翻轉-**完** 以後

翻過来了的時候,（上18a7）

14-11 si adasun be ufi-qi,

你 衣襟 **賓** 縫-**條**

你縫大襟,（上18a7）

14-12 bi uthai jurgan goqi-mbi,

我 就 條 抽-**現**

我就行，（上18a7-18b1）

14-13 ere oho be jafa-qi[1],

這個 腋下 **賓** 煞-**條**

這個拿腰肯，（上18b1）

14-14 tere monggon haya-mbi,

那個 衣領 鑲邊-**現**

那個上領子，（上18b1-2）

14-15 hethe huwexe-re-ngge, hethe huwexe-me,

袖口 熨-**未-名** 袖口 熨-**并**

烙袖子的烙袖子，（上18b2）

14-16 tohon hada-ra-ngge tohon hada-me,

紐扣 釘-**未-名** 紐扣 釘-**并**

釘鈕子的釘鈕子，（上18b2-3）

14-17 manggai emu juwe inenggi siden-de,

不過 一 二 日子 期間-**位**

不過一两天的工夫，（上18b3）

14-18 uthai waqihiya-bu-mbi,

就 完成-**使-現**

就完了，（上18b3-4）

14-19 tere anggala,

這 而且

---

1 jafaqi：此處專指縫衣服的一種手法。

不但那樣，（上18b4）

14-20 mahala qi aname gemu bou-de weile-mbihe,

帽子 從 依次 全都 家-位 工作-過

連帽子全是家裏做來着，（上18b4-5）

14-21 basa bu-me turi-fi weile-bu-re,

工錢 給-并 雇用-順 工作-使-未

給工錢雇人做，（上18b5）

14-22 jiha menggun -i uda-fi etu-re o-qi,

錢 銀子 工 買-順 穿-未 成爲-條

或者拿銀錢買着穿的時候，（上18b5-6）

14-23 niyalma oforo deri suk se-me inje-mbi。

人 鼻子 經 哼笑貌 助-并 笑-現

人家全從鼻子眼裏笑的。（上18b6）

14-24[B] age -i gisun giyangga bi-qibe,

兄 屬 話語 有理 有-讓

阿哥的話雖有理，（上18b6-7）

14-25 damu si emken be sa-ha gojime,

衹是 你 一 賓 知道-完 雖然

但你只知其一，（上18b7）

14-26 juwe be sa-ha-kv-bi,

二 賓 知道-完-否-現

不知其二，（上19a1）

14-27 tere forgon ere erin,

那個 時候 這個 時候

那個時候與這個時候，（上19a1）

14-28 emu adali o-bu-fi gisure-qi o-mbi-u?

一 同樣 成爲-使-順 説-條 可以-現-疑

作爲一樣説得麽?(上19a1-2)

14-29 jai gai-re inenggi geli umesi hanqi o-ho,

再 娶-未 日子 又 非常 近 成爲-完

再者娶的日子狠近,(上19a2-3)

14-30 simhun fata-me bodo-qi,

指頭 掐-并 計算-條

掐着指頭算来,(上19a3)

14-31 arkan karkan udu inenggi xolo bi,

將將 纔 幾 日子 空閑 有

能有幾日,(上19a3)

14-32 ere siden-de jaka xolo bu-ra-kv,

這個 期間-位 縫隙 空閑 給-未-否

這個工夫一點空兒不給,(上19a4)

14-33 dobori duli-me haqihiya-me weile-qi,

晚上 連夜-并 催促-并 工作-條

不分晝夜的赶着做了去,(上19a4-5)

14-34 amqabu-re amqabu-ra-kv-ngge,

趕上-未 趕上-未-否-名

赶的上赶不上,(上19a5)

14-35 hono juwe siden-deri bi-kai,

還 二 期間-經 有-啊

還在两可之間呢,(上19a5-6)

14-36 aika memere-me fe kouli se-hei,

如果 拘泥-**并** 舊 規則 説-**持**

要是拘擬舊規矩，（上19a6）

14-37 giu turibu-he balama,

狍子 失掉-**完** 狂妄

旗杆底下誤了操，（上19a6）

14-38 yasa gehun touka-bu-re de isibu-qi,

眼睛 徒然 耽誤-**使-未** **與** 達到-**條**

睁着眼睛至於誤了的時候，（上19a7）

14-39 ai yokto?

什麽 趣味

什麽趣兒呢？（上19a7）

第15條

15-1[A] niyalma o-fi tanggv se de banji-re-ngge akv kai,

人 成爲-**順** 一百 歲 **位** 生存-**未-名** **否** 啊

人没有活一百歲的呀，（上19b1）

15-2 ere taka banji-re beye yala tolgin gese,

這 暫且 生存-**未** 身體 果真 夢 一樣

這就是浮生若夢，（上19b1-2）

15-3 sebjele-re ba giyanakv udu,

享樂-**未** 地方 能有 多少

爲歡幾何，（上19b2-3）

15-4 xun biya homso makta-ra gese,

日 月 梭子 抛-**未** 一樣

日月如梭的一樣，（上19b3）

15-5 geri fari uju funiyehe xahvn xara-pi,

恍 惚 頭 頭髮 白色 變白-**延**

一仰一合頭髮就白了，（上19b3-4）

15-6 eiten de baitakv o-ho manggi,

一切 **位** 廢物 成爲-**完** 以後

各處全不中用了，（上19b4）

15-7 elemangga juse omosi -i senqehe be xa-me tuwa-me,

反而 孩子.**複** 孫子.**複** **屬** 下顎 **賓** 瞧-**并** 看-**并**

反倒望着孩子們的下頦子，（上19b5）

15-8 banji-re dabala,

生活-**未** 而已

過日子罷咧，（上19b5-6）

15-9 ai amtan?

什麽 趣味

什麽趣兒呢？（上19b6）

15-10 jai sube giranggi magga o-ho sehe-de,

再 筋 骨 堅硬 成爲-**完** 時候-**位**

再者筋骨説是硬了的時候，（上19b6）

15-11 etu-qi fiyan tuqi-ra-kv,

穿-**條** 顏色 出-**未**-**否**

穿的没樣兒，（上19b7）

15-12 je-qi amtan baha-ra-kv,

吃-**條** 味道 得到-**未**-**完**

吃的没味兒，（上19b7）

15-13 bi-he se-me ai baita,
有-完 **助-并** 什麽 事情
就是活着何用，（上19b7-20a1）

15-14 te sakda-ra unde be amqa-me,
現在 老-**未** 尚未 **賓** 來得及-**并**
今趁還未年老，（上20a1）

15-15 etu-ra-kv je-tera-kv o-qi,
穿-**未-否** 吃-**未-否** 成爲-**條**
不吃不穿，（上20a1-2）

15-16 jiha menggun fita sefere-fi aina-mbi,
錢 銀子 緊緊 握-**順** 做什麽-**現**
把銀錢緊緊的攥着作什麽呢，（上20a2）

15-17 si dababu-me mamgiya-ra-kv dere,
你 越過-**并** 奢侈-**未-否** 吧
你就不過費罷咧，（上20a2-3）

15-18 baha-ra ufuhi be bodo-me majige sebjele-qi, heu se-mbi,
得到-**未** 份額 **賓** 計算-**并** 稍微 享樂-**條** 足够 **助-現**
算着得的分兒料樂些狠彀了啊，（上20a3-4）

15-19 dabali se-qi o-jora-kv。
過分 **助-條** 可以-**未-否**
要説是過於了使不得啊。（上20a4）

15-20[B] sini ere gisun mimbe sa-me gisure-he-ngge-u?
你.**屬** 這個 話語 我.**賓** 知道-**并** 説-**完-名-疑**
你這個話是知道着説我的呀？（上20a4-5）

15-21 eiqi mimbe sar-kv tubixe-me gisure-he-ngge-u?

或是 我.賓 知道.未-否 揣測-并 說-完-名-疑

或是不知道約模着説的呀?（上20a5-6）

15-22 minde ele mila[1] bi-qi,

我.與 愈發 敞開 有-條

我要手裏有些,（上20a6）

15-23 sebjele-re-ngge inu giyan,

享樂-未-名 也 道理

樂也是應該的,（上20a6）

15-24 umai gvwa -i gese funqen daban -i baha-ra ba akv ba-de,

全然 其他 屬 一樣 多餘 超過 工 得到-未 地方 否 地方-位

并不像别人富富裕裕的有得的去處,（上20a6-7）

15-25 mimbe adarame sebjele se-mbi,

我.賓 怎麽 享樂 助-現

叫我怎麽樂呢,（上20b1）

15-26 bekdun ara-fi etu se-mbi-u?

負債 做-順 穿.祈 助-現-疑

作下賬穿嗎?（上20b1）

15-27 eiqi boigon faya-fi jefu se-mbi-u?

或者 財産 花費-順 吃.祈 助-現-疑

或是花了産業吃呢?（上20b2）

15-28 sini gisun songkoi ohode,

你.屬 話語 按照 若

---

1 ele mila：此爲固定用法，意爲“充足，寬裕”。

要是照着你的話的時候，（上20b2-3）

15-29 faya-hai ulin waji-fi,

花費-持 錢 完結-順

把財帛花盡了，（上20b3）

15-30 uthai giyok se-me buqe-qi teni sain,

就 摔得乾脆貌 助-并 死-條 纔 好

一跤跌死了才好，（上20b3-4）

15-31 talude buqe-ra-kv,

萬一 死-未-否

倘若不死，（上20b4）

15-32 kemuni ergen ta-fi banji-qi,

還 命 拖-順 生存-條

還戀着命兒活着，（上20b4）

15-33 tere erin-de aina-qi o-joro,

那個 時候-位 做什麽-條 可以-未

那個時候怎麽才好啊，（上20b5）

15-34 falanggv alibu-me sinde bai-qi,

手掌 伸開-并 你.與 求-條

伸着手向你要，（上20b5）

15-35 si ainahai aqabu-mbi-ni。

你 未必 相合-現-呢

你還未必給呢呀。（上20b6）

第16條

16-1[A] yaya niyalma damu akdun bi-qi,

大凡 人 衹要 忠信 有-**條**

大凡人要有信實，（上20b7）

16-2 niyalma teni gvnin daha-mbi,

人 纔 心 傾服-**現**

人才心服，（上20b7）

16-3 enenggi o-qi qimari se-re,

今天 成爲-**條** 明天 説-**未**

今日推到明日，（上21a1）

16-4 qimari o-ho manggi geli qoro se-re,

明天 成爲-**完** 以後 又 後天 説-**未**

到了明日又説後日，（上21a1-2）

16-5 erken terken -i inenggi anata-hai,

推三 阻四 **工** 日子 推脱-**持**

這樣那樣的支誤日子，（上21a2）

16-6 atanggi dube da,

什麼時候 末端 根源

幾時才是了手，（上21a2）

16-7 ali-me gaisu manggi,

受-**并** 取.**祈** 之後

應允了，（上21a3）

16-8 geli angga aifu-re o-qi,

又 嘴 説謊-**未** 成爲-**條**

又要改嘴，（上21a3）

16-9 niyalma jai adarame sini gisun be akda-mbi,

人 再 怎麼 你.**屬** 話語 **賓** 相信-**現**

人再怎麼信你的話呢，（上21a3-4）

16-10 ere durun -i uxan faxan kengse lasha akv o-joro jakade,

這個 樣子 **工** 拉扯 紛亂 果 斷 **否** 成爲-**未** 與其

像這樣拉拉扯扯的不但没簡断，（上21a4-5）

16-11 doigon-de emu yargiyan ba-be,

以前-**位** 一 確實 地方-**賓**

就是預先把實在處，（上21a5-6）

16-12 inde ulhi-bu-qi,

他.**與** 明白-**被**-**條**

給他知道了的時候，（上21a6）

16-13 niyalma inu gvnin uxa-fi,

人 也 心 絶望-**順**

人也心裏煩了，（上21a6）

16-14 jai ere-me gvni-ra-kv o-mbi。

再 希望-**并** 想-**未**-**否** 成爲-**現**

再不指望了。（上21a7）

16-15[B] waka,

不是

不是啊，（上21a7）

16-16 bi yamaka ba-de,

我 好像 地方-**位**

我或者在那裏，（上21a7）

16-17 akdun ufara-ha ba-bi-u?

忠信 錯失-**完** 地方-有-**疑**

有夫[1]信的去處嗎?（上21a7-21b1）

16-18 si te jori-me tuqi-bu,

你 現在 指示-**并** 出-**使.祈**

你如今指出來,（上21b1）

16-19 ai ai[2] onggolo, uttu algingga jube-ngge,

什麽 什麽 之前 這樣 名聲 揚-**名**

什麽什麽的頭裏就這樣揚聲誹謗的,

16-20 baita oron unde kai,

事情 踪影 尚未 啊

没影兒的事情啊,（上21b2）

16-21 mini funde faqihiyaxa-fi aina-mbi,

我.**屬** 代替 着急-**順** 做什麽-**現**

替我着什麽急,（上21b2-3）

16-22 eiten baita de tunggala-ha manggi,

一切 事情 **與** 撞見-**完** 以後

遇見了各樣的事情了的時候,（上21b3）

16-23 kimqi-ha da-de kimqi-fi,

審查-**完** 地方-**位** 審查-**順**

斟酌了又斟酌,（上21b3-4）

16-24 fakjin baha manggi,

主張 得到.**完** 以後

---

1 夫：雙峰閣本作“失”。

2 ai ai：二詞聯用意爲“各種”。

得了主意了,（上21b4）

16-25 jai niyalma be wakaxa-qi niyalma inu daha-mbi,
再 人 賓 責備-條 人 也 傾服-現
再説人的不是人也服啊,（上21b4-5）

16-26 si getuken -i sar-kv ba-de,
你 正確 工 知道.未-否 地方-位
你知道的不真切,（上21b5）

16-27 baibi mimbe wakaxa-qi o-mbi-u?
白白 我.賓 指責-條 成爲-現-疑
白白的怪我使得嗎?（上21b5-6）

16-28 tere anggala,
那個 而且
况且,（上21b6）

16-29 yabu-qi mini qiha,
行事-條 我.屬 任意
走也在我,（上21b6）

16-30 yabu-ra-kv o-qi inu mini qiha,
行事-未-否 成爲-條 也 我.屬 任意
不走也在我,（上21b7）

16-31 si xorgi-fi aina-mbi,
你 催逼-順 做什麼-現
你催我作什麼,（上21b7）

16-32 bi banitai uthai uttu qa mangga,
我 本性 就是 這樣 筋 難

我生来就是這樣寧折不灣[1]的呀，（上22a1）

16-33 baita be yargiyala-ha-kv de,

事情 賓 確認-完-否 位

把事不見真酌的時候，（上22a1-2）

16-34 bukda-me jafa-fi mimbe uttu oso se-qi,

屈服-并 捉-順 我.賓 這樣 成爲.祈 助-條

就冤屈着叫我這樣的，（上22a2）

16-35 bi ainaha se-me yabu-re ba akv,

我 怎麽 助-并 施行-未 地方 否

我再也是不肯行的呀，（上22a2-3）

16-36 adarame se-qi,

如何 説-條

怎麽説呢，（上22a3）

16-37 tenteke basuqun weri-fi gisun -i anakv o-joro baita be,

那樣 笑話 留-順 話語 屬 借口 成爲-未 事情 賓

留那樣笑話行那樣話柄兒的事情，（上22a3-4）

16-38 i ajigan qi yabu-me taqi-ha-kv kai,

他 幼小 從 做-并 學-完-否 啊

自幼兒没學過，（上22a4-5）

16-39 i akda-qi aliya se,

他 相信-條 等待.祈 助.祈

他要信得就等着，（上22a5）

16-40 akda-ra-kv oqi,

相信-未-否 若是

---

1 灣：底本爲墨迹，此字依據雙峰閣本酌加。

要是不信，（上22a5）

16-41 qihai gvwa ba-de gene-fi,

隨意 其他 地方-**與** 去-**順**

任意别處，（上22a6）

16-42 enqu niyalma be yandu-kini,

另外 人 **賓** 委托-**祈**

求人去罷，（上22a6）

16-43 we imbe ili-bu-ha-bi。

誰 他.**賓** 站-**使**-**完**-**現**

誰叫他等着来呢。（上22a6-7）

第17條

17-1[A] ere udu inenggi gvngka-me halhvn o-joro jakade,

這 幾 日子 悶熱-**并** 熱 成爲-**未** 因爲

這幾日因爲悶熱的上，（上22b1）

17-2 fa be suja-hai tulergi giyalan bou-de amga-ha bihe,

窗户 **賓** 支撑-**持** 外面 房間 屋子-**位** 睡-**完** **過**

把窗户支着在外間夜裏睡覺来着，（上22b1-2）

17-3 sunja-qi forin -i erin-de isina-fi,

五-**序** 更 **屬** 時候-**與** 到達-**順**

到了五更的時候，（上22b2-3）

17-4 dosi foro-fi jing amga-me bi-sire-de,

裏面 朝向-**順** 正在 睡-**并** 有-**未**-**位**

轉過去面望裏正睡着，（上22b3）

17-5 xan de asuki baha-bu-ha,
耳朵 位 聲音 得到-被-完
耳朵裏聽見响了一聲，（上22b3-4）

17-6 amu suwaliya-me yasa nei-fi tuwa-qi,
睡眠 混合-并 眼睛 開-順 看-條
帶困睁開眼一看，（上22b4）

17-7 uju -i ninggu-de emu aldungga jaka ili-ha-bi,
頭 屬 上-位 一 奇怪 東西 站-完-現
頭前裏一個怪物站着呢，（上22b4-5）

17-8 dere xanyan houxan -i adali,
臉 白 紙 屬 一樣
臉像紙一樣的白，（上22b5-6）

17-9 yasa qi senggi eye-mbi,
眼睛 從 血 流-現
眼睛裏流血，（上22b6）

17-10 beye gubqi xahvn,
身體 全部 淡白色
渾身雪白的，（上22b6）

17-11 uju-i funiyehe lebdehun,
頭-屬 頭髮 下垂
蓬着頭髮，（上22b6-7）

17-12 na de fekuqe-me bi,
地 位 跳躍-并 現
在地下跳呢，（上22b7）

17-13 sabu-re jakade ambula gvwaqihiyala-ha,
看見-未 因爲 大 吃驚-完
我一見了大吃了一驚，（上22b7-23a1）

17-14 ara ere uthai hutu se-re-ngge inu dere,
哎呀 這 就 鬼 助-未-名 是 吧
哎呀這個大略就是鬼罷，（上23a1）

17-15 ini aina-ra be tuwa-ki se-me,
他.屬 怎樣-未 賓 看-祈 助-并
看他怎麽樣的[1]，（上23a2）

17-16 yasa jibere-fi tuwa-qi fekuqe-hei gvni-ha-kv,
眼睛 眯縫-順 看-條 跳躍-持 長久-完-否
密縫着眼看時不想他跳了一會，（上23a2-3）

17-17 horho be nei-fi etuku adu be kejine tuqibu-fi,
櫃子 賓 開-順 衣 服 賓 許多 拿出-順
把箱子開了拿了好些衣裳，（上23a3-4）

17-18 oho de hafira nakv,
胳肢窩 位 夾.祈 之後
胑在胳肑窩裹，（上23a4）

17-19 fa deri tuqi-fi gene-he,
窗户 經 出-順 去-完
從窗户裹出去了，（上23a4-5）

17-20 tede bi haihari ulhi-fi dolori gvni-me,
那.位 我 突然 懂得-順 心裹 想-并

1 的：底本模糊難辨，據雙峰閣本補出。

因那個上我猛然明白了心裏想着，（上23a5）

17-21 hutu oqi etuku gama-ra kouli bi-u se-me?

鬼 若是 衣服 拿走-未 道理 有-疑 助-并

要是鬼也有拿衣裳的理嗎?（上23a5-6）

17-22 ili-fi loho be tuqibu-fi,

站-順 腰刀 賓 拿來-順

站起来拔出腰刀，（上23a6-7）

17-23 jabdu-ra-kv de lasihi-me emgeri genqehele-re jakade,

趕上-未-否 位 結實-并 一次 砍背-未 因爲

給他個湊手不及揚着赶到跟前一砍，（上23a7）

17-24 ara se-fi na de sarba[1] tuhe-ke,

哎呀 説-順 地 位 掙扎 倒-完

哎的一聲就撲通的跌在地下来了，（上23a7-23b1）

17-25 bou-i urse be hvla-me gaji-fi,

家-屬 人們 賓 叫-并 來-順

叫了家裏的人們，（上23b1-2）

17-26 dengjan dabu-fi tuwa-qi,

燈 點火-順 看-條

點上燈看時，（上23b2）

17-27 umesi yobo,

非常 笑話

狠可笑，（上23b2）

17-28 dule emu butu hvlha jortai hutu ara-fi,

原來 一 晦暗 賊 特意 鬼 做-順

---

1 sarba：雙峰閣本作sarbatala。

却原来是一個窃賊装作鬼，（上23b2-3）

17-29 niyalma be gele-bu-mbi ni-kai。

人 **賓** 害怕-**使-現** 呢-啊

来嚇人来了的呀。（上23b3）

第18條

18-1[A] feten bi-fi，

緣分 有-**順**

有緣分的上，（上23b4）

18-2 be niyaman jafa-ki se-me bai-me ji-he，

我們 婚姻 結合-**祈** 助-**并** 尋求-**并** 來-**完**

我們来求作親来了，（上23b4）

18-3 mini ere jui，

我.**屬** 這個 兒子

我的這個兒子，（上23b4-5）

18-4 udu qolgoroko erdemu ferguwequke bengsen akv bi-qibe，

儘管 超群 才能 非凡 本事 **否** 有-**讓**

雖然没有出類超群的本事，（上23b5）

18-5 damu nure omi-re jiha efi-re，

但是 酒 喝-**未** 錢 耍-**未**

但只喝酒要錢，（上23b6）

18-6 ehe faquhvn urse de daya-na-fi，

壞 混亂 人們 **與** 附和-去-**順**

與那混賬人們，（上23b6-7）

18-7 balai sargaxa-ra jergi baita,

妄自 游玩-**未** 種類 事情

胡曠等項的事情,（上23b7）

18-8 inde heni majige akv,

他.**與** 略微 稍微 **否**

一點也沒有,（上23b7-24a1）

18-9 hata-me gvni-ra-kv oqi,

嫌弃-**并** 想-**未**-**否** 若是

要是不嫌,

18-10 louye-sa emu gosi-re gisun bu-re-u?

老爺-**複** 一 疼愛-**未** 話語 給-**未**-**疑**

老爺給句疼愛的話罷?（上24a1）

18-11[B] age si julesi-ken -i jiu。

阿哥 你 前面-稍微 **工** 來.**祈**

阿哥你往前些来。（上24a2）

18-12[A] muse louye de hengkile-me bai-ki。

咱們 老爺 **與** 叩頭-**并** 尋求-**祈**

咱們給老爺磕着頭求啊。（上24a2）

18-13[B] louye se ume,

老爺 **複** 不要

老爺們別,（上24a3）

18-14 te-qe-fi mini emu gisun be donji-re,

坐-齊-**順** 我.**屬** 一 話語 **賓** 聽-**未**

坐下聽我一句話,（上24a3）

18-15 muse gemu fe niyaman,
咱們 全都 舊 親屬
咱們呢全是舊親戚，（上24a3-4）

18-16 gese gese[1] giranggi yali,
樣子 樣子 骨 肉
而且一樣兒的骨頭肉兒，（上24a4）

18-17 we-be we sar-kv,
誰-**賓** 誰 知道.**未-否**
誰不知道誰的，（上24a4）

18-18 damu eigen sargan se-re-ngge,
衹是 夫 妻 **助-未-名**
但只夫妻啊，（上24a5）

18-19 gemu nenehe jalan -i tokto-bu-ha salgabun,
全都 前 世 **屬** 決定-**使-完** 姻緣
全是前世裏造定的啊，（上24a5-6）

18-20 niyalma-i qihai o-qi o-jora-kv,
人-**屬** 擅自 成爲-**條** 可以-**未-否**
不是由着人的啊，（上24a6）

18-21 juse be uji-fi,
孩子.**複** **賓** 撫養-**順**
養活着孩子們啊，（上24a6）

18-22 beye xa-me tuwa-me sain -i juru aqa-bu-qi,
自己 瞧-**并** 看-**并** 好 **屬** 成對 適合-**使-條**

---

1 gese gese：此爲固定用法，意爲“類似”。

親身眼看着成雙成對的了，（上24a7）

18-23 ama eme o-ho niyalma jobo-ho suila-ha gvnin inu waji-mbi，

父親 母親 成爲-**完** 人 煩惱-**完** 困苦-**完** 心 也 完結-**現**

爲父母的那些勞苦心腸也就完了，（上24a7-24b1）

18-24 tuttu se-he se-me，

那様 説-**完** **助-并**

雖然那們説，（上24b1）

18-25 emu-de o-qi， minde ungga jalan bi，

一-**位** 成爲-**條** 我.**與** 長輩 世代 有

頭一件我有老家兒，（上24b2）

18-26 ere age be sa-bu-re unde，

這個 阿哥 **賓** 看見-**使-未** 尚未

没見這個阿哥，（上24b2-3）

18-27 jai-de o-qi， ji-he taitai sa，

二-**位** 成爲-**條** 來-**完** 太太 **複**

第二件来的太太們，（上24b3）

18-28 mini mentuhun sargan jui be inu majige tuwa-ki。

我.**屬** 愚鈍 女 孩子 **賓** 也 稍微 看-**祈**

也瞧瞧我的醜女兒。（上24b3-4）

18-29[A] inu，

是

是啊，（上24b4）

18-30 louye -i gisun umesi ferguwequke genggiyen kai，

老爺 **屬** 話語 非常 珍奇 明確 啊

老爺的話狠聖明，（上24b4-5）

18-31 ere gisun be uthai musei ji-he taitai sa-de hafumbu,
這個 話語 **賓** 立刻 咱們.**屬** 來-**完** 太太 **複-與** 傳達.**祈**
把這話就通知咱們来的太太們，（上24b5）

18-32 gege be tuwa-ha manggi,
小姐 **賓** 看-**完** 以後
瞧了姑娘的時候，（上24b6）

18-33 inu age be hvla-me dosi-mbu-fi,
也 阿哥 **賓** 叫-**并** 進入-**使-順**
把阿哥也叫進去，（上24b6）

18-34 uba-i taitai sa-de tuwa-bu-ki,
這裏-**屬** 太太 **複-與** 看-**使-祈**
給這裏的太太們瞧瞧，（上24b7）

18-35 ishunde gemu gvnin aqa-ha se-he-de,
互相 都 心思 相合-**完** 助-**完-位**
彼此全説是合式了，（上24b7-25a1）

18-36 jai hengkile-qi inu goida-ra-kv kai。
再 叩頭-**條** 也 遲-**未-否** 啊
再磕頭也不遲啊。（上25a1）

第19條

19-1[A] qeni eigen sargan be，si baqihi se-mbi-u?
他們.**屬** 夫 妻 **賓** 你 結髮夫妻 説-**現-疑**
你説他們是結髮夫妻嗎？（上25a2）

19-2[B] sirame gai-ha-ngge,
接續 娶-**完-名**

是繼娶的啊，（上25a2）

19-3 ere emile ududu ana-ha-bi，

這個 母的 很多 妨害-**完**-**現**

這個老婆妨了好幾個漢子了，（上25a2-3）

19-4 beye giru sain，gala weilen inu sain，

身體 體態 好 手 活計 也 好

身形兒好針指兒也好，（上25a3-4）

19-5 damu emu ba eden，

衹是 一 地方 欠缺

但只一件平常，（上25a4）

19-6 juxun je-tere mangga，

醋 吃-**未** 善於

好吃醋，（上25a4）

19-7 eigen susai se tuli-tele，

丈夫 五十 歲 逾期-**至**

漢子直過了五十歲了，（上25a4-5）

19-8 umai juse enen akv bime，

全然 孩子.**複** 後裔 **否** 而且

并没有後，（上25a5）

19-9 guweleku sinda-mbi sula hehe takvra-ki se-re-de，

妾 放置-**現** 閑 女人 派遣-**祈** 説-**未**-**位**

説要放妾使小，（上25a5-6）

19-10 hetu dedu-fi o-jora-kv，

横 躺卧-**順** 可以-**未**-**否**

他就横倘着不依，（上25a6）

19-11 fasi-me buqe-ki se-re beye-be beye ara-ki se-re,
自縊-并 死-祈 想-未 身體-賓 自己 做-祈 想-未
要吊死又是要自盡，（上25a7）

19-12 haqingga demun -i gelebu-me daixa-mbi,
各種 行爲 工 威協-并 搗亂-現
各樣的嚇鬧，（上25a7-25b1）

19-13 fisiku aihvma geli eberi ten,
愚鈍 鱉 又 弱 極致
自己耽誤的忘八又狠軟，（上25b1）

19-14 sargan de ergele-bu-fi fuhali horon gaibu-ha,
妻 與 壓迫-被-順 完全 威力 敗-完
被女人嚇的一點不能施威，（上25b1-2）

19-15 imbe umainame mure-ra-kv bi-me,
他.賓 怎麼樣 能够-未-否 有-并
竟把他不能怎麼樣的，（上25b2）

19-16 niuhon yali banji-hai, ergen susa-ka,
青色 怒氣 發生-持 命 死-完
而耳[1]忍着氣兒死人一樣的，（上25b3）

19-17[A] ere-be tuwa-qi,
這個-賓 看-條
看起這個来，（上25b3）

19-18 jalan -i baita teksin akv mujangga,
世間 屬 事情 整齊 否 確實

1 耳：雙峰閣本作“且”。

世上的事情實在不齊啊，（上25b3-4）

19-19 meni tuba-i emu age,

我們.屬 那裏-屬 一 阿哥

我們那裏一個阿哥，（上25b4）

19-20 jakan utala yan -i menggun de,

最近 許多 兩 屬 銀子 位

新近用多少銀子，（上25b4-5）

19-21 emu hehe de uda-fi beye-de goqi-ka,

一 女人 位 買-順 自己-位 拉近-完

買了個女人收在跟前，（上25b5-6）

19-22 fuhali oho -i funiyehe,

完全 腋下 屬 毛

竟像寶貝一樣，（上25b6）

19-23 aikan faikan[1] -i gese gosi-me,

愛惜 寶貝 屬 樣子 疼愛-并

疼的要怎麼樣的就怎麼樣的，（上25b6）

19-24 ai se-qi jai,

什麼 説-條 什麼

説怎麼樣的時候，（上25b7）

19-25 gelhun akv[2] majige jurqe-ra-kv,

敢 否 稍微 違背-未-否

再也不敢錯，（上25b7）

---

1 aikan faikan：faikan單用的情況不見於各詞典，衹與aikan連用，意爲“愛惜寶貝”。

2 gelhun akv：此爲固定用法，雖有否定成分akv，但整體意思爲“敢”。

19-26 ere haqin -i aha be uju de hukxe-he bi-me,

這個 種類 **屬** 奴才 **賓** 頭 **位** 頂-**完** 有-**并**

把這個奴才拿頭頂着，（上25b7-26a1）

19-27 jingkini sargan be,

真正 妻 **賓**

反把正經女人，（上26a1）

19-28 elemangga aha nehu de isibu-ra-kv adunggiya-mbi,

反倒 奴才 婢女 **與** 達到-**未-否** 折磨-**現**

倒不如奴才樣的折磨，（上26a1-2）

19-29 inenggi-dari tanta-hai fasi-me buqe-re de isibu-ha,

日子-每 毆打-**持** 自縊-**并** 死-**未** **與** 達到-**完**

每日裏打過来打過去至於吊死了，（上26a2-3）

19-30 danqan -i urse habxa-ha,

娘家 **屬** 人們 訴訟-**完**

被他那娘家的人告了，（上26a3）

19-31 tetele kemuni waji-re unde,

至今 還 完結-**未** 尚未

到如今還没完呢，（上26a3-4）

19-32 ere felehun hehe,

這個 醜惡 女人

這個惹禍的老婆，（上26a4）

19-33 tere doksin -i haha jing emu juru kai,

那個 暴虐 **屬** 男人 正好 一 配對 啊

那個凶惡的男人正是一對，（上26a4-5）

19-34 amba ainu eigen sargan o-bu-me holbo-bu-ra-kv ni。

天 爲什麽 夫 妻 成爲-**使-并** 結親-**使-未-否** 呢

老天啊怎麽就没配成老婆漢子呢。（上26a5-6）

第20條

20-1[A] musei tere oshon ningge，

咱們.**屬** 那個 暴虐 東西

咱們的那個野東西，（上26a7）

20-2 amba jobolon neqi-he-bi。

大 灾禍 招惹-**完-現**

惹了大禍了。（上26a7）

20-3[B] aina-ha-bi?

做什麽-**完-現**

怎麽了？（上26a7）

20-4[A] ainaha niyalma be tanta-me waji-ha。

怎麽 人 **賓** 打-**并** 完結-**完**

把一個什麽人打死了。（上26b1）

20-5[B] turgun adarame?

原因 怎麽

怎麽一個緣故？（上26b1）

20-6[A] fili fiktu akv[1] kai，

堅硬 嫌隙 **否** 啊

無緣無故的，（上26b1-2）

---

1 fili fiktu akv：此爲固定用法，意爲“無緣無故”。

20-7 qeni emu adaki,

他們.屬 一 鄰居

把他們一個街房,（上26b2）

20-8 ini duka-i dalba-de site-he se-me,

他.屬 門-屬 旁邊-位 小便-完 助-并

在他們門傍邊撒了尿了,（上26b2-3）

20-9 fonjin hese akv,

詢問 命令 否

也不問一問,（上26b3）

20-10 faha-me tuhei[1] nakv, aktala-me te-fi,

摔-并 倒.祈 之後 跨-并 坐-順

就摔個仰面筋斗拉倒,（上26b3）

20-11 dere yasa be baime tanta-me deribu-he,

臉 眼睛 賓 朝向 打-并 開始-完

照着臉上眼睛打起来了,（上26b3-4）

20-12 suqungga tanta-ra de hono tou-me sure-mbihe,

起初 打-未 位 還 罵-并 叫喊-過

起初打還罵着叫喊,（上26b4-5）

20-13 amala gudexe-hei,

後來 捶打-持

後来只管打的上,（上26b5）

20-14 nidu-re jilgan gemu akv o-ho,

呻吟-未 聲音 也 否 成爲-完

1 tuhei：疑爲tuhe之誤。

連哼的聲兒也全没了，（上26b5-6）

20-15 borho-me tuwa-ra urse,

圍聚-**并** 看-**未** 人們

打攢看的人們，（上26b6）

20-16 arbun faijuma o-ho be sa-fi,

樣子 不妥 成爲-**完** **賓** 知道-**順**

知道光景不好了，（上26b6）

20-17 tanta-ra be ili-bu-fi tuwa-qi,

打-**未** **賓** 停息-**使-順** 看-**條**

止住了看時，（上26b7）

20-18 aifini ergen yada-ha,

早就 氣息 稀少-**完**

早已就死了，（上26b7）

20-19 ede yafagan uksin sa imbe jafa-fi gama-ha,

這.**位** 步行 甲兵 **複** 他.**賓** 捉-**順** 拿-**完**

所以步兵們把他拿了去[1]，（上26b7-27a1）

20-20 buqe-he niyalma bou-i gubqi gemu ji-fi,

死-**完** 人 家-**屬** 整個 全都 來-**順**

死人家裏的人們全来了，（上27a1-2）

20-21 ini bou nagan be susubu-ha,

他.**屬** 家 炕 **賓** 毁壞-**完**

把他家鬧了個七零八落，（上27a2）

20-22 agvra tetun be hvwala-me,

器械 器皿 **賓** 劈開-**并**

1 去：雙峰閣本後有“了”。

傢伙器皿打了個净，（上27a2）

20-23 wase qi aname gemu kola-ha，

瓦 **從** 依次 都 剥-**完**

連瓦全揭了，（上27a3）

20-24 kaiqa-ra jilgan juwe ilan bai dube-de isi-tala donji-ha-bi，

喊叫-**未** 聲音 二 三 地方 末端-**位** 到達-**至** 聽-**完**-**現**

喊叫的聲音直聽到二三里路遠，（上27a3-4）

20-25 sikse jurgan de isina-ha，

昨天 部 **與** 到達-**完**

昨日到部裏去了，（上27a4）

20-26 enenggi erun nikebu-he se-mbi。

今天 刑罰 責罰-**完** **助**-**現**

説今日上了刑了。（上27a4-5）

20-27[B] age si donji-ha-kv-n?

阿哥 你 聽-**完**-**否**-**疑**

阿哥你没有听見説嗎?（上27a5）

20-28 ehe niyalma de ehe karulan bi se-he-bi，

惡 人 **與** 惡 報應 有 **助**-**完**-**現**

惡人自有惡報應啊，（上27a5-6）

20-29 ere ini beye bai-ha-ngge dabala，

這個 他.**屬** 自己 求-**完**-**名** 罷了

這是他自己惹的罷咧，（上27a6）

20-30 we-de ai guwanta。

誰-**與** 什麽 管他

與誰什麽相干。（上27a7）

第21條

21-1[A] guqule-ki se-qi,

交流-祈 想-條

要說是交結朋友啊,（上27b1）

21-2 julge-i guwan jung bou xu be alhvda,

古時-屬 管 仲 鮑 叔 賓 模仿.祈

可學那古時的管仲鮑叔啊,（上27b1）

21-3 ere juwe nofi emu inenggi xehun bigan yabu-re de,

這 二 人 一 日子 空曠 原野 走-未 位

這兩個人一日走到曠野地方,（上27b1-2）

21-4 tuwa-qi jugvn -i dalba-de,

看-條 道路 屬 旁邊-位

看見道傍邊,（上27b2-3）

21-5 emu aisin -i xoge makta-fi bi,

一 金 屬 塊 抛-順 有

有一個金錁子放着,（上27b3）

21-6 ishunde anahvnja-hai,

互相 讓步-持

彼此相讓,（上27b3）

21-7 yaya gaija-ra-kv,

所有 取-未-否

誰也不肯拿,（上27b3-4）

21-8 waliya-fi gene-re-de,

放弃-順 去-未-位

撂了去了,（上27b4）

21-9 emu usin -i haha be uqara-fi,

一 田地 **屬** 男人 **賓** 遇到-**順**

遇見一個莊稼漢子，（上27b4）

21-10 jori-me hendu-me,

指示-**并** 説-**并**

指着説，（上27b5）

21-11 tuba-de emu aisin -i xoge bi,

那裏-**位** 一 金 **屬** 塊 有

那裏有一個金錁子，（上27b5）

21-12 si gene-fi gaisu se-re-de,

你 去-**順** 取.**祈** **助-未-位**

你去取来罷，（上27b5-6）

21-13 tere usin -i haha,

那個 田地 **屬** 男人

那個莊稼漢子，（上27b6）

21-14 ekxe-me gene-fi gai-qi,

急忙-**并** 去-**順** 求-**條**

急忙前去取時，（上27b6）

21-15 aisin be sabu-ra-kv,

金 **賓** 看見-**未-否**

不見金子，（上27b6-7）

21-16 juwe ujungga meihe be sabu-ha,

二 有頭 蛇 **賓** 看見-**完**

見一個两頭蛇，（上27b7）

21-17 ambula golo-fi,

大大 驚嚇-**順**

吃了一大驚，（上27b7）

21-18 homin -i meihe be juwe meyen o-bu-me lasha saqi-fi,

鋤子 **工** 蛇 **賓** 二 段 成爲-**使**-**并** 决斷 斬-**順**

拿鋤頭把蛇砍爲兩段，（上28a1）

21-19 amqa-na-fi jamara-me hendu-me,

追趕-去-**順** 嚷-**并** 説-**并**

赶回来吵閙着説，（上28a1-2）

21-20 bi suwende aika kimun bi-u?

我 你們.**與** 什麼 仇 有-**疑**

我與你們有仇嗎?（上28a2）

21-21 juwe ujungga meihe be,

二 有頭 蛇 **賓**

把兩頭蛇，（上28a2-3）

21-22 ainu aisin[1] xoge se-me holto-mbi ala-mbi,

爲什麼 金 塊 説-**并** 欺哄-**現** 告訴-**現**

怎麽哄我説是金錁子，（上28a3）

21-23 elei mini ergen be joqi-bu-ha se-re-de,

幾乎 我.**屬** 命 **賓** 落下-**使**-**完** 助-**未**-**位**

幾乎没送了我的命啊，（上28a3-4）

21-24 juwe nofi akda-ra-kv,

二 人 相信-**未**-**否**

1 aisin：雙峰閣本後有-i。

二人不信，（上28a4）

21-25 emgi sasa gene-fi tuwa-qi,

共同 一起 去-順 看-條

一同前去看時，（上28a4-5）

21-26 da an -i aisin xoge saqi-bu-fi,

原本 樣子 工 金子 塊 切斷-被-順

照舊還是金錁子，（上28a5）

21-27 juwe dalgan o-fi, na de bi-sire be,

二 塊 成爲-順 地 位 有-未 賓

可吹爲两段在地下，（上28a5-6）

21-28 guwan jung, bou xu emte dulin gai-ha,

管 仲 鮑 叔 一.分 一半 取-完

管仲鮑叔各取了一半来了，（上28a6-7）

21-29 tere usin -i haha,

那個 田地 屬 男人

那個莊稼漢子，（上28a7）

21-30 kemuni untuhun gala-i gene-he,

還 空 手-工 去-完

仍舊空手去了，（上28a7-28b1）

21-31 julge-i niyalma guqule-re doro uttu,

古時-屬 人 交流-未 道理 這樣

古人交結朋友的道理是這樣，（上28b1）

21-32 ere udu julen gisun de hanqi bi-qibe,

這 雖然 古詞 話語 與 近 有-讓

這個雖與野史相近，（上28b1-2）

21-33 yargiyan -i te -i forgon -i aisi be temxe-re urse de,
確實 工 現在屬 時節 屬 利益 賓 争-未 人們 與
實在可與如今争利的人,(上28b2-3)

21-34 durun tuwakv o-bu-qi aqa-mbi。
模子 典範 成爲-使-條 應該-現
作個榜樣啊。(上28b3)

第22條

22-1[B] waka,
不是
不是啊,(上28b4)

22-2 bi simbe gisure-ra-kv oqi,
我 你.賓 説-未-否 若是
我要不説你,(上28b4)

22-3 baibi doso-ra-kv,
衹是 忍受-未-否
怪受不得的,(上28b4)

22-4 hairakan niyalma-i sukv,
可惜 人-屬 皮
可惜一張人皮,(上28b4-5)

22-5 adarame sinde nere-bu-he,
怎麼 你.與 披-被-完
給你披上了,(上28b5)

22-6 ninju se farga-me gene-he niyalma-i kai,
六十 歲 追趕-并 去-完 人-屬 啊

往六十歲上去的人呀，（上28b5-6）

22-7 aika ajigen se-me-u?

難道 年少 説-**并-疑**

還小嗎？（上28b6）

22-8 boigon monggon deri isinji-fi,

土 脖子 **經** 到來-**順**

土到了脖子上了，（上28b6-7）

22-9 saliyan -i uju koika funqe-he-bi,

剛好 **工** 頭 皮 剩-**完-現**

寡剩了點頭兒了，（上28b7）

22-10 yasa kaikara nakv, urui hehe-si feniyen de,

眼睛 斜視.**祈** 之後 衹管 女人-**複** 人群 **位**

斜着眼兒必定在婦人們的群裏，（上28b7-29a1）

22-11 guwele qele gohodo-ro-ngge,

窺探 漏 賣俏-**未-名**

躲躲閃閃的晃着稀軟的身子擺浪子的，（上29a1-2）

22-12 adarame,

怎麽

怎麽説呢，（上29a2）

22-13 duibuleqi niyalma enggiqi ba-de,

比如 人 背地裏 地方-**位**

譬如人在背地裏，（上29a2）

22-14 sini sargan be uttu tuttu se-me leule-qi,

你.**屬** 妻子 **賓** 這樣 那樣 **助-并** 討論-**條**

怎長怎短的講論你的女人的時候，（上29a2-3）

22-15 sini gvnin de ai se-mbi,

你.屬 心 **位** 什麽 想-**現**

你心裹怎麽様,(上29a3)

22-16 karu de karu, furu de furu se-re-ngge,

報應 **與** 報應 膿瘡 **與** 膿瘡 説-**未-名**

善有善報惡有惡報的話呀,(上29a4)

22-17 sain ehe -i karulan helmen beye-de daha-ra adali,

善 惡 **屬** 報應 影子 身體-**與** 跟隨-**未** 同様

善惡的報應如影随形的一様的啊,(上29a4-5)

22-18 utala se unu-fi, majige butui erdemu be isabu-ra-kv,

好多 歲數 背負-**順** 稍微 密閉 德才 **賓** 積累-**未-否**

若大的年紀了一點陰德兒不積,(上29a5-6)

22-19 baibi ere gese hamu dunda-ra baita yabu-qi,

衹是 這 樣子 糞 喂猪-**未** 事情 行事-**條**

寡要行這様吃屎的事情,(上29a6-7)

22-20 tei forgon -i abka fangkala kai,

現在 時運 **屬** 天 低 啊

如今的天低啊,(上29a7)

22-21 absi sini funde joboxo-mbi。

怎麽 你.**屬** 代替 憂愁-**現**

叫怎麽替你愁呀。(上29b1)

第23條

23-1[A] ere niyengniyeri dubesile-he erin-de,

這 春天 將結束-**完** 時候-**位**

這是春末的時候，（上29b2）

23-2 bou-de nor-hvi[1] bi-qi absi alixaquka,

家-位 留住-持 有-條 很 煩悶

静坐在家裏何等的愁悶啊，（上29b2-3）

23-3 sikse mini deu ji-fi,

昨天 我.屬 弟弟 來-順

昨日我兄弟来，（上29b3）

23-4 hoton -i tule sargaxa-qi aqa-mbi se-me, mimbe guile-fi,

城 屬 外面 散步-條 應該-現 助-并 我.賓 約-順

會我往城外頭曠去，（上29b3-4）

23-5 ildun duka-i tule gene-he,

方便 門-屬 外面 去-完

所以出了便門，（上29b4）

23-6 xehun bigan de isina-fi tuwa-qi,

空曠 原野 與 到達-順 看-條

到了曠野地方一看，（上29b4-5）

23-7 niyengniyeri arbun absi buyequke,

春天 風景 何其 可愛

春景何等的可愛，（上29b5）

23-8 toro ilha fularja-mbi,

桃 花 紅潤-現

桃紅似火，（上29b6）

23-9 fodoho gargan sunggelje-mbi,

柳 枝 搖擺-現

1 norhvi：意不詳，語法標注據《新刊清文指要》（下30b3）“norohoi”譯。

绿柳被風擺動摇扭活軟，（上29b6）

23-10 qeqike -i jilgan jingjing jangjang,

小鳥 **屬** 聲音 唧唧叫貌 喳喳叫貌

雀鳥兒乱哨，（上29b6-7）

23-11 mou-i abdaha niuwari niuwari,

樹-**屬** 葉子 绿色 鮮明

樹葉兒青青，（上29b7）

23-12 niyengniyeri edun falga falga,

春天 風 一陣 一陣

春風兒陣陣，（上29b7-30a1）

23-13 orhv-i fa guksen guksen,

草-**屬** 香 一片 一片

草味兒冲中[1]，（上30a1）

23-14 bira de jahvdai bi,

河 **位** 船 有

河内有船，（上30a1-2）

23-15 dalin de mou bi,

岸 **位** 樹 有

岸上有樹，（上30a2）

23-16 jahvdai de fithe-re uqule-re-ngge,

船 **位** 彈-**未** 唱-**未**-**名**

船内彈唱的，（上30a2）

23-17 siran siran -i lakqa-ra-kv,

陸續 陸續 **工** 斷絶-**未**-**否**

1 中：雙峰閣本作“冲”。

接連不断，（上30a3）

23-18 mou-i fejile ilgaxa-me yabu-re-ngge，
樹-屬 下面 游樂-并 行走-未-名
林内看花的，（上30a3）

23-19 ilan sunja feniyele-he-bi，
三 五 成群-完-現
三五成群，（上30a4）

23-20 tere da-de，
那個 原本-位
那上頭，（上30a4）

23-21 yen jugvn deri biraga be bai-me nimaha welmiye-re-ngge，
彎曲 路 經 小河 賓 尋求-并 魚 釣-未-名
又有從茅路上尋我小河兒去釣魚的，（上30a4-5）

23-22 yala oihori，
真是 非常
實在好極里呀，（上30a5）

23-23 xumin -i bujan dolo，
深處 屬 樹林 裏面
在深林内，（上30a5-6）

23-24 sebderi de serguwexe-me，
樹蔭 位 乘凉-并
乘着凉，（上30a6）

23-25 nure omi-qi，
酒 喝-條
飲着酒，（上30a6）

23-26 umesi amtangga,

非常 有趣

狠有趣,(上30a6)

23-27 jai tere-i xurdeme emu gerin -i ba-de,

再 那個-屬 周邊 一 帶 屬 地方-位

再者那一帶地方的,(上30a7)

23-28 ilga yafan gemu sain,

花 園 都 好

花園兒也全好,(上30a7)

23-29 amba juktehen inu bolgo,

大 廟 也 乾净

大廟也潔静,(上30b1)

23-30 tuttu ofi be ele-tele emu inenggi sargaxa-ha,

那樣 因爲 我們 足够-至 一 日子 游玩-完

所以我們盡量曠了一天,(上30b1-2)

23-31 giyan be bodo-qi simbe guile-qi aqa-mbihe,

道理 賓 計劃-條 你.賓 約-條 應該-過

論理該當會你来着,(上30b2-3)

23-32 sinde mejige isibu-ha-kv-ngge,

你.與 消息 送到-完-否-名

没給你信的緣故,(上30b3)

23-33 umai gvnin bi-fi simbe gobolo-ki se-re-ngge waka,

全然 心思 有-順 你.賓 故意遺漏-祈 想-未-名 不是

并不是有心偏你,(上30b3-4)

23-34 ere-i dorgi-de sinde aqa-ra-kv niyalma bi-fi kai。
這-屬 裏面-位 你.與 適合-未-否 人 有-順 啊
這裏頭有與你不對當的人啊。（上30b4-5）

第24條

24-1[A] donji-qi, muse tere gabula gaqilabu-fi,
聽-條 咱們 那個 饞嘴 窘迫-順
聽説咱們的那個饞阿哥衣裳狠糟濫，（上30b6）

24-2 umesi oitobu-ha,
很 窮困-完
艱難的至極，（上30b6）

24-3 hexene-he giuhoto -i adali,
衣衫襤褸-完 乞丐 屬 一様
討吃的一様了，（上30b7）

24-4 dardan se-me ilban nagan de xoyo-hoi,
打戰貌 助-并 土 炕 位 蜷縮-持
打着戰兒咕推在土坑上，（上30b7-31a1）

24-5 emu farsi mana-ha jibehun nere-he-bi se-mbi。
一 張 破爛-完 被子 披-完-現 助-現
披着一個破被窩呢。（上31a1）

24-6[B] hojo sanggv,
很 正確
好啊呀，（上31a1-2）

24-7 waburu wasihvn bethe gai-ha aise,
該死的 下邊 脚 取-完 或是

砍頭的豈不是走到四[1]達運氣裏了嗎，（上31a2）

24-8 duleke aniya ai sui tuwa-ha-kv,

去 年 什麼 罪 受-**完-否**

去年什麼罪没受過，（上31a2-3）

24-9 ai gosihon dule-mbu-he-kv,

什麼 困苦 經歷-**被-完-否**

什麼樣的苦没經過呢，（上31a3）

24-10 majige niyalma-i gvnin bi-qi,

稍微 人-**屬** 心 有-**條**

料有一點人心的時候，（上31a3-4）

24-11 inu aliya-me gvni-fi hala-ha-bi,

又 後悔-**并** 想-**順** 改-**完-現**

也改悔里呀，（上31a4）

24-12 dekden-i gisun,

諺語-**屬** 話語

俗語説的，（上31a4）

24-13 bayan se-be amqa-mbi se-hei,

富貴 **複-賓** 追趕-**現** **助-持**

學着富的去了的時候，（上31a5）

24-14 bethe niuhuxun o-mbi se-he-bi,

脚 赤裸 成爲-**現** 説-**完-現**

必要窮的净光的呀，（上31a5）

1 四：雙峰閣本作“凹”。

24-15 akabu-re-ngge, ai gvnin bi-fi,

傷心-未-名 什麼 心 有-順

受着罪還有什麼心腸,(上31a6)

24-16 uba-i nure tumin,

這裏-屬 酒 濃厚

説這裏的酒艶,(上31a6)

24-17 tuba-i bouha amtangga se-me,

那裏-屬 菜 好吃 説-并

那裏的菜好,(上31a6-7)

24-18 bayan urse -i gese,

富貴 人們 屬 一樣

像有的人們一樣,(上31a7)

24-19 sasa baba-de sargaxa-mbi,

共同 各地-位 游樂-現

各處里去曠的上,(上31a7-31b1)

24-20 tede bi gequhun -i erin-de isina-fi,

那.位 我 冰凍 屬 時候-與 到達-順

到了那凍着的時候,(上31b1)

24-21 jai tuwa-ra dabala se-qi,

再 看-未 罷了 助-條

再瞧罷咧,(上31b1-2)

24-22 te yala keike-he-bi。

現在 真是 刻薄-完-現

如今實在苦了。(上31b2)

24-23[A] uttu hendu-qibe,
這様 説-**讓**
雖然這様説，（上31b2）

24-24 eiqi aina-ra,
到底 做什麼-**未**
或者怎麼様呢，（上31b2-3）

24-25 yargiyan -i tuwa-me buqe-bu-mbi-u?
真實 **工** 瞧-**并** 死-**使-現-疑**
眼看着叫死嗎?（上31b3）

24-26 mini gvnin de, muse uhei majige xufa-fi,
我.**屬** 思念 **位** 咱們 一起 稍微 湊集-**順**
我心裏咱們公同攢凑攢凑，（上31b3-4）

24-27 inde aisila-qi teni sain。
他.**與** 援助-**條** 纔 好
纔好。（上31b4）

24-28[B] menggun hono tusa akv,
銀 尚且 利益 **否**
銀子還無益，（上31b4-5）

24-29 adarame se-qi,
爲什麼 説-**條**
怎麼好呢，（上31b5）

24-30 ini banin be si sar-kv ai-bi,
他.**屬** 氣性 **賓** 你 知道.**未-否** 什麼-有
他的毛病兒你豈不知道嗎，（上31b5-6）

24-31 gvni-qi gala de isina je-ke yada-hai waji-fi,

想-條 手 與 到達.祈 吃-完 窮困-持 完結-順

想来到了手裏吃完了的時候，（上31b6）

24-32 da an -i fulahvn o-joro dabala,

原來 經常 屬 赤貧 成爲-未 罷了

仍就是光光的罷咧，（上31b7）

24-33 ai funqe-mbi,

什麼 剩下-現

剩下什麼呢，（上31b7）

24-34 ine mene emu jergi etuku uda-fi bu-qi,

乾脆 誠然 一 套 衣服 買-順 給-條

將計就計的買一套衣裳給他，（上31b7-32a1）

24-35 inde hono tusangga dere。

他.與 尚且 有益 吧

倒稼[1]有益的樣。（上32a1-2）

第25條

25-1[A] bi sinde injeku ala-ra,

我 你.與 笑話 告訴-未

我告訴你一個笑話兒，（上32a3）

25-2 teike mini emhun uba-de te-re-de,

剛纔 我.屬 單獨 這裏-位 坐-未-位

將纔我自己一個在這裏坐着，（上32a3）

---

1 稼：雙峰閣本作“像”。

25-3 fa -i duthe de emu qeqike do-ha-bi,
窗户**屬** 窗欞 **位** 一 麻雀 住-**完**-**現**
窗欞兒上落着一個雀兒，（上32a4）

25-4 xun -i elden de helmexe-me
太陽 **屬** 光 **位** 照影-**并**
日頭影兒上照着，（上32a4-5）

25-5 emgeri qongki emgeri fekuqe-mbi,
一次 啄.**祈** 一次 跳-**現**
一啄一跳的，（上32a5）

25-6 ede bi asuki tuqi-bu-ra-kv,
這.**位** 我 聲音 出-**使**-**未**-**否**
這個上我不出聲兒，（上32a5-6）

25-7 elhei okso-me hanqi isina,
慢慢 走-**并** 附近 到達.**祈**
慢慢的邁步走到跟前，（上32a6）

25-8 lab se-me emgeri jafa-ra jakade,
吧嗒貌 **助**-**并** 一次 拿捉-**未** 因爲
忽然一拿的時候，（上32a6-7）

25-9 fa -i houxan be fondo hvwaja-fi,
窗户**屬** 紙 **賓** 穿透 破-**順**
把窗户紙抓破了，（上32a7）

25-10 lakdari nambu-ha tuwa-qi,
正好 拿獲-**完** 看-**條**
拿住了看時，（上32a7-32b1）

25-11 emu fiyasaha qeqike,

一 家 麻雀

是一個家雀兒,（上32b1）

25-12 gala guribu-me pur se-me deye-he,

手 遷移-并 起飛貌 助-并 飛-完

换手的上撲拉的一聲飛了,（上32b1-2）

25-13 ekxe-me uqe dasi-fi jafa-qi,

急忙-并 房門 閉-順 捉-條

急着關上門拿時,（上32b2）

25-14 namburela-me geli turibu-he,

要拿獲-并 又 落下-完

將要拿住又放跑了,（上32b2-3）

25-15 uba tuba jing amqa-me jafa-ra siden-de,

這裏 那裏 正 趕-并 拿捉-未 期間-位

這裏那裏正赶着拿的上,（上32b3）

25-16 buya juse qeqike baha se-re be donji-re jakade,

小 孩子.複 麻雀 得到.完 說-未 賓 聽-未 因爲

小人兒們聽見說得了雀兒了,（上32b3-4）

25-17 kaiqa-ha giu -i gese tuhe-re afara suju-me ji-fi,

吶喊-完 狍子 屬 一樣 倒-未 顛跑貌 跑-并 來-順

叫喊着磕磕絆絆的跑了来了,（上32b4-5）

25-18 bur se-me amqa-ra-ngge amqa-me,

紛繁貌 助-并 追趕-未-名 追趕-并

撲着赶的赶,（上32b5）

25-19 jafa-ra-ngge jafa-me,

捉-**未-名** 捉-**并**

拿的拿，（上32b6）

25-20 mahala gai-fi ungke nakv baha,

帽子 拿-**順** 叩.**祈** 之後 得到.**完**

拿帽子叩着得了，（上32b6）

25-21 amala bi,

後來 我

後来我説，（上32b6-7）

25-22 niyalma hono ergengge jaka uda-fi sinda-mbi-kai,

人 尚且 生靈 東西 買-**順** 放-**現**-啊

人還要買雀兒放生呢，（上32b7）

25-23 oron giyan akv,

全然 道理 **否**

無故的，（上32b7-33a1）

25-24 muse ere-be jafa-fi aina-mbi,

咱們 這-**賓** 捉-**順** 做什麽-**現**

咱們拿他作什麽，（上33a1）

25-25 sinda-ki se-re-de,

放-**祈** 説-**未-位**

放了罷，（上33a1）

25-26 buqe-me susa-me o-jora-kv,

哭泣-**并** 殺-**并** 可以-**未-否**

就死也不依，（上33a1-2）

25-27 lakdahvn -i farxa-tai gaji se-mbi,
下垂 工 下降-極 拿來.祈 説-現
一定瓜搭着臉要，（上33a2）

25-28 jiduji bu-he manggi,
究竟 給-完 之後
到底給了，（上33a2-3）

25-29 teni urgunje-fi fekuqe-hei gene-he。
纔 歡喜-順 跳躍-持 去-完
纔喜歡着跑了去了。（上33a3）

第26條

26-1[A] sini tere baita absi o-ho?
你.屬 那個 事情 怎樣 成爲-完
你那件事怎麽樣了?（下1a2）

26-2[B] bi ede jing gvnin bai-bu-mbi-kai,
我 這.位 正好 心思 尋求-使-現-啊
我因爲這個正犯着思想呢，（下1a2-3）

26-3 yabu-ki se-qi,
去-祈 想-條
要行呢，（下1a3）

26-4 majige holbobu-ha ba bi-sire gese,
稍微 有關係-完 地方 有-未 一樣
又像有關係的樣，（下1a3-4）

26-5 te qi yabu-ra-kv aldasi naka-qi,
現在 從 行事-未-否 半截 停止-條

不行半途而廢罷，（下1a4）

26-6 umesi hairakan,

非常 可惜

又狠可惜，（下1a4）

26-7 ne je[1] angga de isinji-ha jaka be baha-fi je-tera-kv,

現在 是 口 **與** 到來-**完** 東西 **賓** 能够-**順** 吃-**未**-**否**

眼看着到了嘴裏的東西了不得吃，（下1a5）

26-8 baibi niyalma de anabu-mbi,

白白 人 **與** 謙讓-**現**

白白的讓給人了，（下1a6）

26-9 yabu-qi waka,

施行-**條** 錯誤

行罷不是，（下1a6）

26-10 naka-qi geli waka,

停止-**條** 又 錯誤

不行又不是，（下1a6-7）

26-11 yargiyan -i juwe de gemu mangga o-ho-bi,

確實 **工** 二 **位** 都 難 成爲-**完**-**現**

實在是两下裏全難啊，（下1a7）

26-12 adarame o-ho-de, emu tumen de youni o-joro arga baha-qi,

怎樣 成爲-**完**-**位** 一 万 **位** 全部 可以-**未** 方法 得到-**條**

怎麽得萬無一失的計策，（下1b1-2）

---

1 此爲固定用法，意爲“立刻，馬上”。

26-13 teni sain,

纔 好

纔好，（下1b2）

26-14 uttu ofi,

這樣 因爲

因這個上，（下1b2）

26-15 qohome sinde gvnin bai-me ji-he。

特意 你.**與** 想法 尋求-**并** 來-**完**

特來你這裏討個主意來了。（下1b2-3）

26-16[A] age si minde hebexe-mbi kai,

阿哥 你 我.**與** 商量-**現** 啊

阿哥你合我商量來了，（下1b3）

26-17 bi ainame ainame siqi tamin -i jabu-fi unggi-qi,

我 敷衍 敷衍 順應 毛皮的毛梢 **工** 回答-**順** 打發-**條**

我要是草草了事的照着答應了去，（下1b3-4）

26-18 niyaman se-re-de ai tusa,

親戚 **助-未-位** 什麼 利益

要親戚何益呢，（下1b4-5）

26-19 ere baita iletusaka,

這個 事情 明顯

這個事情是明明顯顯的，（下1b5）

26-20 ai gvnin baha-ra-kv se-re ba-bi,

什麼 主意 得到-**未-否** **助-未** 地方-有

有什麼不得主意的去處，（下1b5-6）

26-21 amaga inenggi urunakv bultahvn tuqi-nji-mbi,

後來 日子 必定 露出 出-來-**現**

日後必定是要露出來的呀，（下1b6-7）

26-22 yabu-ra-kv oqi,

行事-**未-否** 若是

要是不行，（下1b7）

26-23 sini jabxan,

你.**屬** 幸運

是你的便易，（下1b7）

26-24 yabu-ha se-he-de,

行事-**完** 説-**完-位**

要説是行了，（下1b7-2a1）

26-25 we-i angga be butule-qi o-mbi,

誰-**屬** 口 **賓** 堵-**條** 可以-**現**

掩得住誰的嘴，（下2a1）

26-26 dur se-he manggi,

議論紛紛貌 **助-完** 以後

至於衆論的時候，（下2a1-2）

26-27 tere erin-de teni mangga de ili-na-mbi-kai,

那個 時候-**位** 纔 困難 **位** 興起-去-**現**-啊

那纔難了呢，（下2a2）

26-28 ai o-qibe,

怎麽 成爲-**讓**

總而言之，（下2a2-3）

26-29 enduringge niyalma gisun sain,
聖 人 話 好
有聖人,(下2a3)

26-30 niyalma goro bodo-ra-kv o-qi,
人 遠 思慮-**未-否** 成爲-**條**
人無遠慮,(下2a3-4)

26-31 urunakv hanqi jobolon bi se-he-bi,
必定 近 煩惱 有 **助-完-現**
必有近憂的話呀,(下2a4)

26-32 ere yasa -i juleri ajige aisi be,
這個 眼睛 **屬** 前面 少許 利益 **賓**
把這個眼前的小利,(下2a4-5)

26-33 urgun se-qi o-mbi-u?
喜慶 說-**條** 可以-**現-疑**
也算得喜嗎?(下2a5)

26-34 tob se-me amaga inenggi amba jobolon -i ursan -i dalda-ki se-hei iletule-mbi,
正好 **助-并** 後來 日子 大 憂患 **屬** 苗頭 **工** 隱藏-**祈** 想-**持** 顯露-**現**
正是明顯着把日後的大患的根隱藏着,(下2a6-7)

26-35 jabxa-ki se-hei ufara-bu-mbi,
得便宜-**祈** 想-**持** 失誤-**使-現**
總圖便易必定是有失的呀,(下2a7-2b1)

26-36 aisi bi-qi, jobolon akv o-bu-me mute-ra-kv kai,
利益 有-**條** 憂愁 **否** 成爲-**使-并** 可能-**未-否** 啊

難保不無有利無害啊，（下2b1）

26-37 mini gvnin o-ho-de,

我.屬 想法 成爲-**完-位**

我的心裹，（下2b1-2）

26-38 si ume hebexe-me gvni-re,

你 不要 商量-**并** 想-**未**

你别想着商量，（下2b2）

26-39 kafur se-me ashv-qi waji-ha,

爽快貌 **助-并** 抛弃-**條** 完結-**完**

爽爽快快的一摔手就完了，（下2b2-3）

26-40 aika mini gisun be donji-ra-kv,

如果 我.**屬** 話語 **賓** 聽-**未-否**

要不聽我的話，（下2b3）

26-41 emdubei jequhunje-me lashala-ra-kv o-qi,

祇顧 遲疑-**并** 决斷-**未-否** 成爲-**條**

僅着疑惑着不果斷，（下2b3-4）

26-42 ta-ha manggi bele baha-ra-kv bime,

絆-**完** 以後 米 得到-**未-否** 而且

到了個絆住的時候了不但不得米，（下2b4-5）

26-43 fulhv waliya-bu-re balama,

口袋 丢失-**使-未** 輕浮

反把口袋丢了，（下2b5）

26-44 ai gese boqihe tuwa-bu-re be,

什麽樣子 醜態 看-**使-未** **賓**

出什麽樣的醜，（下2b5）

26-45 gemu boljon akv,

全 定準 **否**

全定不得呀,(下2b6)

26-46 tere erin-de,

那個 時候-**位**

那個時候,(下2b6)

26-47 mimbe xa-me tuwa-me tafula-ra-kv se-me ume gasa-ra。

我.**賓** 瞧-**并** 看-**并** 勸-**未**-**否** 助-**并** 不要 抱怨-**未**

別怨我看着不勸啊。(下2b6-7)

第27條

27-1[A] sain niyalma sinqi qala jai akv se-qina,

好 人 你.**從** 之外 再 **否** 説-**祈**

説比你往那們好的人再没有的呀,(下3a1)

27-2 kemuni angga qi tuhe-bu-ra-kv,

尚且 口 **從** 垂下-**使**-**未**-**否**

還不住嘴的題,(下3a1-2)

27-3 sini guqu be jondo-ro-ngge,

你.**屬** 朋友 **賓** 提起-**未**-**名**

説是你的朋友,(下3a2)

27-4 jaqi nomhvn dabana-ha-bi,

太 老實 超過-**完**-**現**

太過於老實了,(下3a2-3)

27-5 tere nantuhvn,

那 貪贓

把那個混賬東西，（下3a3）

27-6 ai ton bi seme jing dabu-fi gisure-mbi，

什麼數目有 雖然 正好 算-**順** 説-**現**

算在那個数兒裏僅着説呀，（下3a3-4）

27-7 niyalma de bai-re yandu-re uquri o-qi，

人 **與** 求-**未** 依賴-**未** 時候 成爲-**條**

求人的時候，（下3a4-5）

27-8 musei ai se-qi uthai ai，

咱們.**屬** 什麼 説-**條** 就 什麼

咱們怎麼説就怎麼樣的，（下3a5）

27-9 gese gese daha-me yabu-mbi，

樣子 樣子 隨從-**并** 施行-**現**

照着樣兒的行呀，（下3a5-6）

27-10 ini baita waqihiya-me jaka，

他.**屬** 事 完成-**并** 事物

他的事情一完了，（下3a6）

27-11 dere be emgeri mahvla，

臉 **賓** 一次 消除.**祈**

把臉一抹，（下3a6）

27-12 yaya we-be seme herse-ra-kv，

凡是 誰-**賓** 雖然 理睬-**未**-**否**

任憑是誰全不理了，（下3a7）

27-13 dule-ke aniya ai hafira-bu-ha nergin-de，

通過-**完** 年 什麼 逼迫-**被**-**完** 時候-**位**

去年不知被什麼逼着了，（下3a7-3b1）

27-14 we inde aika gaji se-mbihe-u,

誰 他.與 難道 拿來.祈 想-過-疑

彼時誰還合他要來着，（下3b1）

27-15 ini qisui inde sain bithe bi,

他.屬 自然 我.與 好 書 有

自己説有好書，（下3b1-2）

27-16 age tuwa-ki se-qi,

阿哥 看-祈 想-條

阿哥要瞧，（下3b2）

27-17 bene-bu-re,

送-使-未

我送去，（下3b2）

27-18 ai wei se-me minde angga alja-ha,

什麽 一點 助-并 我.與 嘴 答應-完

怎長怎短的許了我了，（下3b2-3）

27-19 amala baita waji-ha,

後來 事情 完結-完

後來事情完了，（下3b3）

27-20 jondo-ro ba inu akv o-ho,

想起-未 地方 也 否 成爲-完

也不題了，（下3b4）

27-21 tuttu ofi jakan bi dere toko-me[1],

那様 因爲 我 最近 臉 刺-并

---

1 dere tokome：此爲固定用法，意爲“當面”。

所以將纔我指着臉説，（下3b4-5）

27-22 age si minde bu-mbi se-he bithe,

阿哥 你 我.與 給-現 説-完 書

阿哥你給我的書，（下3b5）

27-23 absi o-ho se-me fonji-re jakade,

怎樣 成爲-完 助-并 尋問-未 因爲

怎麽樣了問的上，（下3b5-6）

27-24 dere emu jergi xahvn emu jergi fulahvn,

臉 一 陣 白色 一 陣 紅色

臉就一陣白一陣紅的了，（下3b6-7）

27-25 damu hetu gisun -i touka-bu-me,

衹是 别的 話語 工 推遲-使-并

寡支支吾吾的，（下3b7）

27-26 gvwa be gisure-re dabala,

其他 賓 説-未 罷了

説别的罷咧，（下3b7-4a1）

27-27 fuhali karu jabu-me baha-ra-kv o-ho-bi,

到底 回答 返-并 可以-未-否 成爲-完-現

總不得答應的話了，（下4a1）

27-28 te bi-qibe[1], emu yohi bithe, giyanakv ai hihan,

現在 有-讓 一 部 書 能有 什麽 稀罕

即如一套書什麽惜罕，（下4a2）

27-29 bu-he-de aina-mbi,

給-完-位 做什麽-現

---

1 te biqibe：此爲固定用法，意爲“比如説”。

給是怎麽樣的，（下4a3）

27-30 bu-ra-kv o-ho-de geli aina-mbi,

給-未-否 成爲-完-位 又 做什麽-現

不給又是怎麽的，（下4a3）

27-31 damu turgun akv niyalma be holto-ro-ngge,

衹是 根據 否 人 賓 欺騙-未-名

但只無緣無故的哄人的，（下4a3-4）

27-32 jaqi ubiyada。

很 可恨

狠討人嫌。（下4a4）

第28條

28-1[A] sini ere absi,

你.屬 這個 怎麽

你這是怎麽說，（下4a5）

28-2 weri ginggule-me sinde bai-mbi-kai,

别人 尊敬-并 你.與 求-現-啊

人家恭恭敬敬的來求你，（下4a5）

28-3 sa-qi sa-mbi se,

知道-條 知道-現 説.祈

要是知道就説知道，（下4a5-6）

28-4 sar-kv oqi,

知道.未-否 若是

要不知道，（下4a6）

28-5 sar-kv se-qi waji-ha,

知道.**未-否** 説-**條** 完結-**完**

就說是不知道就完了,(下4a6)

28-6 holto-fi aina-mbi,

欺騙-**順** 做什麽-**現**

撒的是什麽謊呢,(下4a6-7)

28-7 talu de ini baita be touka-bu-ha se-he-de,

偶爾 **位** 他.**屬** 事情 **賓** 耽誤-**使**-**完** **助**-**完**-**位**

倘要誤了他的事情的時候,(下4a7)

28-8 aimaka si gvnin bi-fi imbe tuhe-bu-he adali,

好像 你 心思 有-**順** 他.**賓** 跌倒-**使**-**完** 一樣

倒像你有心陷害他的一樣,(下4b1)

28-9 i aika emu usun seshun niyalma oqi,

他 如果 一 可憎 厭惡 人 若是

他要是一個撥撥弄弄的厭惡人,(下4b1-2)

28-10 bi inu gisure-ra-kv bihe,

我 也 説-**未**-**否** 過

我也不説來着,(下4b2-3)

28-11 tere emu nomhvn niyalma jilakan manggi,

他 一 老實 人 可憐 既

他是一個老實可憐的呀,(下4b3-4)

28-12 fixur se-me banji-ha,

慢慢 **助**-**并** 生活-**完**

看起他那個賴怠樣兒來,(下4b4)

28-13 mudan be tuwa-qi ende-mbi-u,

姿態 賓 看-條 瞞過-現-疑

就知道了，（下4b4）

28-14 gvwa imbe tuwa-qi uttu,

别人 他.賓 看-條 這様

别人看他是這様，（下4b5）

28-15 muse giyan -i tafula-qi aqa-ra ba-de,

咱們 道理 工 勸諫-條 應該-未 地方-位

咱們該勸的罷咧，（下4b5-6）

28-16 si elemangga ere gese keike baita be yabu-ha-ngge,

你 反而 這 様子 刻薄 事情 賓 行事-完-名

你反倒行這個様的刻薄事情，（下4b6）

28-17 ambula taxara-ha-bi,

大 錯-完-現

大錯了啊，（下4b7）

28-18 yala mini gvnin de dosina-ra-kv。

真是 我.屬 心 與 進入-未-否

實在不入我的意啊。（下4b7）

28-19[B] age si dule imbe sar-kv,

阿哥 你 原來 他.賓 知道.未-否

阿哥你却原來不知道他，（下4b7-5a1）

28-20 tede eitere-bu-he ni-kai,

他.與 欺騙-被-完 呢-啊

被他哄了啊，（下5a1）

28-21 tere niyalma bai oilorgi de mentuhun -i gese bi-qibe,

那個 人 祗是 表面 位 愚鈍 屬 樣子 有-讓

那個人外面雖像老實,（下5a2）

28-22 dolo ja akv,

裹面 簡單 不

心裹不平常啊,（下5a3）

28-23 ini ehe nimequke ba-be si qende-he-kv be dahame,

他.屬 壞 嚴酷 地方-賓 你 試驗-完-否 賓 因爲

他的利害不好處你没有試過,（下5a3-4）

28-24 sar-kv-ngge inu giyan,

知道.未-否-名 也 道理

不知道也是應該的,（下5a4）

28-25 arga labdu, hvbin amba,

計策 多 圈套 大

計策多圈套大,（下5a4）

28-26 niyalma qi ten gai-re magga,

人 從 實據 取-未 巧

好與人要實據,（下5a5）

28-27 yaya baita bi-qi,

大凡 事情 有-條

凡事將到,（下5a5）

28-28 afanggala gisun -i yaru-me geude-me,

預先 話語 工 誘導-并 哄騙-并

拿話誆着,（下5a5-6）

28-29 niyalma-i gvnin be muruxe-me baha manggi,
人-屬 心思 賓 大致了解-并 能够.完 以後
把人的心料得了一點規模的時候,(下5a6-7)

28-30 amala tuwaxa-me aliyakiya-me sini eden ba-be hiraqa-mbi,
後來 監視-并 等候-并 你.屬 欠缺 地方-賓 窺伺-現
後來纔看着等着瞅你的短處,(下5a7)

28-31 majige jaka ba bi-qi, dahala nakv,
稍微 縫隙 地方 有-條 跟隨.祈 之後
料有了一點破綻就跟進去,(下5b1)

28-32 uthai emgeri ura te-bu-mbi[1],
就 一次 屁股 坐-使-現
就給一個凑手不及,(下5b1-2)

28-33 age si gvni-me tuwa,
阿哥 你 想-并 看.祈
阿哥你想着瞧,(下5b2)

28-34 ere baita minde holbobu-ha ba bi-kai,
這個 事情 我.與 有關-完 地方 有-啊
這個事情與我有關係啊,(下5b2-3)

28-35 adarame tondokosaka fere gvnin be,
怎麼 正直 底下 心思 賓
怎麼把實實在在的心腸,(下5b3)

28-36 inde ala-qi o-mbi-ni,
他.與 告訴-條 可以-現-呢

---

1 ura tebumbi:此爲固定用法,意爲“打屁股”。

告訴他使得嗎，（下5b3-4）

28-37 ede mimbe wakaxa-qi，

這.位 我.賓 責備-條

因這個怪我的不是，（下5b4）

28-38 bi sui mangga[1] akv se-me-u?

我 罪 繁難 否 助-并-疑

我豈不屈嗎？（下5b5）

第29條

29-1[A] uda-qi，emu sain morin uda-qina，

買-條 一 好 馬 買-祈

要買買一匹好馬啊，（下5b6）

29-2 hvwaita-me uji-re de inu amtangga，

拴-并 養-未 位 也 有趣

拴着喂着也有趣兒，（下5b6-7）

29-3 eiqibe orho turi waji-mbi-kai，

總之 草 飼料 完結-現-啊

總説是要費草料的呀，（下5b7）

29-4 ere gese alaxan be hvwaita-fi aina-mbi。

這 樣子 駑馬 賓 拴-順 做什麼-現

拴着這個樣的平常馬作什麼呢。（下5b7-6a1）

29-5[B] age si sar-kv，

阿哥 你 知道.未-否

---

1 sui mangga：此爲固定用法，意爲"冤枉"。

阿哥你不知道啊，（下6a1）

29-6 sikse gaji-me jaka,

昨天 取來-并 跟前

昨日拿了來，（下6a1-2）

29-7 bi uthai hoton -i tule gama-fi qende-he,

我 就 城 屬 外面 拿-順 試驗-完

我就拿到城外頭試驗了，（下6a2）

29-8 yalu-qi o-mbi,

騎-條 可以-現

可以騎得，（下6a3）

29-9 katara-ra neqin,

小跑-未 平穩

顛的穩，（下6a3）

29-10 feksi-re-ngge tondo,

跑-未-名 直

跑的正，（下6a3）

29-11 niyamniya-qi,

騎射-條

要是射馬箭，（下6a3-4）

29-12 majige dosi-re mila-ra haqin akv,

稍微 進入-未 散開-未 毛病 否

一點往裏踏往外拗的毛病兒没有，（下6a4）

29-13 buhi dahame gala-i iqi jabdu-bu-mbi。

膝蓋 順從 手-屬 順應 趕得上-使-現

随着膊洛盖兒順着手兒動轉。（下6a4-5）

29-14[A] uttu oqi,

這樣 若是

要是這樣，（下6a5）

29-15 si dule taka-ra-kv ni-kai,

你 原來 認得-**未-否** 呢-啊

你原來不認得啊，（下6a5-6）

29-16 sain morin se-re-ngge,

好 馬 助-**未-名**

好馬啊，（下6a6）

29-17 bethe akdun on doso-mbi,

腿 堅固 路途 忍耐-**現**

腿子結實奈得長，（下6a6-7）

29-18 aba saha[1] de urexhvn,

畋獵 狩獵 **位** 熟練

圍塲上熟，（下6a7）

29-19 gurgu de mangga,

野獸 **位** 擅長

牲口上親，（下6a7）

29-20 giru sain bime, ildamu,

外貌 好 而且 靈敏

様兒好而且良善，（下6b1）

29-21 yebken asihata,

英俊 青年.**複**

---

1 aba saha：二詞聯用意爲“打圍”。

俊俏年青的人，（下6b1）

29-22 kiyab se-me jebele asha-fi yalu-mbihe-de,

整齊 助-并 箭袋 佩戴-順 騎-過-位

繫上一副俏皮撒袋騎上了的時候，（下6b1-2）

29-23 tere tukiye-bu-fi, naqin xongkon -i gese o-mbi,

那個 抬-使-順 鴉鶻 海東青 屬 樣子 成爲-現

仰着臉兒就像鶯一樣的呀，（下6b2-3）

29-24 ere ai,

這個 什麼

這是什麼，（下6b3）

29-25 se je-ke[1],

年歲 吃-完

老了，（下6b3）

29-26 senqehe gemu labdahvn o-ho,

下顎 都 下垂 成爲-完

嘴唇子全搭拉了，（下6b3-4）

29-27 bethe ujen bulduri-re mangga,

腿 軟 馬失前蹄-未 善於

腿子沉了好打前失，（下6b4）

29-28 sini beye geli laju,

你.屬 身體 又 笨重

你的身子又重，（下6b5）

29-29 labdu aqa-ra-kv。

很 相合-未-否

1 se jeke：此專指馬上了歲數。

狠不對當。（下6b5）

29-30[B] te aina-mbi o-joro，

現在 如何做-現 可以-未

如今可怎麽樣呢，（下6b5-6）

29-31 emgeri uda-me jabdu-ha kai，

已經 買-并 妥當-完 啊

業已買了麽，（下6b6）

29-32 aina-me bi-kini dabala，

做什麽-并 有-祈 罷了

任他有着去罷咧，（下6b6-7）

29-33 eiqibe， minde umai ujen alban akv，

總之 我.與 重要 完全 公務 否

捻而言之我并没什麽重差使，（下6b7）

29-34 geli goro takvran akv，

又 遠 差遣 否

又没有遠差遣，（下7a1）

29-35 damu nomhora o-qi， uthai minde teisu，

衹是 忠厚 成爲-條 就 我.與 適合

但只老實就與我對當，（下7a1-2）

29-36 yafahala-ra qi ai dalji。

步行-未 從 什麽 相干

比步行走的何如。（下7a2）

第30條

30-1[A] weri imbe gisure-mbi kai,
別人 他.賓 說-現 啊
人家說他呢呀，（下7a3）

30-2 sinde ai guwanta,
你.與 什麼 關係
與你什麼相干，（下7a3）

30-3 ele tafula-qi ele nukqi-ha-ngge, xosiki bai,
愈發 勸諫-條 愈發 激怒-完-名 急躁 啊
越勸越發惱了的急燥了罷，（下7a3-4）

30-4 antaha faqa-ha manggi jai gisure-mbi dere,
客人 回去-完 以後 再 說-現 吧
等客散了的時候再説罷咧，（下7a4-5）

30-5 urunakv ere erin-de getukele-ki se-mbi-u?
必須 這個 時候-位 察明-祈 想-現-疑
一定要這個時候見個明白嗎？（下7a5）

30-6[B] age sini ere gisun, fuhali mini gvnin de dosi-ra-kv,
阿哥 你.屬 這個 話語 完全 我.屬 心 與 進入-未-否
阿哥你這個話揔不入我的意思，（下7a6）

30-7 muse emu jahvdai -i niyalma kai,
咱們 一 船 屬 人 啊
咱們是一個船上的人啊，（下7a7）

30-8 ere baita sinde lak seme akv,
這個 事情 你.與 也 合適 否
這個事情與你也不甚爽利，（下7a7-7b1）

30-9 heni majige goiquka ba akv se-mbi-u?

略微 稍微 妨礙 地方 否 助-現-疑

説一點關碍没有嗎?(下7b1)

30-10 imbe leule-qi muse be inu dabu-ha-bi,

他.賓 議論-條 咱們 賓 也 算-完-現

要議論他也帶着咱們啊,(下7b2)

30-11 si dangna-me gisure-ra-kv o-qi o-kini dere,

你 充當-并 説-未-否 成爲-條 可以-祈 罷了

你不替説説就罷了,(下7b2-3)

30-12 fudarame anan xukin[1] -i niyalma-i iqi,

相反 順次 依順 工 人-屬 順應

反倒一溜神氣的随着人家的意思,(下7b3-4)

30-13 tamin -i gisure-re-ngge ai gvnin,

毛皮的毛梢 工 説-未-名 什麽 想法

説的什麽心,(下7b4)

30-14 bi yala simbe uruxe-ra-kv。

我 真是 你.賓 贊成-未-否

我實在不説你的是。(下7b4-5)

30-15[A] tuttu waka,

那樣 不是

不是那們,(下7b5)

30-16 gisun bi-qi elhe nuhan -i giyan be bai-me gisure,

話 有-條 平穩 從容 工 道理 賓 探求-并 説.祈

---

1 anan xukin:此爲固定用法,意爲“随大衆”。

有話慢慢的找着理説是呢，（下7b5-6）

30-17 xara fanqa-ha de waji-mbi-u?

極 生氣-**完** **位** 完結-**現-疑**

生氣就完了嗎？（下7b6）

30-18 si tuwa uba-de te-he ele niyalma,

你 看.**祈** 這裏-**位** 坐-**完** 所有 人

你看這裏坐着的人們，（下7b6-7）

30-19 gemu sini baita de ji-he-ngge,

全都 你.**屬** 事情 **位** 來-**完-名**

全爲你的事情來的，（下7b7）

30-20 si qingkai uttu jolhoqo-me jilida-qi,

你 任意 這樣 向上衝-**并** 動怒-**條**

你總要這樣掙躍生氣，（下8a1）

30-21 aimaka gvnin bi-fi we-be boxo-me unggi-re adali,

好像 心思 有-**順** 誰-**賓** 追-**并** 趕走-**未** 一樣

倒像有心攆誰的一樣，（下8a1-2）

30-22 ji-he niyalma ai yokto,

來-**完** 人 什麼 趣味

來的人有什麼趣兒呢，（下8a2）

30-23 bou-de yo-ki se-qi,

家-**與** 去-**祈** 想-**條**

往家裏去罷，（下8a2-3）

30-24 dere de ete-ra-kv,

臉面 **位** 克服-**未-否**

臉上又過不去，（下8a3）

30-25 uba-de bi-ki se-qi,

這裏-**位** 在-**祈** 想-**條**

在這裏罷,(下8a3)

30-26 si geli ektak se-me naka-ra-kv,

你 又 叱喝貌 **助-并** 停止-**未-否**

你又威喝的不止,(下8a3-4)

30-27 tuqi-qi dosi-qi gemu waka,

出去-**條** 進入-**條** 都 不是

出去進來全不是,(下8a4)

30-28 te-qi ili-qi gemu mangga kai,

坐-**條** 站-**條** 全都 難 啊

坐着站着全是難的呀,(下8a5)

30-29 guqu-se jai sini bou-de absi feliye-mbi jiye。

朋友-**複** 再 你.**屬** 家-**位** 怎麽 來往-**現** 呢

朋友們再怎麽往你家來往走呢。(下8a5-6)

第31條

31-1[A] jalan -i niyalma ejesu akv-ngge,

世間 **屬** 人 記性 **否-名**

世間上比你没記性的人,(下8a7)

31-2 sinqi qala jai akv se-qina,

你.**從** 之外 再 **否** **助-祈**

再也没有了呀,(下8a7-8b1)

31-3 qanaggi bi adarame sini baru hendu-he,

前幾天 我 怎麽 你.**屬** 向 説-**完**

我前日怎麽向你説來着，（下8b1）

31-4 ere baita be yaya yede[1] ume sere-bu-re se-qi,

這個 事情 **賓** 凡是 誰.**與** 不要 發覺-**使-未** **助-條**

把這個事情任憑是誰不要叫知覺了，（下8b1-2）

31-5 si naranggi firge-bu-mbi,

你 終歸 泄漏-**使-現**

你到底漏了風聲了，（下8b2）

31-6 musei weilu-me hebexe-he gisun,

咱們.**屬** 隱瞞-**并** 商議-**完** 話語

把咱們瞞着商議的話，（下8b2-3）

31-7 de[2] algisixa-fi,

現在 傳揚-**順**

如今傳揚出去了，（下8b3）

31-8 babe[3] -i niyalma gemu sa-ha kai,

各處 **屬** 人 都 知道-**完** 啊

各處的人們全知道了啊，（下8b3-4）

31-9 qe baha-fi donji-ra-kv ainaha,

他們 能够-**順** 聽見-**未-否** 怎麽

他們豈没聽見，（下8b4）

31-10 ese talude yerte-he ibagan inenggi xun de maksi-re balama,

他們 萬一 羞愧-**完** 鬼怪 白天 時候 **位** 跳舞-**未** 狂妄

他們倘若羞惱變成怒，（下8b4-5）

---

1 yede：意不詳，語法標注據雙峰閣本wede譯。

2 de：雙峰閣本作te，語法標注亦據此。

3 babe -i：雙峰閣本作baba。

31-11 muse de elje-me isele-re o-qi saiyvn?

咱們 **與** 抗拒-**并** 反抗-**未** 成爲-**條** 好.**疑**

抗拒我們好嗎?（下8b5-6）

31-12 hoqikosaka emu baita be,

好端端 一 事情 **賓**

把一件好好的事情，（下8b6）

31-13 ondo-hvi -i[1] ere ten de isibu-ha-ngge,

亂來-**持** **工** 這個 極端 **與** 達到-**完**-**名**

弄的到了這個地步，（下8b6-7）

31-14 waqihiyame si kai。

盡是 你 啊

全是你啊。（下8b7）

31-15[B] age si mimbe wakaxa-qi,

阿哥 你 我.**賓** 責備-**條**

阿哥你怪我，（下9a1）

31-16 bi yala sui mangga,

我 確實 罪 繁難

我實在委屈，（下9a1）

31-17 damu baita emgeri uttu o-ho,

但是 事情 已經 這樣 成爲-**完**

但只事已至此，（下9a1-2）

31-18 bi te jayan juxu-tele faksala-me gisure-he se-me,

我 現在 牙關 酸-**至** 分辨-**并** 説-**完** 助-**并**

---

1 -i：雙峰閣本無此詞。

我如今就分晰着說到嘴酸了，（下9a2-3）

31-19 si akda-mbi-u?

你 相信-**現**-**疑**

你信嗎？（下9a3）

31-20 ere gvnin be damu abka sa-kini,

這個 心 **賓** 祇有 天 知道-**祈**

這個心就只天知道罷，（下9a3-4）

31-21 mini beye bi-he-u waka bi-he-u,

我.**屬** 自己 有-**完**-**疑** 錯誤 有-**完**-**疑**

我的是與不是，（下9a4）

31-22 goida-ha manggi, ini qisui getukele-bu-mbi,

長久-**完** 以後 他.**屬** 擅自 察明-**使**-**現**

久而自明，（下9a4-5）

31-23 mini gvnin o-ho-de,

我.**屬** 心 依從-**完**-**位**

我的心裏，（下9a5）

31-24 si gasa-ra be jou,

你 抱怨-**未** **賓** 算了

你也別埋怨，（下9a5-6）

31-25 ine mene sar-kv -i gese bisu,

乾脆 誠然 知道.**未**-**否** **屬** 一樣 有.**祈**

就那們不知道的一樣有着去罷，（下9a6）

31-26 qeni aina-ra be tuwa-ki,

他們 如何做-**未** **賓** 看-**祈**

看他們怎麽樣，（下9a6-7）

31-27 o-qi o-ho,
依從-條 成爲-完
依了罷了，（下9a7）

31-28 hon o-jora-kv,
很 依從-未-否
至於狠不依的時候，（下9a7）

31-29 dube-de jai aqa-ra be tuwa-me bel-he-qi,
最後-位 再 相應-未 賓 看-并 準備-完-條
再酌量着預備，（下9b1）

31-30 inu sita-ha se-re ba akv。
也 遲-完 助-未 地方 否
也不至於晚啊。（下9b1-2）

第32條

32-1[A] sain jaka be haira-me malhvxa-qi,
好 東西 賓 愛惜-并 節省-條
把好東西惜罕着儉省的時候，（下9b3）

32-2 teni banji-re we-re niyalma-i doro,
纔 生活-未 存活-未 人-屬 道理
纔是過日子人的道理呢，（下9b3-4）

32-3 simbe gisure-ra-kv oqi,
你.賓 說-未-否 若是
要不說你，（下9b4）

32-4 bi eiqibe o-jora-kv,
我 或許 可以-未-否

我總是不舒服，（下9b4）

32-5 je-me waji-ra-kv funqe-he buda be,
吃-并 完結-未-否 剩下-完 飯 賓
吃剩下的飯，（下9b5）

32-6 bou-i urse de ulebu-qi, inu sain kai,
家-屬 人們 與 喂-條 也 好 啊
給家裏的人們吃也好啊，（下9b5-6）

32-7 gvnin qihai waqihiya-me ko sangga de doula-ha-ngge ainu,
意念 任意 完成-并 陰 溝 位 倒-完-名 爲什麼
任着意兒全倒在洋溝裏是怎麼的，（下9b6-7）

32-8 sini gvnin de inu elhe se-mbi-u?
你.屬 心 位 也 平安 助-現-疑
你心裏也安嗎？（下9b7）

32-9 si damu buda je-tere be sa-ra gojime,
你 衹是 飯 吃-未 賓 知道-未 雖然
你雖然知道吃飯，（下9b7-10a1）

32-10 bele jeku -i mangga ba-be sa-ha-kv-bi,
米 食物 屬 困難 地方-賓 知道-完-否-現
但只未知米糧的艱難處啊，（下10a1-2）

32-11 tari-re niyalma juwe-re urse,
耕地-未 人 運送-未 人們
耕種的與那販運的人們，（下10a2）

32-12 ai gese jobo-me suila-fi,
什麼 一樣 受苦-并 勞累-順
是怎麼樣的心苦勞碌，（下10a2-3）

32-13 teni uba-de isinji-ha,

纔 這裏-**與** 到來-**完**

纔到了這裏來了，（下10a3）

32-14 emu belge seme ja de baha-ngge se-me-u?

一 米粒 雖然 容易 **位** 得到.**完**-**名** 說-**并**-**疑**

就是一粒是輕易得的嗎?（下10a3-4）

32-15 tere anggala, muse ai bayan mafa seme,

那 而且 咱們 什麼 富貴 祖先 雖然

况且咱們又是什麼富翁呢，（下10a4-5）

32-16 ere-be je-me tere-be kidu-me,

這-**賓** 吃-**并** 那-**賓** 想-**并**

吃着這個想着那個，（下10a5）

32-17 gvni-ha gvni-hai uthai uda-fi,

想-**完** 想-**持** 就 買-**順**

想來想去就買了來，（下10a5-6）

32-18 waliyan gemin -i mamgiya-mbi,

丢弃 靡費 **工** 浪費-**現**

抛抛撒撒的花費了，（下10a6）

32-19 angga de ai kemun,

嘴 **位** 什麼 規則

嘴有什麼規矩，（下10a6-7）

32-20 je-tere de ai dube,

吃-**未** **位** 什麼 末端

吃有什麼盡休啊，（下10a7）

32-21 qingkai uttu oqi,
祇管 這樣 若是
一味的要是這樣的時候,（下10a7）

32-22 hvturi ekiye-mbu-mbi se-re anggla,
福 減少-**使-現** 助-**未** 而且
不但折福啊,（下10b1）

32-23 ai bi-he seme waji-ra-kv,
什麼 有-**完** 雖然 完結-**未-否**
就有什麼不完呢,（下10b1）

32-24 sakda-sa -i gisun, haira-me je-qi jeku -i da,
老人-**複** **屬** 話語 愛惜-**并** 吃-**條** 食物 **屬** 原本
有老家兒們説的惜食長飽,（下10b2）

32-25 haira-me etu-qi etuku -i da se-he-bi,
愛惜-**并** 穿-**條** 衣服 **屬** 原本 説-**完-現**
惜衣長暖的話呀,（下10b2-3）

32-26 sini hvturi giyanakv udu,
你.**屬** 福 能有 幾個
你能有多大福啊,（下10b3-4）

32-27 ere durun -i sota-qi fe-de[1],
這 樣子 **工** 抛散-**條** 誰-**與**
這樣的抛撒五谷,（下10b4）

32-28 beye-de sui ai isi-fi,
自己-**位** 罪 什麼 到達-**順**

---

1 fede：疑爲wede之誤。

到了折受的，（下10b4-5）

32-29 omihon de amqa-bu-ha erin-de,

飢餓 **與** 追趕-**被**-**完** 時候-**位**

受餓的時候，（下10b5）

32-30 aliya-ha seme amqabu-ra-kv kai。

後悔-**完** 雖然 趕得上-**未**-**否** 啊

纔悔之不及呢呀。（下10b5-6）

第33條

33-1[A] juwari forgon de kemuni katunja-qi o-mbihe,

夏天 時候 **位** 還 忍耐-**條** 可以-**過**

夏天的時候還可以勉强來着，（下10b7）

33-2 bi-he bi-hei[1] ulhiyen -i nimeku nonggi-bu-fi,

有-**完** 有-**持** 逐漸 **工** 病 增加-**被**-**順**

久而久之越發添了病，（下10b7-11a1）

33-3 fuhali makta-bu-ha-bi,

竟然 摔下-**被**-**完**-**現**

竟撩倒了，（下11a1）

33-4 ere-i turgun-de,

這-**屬** 理由-**位**

因此，（下11a1）

33-5 bou-i gubqi buran taran, maxan baha-ra-kv,

家-**屬** 全部 亂 紛紛 辦法 得到-**未**-**否**

---

1 bihe bihei：二詞聯用意爲“過了一段時間”。

合家全乱乱轟轟的不得把病醫治了，（下11a2）

33-6 sakda-sa yali gemu waji-ha,

老人-**複** 肉 都 完結-**完**

老家兒們全熬的瘦了，（下11a2-3）

33-7 bou -i dolo faqa-ha sirge -i gese o-ho-bi,

家 **屬** 裏面 亂-**完** 絲 **屬** 一樣 成爲-**完-現**

家裏就像乱絲一樣了，（下11a3）

33-8 imbe tuwa-qi, gebsere-fi giranggi teile funqe-he-bi,

他.**賓** 看-**條** 瘦-**順** 骨頭 衹有 剩-**完-現**

看起他瘦的寡剩了骨頭了，（下11a4）

33-9 nahan de dedu nakv,

炕 **位** 躺.**祈** 之後

倘在炕上，（下11a4-5）

33-10 ergen hebtexe-mbi,

呼吸 喘氣-**現**

挣命呢，（下11a5）

33-11 tede bi elhei hanqi ibe-fi,

那.**位** 我 慢慢 近 上前-**順**

那個上我慢慢的到跟前，（下11a5-6）

33-12 si majige yebe-u se-me, fonji-re jakade,

你 稍微 好-**疑** 助-**并** 尋問-**未** 跟前

你好些兒了嗎問時，（下11a6）

33-13 yasa nei-fi mini gala be jafa-fi geli jafa-xa-me,

眼睛 開-**順** 我.**屬** 手 **賓** 握-**順** 又 握-常-**并**

睁開眼睛拉着我的手不放，（下11a6-7）

33-14 ai ere mini gaji-ha oron sui,

哎 這 我.屬 拿來-完 刑罰 罪過

嘆着説這也是我作的罪,（下11a7-11b1）

33-15 nimeku faquhvn ba-de dosi-fi,

病 膏肓 地方-與 進入-順

病已況了,（下11b1）

33-16 ebsi dule-me mute-ra-kv be,

以後 回復-并 可以-未-否 賓

不能彀脱離,（下11b1-2）

33-17 bi ende-mbi-u?

我 欺瞞-現-疑

我豈不知嗎?（下11b2）

33-18 nimeku baha-qi ebsi,

病 得到-條 以來

自從得病以來,（下11b2）

33-19 ya oktosi de dasa-bu-ha-kv,

哪 醫生 與 治療-被-完-否

什麽醫生没治過,（下11b2-3）

33-20 ai okto omi-ha-kv,

什麽 藥 喝-完-否

什麽藥没吃過,（下11b3）

33-21 yebe o-jorolame geli busubu-ha-ngge,

好 成爲-伴 又 復發-完-名

將好了又犯了,（下11b3-4）

33-22 uthai hesebun,

就是 命運

就是命了,(下11b4)

33-23 ede bi umai koro se-re ba akv,

這.**位** 我 全然 怨恨 説-**未** 地方 **否**

這個我一點兒也没有委屈處,(下11b4-5)

33-24 damu ama eme se de o-ho,

衹是 父親 母親 歲數 **與** 成爲-**完**

但只父母年老了,(下11b5)

33-25 deu-te geli ajigen,

弟弟-**複** 又 幼小

兄弟們又小,(下11b6)

33-26 jai niyaman hvnqihin giranggi yali,

再 親戚 親族 骨頭 肉

再親戚與骨肉,(下11b6)

33-27 mimbe tuwa-hai bi-kai,

我.**賓** 看-**持** 現-啊

全不過白看着我罷咧,(下11b6-7)

33-28 bi mangga mujilen -i ya emken be lashala-me mute-re se-me。

我 硬 心 **工** 誰 一個 **賓** 斷絶-**并** 可以-**未** 助-**并**

我就狠着心可離得開誰呢。(下11b7-12a1)

33-29 gisun waji-nggala,

話語 完結-**前**

話將完了,(下12a1)

33-30 yasa-i muke fir se-me eye-he,
眼睛-屬 泪水 哭泣貌 助-并 流-完
眼淚直流，（下12a1）

33-31 ai absi usaquka,
哎 何其 感傷
哎何等的可嘆，（下12a2）

33-32 udu sele wehe-i gese niyalma se-he seme,
即使 鐵 石-屬 一樣 人 説-完 雖然
就説是鉄石人心，（下12a2）

33-33 terei gisun de mujilen efuje-ra-kv-ngge akv。
他.屬 話語 位 心 疼-未-否-名 否
聽見那個話没有不動心的呀。（下12a2-3）

第34條

34-1[A] ai fusi geli bi-ni,
什麼 下賤 也 有-呢
什麼下賤東西也有呢，（下12a4）

34-2 niyalma-i deberen waka,
人-屬 崽子 不是
不是人猝子，（下12a4）

34-3 ini ama -i gese ure-he banji-ha-bi,
他.屬 父親 屬 一樣 熟-完 生長-完-現
生的活像他阿媽一樣，（下12a4-5）

34-4 yala ini ama -i hvnqihin,
確實 他.屬 父親 屬 親族

實在是他阿媽的種兒，（下12a5）

34-5 absi tuwa-qi absi ubiyada,

怎麼 看-**條** 怎麼 可恨

怎麼看怎麼討人嫌啊，（下12a5-6）

34-6 yaya ba-de takvrxa-qi,

諸凡 地方-**位** 派遣-**條**

大凡使了去的地方，（下12a6）

34-7 yasa niqu niquxa-me eiten sabu-ra-kv balai qunggvxa-mbi,

眼睛 眨 眨-**并** 一切 看見-**未**-**否** 放肆 撞-**現**

閉着眼睛什麼看不見混撞啊，（下12a6-7）

34-8 angga-i dolo ulu wala se-me,

口-**屬** 裹面 話不明白 貌 **助**-**并**

嘴裹打唔嚕，（下12a7-12b1）

34-9 aimaka niyalma be niubo-ro adali,

好像 人 **賓** 戲弄-**未** 一樣

倒像戲弄人的一樣，（下12b1）

34-10 we ini gisun be ulhi-mbi,

誰 他.**屬** 話語 **賓** 懂得-**現**

誰懂得他的話呢，（下12b1-2）

34-11 jingkini ba-de umai baitakv bi-me,

真正 地方-**位** 完全 無用 有-**并**

正經地方狠無用，（下12b2）

34-12 efi-mbi se-re de jergi bakqin akv,

玩-**現** **助**-**未** **位** 同等 對手 **否**

一説頑起來没有對兒，（下12b3）

34-13 jaka xolo bu-ra-kv,

縫隙 空間 給-**未-否**

一點空兒不給，（下12b3）

34-14 hanqi erxe-bu-qi hono yebe,

附近 服侍-**使-條** 還 好些

叫在跟前侍着使喚還好，（下12b4）

34-15 majige alja-bu-ha-de,

稍微 離開-**使-完-位**

料離了些的時候，（下12b4）

34-16 taji tuwa-ra ba akv,

淘氣 比-**未** 地方 **否**

陶氣的狠不堪，（下12b4-5）

34-17 fuhali abka-i ari,

到底 天-**屬** 淘氣鬼

竟是個天生的悪人，（下12b5）

34-18 tere-be gaisu ere-be sinda,

那個-**賓** 取.**祈** 這個-**賓** 放.**祈**

拿起那個來放下這個去，（下12b5-6）

34-19 majige andan-de seme ekisaka banji-ra-kv,

一點 時間-**位** 雖然 安静 産生-**未-否**

一會兒不閑着，（下12b6）

34-20 kvwak qak se-me moniuqila-mbi,

棍棒相打貌 **助-并** 像猴子一樣做-**現**

猴兒一樣的跳踏，（下12b6-7）

34-21 jili nergin-de o-qi,

怒氣 頃刻-**位** 成爲-**條**

一時性子上來了,(下12b7)

34-22 ere lehele -i duha be sara-bu-ha de,

這 野種 **屬** 腸子 **賓** 開-**使**-**完** **位**

把這個雜種的膛開了,(下12b7-13a1)

34-23 teni kek se-re dabala,

纔 稱心 **助**-**未** 罷了

纔稱心入意罷咧,(下13a1)

34-24 dule-ke manggi,

通過-**完** 之後

過去了的時候,(下13a1-2)

34-25 geli gvni-qi aina-ra jiye,

又 想-**條** 做什麼-**未** 啊

又想着可怎麼樣呢,(下13a2)

34-26 yargiyan -i imbe wa-mbi-u?

實在 **工** 他.**賓** 殺-**現**-**疑**

實在的殺他嗎?(下13a2)

34-27 uju de foholon taimin gala-qi ai dalji,

第一 **位** 短 撥火棍 手-**從** 什麼 相干

第一件火棍雖短倒比手强,(下13a3)

34-28 jai de o-qi, bou-i ujin jui seme,

第二 **位** 成爲-**條** 家-**屬** 奴僕 孩子 雖然

第二件是家生子兒,(下13a3-4)

34-29 baha-ra je-tere ba-de,

得到-**未** 吃-**未** 地方-**位**

所得的與吃的去處，（下13a4）

34-30 geli esi se-qi[1] o-jora-kv imbe fulu majige gosi-mbi。

又 自然 想-**條** 成爲-**未**-**否** 他.**賓** 多餘 稍微 疼愛-**現**

又不由的多疼他些兒。（下13a4-5）

第35條

35-1[A] ai guwejihe tata-bu-ha-bi,

什麽 胃 安置-**使**-**完**-**現**

安的是什麽心腸，（下13a6）

35-2 mimbe weihukele-re-ngge ja akv,

我.**賓** 輕視-**未**-**名** 容易 否

把我輕視的至極了，（下13a6）

35-3 bi sini baru gisun gisure-qi,

我 你.**屬** 向 話語 説-**條**

我望你説話，（下13a7）

35-4 teisu akv se-me-u?

本分 否 説-**并**-**疑**

不是分内的嗎？（下13a7）

35-5 ji-me o-ho-de, faksi gisun -i mimbe yekerxe-re-ngge,

來-**并** 成爲-**完**-**位** 巧妙 話語 **工** 我.**賓** 譏誚-**未**-**名**

來了就用巧言苛薄我，（下13a7-13b1）

---

1 esi seqi ojorakv：此爲固定用法，意爲“不由得”。

35-6 beye-be ai o-bu-ha-bi,
自己-賓 什麽 成爲-使-完-現
倒算個什麽，（下13b1）

35-7 dere yasa emu ba-de fumere-me ofi,
臉 眼睛 一 地方-位 混合-并 因爲
常在一處攪混，（下13b2）

35-8 bi damu gisure-ra-kv dabala,
我 衹是 説-未-否 罷了
我不過不説罷咧，（下13b2-3）

35-9 da sekiyen be tuqi-bu-he-de,
原本 根源 賓 拿來-使-完-位
要把根子説出来的時候，（下13b3）

35-10 geli mimbe fetereku se-mbi,
又 我.賓 刨根問底 説-現
又説我刨根子了，（下13b3-4）

35-11 sini[1] da gaxan,
你.屬 原本 家鄉
他的家鄉，（下13b4）

35-12 mini fe susu we-be we sar-kv,
我.屬 舊 原籍 誰-賓 誰 知道.未-否
我的住處誰不知道誰的呢，（下13b4）

35-13 niyalma de monjirxa-bu-ra-kv o-qi,
人 與 揉搓-被-未-否 成爲-條
不叫人揉措，（下13b5）

1 sini：此處滿文sini爲第二人稱屬格，與漢文部分不對應，照録。

35-14 giyanakv udu goida-ha,

能有 幾個 長久-**完**

能有幾年了，（下13b5）

35-15 aka-bu-me te mini baru beileqil-ki se-mbi,

傷心-**使**-**并** 現在 我.**屬** 向 尊大-**祈** **助**-**現**

受着罪到如今望着我拿起腔來了，（下13b6）

35-16 ine mene gisun ende-bu-he se-qi,

乾脆 誠然 話語 欺騙-**被**-**完** 説-**條**

索性説話説錯了，（下13b6-7）

35-17 mini dolo hono yebe,

我.**屬** 心 還 好些

我心裏還過得去，（下13b7）

35-18 muritai ini gisun be uru ara-fi,

執意 他.**屬** 話語 **賓** 正確 做-**順**

一定要强着説他的話是，（下13b7-14a1）

35-19 aina-ha seme waka be ali-me gai-ra-kv kai,

做什麽-**完** 雖然 錯誤 **賓** 受-**并** 取-**未**-**否** 啊

任憑怎麽的不認不是，（下14a1-2）

35-20 tede niyalma esi hvr se-qi,

那.**位** 人 自然 發怒貌 **助**-**條**

因那個上不由的叫人生氣啊，（下14a2）

35-21 mimbe adarame ja tuwa-ha-bi,

我.**賓** 怎麽 容易 看-**完**-**現**

怎麽把我看容易了，（下14a2-3）

35-22 we-i fiyanji de ertu-fi,

誰-屬 屏障 位 依靠-順

伏着誰的威勢，（下14a3）

35-23 enenggi teile gala elki-me mimbe jiu se-mbi,

今天 衹有 手 搖擺-并 我.賓 來.祈 助-現

今日招呼特意叫我來的呀，（下14a3-4）

35-24 yala we-be we aina-mbi,

真是 誰-賓 誰 怎麼做-現

實在誰把誰怎麼樣呢，（下14a4）

35-25 we-de we gele-mbi,

誰-與 誰 怕-現

誰怕誰呢，（下14a4-5）

35-26 meke qeke qende-ki se-qi,

背面 表面 試驗-祈 想-條

要是個高低上下，（下14a5）

35-27 mini gvnin de kek se-re dabala,

我.屬 意念 位 稱心貌 助-未 罷了

倒狠稱我的心罷咧，（下14a5-6）

35-28 majige tathvnja-qi,

稍微 猶豫-條

要是料料的遲疑的時候，（下14a6）

35-29 inu haha waka。

也 男人 不是

也就不是漢子了啊。（下14a6）

第36條

36-1[A] utala inenggi ta ti ta ti se-me sirkede-me aga-hai,

許多 日子 滴答下雨貌 助-并 連續-并 下雨-持

滴滴搭搭的連霪了這些日子了，（下14a7）

36-2 dolo gemu ure-he,

心 都 熟-完

心裏全熟了，（下14a7-14b1）

36-3 uba sabda-ha,

這裏 漏-完

這裏漏了，（下14b1）

36-4 tuba usihi-he, amga-ra ba gemu akv o-ho-bi,

那裏 濕-完 睡-未 地方 都 否 成爲-完-現

那裏湿了，睡覺的地方全没了，（下14b1-2）

36-5 tere da-de wahvn umiyaha suran ai xufa-ra-ngge,

那 根本-位 臭 蟲子 跳蚤 什麼 叮咬-未-名

又搭着那個臭虫蛇蚤咬的，（下14b2-3）

36-6 fuhali hami-qi o-jora-kv,

全然 忍耐-條 可以-未-否

狠受不得，（下14b3）

36-7 kurbuxe-hei tanggv ging tuli-tele amu isinji-ra-kv,

翻身-持 一百 更 通過-至 睡眠 至於-未-否

反來覆去的直到亮鐘以後睡不着，（下14b3-4）

36-8 yasa eteme niqu-bu,

眼睛 勉强 閉-使.祈

把眼睛强閉着，（下14b4-5）

36-9 geli majige kiri-ha bi-qi,
又 稍微 容忍-完 有-條
又忍着的上，（下14b5）

36-10 arkan buru bara amu xabura-ha,
恰好 朦朦 朧朧 睡覺 困倦-完
將將的纔恍恍惚惚的睡着了，（下14b5-6）

36-11 jing sere-me amga-ra de,
正好 發覺-并 睡覺-未 位
正睡着的時候，（下14b6）

36-12 gaitai wargi amargi hoxo qi,
突然 西 北 角 從
忽聽得西北角上，（下14b6-7）

36-13 uthai alin uleje-he na fakqa-ha adali,
就 山 崩-完 地 裂-完 一樣
就像山磞地烈的一樣，（下14b7）

36-14 kunggur se-me emgeri guwe-re jakade,
雷鳴貌 助-并 一次 鳴響-未 因爲
響的上，（下14b7-15a1）

36-15 tar se-me dokdosla-fi gete-he,
驚嚇貌 助-并 吃驚-順 醒-完
我[1]兢兢的驚醒了，（下15a1）

36-16 kejine,
許久

1 我：雙峰閣本作“戰”。

好些工夫，（下15a2）

36-17 beye kemuni xurge-me dargi-me niyaman jaka tuk tuk se-mbi，

身體 還 震動-并 顫抖-并 心 窩 突突跳貌 助-現

身子打戰心還跳呢，（下15a2-3）

36-18 yasa nei-fi tuwa-qi，

眼睛 開-順 看-條

睁眼一看，（下15a3）

36-19 bou nahan agvra tetun umainahakv，

家 炕 食 器 完全没有

屋裏炕上以切器具并没怎麽樣的，（下15a3-4）

36-20 ekxe-me niyalma takvra-fi tuwa-bu-qi，

慌忙-并 人 派遣-順 看-使-條

急忙使人去看，（下15a4）

36-21 adaki bou -i fiyasha aga de xeke-bu-fi tuhe-ke se-mbi，

鄰居 家 屬 墻壁 雨 與 濕-被-順 倒-完 説-現

説是間壁的房山墻被雨湿透倒下來了，（下15a5）

36-22 tere asuki be amu tolgin de donji-ha turgun-de，

那 聲音 賓 睡眠 夢 位 聽-完 原因-位

那個响聲在睡夢中聽見的上，（下15a6）

36-23 uran ainu tuttu amba ni。

聲音 爲什麽 那樣 大 呢

聲音怎麽那樣的大呢。（下15a7）

第37條

37-1[A] ere udu inenggi baita bi-fi,
這 幾 日子 事情 有-順
這幾日因爲有事，（下15b1）

37-2 emu siran -i juwe dobori yasatabu-ha turgun-de,
一 連續 屬 二 晚 熬夜-完 理由-位
一連两夜熬了眼睛的緣故，（下15b1-2）

37-3 beye gubqi fakjin akv liyar se-mbi,
身體 全部 力量 否 無力貌 助-現
渾身不得主意悉軟的了，（下15b2-3）

37-4 sikse yamji erin-de,
昨天 天黑 時候-位
昨日晚上，（下15b3）

37-5 bi uthai amga-ki se-mbihe,
我 就 睡-祈 想-過
我就要睡覺來着，（下15b3-4）

37-6 niyaman hvnqihin leksei uba-de bi-sire jakade,
親戚 親族 全部 這裏-位 有-未 因爲
因爲親戚們全在這裏的上頭，（下15b4）

37-7 bi ai hendu-me waliya-me amgana-mbi,
我 什麼 説-并 抛弃-并 睡-現
我怎麼説撂了睡覺去呢，（下15b4-5）

37-8 tuttu ofi katunja-ra da-de geli katunja-me,
那樣 因爲 掙扎-未 原本-位 又 掙扎-并
因爲那樣雖然勉强着又勉强，（下15b5-6）

37-9 beye udu simen ara-me te-qe-qibe,

身體 即使 趣味 做-并 坐-齊-讓

打着精神坐着,（下15b6）

37-10 yasa esi se-qi o-jora-kv debsehun,

眼睛 自然 助-條 成爲-未-否 下垂

眼睛不由的媽搭下來,（下15b6-7）

37-11 murhu farhvn o-me gene-mbi,

昏沉 恍惚 成爲-并 去-現

恍恍惚惚的去了,（下15b7）

37-12 amala antaha faqa-me,

後來 客人 散-并

後來客們將散了,（下15b7-16a1）

37-13 bi emu qirku sinda-fi,

我 一 枕頭 放-順

我就放了一個枕頭,（下16a1）

37-14 etuku nisi-hai uju makta hiri amga-ha,

衣服 穿-持 頭 甩.祈 充分 睡-完

穿着衣裳把頭一倒竟自睡熟了,（下16a1-2）

37-15 jai ging o-tolo teni gete-he,

二 更 成爲-至 纔 醒-完

到了第二更的時候纔醒了,（下16a2）

37-16 tede majige xahvra-ka,

那.位 稍微 冷-完

那個上也不知凉着了些,（下16a3）

37-17 aina-ha be sar-kv,

怎麼樣-**完** **賓** 知道.**未-否**

或者怎麼樣的了,（下16a3）

37-18 dolo umesi kuxun ping se-mbi,

肚子 狠 不舒暢 膨悶貌 **助-現**

心裏狠悵悶,（下16a3-4）

37-19 beye -i gubqi wenje-re-ngge,

身體 **屬** 全部 發燒-**未-名**

渾身發熱,（下16a4）

37-20 uthai tuwa de fiyakv-bu-ha adali,

就 火 **與** 烤-**被-完** 一樣

就像火烤的一樣,（下16a4-5）

37-21 ere da-de[1] xan geli sulhu-me ofi,

這 原本-**位** 耳朵 又 酥軟-**并** 因爲

又搭着耳底疼,（下16a5-6）

37-22 tata-bu-fi jayan ergi gemu suksure-ke-bi,

拉-**被-順** 牙關 周邊 都 腫-**完-現**

拉扯的牙花子全腫了,（下16a6）

37-23 je-qi omi-qi amtan akv,

吃-**條** 喝-**條** 味道 **否**

吃飯喝茶全没味兒,（下16a7）

37-24 te-qibe ili-qibe elhe akv,

坐-**讓** 站-**讓** 平安 **否**

---

1 ere dade：二詞聯用意爲“而且，加之”。

坐着站着也不安，（下16a7-16b1）

37-25 bi ere ainqi jeku taksila-bu-ha ayou se-me,

我 這 恐怕 食物 停滯-**使**-**完** **虚** **助**-**并**

我説這想必是存住食了罷，（下16b1）

37-26 emu jemin wasi-bu-re okto omi-re jakade,

一 劑 降-**使**-**未** 藥 喝-**未** 因爲

就吃了一付打藥的時候，（下16b1-2）

37-27 sain ehe jaka gemu wasi-nji-ha,

好 壞 東西 都 降-來-**完**

把好歹的東西全打下来了，（下16b2-3）

37-28 tede teni majige sulakan o-ho。

那.**位** 纔 稍微 輕鬆 成爲-**完**

那個上纔料料的鬆閑了些了。（下16b3）

第38條

38-1[A] age sini tere erihe be bi gama-ki se-hei,

阿哥 你.**屬** 那個 數珠 **賓** 我 拿-**祈** 想-**持**

阿哥你的那盤朝珠我説要拿了去，（下16b4）

38-2 jiduji baha-fi gama-ha-kv,

到底 能够-**順** 拿-**完**-**否**

到底没得拿了去，（下16b4-5）

38-3 turgun ai se-qi,

原因 什麼 **助**-**條**

什麼緣故呢，（下16b5）

38-4 ji-he dari si gemu bou-de akv,

來-完 每 你 都 家-位 否

每逢來了你全不在家，（下16b5-6）

38-5 simbe aqa-ha-kv de,

你.賓 見面-完-否 位

没見你的面，（下16b6）

38-6 ai hendu-me buksuri,

怎麽 説-并 含糊

怎麽説糊裏糊塗的，（下16b6）

38-7 sini jaka be gama-mbi,

你.屬 東西 賓 拿-現

把你的東西拿了去呢，（下16b7）

38-8 uttu ofi, bi enenggi qohome,

這様 因爲 我 今天 特意

所以我今日特來，（下16b7）

38-9 sinde aqa-fi ala-ha manggi gama-ki se-mbi,

你.與 見面-順 告訴-完 以後 拿-祈 想-現

我[1]見你告訴了好拿了去，（下16b7-17a1）

38-10 tede tehere-bu-me,

那.與 相稱-使-并

對着那個置的，（下17a1）

38-11 si ai jaka gaji se-qi,

你 什麽 東西 拿來.祈 説-條

1 我：雙峰閣本作“找”。

你説要什麽，（下17a2）

38-12 bi sini gvnin de aqabu-me,

我 你.屬 心 與 相合-并

我就照着你的心，（下17a2）

38-13 uda-fi hvlaxa-ki,

買-順 交換-祈

買了來换啊，（下17a2-3）

38-14 uthai puseli de unqa-ra,

就 鋪子 位 賣-未

就是鋪裏賣的，（下17a3）

38-15 sain ningge akv se-me,

好 東西 否 助-并

没有好的，（下17a3）

38-16 bi inu urunakv baba-de ula-me bai-fi, sinde bu-re,

我 也 必定 各處-位 傳達-并 尋求-順 你.與 給-未

我也必定在各處轉找了来給你，（下17a4）

38-17 sini gvnin de antaka?

你.屬 心 位 如何

你心裏怎麽樣？（下17a4-5）

38-18[B] si kemuni jondo-fi aina-mbi,

你 還 提起-順 做什麽-現

你還題什麽，（下17a5）

38-19 ine mene gama-ha bi-qi sain bihe,

乾脆 誠然 拿-完 有-條 好 過

不論怎麽拿了去也好来着，（下17a5-6）

38-20 aina-hai waliya-bu-mbi-ni,

做什麽-**持** 丢失-**被**-**現**-**呢**

如何至於丢了呢，（下17a6）

38-21 hairakan bodisu ningge ai yada-ra,

可惜 菩提子 東西 什麽 稀少-**未**

普提子的豈少嗎，（下17a6-7）

38-22 damu tede isi-re-ngge umesi komso,

衹是 那.**與** 達到-**未**-**名** 非常 少

可惜赶上那個的狠少啊，（下17a7-17b1）

38-23 tuttu waka o-qi ai,

那樣 不是 成爲-**條** 什麽

可不是什麽，（下17b1）

38-24 inenggi-dari jafaxa-hai gemu siberi da-ha,

日子-每 握-**持** 全都 汗 干涉-**完**

每日拿着的上汗全浸透的，（下17b1-2）

38-25 umesi nilgiyan o-ho-bi,

非常 光滑 成爲-**完**-**現**

狠光潤了，（下17b2）

38-26 jafaxa-ra-kv gvwabsi gene-mbihe-de,

握-**未**-**否** 别處 去-**過**-**位**

不拿了往别處去的時候，（下17b2-3）

38-27 tere-be horho de asara-mbihe,

那個-**賓** 櫃子 **位** 收藏-**過**

把他裝在箱子裏来着，（下17b3）

38-28 inu waliya-bu-re giyan o-fi,

也 丢失-**被-未** 道理 成爲-**順**

也是該丢的上，（下17b3-4）

38-29 mana-ha biyade be yafan de gene-re-de,

已過-**完** 月份 **賓** 園子 **與** 去-**未-位**

去月裹往園裹去的時，（下17b4）

38-30 onggo-fi bargiya-ha-kv,

忘記-**順** 收斂-**完-否**

忘了没收起来，（下17b5）

38-31 amasi ji-fi bai-qi aba,

返回 來-**順** 找尋-**條** 哪裏

回來找時那裏有，（下17b5）

38-32 arun durun sabu-ra-kv o-ho,

影子 樣子 看見-**未-否** 成爲-**完**

連影兒也不見了，（下17b5-6）

38-33 we-de hvlha-bu-ha be inu sar-kv,

誰-**與** 偷-**被-完** **賓** 也 知道.**未**-否

也不知被誰偷了去了，（下17b6）

38-34 merki-me bai-ha se-me fuhali baha-kv。

回憶-**并** 找尋-**完** **助-并** 完全 得到.**完-否**

想着我[1]了個彀揔没我[2]着。（下17b7）

---

1 我：雙峰閣本作“找”。

2 我：雙峰閣本作“找”。

第39條

39-1[A] eneggi absi nimequke,

今天 何其 厲害

今日好利害,(下18a1)

39-2 juwari dosi-ka qi ebsi,

夏天 進入-完 從 以來

自從立夏以來,(下18a1)

39-3 ujui uju halhvn se-qi o-mbi,

第一 頭 熱 說-條 可以-現

可算得頭一個熱天了啊,(下18a1-2)

39-4 majige edun akv,

稍微 風 否

一點風兒没有,(下18a2)

39-5 luduri se-mbi,

黏糊貌 助-現

潮熱的狠啊,(下18a2)

39-6 eiten agvra tetun gemu gala halame halhvn,

一切 器械 器皿 都 手 燙 熱

各樣的器具全燙手的熱,(下18a2-3)

39-7 ele juhe muke omi-qi ele kangka-mbi,

更加 冰 水 喝-條 更加 渴-現

越喝冰水越渴啊,(下18a3-4)

39-8 arga akv ebixe-fi,

方法 否 洗澡-順

没法兒的上洗澡去,(下18a4)

39-9 mou-i fejile kejine sebderile-he manggi,

樹-**屬** 下面 好久 乘涼-**完** 以後

在樹底下凉快了許久，（下18a4-5）

39-10 teni majige tohoro-ko,

纔 稍微 鎮定-**完**

心裏纔料料的定了些，（下18a5）

39-11 ere gese hvnta-me halhvn de,

這 樣子 燥熱-**并** 熱 **位**

這樣的燥熱，（下18a5）

39-12 weri beye niuhuxun,

別人 身體 裸身

人家光着身子，（下18a6）

39-13 bai te-he-de hono halhvn qali-rahv se-mbi-kai,

衹是 坐-**完-位** 還 熱 中暑-**弱** **助-現**-啊

閑坐着還怕受熱中暑呢，（下18a6）

39-14 si aina-ha-bi,

你 做什麽-**完-現**

你怎麽了，（下18a7）

39-15 uju gida-hai hergen ara-ra-ngge ai sui,

頭 低下-**持** 文字 寫-**未-名** 什麽 罪

揌低着頭寫字受什麽罪呢，（下18a7）

39-16 ergen haji akv se-me-u?

生命 愛惜 **否** **助-并-疑**

不惜命嗎?（下18a7-18b1）

39-17B si alban qagan akv,

你 公務 書籍 否

你没有差事，（下18b1）

39-18 baisin -i jirga-me taqi-ha dabala,

閑暇 工 安逸-并 習慣-完 罷了

白閑着受受用用的學罷咧，（下18b1-2）

39-19 duibuleqi hvda-i urse o-kini,

比如 市場-屬 人們 成爲-祈

譬如買賣人們，（下18b2）

39-20 haijung se-re ujen jaka be damjala-fi,

負載沉重 助-未 沉重 東西 賓 挑-順

挑着沉重的東西，（下18b2-3）

39-21 monggon sa-mpi ba ba-de xodo-me hvla-hai,

脖子 伸-延 地方 地方-位 逛-并 叫-持

伸着脖子往各處奔定吻[1]呼，（下18b3）

39-22 nei taran waliya-tala,

汗 大汗 抛-至

壓的渾身是汗，（下18b3-4）

39-23 arkan teni tanggv jiha funqe-me buta-fi ergen hetumbu-mbi-kai,

剛剛 纔 一百 錢 剩餘-并 挣錢-順 生命 度日-現-啊

將將的剩個一百多錢養命，（下18b4-5）

39-24 mini adali beleningge be je-fi,

我.屬 一樣 現成東西 賓 吃-順

---

1 定吻：雙峰閣本作“走吻”。

像我吃着現成的，（下18b5）

39-25 elehun -i hergen ara-ki se-qi baha-mbi-u?

泰然 工 文字 寫-祈 想-條 能够-現-疑

安安静静的寫字能彀得嗎？（下18b5-6）

39-26 tere anggala, tuweri beikuwen,

那個 而且 冬天 寒冷

况且冬天冷，（下18b6）

39-27 juwari halhvn o-joro-ngge,

夏天 熱 成爲-未-名

夏天熱，（下18b7）

39-28 julge-qi ebsi hala-qi o-jora-kv tokto-ho doro,

古代-從 以來 改變-條 成爲-未-否 確定-完 道理

自古不移一定的理啊，（下18b7-19a1）

39-29 ine mene ekisaka doso-bu-qi,

乾脆 誠然 肅静 忍耐-使-條

要是不論怎麽様的静静的受去，（下19a1）

39-30 embiqi serguwen o-mbi-dere,

或者 凉快 成爲-現-吧

也可以凉快罷咧，（下19a1-2）

39-31 fathaxa-ha se-me ai baita,

焦躁-完 助-并 什麼 事情

煩燥會子何用呢，（下19a2）

39-32 baha-fi guwe-qi o-mbi-u?

能够-順 脱免-條 可以-現-疑

能彀免得嗎？（下19a2）

第40條

40-1[A] i ji-dere fonde bi hono amga-ha bihe,

他 來-未 時候 我 還 睡-完 過

他來的時候我還睡覺來着，（下19a3）

40-2 sek se-me gete-fi donji-qi,

驚醒貌 助-并 醒-順 聽-條

驚醒了聽見，（下19a3-4）

40-3 qin -i bou-de niyalma ji-fi,

正面 屬 房-位 人 來-順

上屋裏有人，（下19a4）

40-4 den jilgan -i gisun gisure-mbi,

高 聲 工 話語 説-現

高聲説話呢呀，（下19a4-5）

40-5 we ji-he-ni,

誰 來-完-呢

誰來了，（下19a5）

40-6 ai uttu konggolo den,

爲什麼 這樣 嗓子 大

怎麼這樣的嗓子大，（下19a5）

40-7 ainqi tere usun dakvla ji-he aise se-me,

也許 那 厭惡 東西 來-完 或是 助-并

大略是那個討人嫌的来了罷，（下19a5-6）

40-8 gene-fi tuwa-qi,

去-順 看-條

去看時，（下19a6）

40-9 waka o-qi ai,

不是 成爲-條 什麽

可不是什麽，（下19a6-7）

40-10 godohon -i te nakv,

直挺 工 坐.祈 之後

直梃梃的坐着，（下19a7）

40-11 jing amtangga-i leule-me bi,

正在 有趣-工 談論-并 現

正有資有味的講論呢，（下19a7）

40-12 ji-he-qi angga majige mimi-ha-kv,

來-完-從 嘴 稍微 閉-完-否

自從以来總没住嘴，（下19a7-19b1）

40-13 uttu tuttu se-hei,

這樣 那樣 説-持

怎長怎短的説着，（下19b1）

40-14 juwe erin -i buda je-fi,

二 次 屬 飯 吃-順

吃了两頓飯，（下19b1-2）

40-15 gerhen mukiye-tele teni gene-he,

光明 入暮-至 纔 去-完

至到黄昏纔去了，（下19b2）

40-16 haha niyalma baita akv de,

男 人 事情 否 位

漢子人家没事的時候，（下19b2-3）

40-17 weri bou-de xuntuhun-i te-me doso-mbi-u?

别人 家-位 整天-工 坐-并 忍耐-現-疑

在人家裏坐到日落也受得嗎?（下19b3）

40-18 aibi onggo-ho xada-ha baita be gisure-hei,

什麽地方 忘-完 疲乏-完 事情 賓 説-持

把那裏忘了的事情説的,（下19b3-4）

40-19 niyalma-i fehi gemu nime-he,

人-屬 腦子 都 疼-完

叫人腦子全疼,（下19b4）

40-20 damu uttu oqi ai bai-re,

祇是 這樣 若是 什麽 求-未

寡要是這樣的還罷了,（下19b5）

40-21 yaya jaka be hono inde sabu-bu-qi o-jora-kv,

所有 東西 賓 尚且 他.與 看見-被-條 成爲-未-否

不論什麽東西不可給他看見,（下19b5-6）

40-22 emgeri yasala-bu-ha se-he-de,

一次 看中-被-完 助-完-位

一説搭上了眼,（下19b6）

40-23 fonjin hese akv,

提問 言語 否

問也不問,（下19b6）

40-24 nambu-ha be tuwa-me uthai deleri deleri se-me gama-mbi,

拿獲-完 賓 看-并 就 武斷 武斷 助-并 拿去-現

撓着了早早的就拿了去,（下19b7）

40-25 yala beye dube-tele damu gaji se-re be sa-mbi,

真是 身體 末端-**至** 衹是 拿來 **助-未** **賓** 知道-**現**

實在一背子寡知道要人家的東西，（下19b7-20a1）

40-26 ma se-re se-re mudan inde fuhali akv se-qina,

給予 **助-未** **助-未** 次數 他.**與** 全然 **否** 説-**祈**

給人家的遭数兒説是没有的，（下20a1-2）

40-27 enteke niyalma duha do[1] absi banji-ha be,

這樣 人 臟 腑 怎樣 生長-**完** **賓**

像這樣人的五臟怎麽長着，（下20a2-3）

40-28 bi yargiyan -i sar-kv,

我 真是 **工** 知道.**未-否**

我實在不知道啊，（下20a3）

40-29 imata si jabxa-mbi-u,

都 你 得便宜-**現-疑**

都是你便易，（下20a3）

40-30 si baha-mbi-u?

你 得到-**現-疑**

你得嗎？（下20a3-4）

40-31 abka de yasa bi-kai,

天 **位** 眼睛 有-啊

天有眼睛啊，（下20a4）

40-32 aina-ha-i inde o-mbi-ni。

怎樣-**完-工** 他.**與** 成爲-**現**-呢

未必容他呢。（下20a4）

---

1 duha do：duha和do各自無實際意義，結合使用意爲“内臟，臟腑”。

第41條

41-1[A] muse tere guqu aina-ha-bi,

咱們 那個 朋友 怎麼-完-現

咱們的那個朋友怎麼樣了，（下20a5）

41-2 ere uquri xenggin hitere nakv munahvn -i joboxo-ro-ngge,

這 時候 額頭 皺眉.祈 之後 無精打采 工 擔心-未-名

這一向皺着眉愁悶的，（下20a5-6）

41-3 maka ai turgun bi-sire be sar-kv,

到底 什麼 理由 有-未 賓 知道.未-否

倒像有什麼緣故的樣，（下20a6）

41-4 an -i uquri aga labsan inenggi oqi,

平常 屬 時候 雨 雪 日子 若是

素常下雨下雪的天道，（下20a7）

41-5 bou-de bi-sire dabala,

家-位 有-未 罷了

在家裏罷咧，（下20a7）

41-6 tere-qi tulgiyen mujakv ba-de gemu xodo-mbi-kai,

那-從 以外 所有 地方-位 都 逛-現-啊

除了那個無緣無故的地方全去到，（下20b1）

41-7 baibi bou-de te-me doso-mbi-u?

白白 家-位 坐-并 忍耐-現-疑

白白的在家裏坐着也受得嗎？（下20b1-2）

41-8 ere uquri duka uqe be tuqi-ke akv,

這 時候 門 房門 賓 出-完 否

這些日子不出房門，（下20b2）

41-9 bou-de noro-hoi te-he-bi,

家-位 留住-持 坐-完-現

総在家裏坐着呢，（下20b2-3）

41-10 sikse bi tuwa-na-me gene-he-de,

昨天 我 看-去-并 去-完-位

昨日我去瞧的上，（下20b3）

41-11 tuwa-qi qira ai kemuni nenehe adali se-mbi-u?

看-條 臉 什麽 還 以前 一様 説-現-疑

看那氣色什麽還説像先嗎?（下20b3-4）

41-12 sere-bu-me wasi-ka,

發覺-使-并 瘦-完

明顯着瘦了，（下20b4）

41-13 tuqi-re dosi-re de fuhali te-me tokto-ra-kv,

出-未 入-未 位 全然 坐-并 確定-未-否

出去進来揔没定凖，（下20b4-5）

41-14 ebsi qasi akv se-qina,

這様 那様 否 説-祈

不知要怎麽様的，（下20b5）

41-15 tede bi labdu kenehunje-me,

那.位 我 非常 疑惑-并

那個上我狠疑惑，（下20b5-6）

41-16 ere aina-ha-bi ni,

這 做什麽-完-現 呢

他怎麽了呢，（下20b6）

41-17 teni fonji-ki se-re-de,

纔 尋問-祈 想-未-位

纔要問時，（下20b6）

41-18 ini niyamangga niyalma jiu nakv hiyahala-bu-ha,

他.屬 親戚 人 來.祈 之後 插話-使-完

他的一個親戚去了的上隔開了，（下20b6-7）

41-19 ara, bi bodo-me bahana-ha,

哎呀 我 籌算-并 懂得-完

哎喲我算着了，（下20b7）

41-20 ainqi tere baita de lahin ta-fi,

恐怕 他 事 與 繁瑣 牽累-順

大料被那個事情絆住，（下21a1）

41-21 gvnin farfa-bu-ha aise,

心 打亂-被-完 想必

心全糊塗了罷，（下21a1）

41-22 tuttu seme aga de usihi-bu-he niyalma,

那樣 雖然 雨 與 淋濕-被-完 人

但有被雨湿的人，（下21a1-2）

41-23 silenggi de gele-ra-kv se-he kai,

露 與 怕-未-否 助-完 啊

不怕露水的話呀，（下21a2）

41-24 seibeni antaka antaka mangga baita be,

曾經 如何 如何 困難 事情 賓

先前他怎麽把什麽樣的難事情，（下21a3）

41-25 i gemu uksa faksa waqihiya-ha ba-de,

他 都 斷然 直接 完成-**完** 地方-**位**

全能彀霎時間辦理完結，（下21a3-4）

41-26 ere giyanakv ai holbobu-ha se-me,

這 究竟 什麼 有關係-**完** **助-并**

這有什麼關係，（下21a4）

41-27 jing uttu joboxo-mbi。

衹管 那樣 煩悶-**現**

這樣的愁悶呢。（下21a4-5）

第42條

42-1[A] daqi ai etuhun beye,

原來 什麼 結實 身體

原先是什麼强壯身子呢，（下21a6）

42-2 tere da-de geli uji-re be sar-kv,

那個 原本-**位** 又 養-**未** **賓** 知道.**未-否**

還搭着不知道養法，（下21a6）

42-3 nure boqo de dosi-fi,

酒 色 **與** 進入-**順**

進于酒色，（下21a7）

42-4 balai kokira-bu-re jakade,

輕慢 打傷-**被-未** 因爲

混被傷損的過失，（下21a7）

42-5 te nimeku de hvsi-bu-fi,

現在 病 **與** 纏住-**被-順**

如今被病包着，（下21a7-21b1）

42-6 dembei sirge o-ho-bi，

幾乎 一根 成爲-**完-現**

瘦的一條兒了，（下21b1）

42-7 sikse bi tuwa-na-ha-de，

昨天 我 看-去-**完-位**

昨日我瞧去的時候，（下21b1）

42-8 kemuni katunja-me qin -i bou-de ji-fi，

還 忍耐-**并** 正 **屬** 房-**位** 來-**順**

還勉强着来上屋裏來，（下21b1-2）

42-9 mini baru age ji-me jobo-ho kai，

我.**屬** 向 阿哥 來-**并** 辛苦-**完** 啊

説阿哥勞乏了，（下21b2）

42-10 ere gese hvkta-me halhvn de，

這 樣子 悶-**并** 熱 **位**

這個樣的燥熱的時候，（下21b3）

42-11 ta seme[1] tuwa-nji-re，

常 常 看-來-**未**

常常的来瞧，（下21b3）

42-12 ton akv jaka benji-bu-re-ngge，

數 **否** 東西 送來-**使-未-名**

而且没遍数的送東西来，（下21b3-4）

---

1 ta seme：ta無實際意義，與seme組合成固定用法，意爲“常常”。

42-13 ambula xada-ha,

非常 勞累-完

狠乏了，（下21b4）

42-14 umesi baniha,

很 感謝

着實的費心了，（下21b4）

42-15 inu niyaman hvnqihin -i dolo tata-bu-me ofi,

也 親戚 親族 屬 裏面 牽-使-并 因爲

也是親戚裏頭，（下21b4-5）

42-16 uttu dabala,

這樣 罷了

這樣的罣心罷咧，（下21b5）

42-17 halba dalba oqi,

骨頭 旁邊 若是

要是不相干的，（下21b5-6）

42-18 geli mimbe gvni-re mujangga-u?

又 我.賓 想-未 果真-疑

還想着我嗎？（下21b6）

42-19 bi labdu hukxe-mbi,

我 非常 感激-現

我狠感激啊，（下21b6）

42-20 damu hada-hai gvnin de eje-fi,

衹是 釘-持 心 位 記録-順

不過寡緊記在心裏，（下21b6-7）

42-21 yebe o-ho erin-de,

好 成爲-**完** 時候-**位**

等好了的時候，（下21b7）

42-22 jai hengkixe-me baniha bu-ki, baili jafa-ki se-me,

再 叩頭-**并** 感謝 給-**祈** 恩惠 報答-**祈** 想-**并**

再叩謝盛情罷，（下21b7-22a1）

42-23 angga de uttu gisure-qibe,

嘴 **位** 這様 説-**讓**

嘴裏雖然這様説着，（下22a1）

42-24 beye sere-bu-me katunja-me mute-ra-kv,

身體 發覺-**使**-**并** 忍耐-**并** 可以-**未**-**否**

身子顯着勉强不住，（下22a1-2）

42-25 tuttu ofi,

那様 因爲

所以那個上，（下22a2）

42-26 bi age si sure niyalma kai,

我 阿哥 你 聰明 人 啊

我説阿哥你是個明白人啊，（下22a2-3）

42-27 mini fulu gisure-re be baibu-mbi-u?

我.**屬** 多餘 説-**未** **賓** 必要-**現**-**疑**

用我多説嗎？（下22a3）

42-28 beye-be saikan uji-kini,

身體-**賓** 好好 養-**祈**

把身子好好的着，（下22a3-4）

42-29 hvdun yebe o-kini,
快 好 成爲-**祈**
快好罷，（下22a4）

42-30 xolo de, bi jai tuwa-nji-re se-fi,
空閑 **位** 我 再 看-來-**未** 說-**順**
有了空兒我再來瞧罷，（下22a4-5）

42-31 amasi ji-he。
返回 來-**完**
說了回來了。（下22a5）

第43條

43-1[A] sikse gvwabsi gene-re jakade,
昨天 向別處 去-**未** 因爲
昨日往別處去的上，（下22a6）

43-2 fatan ahasi uthai qihai balai emu falan daixa-ha,
下賤 奴僕.**複** 就 任意 恣意 一 陣 狼藉-**完**
臭奴才們就任意鬧了一場，（下22a6-7）

43-3 bi amasi ji-he erin-de,
我 返回 來-**完** 時候-**位**
我回来了的時候，（下22a7）

43-4 moniu sa jing be[1] ga se-me qurgindu-hai bi,
猴子 **複** 正好 嘎嘎 吵嚷貌 **助**-**并** 喧嘩-**持** **現**
猴兒們正還争嚷喧嘩呢，（下22a7-22b1）

---

1 be：雙峰閣本作ge。

43-5 tede kak se-me emgeri,

那.位 咳嗽貌 助-并 一次

那個上我喀的一聲，（下22b1）

43-6 bilha dasa-fi dosi-ka bi-qi,

嗓子 清理-順 進入-完 有-條

打掃着嗓子進去的上，（下22b1-2）

43-7 leksei jilgan naka-fi,

一齊 聲音 停止-順

一齊住了聲，（下22b2）

43-8 si bi ishunde kvlisita-me yasa ara-fi,

你 我 互相 賊眉鼠眼-并 眼睛 做-順

彼此互相作着眼色兒，（下22b2-3）

43-9 son son -i melerje-me yo-ha,

紛 紛 工 逃走-并 走-完

各自各自畏避了，（下22b3）

43-10 mini ji-he-ngge inu goida-ha,

我.屬 來-完-名 也 遲-完

我来的也晚了，（下22b3-4）

43-11 beye inu xada-ha turgunde,

身體 也 疲勞-完 因爲

身子也乏的上，（下22b4）

43-12 umai se-he-kv,

全然 説-完-否

什麽没説，（下22b4）

43-13 kiri-fi amga-ha,

忍耐-**順** 睡-**完**

忍着睡了覺了,(下22b4-5)

43-14 eqimari ili-fi tuqi-ke-de,

今天早上 起來-**順** 出-**完**-**位**

今日早起起來出去,(下22b5)

43-15 waburu sa gemu ji-he,

該死的 **複** 都 來-**完**

砍頭的們全来了,(下22b5)

43-16 ahasi meni buqe-re giyan isi-ka se-me,

奴僕.**複** 我們.**屬** 死-**未** 道理 到-**完** **助**-**并**

説奴才們該死,(下22b5-6)

43-17 emu teksin godohon -i niyakvra-fi,

一 整齊 直竪 **工** 跪-**順**

一齊的直蹶蹶的跪着,(下22b6)

43-18 bai-re-ngge bai-re,

求-**未**-**名** 求-**未**

求的求,(下22b7)

43-19 hengkixe-re-ngge hengkixe-re jakade,

叩頭-**未**-**名** 叩頭-**未** 因爲

磕頭的磕頭的上,(下22b7)

43-20 mini jili teni majige nitara-ka,

我.**屬** 怒氣 纔 稍微 緩和-**完**

我的性子纔料料的消了些,(下22b7-23a1)

43-21 tede bi suwe aina-ha-bi,

那.位 我 你們 做什麼-完-現

那個上我説你們怎麼了，（下23a1）

43-22 taifin -i banji-ra-kv,

平安 工 生活-未-否

不太太平平的過日子，（下23a1-2）

43-23 yali yoyohoxo-mbi-u?

肉 癢-現-疑

肉癢癢了嗎?（下23a2）

43-24 urunakv tanta-bu-ha de ai baha-mbi,

必定 打-被-完 位 什麼 得到-現

一定叫打一頓得什麼，（下23a2）

43-25 fede ere-qi julesi geli ere gese mudan bi-qi,

安分.祈 這-從 以後 再 這 一樣 次數 有-條

好鬆的往後再有這樣的次数，（下23a2-3）

43-26 yasa-i faha guwelke,

眼睛-屬 珠 小心.祈

提防着眼珠子，（下23a3）

43-27 fita jokja-ra-kv oqi,

結實 打-未-否 若是

要不往死裏重打的時候，（下23a3-4）

43-28 gvni-qi suwe inu ise-ra-kv se-he manggi,

想-條 你們 也 怕-未-否 助-完 時候

想来你們也不怕啊，（下23a4）

43-29 gemu je se-fi gene-he。
都 是 說-**順** 去-**完**
全咢的一聲答應了去了。（下23a4-5）

第44條

44-1[A] tere kesi akv-ngge be si absi tuwa-ha-bi,
那 恩惠 **否-名** **賓** 你 爲什麼 看-**完-現**
你把那個没福的怎麼看了,（下23a6）

44-2 niyalma-i sukv nere-qibe,
人-**屬** 皮 披-**讓**
雖然披的是人皮,（下23a6-7）

44-3 ulha -i duha kai,
獸 **屬** 内臟 啊
是畜牲的心啊,（下23a7）

44-4 jaila-me yabu-ha de sain,
回避-**并** 走-**完** **位** 好
躲着走好啊,（下23a7）

44-5 fuhali baita akv de baita dekde-re,
完全 事情 **否** **位** 事情 引起-**未**
於無事的裹頭生事,（下23a7-23b1）

44-6 emu faquhvn da se-qina,
一 混乱 原本 說-**祈**
作乱的頭兒啊,（下23b1）

44-7 gvnin hilsingga ofodo-ro mangga,
心 嫉妒 説讒言-**未** 巧妙

心苦善用讒間，（下23b1-2）

44-8 yala sabu-ha de saksari,

真是 看見-**完** **位** 仰面朝天

實在叫他眼睛看見的就是一個仰面筋斗，（下23b2-3）

44-9 donji-ha-de dokdori,

聽-**完**-**位** 猛然站起

聽見了的就抖露起来，（下23b3）

44-10 qihe use -i gese majige baita bi-qi,

蚤子 跳蚤 **屬** 一樣 小 事情 有-**條**

有像虮子一樣的小事兒，（下23b3）

44-11 ini angga de isina-ha se-he-de,

他.**屬** 嘴 **與** 到達-**完** 助-**完**-**位**

到了他的嘴裏的時候，（下23b3-4）

44-12 jubexe-hei fikatala gene-mbi,

誹謗-**持** 往遠 去-**現**

説到一個離乎了，（下23b4）

44-13 uba-i baita be tuba-de ula-na-me,

這裏-**屬** 事情 **賓** 那裏-**位** 傳達-去-**并**

把這裏的事情告訴那裏去，（下23b4-5）

44-14 tuba-i gisun be uba-de ala-nji-me,

那裏-**屬** 話語 **賓** 這裏-**位** 告訴-來-**并**

那裏的話兒告訴這裏来，（下23b5）

44-15 juwe ergide kimun jafa-bu nakv,

兩 方面 仇 結-**使.祈** 之後

把兩下裏成了仇了，（下23b5-6）

44-16 i ikiri tata-me siden-deri sain niyalma ara-mbi,

他 巧言 拉-并 中間-經 好 人 做-現

他一溜神氣的從中間作好人，（下23b6）

44-17 meni[1] gisun be temgetu akv se-qi,

我們.屬 話語 賓 根據 否 説-條

要説我的話没憑據，（下23b7）

44-18 si tuwa,

你 看.祈

你看，（下23b7）

44-19 ini baru guqule-re niyalma akv se-re anggala,

他.屬 向 交流-未 人 否 助-未 而且

不但没人合他交結，（下23b7-24a1）

44-20 fisa jori-me tou-ra-kv o-qi uthai ini jabxan,

背 指-并 駡-未-否 成爲-條 就 他.屬 幸運

不指着脊背駡就是他[2]的便易，（下24a1-2）

44-21 ai nasaquka,

哎 可嘆

何等可嘆啊，（下24a2）

44-22 ere-i ama eme fili fiktu akv,

這-屬 父親 母親 什麽 理由 否

他的父母無緣無故的，（下24a2）

44-23 ere fusi de uxa-bu-fi niyalma de tou-bu-re-ngge,

這 下賤 與 拖-被-順 人 與 駡-被-未-名

---

1 meni：雙峰閣本作mini。

2 就是他：此三字底本難以辨認，據雙峰閣本補出。

被這[1]個下賤東西拉扯的叫人罵的，（下24a2-3）

44-24　ai　sui。

什麼　罪

怎麼樣的一個冤枉呢。（下24a3）

第45條

45-1[A]　buqu-re giyan waka oqi，

死-**未**　道理　不是　若是

要不該死，（下24a4）

45-2　ini　qisui emu nashvn tuqi-nji-mbi，

他.**屬**　擅自　一　機會　出現-來-**現**

自然就出一個機會啊，（下24a4）

45-3　i tere dobori ujele-he fara-pi kejine o-fi，

他 那　夜晚　病重-**完**　發昏-**延**　許久　成爲-**順**

他那一晚上昏的狠沉遲了許久，（下24a4-5）

45-4　teni aitu-ha，

纔　蘇醒-**完**

纔酥醒過來了，（下24a5）

45-5　angga de bi hvwanggiya-ra-kv，

嘴　**位** 我　妨礙-**未**-**否**

嘴裏說我不相干，（下24a6）

45-6　suwe gvnin sulakan -i sinda se-me，

你們　心　輕鬆　**工** 放.**祈**　助-**并**

1　被這：此二字底本難以辨認，據雙峰閣本補出。

你們把心放的寬寬的，（下24a6）

45-7 niyalma be neqihiye-mbihe，

人 賓 安慰-過

不叫人慌来着，（下24a7）

45-8 yala ini mafari -i kesi，

真是 他.屬 祖宗 屬 恩惠

實在托祖上的恩典，（下24a7）

45-9 bou-i gubqi hvturi，

家-屬 整個 福

闔家的福上，（下24a7）

45-10 jai inenggi enqu emu oktosi be hala-fi dasa-bu-re jakade，

再有 日子 别的 一 醫生 賓 替换-順 治療-被-未 因爲

第二日另請一個醫生来一治，（下24b1）

45-11 yasa tuwa-hai，

眼睛 看-持

眼看着，（下24b2）

45-12 emu inenggi emu inenggi qi yebe o-ho，

一 日子 一 日子 從 稍好 成爲-完

一日比一日好了，（下24b2）

45-13 qananggi bi gene-fi tuwa-qi，

前日 我 去-順 看-條

我前日去看了一看，（下24b2-3）

45-14 da beye baha-ra unde bi-qibe，

原來 身體 得到-未 尚未 有-讓

雖然没還原，（下24b3）

45-15 qira inu aitu-ha,

臉色 也 恢復-完

氣色也轉過来了，（下24b3-4）

45-16 yali inu majige nonggi-ha,

肉 也 稍微 增加-完

也長了點兒肉了，（下24b4）

45-17 jing qirku de nike-me te-fi,

正在 枕頭 位 靠-并 坐-順

正在枕頭上靠着坐着，（下24b4）

45-18 jaka jeku je-me bi,

食 物 吃-并 現

吃東西呢，（下24b4-5）

45-19 tede bi si jabxan kai,

那.位 我 你 幸運 啊

那個上我説你僥倖，（下24b5）

45-20 urgun kai,

喜慶 啊

大喜啊，（下24b5）

45-21 ere mudan buqe-he-kv bi-qibe,

這 次 死-完-否 有-讓

這一遭雖然没死，（下24b5-6）

45-22 sukv emu jergi kobqi-ha se-re-de,

皮膚 一 張 脱落-完 説-未-位

可脱落一層皮啊，（下24b6）

45-23 mini baru ijarxa-me inje-mbi,

我.屬 向 笑盈盈-**并** 笑-**現**

望着我瞇嘻瞇嘻的笑，（下24b6-7）

45-24 yala nei tuqi-fi umesile-me dule-ke-bi。

實在 汗 出-**順** 實現-**并** 通過-**完**-**現**

實在可是攥着把汗過来了。（下24b7）

第46條

46-1[A] si ai uttu sofin akv[1],

你 怎麼 這樣 暴躁 **否**

你怎麼這樣没定準，（下25a1）

46-2 doronggo yangsangga-i te-qi,

莊重 豔麗-**工** 坐-**條**

規規矩矩的坐着，（下25a1）

46-3 we simbe mou xolon se-mbi-u?

誰 你.**賓** 木頭 棒 説-**現**-**疑**

誰説你是個木頭墩子嗎？（下25a1-2）

46-4 gisun hese akv o-qi,

言語 命令 **否** 成爲-**條**

不説話，（下25a2）

46-5 ya simbe hele hempe akv se-mbi-u?

誰 你.**賓** 啞巴 結巴 **否** 説-**現**-**疑**

誰説你是個啞吧嗎？（下25a2-3）

---

1 sofin akv：二詞聯用意爲“坐不住，不穩重”。

46-6 aimaka we-de yobo ara-ra adali,
好像 誰-**與** 玩笑 做-**未** 一樣
倒像給誰作笑的一樣，（下25a3）

46-7 ere-be neqi manggi,
這個-**賓** 招惹.**祈** 之後
惹惹這個，（下25a4）

46-8 geli tere-be nungne-re-ngge ai sebjen ba-bi,
又 那個-**賓** 騷擾-**未-名** 什麼 樂趣 地方-有
招招那個有什麽樂處，（下25a4）

46-9 si sere-ra-kv dere,
你 發覺-**未-否** 而已
你不覺罷咧，（下25a5）

46-10 dalbaki niyalma gemu doso-ra-kv o-ho-bi,
旁邊 人 全都 忍耐-**未-否** 成爲-**完-現**
傍人全受不得啊，（下25a5）

46-11 atanggi bi-qibe si emu jekxun kequ niyalma be uqara-fi,
什麼時候 有-**讓** 你 一 刻薄 凶狠 人 **賓** 遇見-**順**
多咱你遇見一個狠刻薄的人，（下25a6）

46-12 koro baha manggi,
損害 得到.**完** 以後
磞了丁子了的時候，（下25a6-7）

46-13 si teni ara,
你 纔 哎呀
你纔説哎喲，（下25a7）

46-14　dule uttu nimequke ni se-mbi-kai。

原來 這樣 嚴酷 呢 說-**現**-啊

原来這樣的利害呀啊。（下25a7）

46-15[B]　age sini ahvn -i gisun inu,

阿哥 你.**屬** 兄長 **屬** 話語 正確

阿哥你兄長的話是啊，（下25b1）

46-16　hetu daljakv niyalma uttu gisure-re ai-bi,

别的 無涉 人 這樣 說-**未** 什麼-有

要是傍不相干的人豈肯這樣説嗎，（下25b1-2）

46-17　efin se-re-ngge,

玩笑 **助-未-名**

頑啊，（下25b2）

46-18　beqen -i deribun kai,

吵架 **屬** 起始 啊

是拌嘴的引子啊，（下25b2）

46-19　bi-he bi-hei ai sain banji-na-ra,

有-**完** 有-**持** 什麼 好 發生-去-**未**

久而久之怎麽能㲉出好呢，（下25b2-3）

46-20　eitereqibe,

總之

揔而言之，（下25b3）

46-21　ini beye bai haharda-ha gojime,

他.**屬** 身體 衹是 成年-**完** 雖然

他的身子雖然長成大漢子了，（下25b3）

46-22 se oron unde,
歲數 完全 尚未
歲数没到呢,（下25b3-4）

46-23 muse tere fonqi dule-mbu-he-kv ni-u?
咱們 這個 時候 經過-**使-完-否** 呢-**疑**
咱們没從那個時候過嗎?（下25b4）

46-24 jing efin de amuran erin kai,
正好 玩笑 **與** 愛好 時候 啊
正是好頑的時候啊,（下25b4-5）

46-25 esi uttu o-qi,
當然 這樣 成爲-**條**
自然是這樣的,（下25b5）

46-26 ere siden-de uttu
這個 期間-**位** 這樣
這個時候這樣,（下25b5）

46-27 damu gebungge sefu be soli-fi bithe be taqibu-kini,
衹是 有名 師傅 **賓** 求-**順** 書 **賓** 教導-**祈**
可請個有名的先一[1]教書啊,（下25b5-6）

46-28 doro be urebu-kini,
道理 **賓** 練習-**祈**
演習規矩啊,（下25b6-7）

46-29 inenggi goida-ha manggi,
日子 經歷-**完** 之後

1 一：疑爲“生”之誤。

日子久了，（下25b7）

46-30 qun qun -i ulhinje-fi，

漸 漸 **工** 略明白-**順**

一歷一歷懂得了，（下25b7）

46-31 emu qimari[1]，

一 早上

一朝，（下25b7-26a1）

46-32 andande jalan -i baita be sa-ha se-he-de，

頃刻 世間 **屬** 事情 **賓** 知道-**完** **助-完-位**

要説是知道了世間上的事情的時候，（下26a1）

46-33 ini qisui dasa-bu-mbi，

他.**屬** 擅自 改正-**被-現**

自然就改了，（下26a1）

46-34 hvwaxa-ra-kv niyalma o-jora-kv jalin aiseme jobo-mbi jiye。

成長-**未-否** 人 可以-**未-否** 因爲 爲什麽 煩惱-**現** 呢

何愁不能成人呢。（下26a2）

第47條

47-1[A] eiten baita dule-mbu-he-kv oliha ten，

所有 事 經過-**使-完-否** 膽怯 極端

什麽事情没有經過怯弱的狠，（下26a3）

47-2 gisun bi-qi aiseme dolo gingka-mbi，

話語 有-**條** 爲什麽 心中 鬱悶-**現**

---

1 emu qimari：此爲固定用法，意爲“一朝，一旦”。

有話爲什麽悶在肚裏，（下26a3-4）

47-3 xuwe gene-fi,

直接 去-順

一直的去了，（下26a4）

47-4 ini baru getuken xetuken -i neile-me gisure-qina,

他.屬 向 明白 清楚 工 開-并 説-祈

向他明明白白的往開裏説啊，（下26a4-5）

47-5 tere inu niyalma dabala,

他 也 人 罷了

他也是人罷咧，（下26a5）

47-6 doro giyan be bai-me yabu-ra-kv mujangga-u?

道理 規則 賓 求-并 做-未-否 確實-疑

有不遵着道理行的嗎？（下26a5-6）

47-7 turgun be tuqibu-me,

原因 賓 顯明-并

把緣故，（下26a6）

47-8 da dube qi ana-me su-me faksala-ha de,

原本 末端 從 擴展-并 解-并 區分-完 位

從頭至尾分晰明白了的時候，（下26a6-7）

47-9 simbe aina-rahv se-mbi-u?

你.賓 做什麽-虚 助-現-疑

怕把你怎麽樣嗎？（下26a7）

47-10 wa-rahv se-mbi-u?

殺-虚 助-現-疑

怕殺嗎？（下26a7）

47-11 eiqi je-terahv se-mbi-u?

或者 吃-**虚** **助-現-疑**

或者怕吃嗎?（下26a7-26b1）

47-12 tere anggala,

那 而且

況且,（下26b1）

47-13 weri tuba-de umai asuki wei akv ba-de,

别人 那裏-**位** 完全 聲音 一點 **否** 地方-**位**

人家那裏并没什麽聲色,（下26b1-2）

47-14 afanggala kvli-fi fekun waliyabu nakv,

預先 吃驚-**順** 跳一下 迷失.**祈** 之後

就怕的吞聲失了主意,（下26b2）

47-15 uttu tuttu se-me toso-ro-ngge,

這樣 那樣 **助-并** 防範-**未-名**

這們那們逆略預備的,（下26b2-3）

47-16 aika haha wa bi-u?

什麽 男人 味道 有-**疑**

還有個漢子的味兒嗎?（下26b3）

47-17 hvwanggiya-ra-kv,

妨礙-**未-否**

無妨啊,（下26b3）

47-18 si damu gvnin be sulakan sinda,

你 衹是 心 **賓** 放鬆 放.**祈**

你只管把心放寬罷,（下26b3-4）

47-19 tere uneggi o-jora-kv,

他 真實 可以-**未-否**

他要是當真的不依，（下26b4）

47-20 aina-ki se-qi sinde dere banji-mbi-u?

做什麼-**祈** 想-**條** 你.**與** 臉 生長-**現-疑**

要說是怎麼樣的給你留臉嗎?（下26b4-5）

47-21 si uttu tuttu gele-he seme,

你 這樣 那樣 怕-**完** 雖然

你就是這們那們的怕了的時候，（下26b5）

47-22 baha-fi bolgosaka ukqa-ra ai-bi,

得到-**順** 乾凈 脱離-**未** 什麽-有

豈能彀乾乾凈凈的脱離了嗎，（下26b5-6）

47-23 tetele umai mejige akv be tuwa-qi,

至今 完全 消息 **否 賓** 看-**條**

看起到如今没有音信来，（下26b6）

47-24 gvni-qi aifini hv -i da -i amala makta-fi onggo-ho-bi,

想-**條** 早就 腦 **屬** 原本 **屬** 後邊 拋-**順** 忘記-**完-現**

想來早已擱在脖子後頭忘了，（下26b6-7）

47-25 hon akda-ra-kv oqi jenduken -i mejigexe,

全然 相信-**未-否** 若是 悄悄 **工** 探聽.**祈**

狠要不信悄悄的打聽信去，（下26b7-27a1）

47-26 bi akdula-fi hvwanggiya-ra-kv o-bu-re。

我 相信-**順** 妨礙-**未-否** 成爲-**使-未**

我管保無妨啊。（下27a1）

第48條

48-1[A] sini tafula-ra-ngge sain gisun waka o-qi ai,

你.**屬** 勸諫-**未-名** 好 話語 不是 成爲-**條** 什麼

你勸的可不是好話什麼,（下27a2）

48-2 damu minde emu enqu gvnire ba-bi,

衹是 我.**與** 一 另外 想法 地方-**有**

但只我另有個心事啊,（下27a2-3）

48-3 unenggi okto omi-qi aqa-qi,

果然 藥 喝-**條** 應該-**條**

若果應該吃藥,（下27a3）

48-4 bi mou xolon waka kai,

我 木頭 杈 不是 啊

我又不是個木頭墩子,（下27a3-4）

48-5 jiha menggun be haira-me,

錢 銀子 **賓** 愛惜-**并**

有捨不得銀錢,（下27a4）

48-6 beye-be dasa-ra-kv doro bi-u?

身體-**賓** 治療-**未-否** 道理 有-**疑**

不治自己身子的理嗎?（下27a4）

48-7 adarame se-qi,

爲什麼 説-**條**

怎麼説呢,（下27a5）

48-8 qara aniya bi okto de endebu-fi,

前 年 我 藥 **與** 失誤-**順**

前年我被藥傷着了,（下27a5）

48-9 elekei ergen joqi-bu-ha,

差點 性命 喪失-**使**-**完**

差一點兒没有傷了命，（下27a5-6）

48-10 tetele gvni-ha-dari silhi meije-mbi[1],

至今 想-**完**-每 膽 碎-**現**

至到如今想起来還胆戰呢，（下27a6）

48-11 te bi-qibe oktosi se-i dorgi de,

現在 有-**讓** 醫生 **複**-**屬** 裏面 **位**

既如醫生們裏頭，（下27a6-7）

48-12 sain ningge fuhali akv se-qi,

好 人 全然 **否** 説-**條**

説是揔没有好的，（下27a7）

48-13 qe inu sui mangga,

他們 也 罪 難

他們也冤屈，（下27a7-27b1）

48-14 bi-qi bi dere,

有-**條** 有 吧

有只有罷，（下27b1）

48-15 damu musei tengkime sa-ra-ngge tongga,

衹是 咱們.**屬** 明確 知道-**未**-**名** 罕見

但只咱們知道真切的稀少啊，（下27b1-2）

48-16 tere anggala nikede-qi o-joro-ngge,

那 而且 依靠-**條** 可以-**未**-**名**

---

1 meijembi：雙峰閣本作meiyembi。

况且靠得的，（下27b2）

48-17 inu talu de emke juwe bi-sire dabala,

也 偶然 **位** 一個 兩個 有-**未** 罷了

也有一两個罷，（下27b2-3）

48-18 tere-qi funqe-he-ngge,

那-**從** 排除-**完**-**名**

其餘的，（下27b3）

48-19 gemu jiha menggun be buta-ra be sa-mbi,

都 錢 銀子 **賓** 挣錢-**未** **賓** 知道-**現**

寡知道爲銀錢啊，（下27b3-4）

48-20 sini buqe-re banji-re be,

你.**屬** 死-**未** 生-**未** **賓**

你的生死，（下27b4）

48-21 i bodo-mbi-u?

他 計算-**現**-**疑**

他顧嗎？（下27b4）

48-22 akda-ra-kv oqi,

相信-**未**-**否** 若是

要不信，（下27b4-5）

48-23 si qende-me fonji-me tuwa-me gene-ki,

你 試-**并** 尋問-**并** 看-**并** 去-**祈**

你試問着瞧，（下27b5）

48-24 okto banin be sa-ha-u unde-u?

藥 性質 **賓** 知道-**完**-**疑** 不是-**疑**

知道藥性了没有？（下27b5-6）

48-25 uthai amba -i mana-me,

就 大概 工 處理-并

就是大方脉兒的,（下27b6）

48-26 niyalma -i nimeku be dasa-mbi,

人 屬 病 賓 治療-現

治人的病啊,（下27b6）

48-27 ekxe-me saksi-me sini bou-de jiu,

急忙-并 慌忙-并 你.屬 家-位 來.祈

急急忙忙的来你家裏来,（下27b7）

48-28 sudala jafa-mbi se-me,

脉 診察-現 説-并

説是拿脉,（下27b7）

48-29 gala simhun -i balai emu jergi bixu-me,

手 指頭 工 輕慢 一 遍 撫摸-并

把手指頭混抹了一會子,（下27b7-28a1）

48-30 ainame ainame emu dasargan ili-bu nakv,

怎様 怎様 一 藥方 站-使.祈 之後

草草了事的立一個方子,（下28a1-2）

48-31 morin -i jiha be gai-fi yo-ha,

馬 屬 錢 賓 取-順 走-完

要了馬錢去了,（下28a2）

48-32 yebe o-qi ini gungge,

好 成爲-條 他.屬 功績

好了是他的功,（下28a2-3）

48-33 endebu-qi sini hesebun se-me,

失誤-**條** 你.**屬** 命運 **助-并**

死了是你的命，（下28a3）

48-34 inde fuhali daljakv,

他.**與** 完全 無關

與他毫無相干，（下28a3）

48-35 beye beye-i nimeku be ende-mbi-u?

自己 自己-**屬** 病 **賓** 瞞過-**現-疑**

自己不知道自己的病嗎?（下28a3-4）

48-36 haqingga okto -i baitala-bu-re anggala,

各種 藥 **工** 使用-**使-未** 而且

與其用各項的藥材，（下28a4）

48-37 beye ekisaka uji-re-ngge wesihun。

自己 安靜 養-**未-名** 尊貴

不如自己静静的養育爲貴啊。（下28a5）

第49條

49-1[A] simbe tuwa-qi,

你.**賓** 看-**條**

看起你来，（下28a6）

49-2 arki nure de haji,

燒酒 黄酒 **位** 親近

與燒黄酒上狠親啊，（下28a6）

49-3 dartai andande seme alja-bu-qi o-jora-kv,

頃刻 瞬間 雖然 離開-**使-條** 可以-**未-否**

一時離不得，（下28a6-7）

49-4 omi-ha-dari urui lalanji hepere-fi,
喝-**完**-每 經常 爛醉 醉-**順**
每逢喝酒一定要乱醉如泥，（下28a7）

49-5 ili-me tokto-ra-kv o-ho manggi,
站-**并** 固定-**未**-**否** 成爲-**完** 之後
站不住脚了的時候，（下28a7-28b1）

49-6 teni naka-mbi,
纔 停止-**現**
纔撂開手，（下28b1）

49-7 sain baita waka kai,
好 事 不是 啊
不是好事啊，（下28b1）

49-8 majige targa-ha de sain,
稍微 戒-**完** **位** 好
料戒一戒兒好啊，（下28b1-2）

49-9 sarin yengsi oqi ai hendu-re,
宴 席 若是 什麽 説-**未**
要是筵席上可怎麽説不喝呢，（下28b2）

49-10 baita sita bi-qi aina-ra,
事情 事務 有-**條** 做什麽-**未**
有事故的時候可怎麽樣呢，（下28b2-3）

49-11 sali-ha -i majige omi-ha de ai-bi,
自作主张-**完** **工** 稍微 喝-**完** **位** 什麽-**有**
拿着喝些兒有什麽，（下28b3）

49-12 baita akv de baita o-bu-me,

事情 否 位 事情 成爲-**使-并**

無事的時候把他當一件事情，（下28b3）

49-13 hvntahan jafaxa-hai angga qi hoko-bu-ra-kv makta-qi,

杯子 把握-**持** 口 **從** 離開-**使-未-否** 拿上-**條**

拿着鐘子不肯放稱贊起来，（下28b4）

49-14 ai sain ba banjina-ra,

什麽 好 地方 産生-**未**

有什麽好處，（下28b4-5）

49-15 ungga dangga de waka baha,

長輩 前輩 **位** 不禮貌 得到.**完**

只看見得罪老家兒，（下28b5）

49-16 amba jobolon neqi-he,

大 灾禍 犯-**完**

犯大罪，（下28b5）

49-17 oyonggo baita touka-bu-ha be sabu-ha dabala,

重要 事情 耽誤-**使-完** **賓** 看見-**完** 罷了

耽誤要緊的事情罷咧，（下28b6）

49-18 omi-ha turgunde tenteke bengsen taqi-ha,

喝-**完** 緣故 那様 本事 學-**完**

實在没聽見會喝酒算學了那様本事，（下28b6-7）

49-19 erdemu nonggi-bu-ha,

才能 增加-**使-完**

長了才學，（下28b7）

49-20 niyalma de kundule-bu-he,

人 與 尊敬-被-完

叫人恭敬，（下28b7）

49-21 jingkini baita be mute-bu-he-ngge be yala donji-ha ba inu akv,

正經 事情 賓 成就-使-完-名 賓 完全 聽-完 地方 也 否

成就了正經事情的呀，（下29a1）

49-22 banin be faquhvra-ra beye-be kokira-bu-re ehe okto kai,

本性 賓 打亂-未 身體-賓 打傷-使-未 壞 藥 啊

乱了性傷了身子是不好藥啊，（下29a2）

49-23 qingkai omi-qi o-mbi-u?

衹管 喝-條 可以-現-疑

長喝使得嗎？（下29a2-3）

49-24 akda-ra-kv oqi,

相信-未-否 若是

要是不信，（下29a3）

49-25 si bulekuxe-me tuwa-ki,

你 照鏡子-并 看-祈

你照着鏡子看看，（下29a3）

49-26 oforo gemu ibtene-he-bi,

鼻子 都 糟-完-現

鼻子全糟了，（下29a3-4）

49-27 ubu waliya-bu-re niyalma waka kai,

身份 放弃-使-未 人 不是 啊

不是撂分兒的人啊，（下29a4）

49-28 inenggi dobori akv uttu bexe-me omi-qi,

白天 晚上 **否** 這樣 浸透-**并** 喝-**條**

不分晝夜的如此往糟裏喝去，（下29a4-5）

49-29 beye-be beye hvdula-ra-ngge waka-u?

自己-**賓** 自己 急忙-**未**-**名** 不是-**疑**

不是自己叫自己快着嗎？（下29a5-6）

第50條

50-1[A] age si tuwa,

阿哥 你 看.**祈**

阿哥你看，（下29a7）

50-2 ai sui bi-he-ni,

什麼 罪 有-**完**-呢

受什麼罪呢，（下29a7）

50-3 niyalma uttu tuttu se-me sinde jombu-re-ngge,

人 這樣 那樣 **助**-**并** 你.**與** 建議-**未**-**名**

人家這們那們題駁你的，（下29a7-29b1）

50-4 ineku simbe sain o-kini,

同樣 你.**賓** 好 成爲-**祈**

也是叫你好，（下29b1）

50-5 ehe taqi-ra-kv se-re gvnin,

惡 學-**未**-**否** **助**-**未** 想法

不叫教你學不好的心啊，（下29b1-2）

50-6 hvla-ha bithe be majige urebu-qi,

讀-**完** 書 **賓** 稍微 復習-**條**

把念的書温習温習，（下29b2）

50-7 bahana-ra de gele-mbi-u?

懂得-未 位 怕-現-疑

怕會了嗎？（下29b2）

50-8 jingkini bengsen be taqi-re de umesi mangga bi-me,

真正 本事 賓 學-未 位 很 難 有-并

學正經本事狠難，（下29b2-3）

50-9 ehe demun inde nokai ja,

壞 習慣 他.與 很 容易

不好的事情於他狠容易，（下29b3-4）

50-10 ai haqin -i angga hvwaja-tala gisure-he seme,

什麽 種類 屬 嘴 破裂-至 説-完 雖然

任憑怎麽樣的把嘴説破了，（下29b4）

50-11 i donji-qi ai bai-re,

他 聽-條 什麽 求-未

他要是聽了求什麽，（下29b4-5）

50-12 nememe ebi habi akv[1],

反倒 呆 迷 否

越發怠兒慢兒的，（下29b5）

50-13 angga mongniuhon -i dere yasa waliyata-mbi,

嘴 無言 工 臉 眼睛 抛弃-現

撅着嘴撂鼻子臉子的上，（下29b5-6）

1 ebi habi akv：此爲固定用法，意爲“無精打采”。

50-14 tede bi tuwa-hai dolo doso-ra-kv,

那.**位** 我 看-**持** 心 忍耐-**未**-**否**

我看不過，（下29b6）

50-15 fanqa-fi hiyang se-me emgeri esukiye-re jakade,

發怒-**順** 叱責貌 **助**-**并** 一次 吆喝-**未** 因爲

生了氣大聲的呵叱了一頓，（下29b6-7）

50-16 dere fulara nakv,

臉 發紅.**祈** 之後

把臉紅了，（下29b7）

50-17 fudarame mini baru,

反倒 我.**屬** 向

反望着我説，（下29b7-30a1）

50-18 si mimbe qihala-fi aina-mbi se-me,

你 我.**賓** 尋求-**順** 做什麼-**現** **助**-**并**

你尋我的空子作什麼呢，（下30a1）

50-19 yasa-i muke gelerje-mbi,

眼睛-**屬** 淚水 淚汪汪-**現**

眼淚汪汪的，（下30a1-2）

50-20 ai hvlhi kesi akv dabala,

什麼 糊塗 幸運 **否** 罷了

何等的糊塗啊没福的罷咧，（下30a2）

50-21 hendu-re balame,

説-**未** 雖然

可是説的，（下30a2）

50-22 sain okto angga de gosihon,

好 藥 口 **位** 苦

良藥苦口，（下30a2-3）

50-23 tondo gisun xan de iqakv se-he-bi,

忠實 話語 耳 **位** 逆 **助-完-現**

忠言逆耳的話呀，（下30a3）

50-24 aika giranggi yali waka oqi,

如果 骨頭 肉 不是 若是

要不是骨肉，（下30a3-4）

50-25 bi damu ainame hoxxo-me urgunje-bu-qi waji-ha kai,

我 衹是 苟且 哄騙-**并** 高興-**使-條** 完結-**完** 啊

我寡哄着他叫他喜歡就完了啊，（下30a4-5）

50-26 urunakv inde eime-bu-re-ngge ai haran。

必定 他.**與** 厭煩-**被-未-名** 什麼 緣故

爲什麼一定叫他厭煩呢。（下30a5）

漢文詞彙索引

E

G

影印本

續編兼漢清文指要

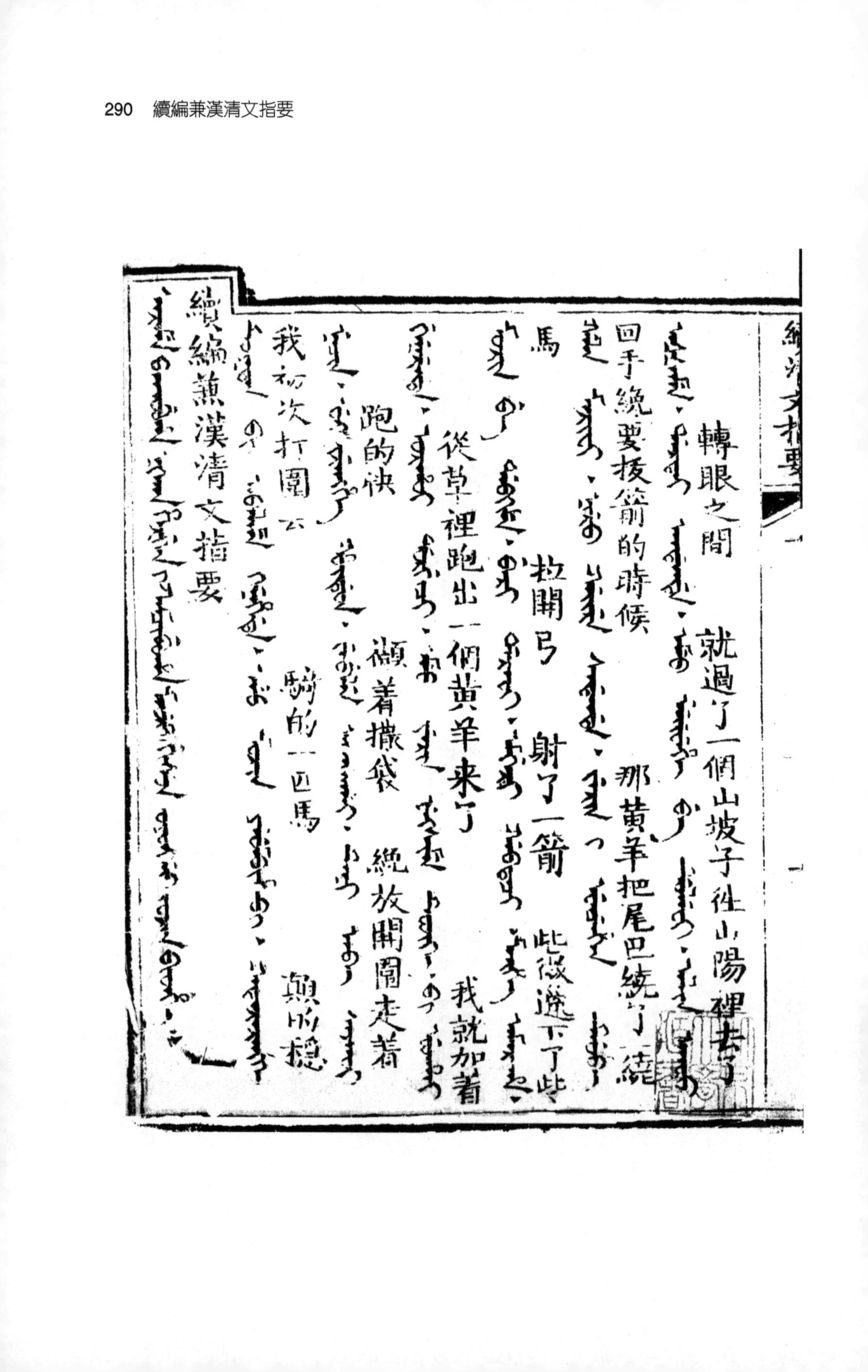

轉眼之間 就過了一個山坡子往山陽裡去了

回手綰要接箭的時候 那黃羊把尾巴繞了一繞

馬 拉開弓 射了一箭 些微遲下了些

從草裡跑出一個黃羊來了 我就加着

跑的快 顛着撒袋 纔放開閘走着

我初次打圍 騎的一匹馬 顛的穩

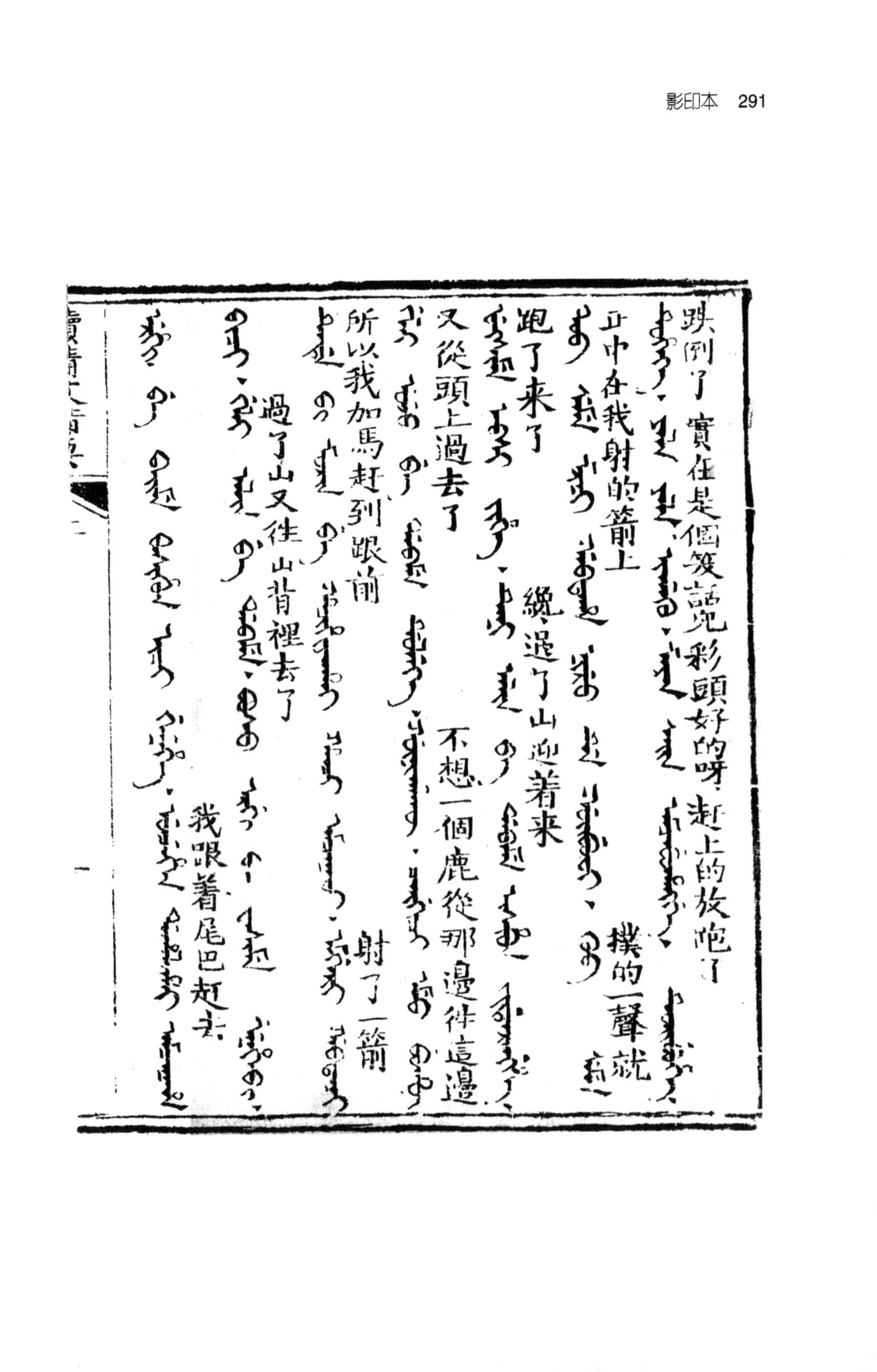

跌倒了 實在是個笑話兒彩頭好的呀 趕上的放跑了

正中在我射的箭上 撲的一聲就

跑了來了 纔過了山迎着來

又從頭上過去了 不想一個鹿從那邊往這邊

所以我加馬趕到跟前 射了一箭

過了山又往山背裡去了

我跟着尾巴趕去

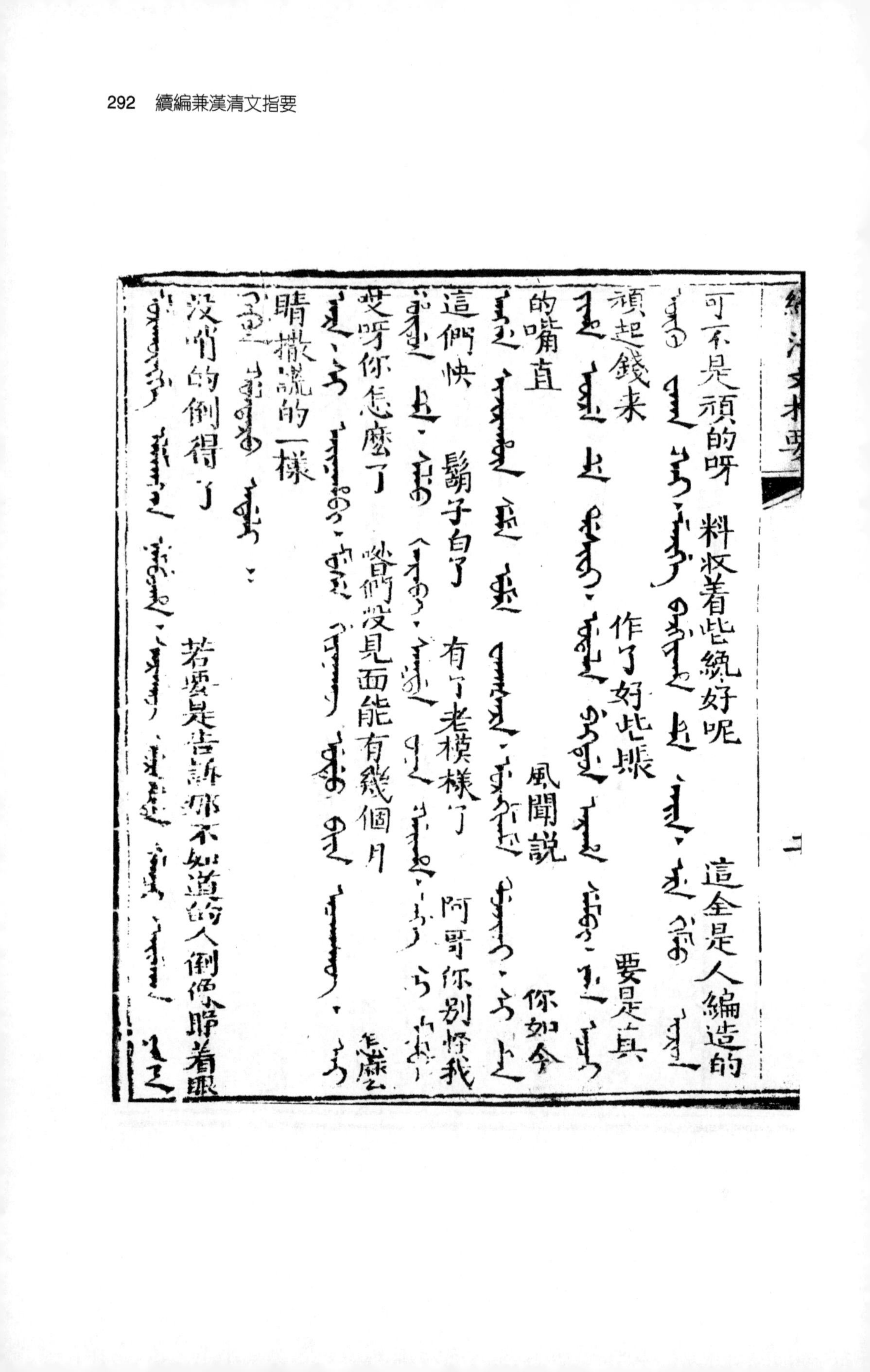

可不是須的呀 料收着些纔好呢 這全是人編造的

須起錢來 作了好些賬 要是真

的嘴直 風聞說 你如今

這個快 鬍子白了 有了老模樣了 阿哥你別怪我

哎呀你怎麽了 喒們沒見面能有幾個月 怎麽

睛撒謊的一樣

沒們的倒得了 若要是告訴那不知道的人倒像睜着眼

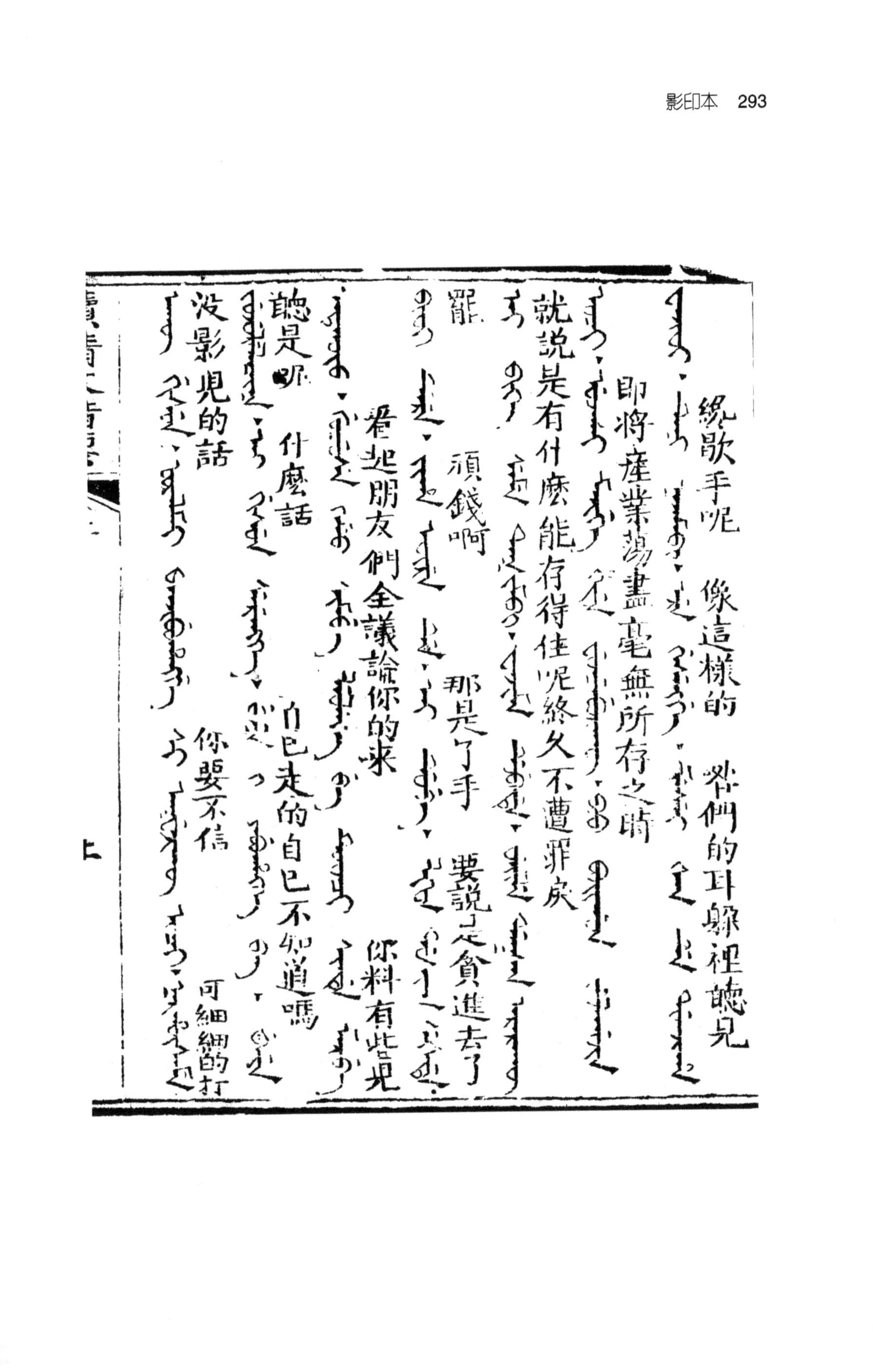

纔歇手呢　像這樣的　咱們的耳朶裡聽見

即將產業蕩盡毫無所存之時

就說是有什麽能存得住呢終久不遭罪麽

罷

須錢啊　那是了手　要說是貧進去了

看起朋友們全議論你的來　你料有些兒

什麽話　自己走的自己不知道嗎

聽是哪

没影兒的話　你要不信　可細細的打

上

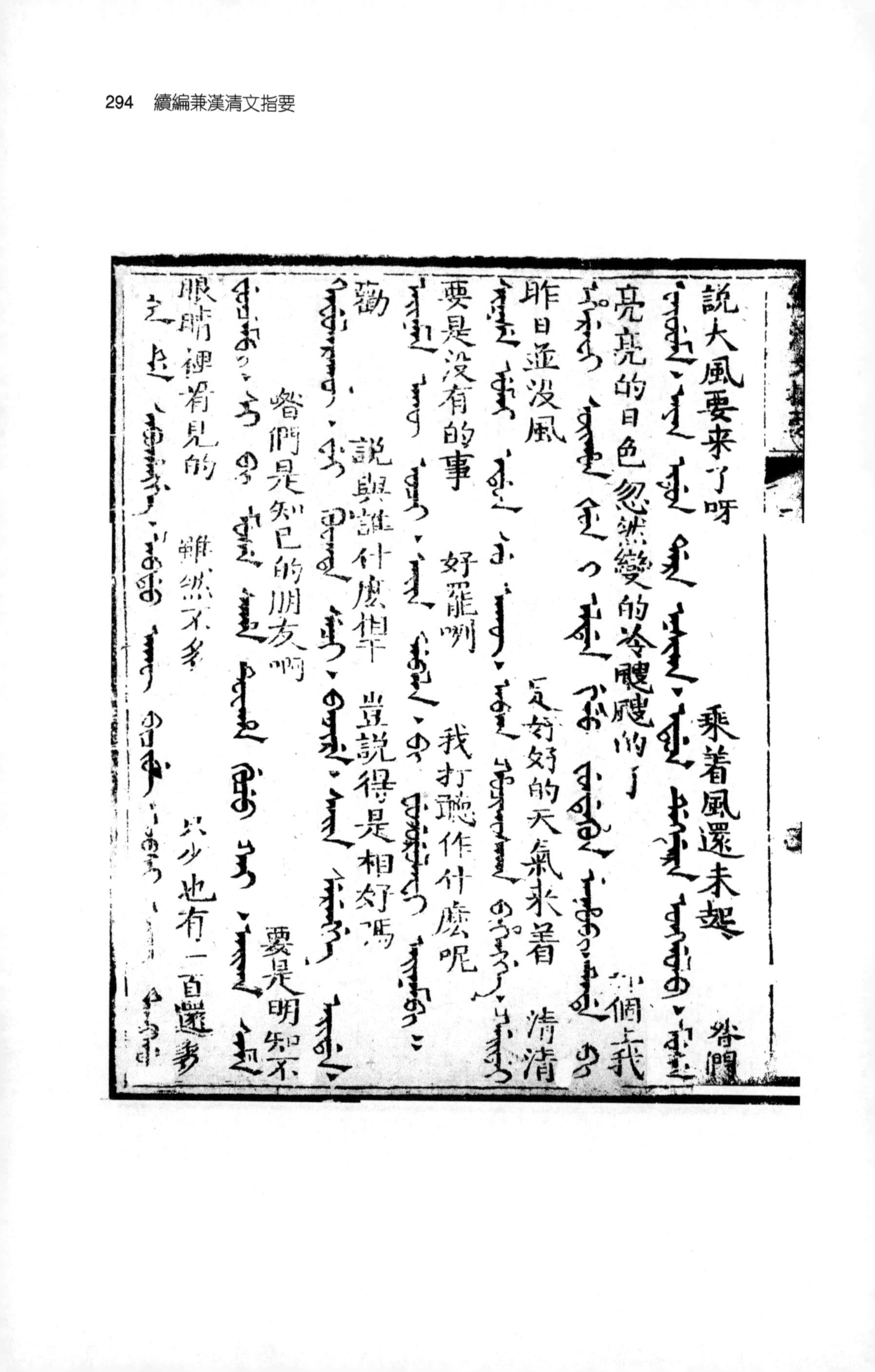

說大風要來了呀 乘着風還未起 咱們

亮亮的日色忽然變的冷颼颼的了 我們

昨日並沒風 反好好的天氣來着 清清

要是沒有的事 好罷咧 我打聽作什麼呢

勸 說與誰什麼相干 豈說得是相好嗎

咱們是知己的朋友啊 要是明知不

眼睛裡看見的 雖然不多 只少也有一百還多

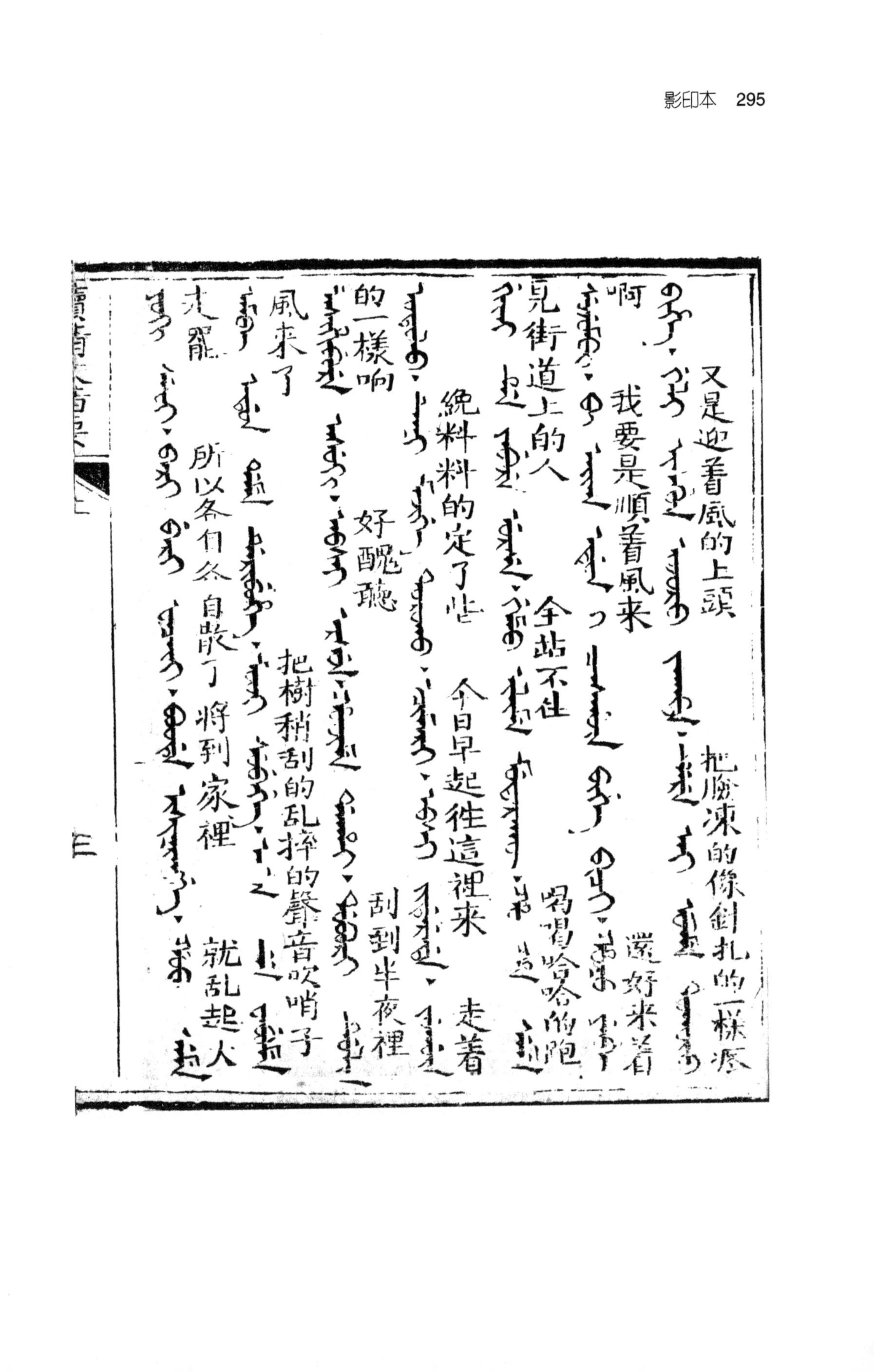

又是迎着風的上頭
把臉凍的像刀扎的一樣疼
啊
我要是順着風來
還好來着
見街道上的人
全站不住
喝喝哈哈的跑
絶料料的定了些
今日早起往這裡來
走着
的一樣响
好醜聽
刮到半夜裡
風來了
把樹稍刮的乱摔的聲音吹哨子
才罷
所以各自各自散了
將到家裡
就乱起大

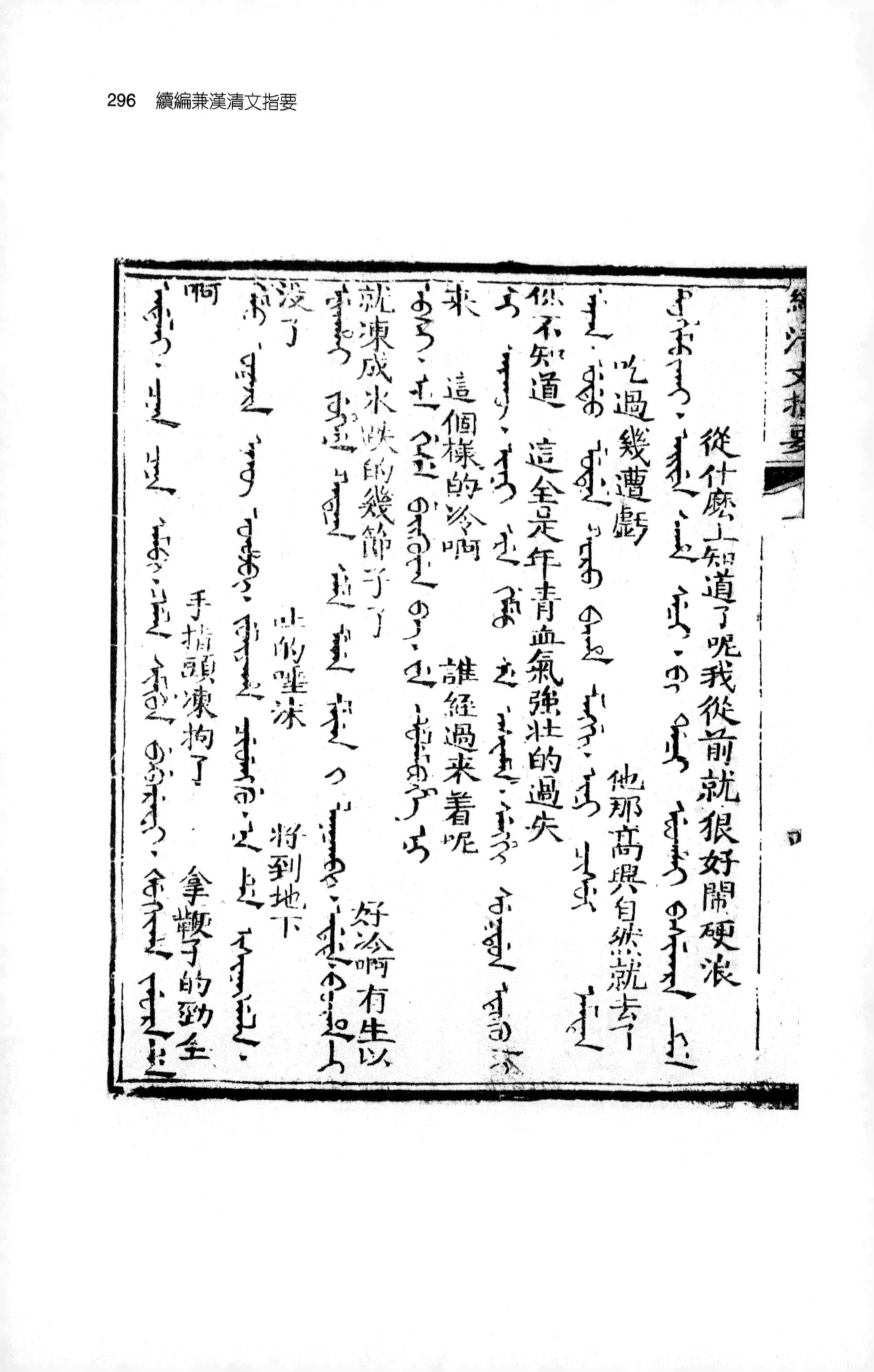

從什麽上知道了呢我從前就狠好鬧硬浪

吃過幾遭虧　他那高興自然就去了

似不知道　這全是年青血氣強壯的過失

來　這個樣的冷啊　誰經過來着呢

就凍成冰跌的幾節子了

好冷啊有生以

沒了　吐的唾沫　將到地下

啊　手指頭凍拘了　拿鞭子的勁全

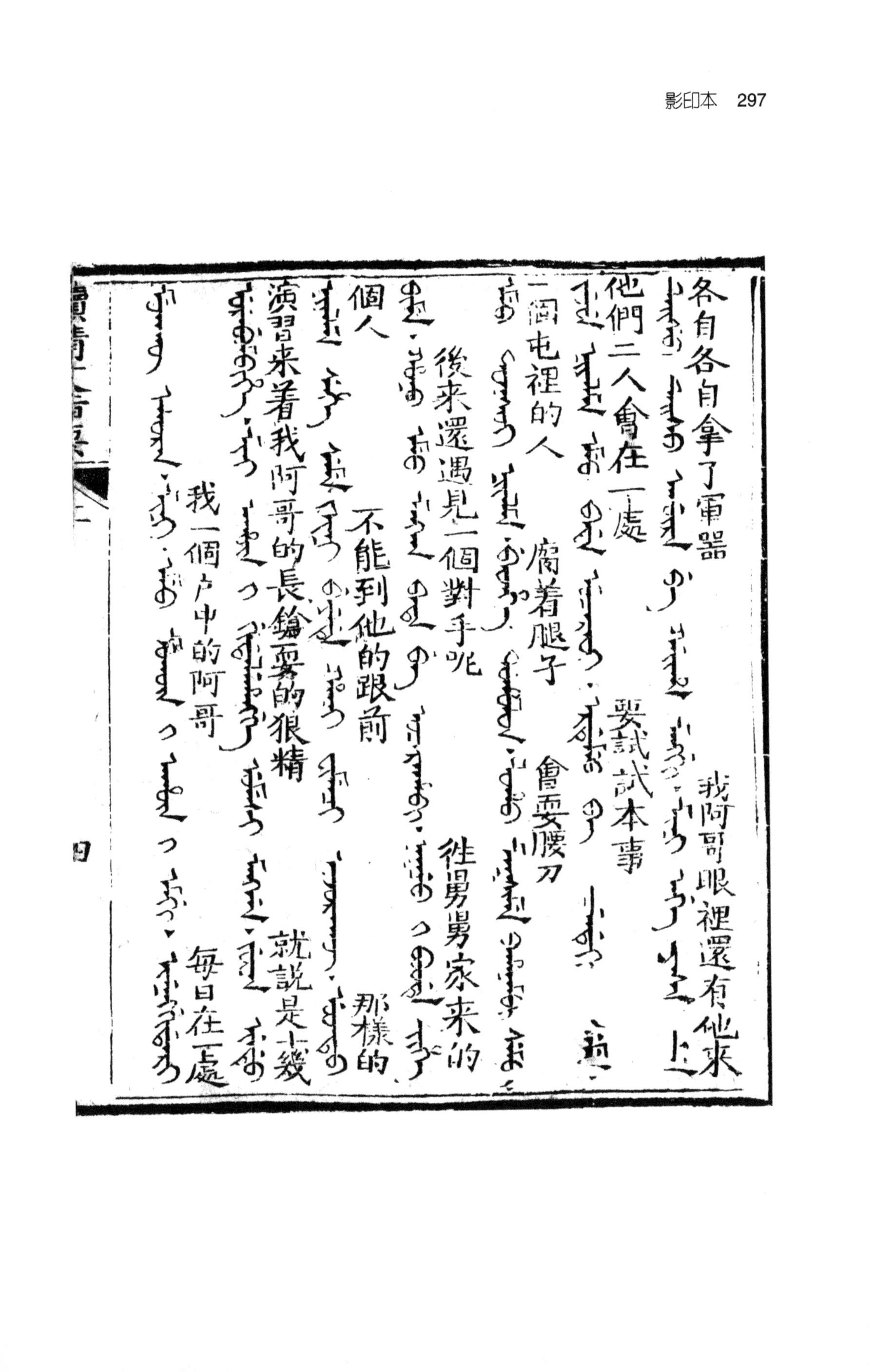

各自各自拿了軍器 我阿哥眼裡還有他来

他們二人會在一處 要試試本事

一個屯裡的人 腐着腿子 會耍腰刀

後来還遇見一個對手呢 往舅舅家来的

個人 不能到他的跟前 那樣的

演習来着我阿哥的長鎗耍的狠精 就說是士幾

我一個户中的阿哥 每日在一處

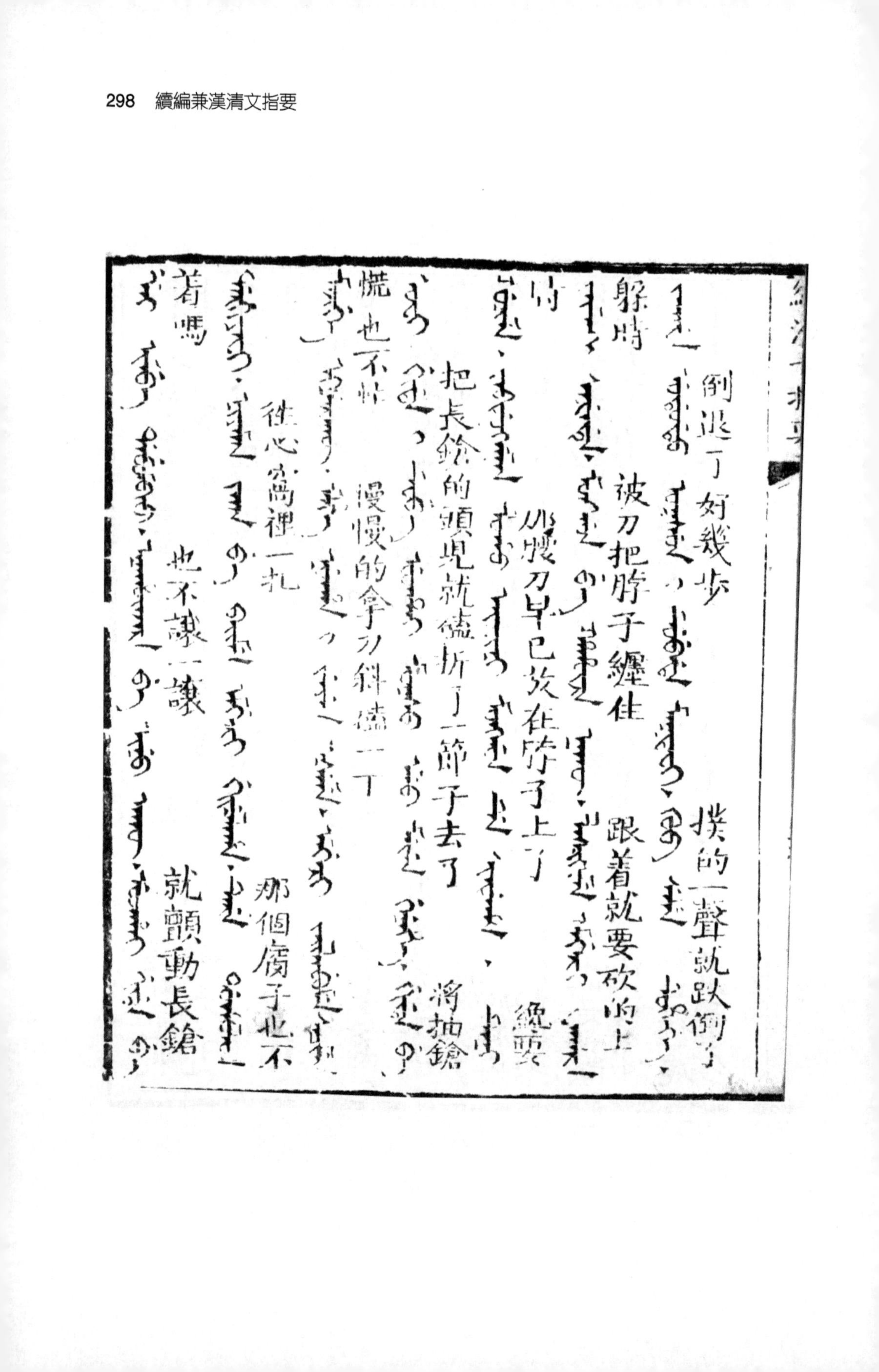

倒退了好幾步　撲的一聲就跌倒了

躲時　被刀把脖子纏住　跟着就要砍的上

時　小腰刀早已放在脖子上了　總要

把長槍的頭兒就磕折了一節子去了　將抽鎗

慌也不忙　慢慢的拿刀斜磕一下

往心窩裡一扎　那個瘸子也不

着嗎　也不讓一讓　就顫動長鎗

射照的 就像白日裡一樣 慢慢的

不多的時候月已高升 光輝

坐上了船

越發爽快了 我們幾個人 吃了晚飯

遊頑的 說他作什麽 到了晚上

喒們前日往西山裡去 何等的快樂來着 白日裡

天下最大啊 能人豈少嗎

從那個上把高興打斷 再也不學了 以此看來

那萬宗的思慮
付與流水無有
了那個時候
竟把
忽然從順風裡聽見喈喈的鐘聲到
又撐着船將到了蘆葦深處
真可謂山青水秀
竟是天水一色幽靜匪常
撐着船順着風去
繞過山嘴子去一看

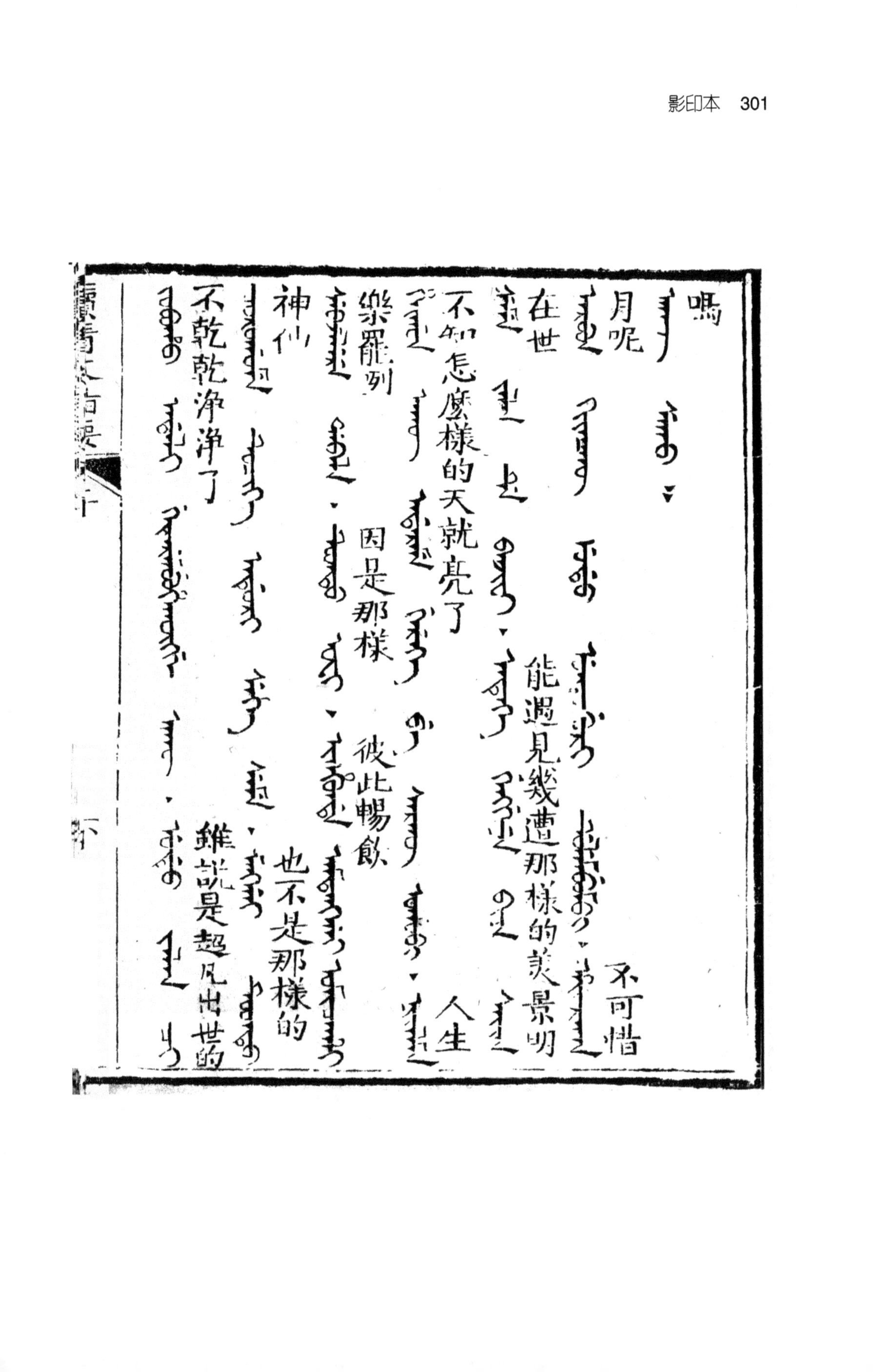

嗎 不可惜

月呢

在世 能遇見幾遭那樣的美景明

不知怎麼樣的天就亮了 人生

樂罷咧 因是那樣 彼此暢飲

神仙 也不是那樣的

不乾乾淨淨了 雖說是超凡出世的

你怎麽了 氣色煞白的 消瘦的這樣了

阿哥你有所不知 這幾日别滿的氣味

很不好 又搭着一冷一熱的上

没有定準 所以人不能照常的將養身子

而且前日飯時 是凉快

快的来着忽然熱的叫人受不得煩燥的狠

出了通身的汗的上

把袍子脫了涼快着
喝了一碗涼茶的上
立刻的頭就疼起來了
渾身發冷很覺着昏沉了
鼻子也嚷了
嗓子也啞了
並不是你一個人那樣的
我的身子也有些不舒服
懶怠動撣
幸而昨日吃了的喝了的東西全吐了
不然今日也不能免強來

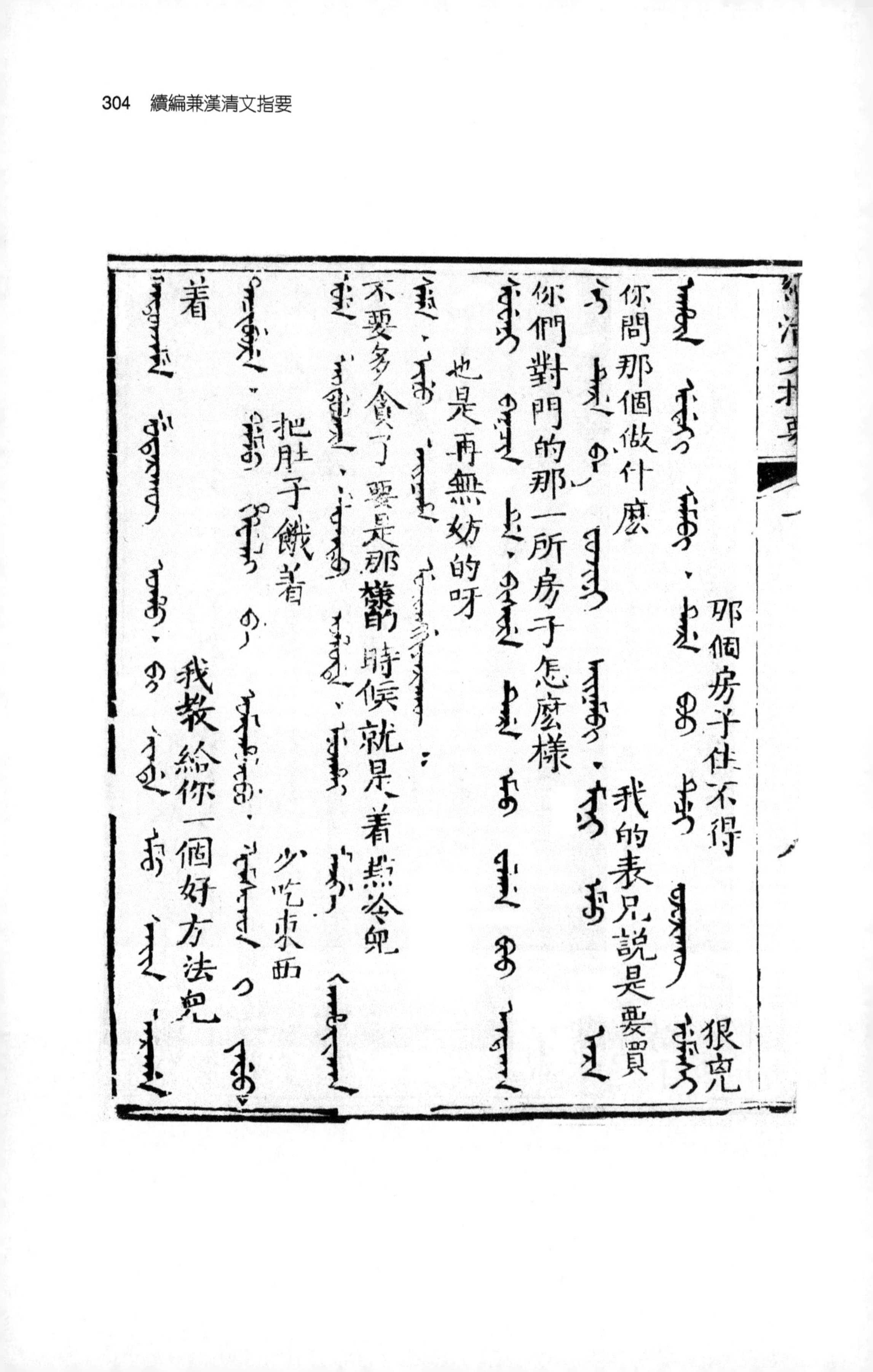

那個房子住不得狠兒

我的表兄說是要買

你問那個做什麼

你們對門的那一所房子怎麼樣

也是再無妨的呀

不要多貪了 要是那饕餮時候就是着熱冷兒

把肚子餓着 少吃東西

着 我教給你一個好方法兒

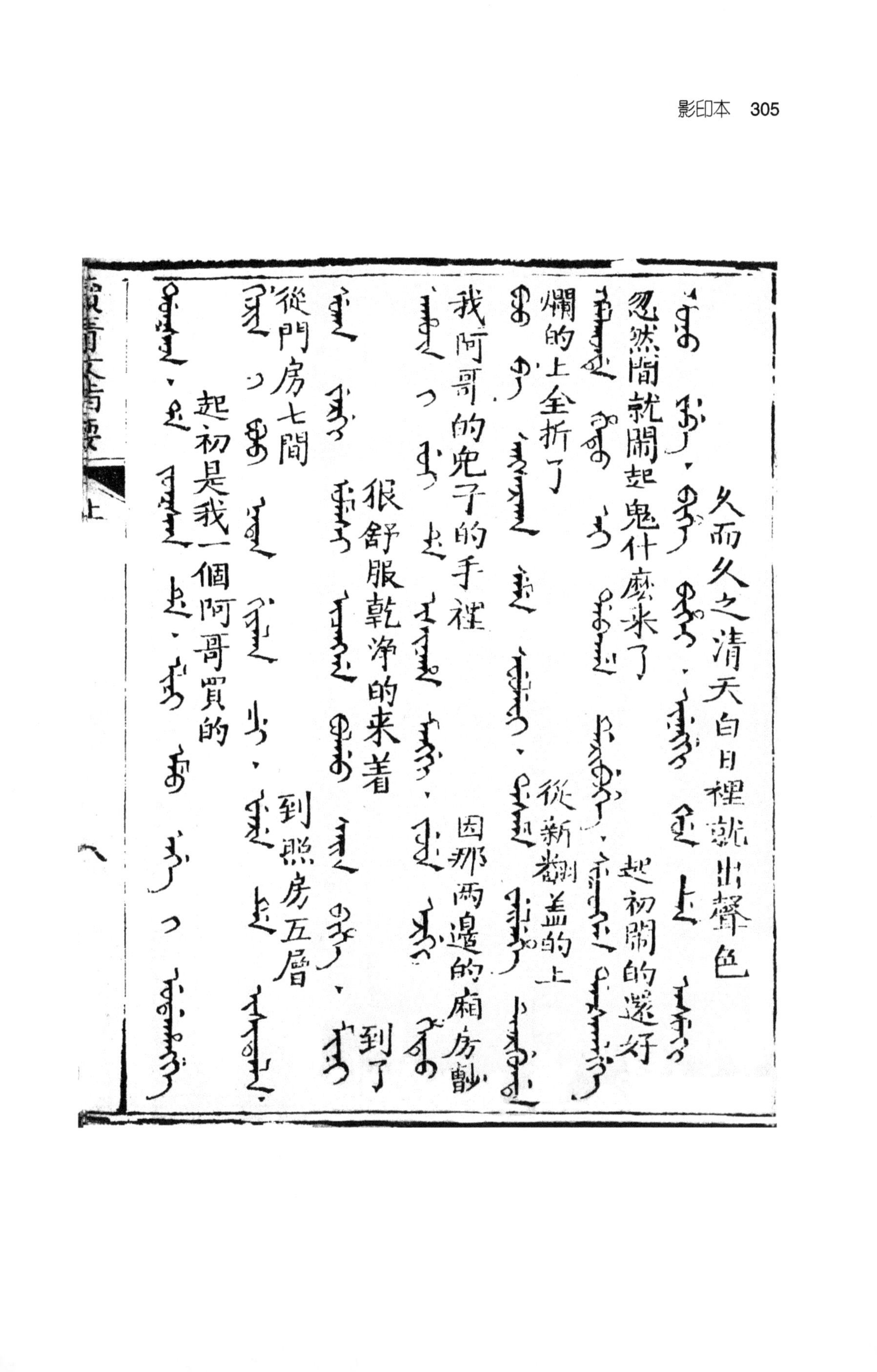

久而久之清天白日裡就出聲色

起初鬧的還好

忽然間就鬧起鬼什麽來了

從新翻蓋的上

爛的上全折了

因那兩邊的廂房䶃

我阿哥的兒子的手裡

很舒服乾淨的来着

到了

從門房七間

到照房五層

起初是我一個阿哥買的

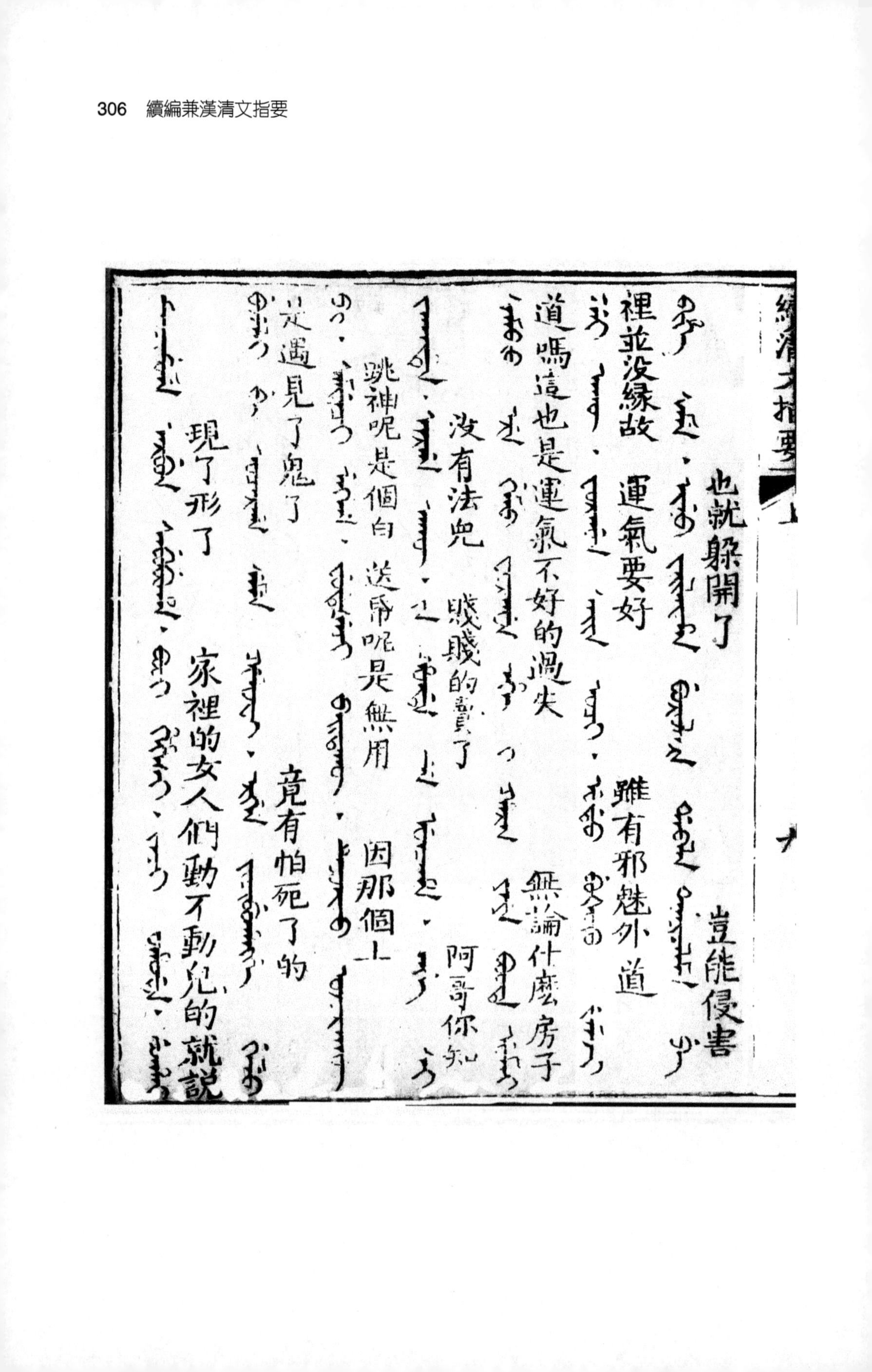

也就躲開了 豈能侵害

裡並沒緣故 運氣要好 雖有邪魅外道

道嗎 這也是運氣不好的過失 無論什麼房子

沒有法兒 賤賤的賣了 阿哥你知

跳神呢是個白 送祟呢是無用 因那個上

見遇見了鬼了 竟有怕死了的

現了形了 家裡的女人們動不動兒的就說

把咱們過去的事情

那個人竟是一個神仙了

聽見人告訴

很是出奇的好啊

阿哥你沒聽見嗎

新近城外頭來了一個筭命的

由他自己定奪去罷

或買哎不買

我把打聽的實在的緣故告訴他就完了

人嗎

而且

我這個阿哥胆子很小

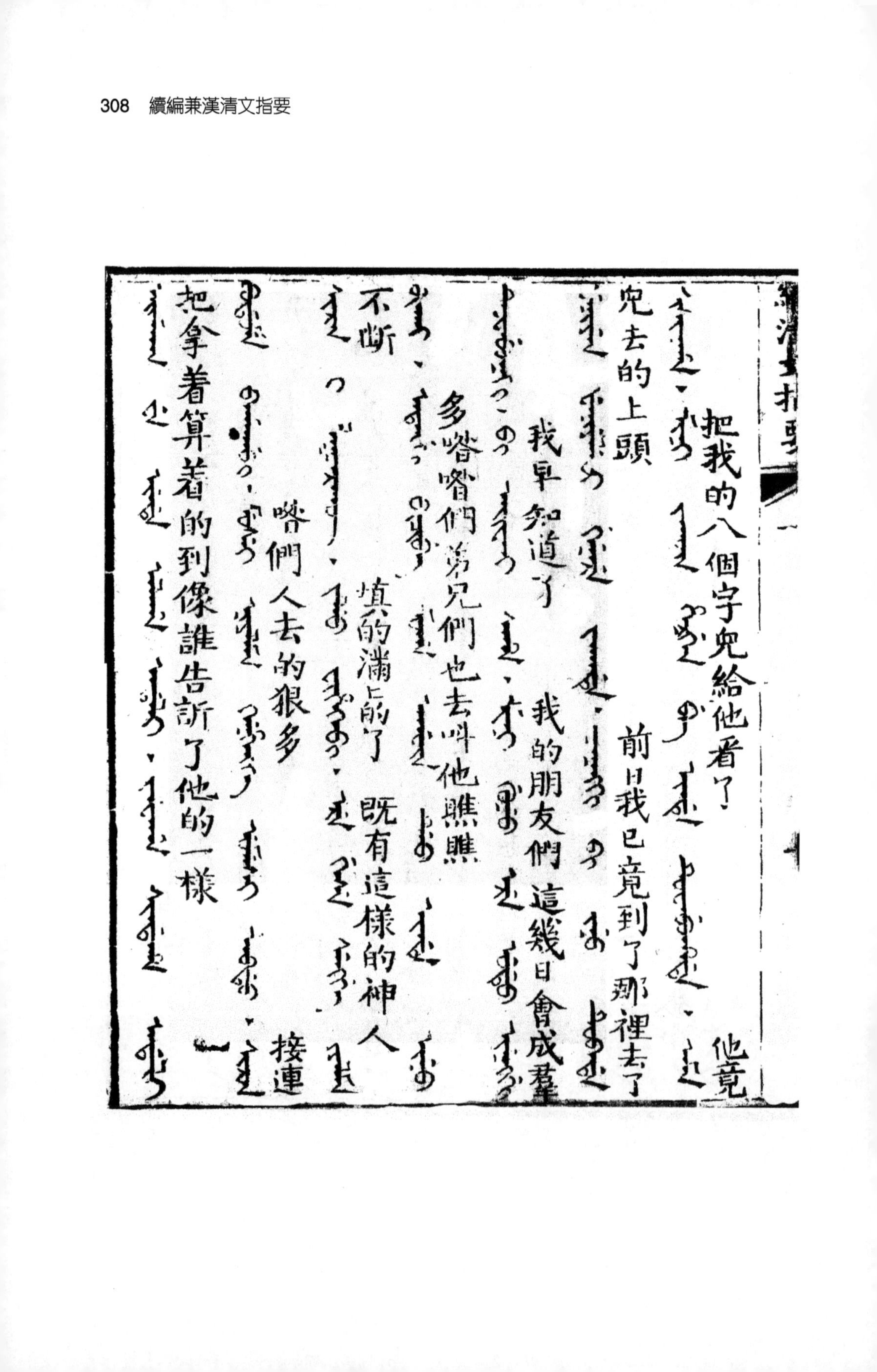

把我的八個字兒給他看了
他竟
兒去的上頭
前日我已竟到了那裡去了
我早知道了
我的朋友們這幾日會成羣
多喒喒們弟兄們也去叫他瞧瞧
不斷
填的滿滿的了
既有這樣的神人
喒們人去的狠多
接連
把拿着算着的到像誰告訴了他的一樣

裡白坐着　莫若閒曠的一樣消着愁悶兒去走走

總說了罷你又無事　與其在家

可是那樣說咱們那裡沒花過那幾個錢

但只未來的事　未必就照他那說的呢

一點兒也不錯　已過去的雖然對了

多咱得的官　按件都算的對當

把父母的什麼年紀弟兄幾個　女人什麼姓氏

也不懂得　醒着倒像睡覺的一樣　白一

全不知道　縮頭縮腦的　連怎麼進退

頭磕磕絆絆的　連一問一答的話

村粗的至極了　在人前

還在老實一邊來着　近来一點叫人看不上

你看他那行景　不知要怎麼樣的原先纔見他的時候

人有什麼使不得的去處呢

没氣兒的一様　眼珠兒也不動　直直的望着

忽然又題起那個來了　要不是撅嘴唇子搭拉着

彼此一處坐着講話的時候　並說着這個

的不透徹　比這個可笑的事還有呢啊

阿哥你們皆因並未久交　知道

相與的好啊　該當掯撥掯撥他纔是

個人數兒罷咧　糊裡糊塗的怎麼活着呢　你們

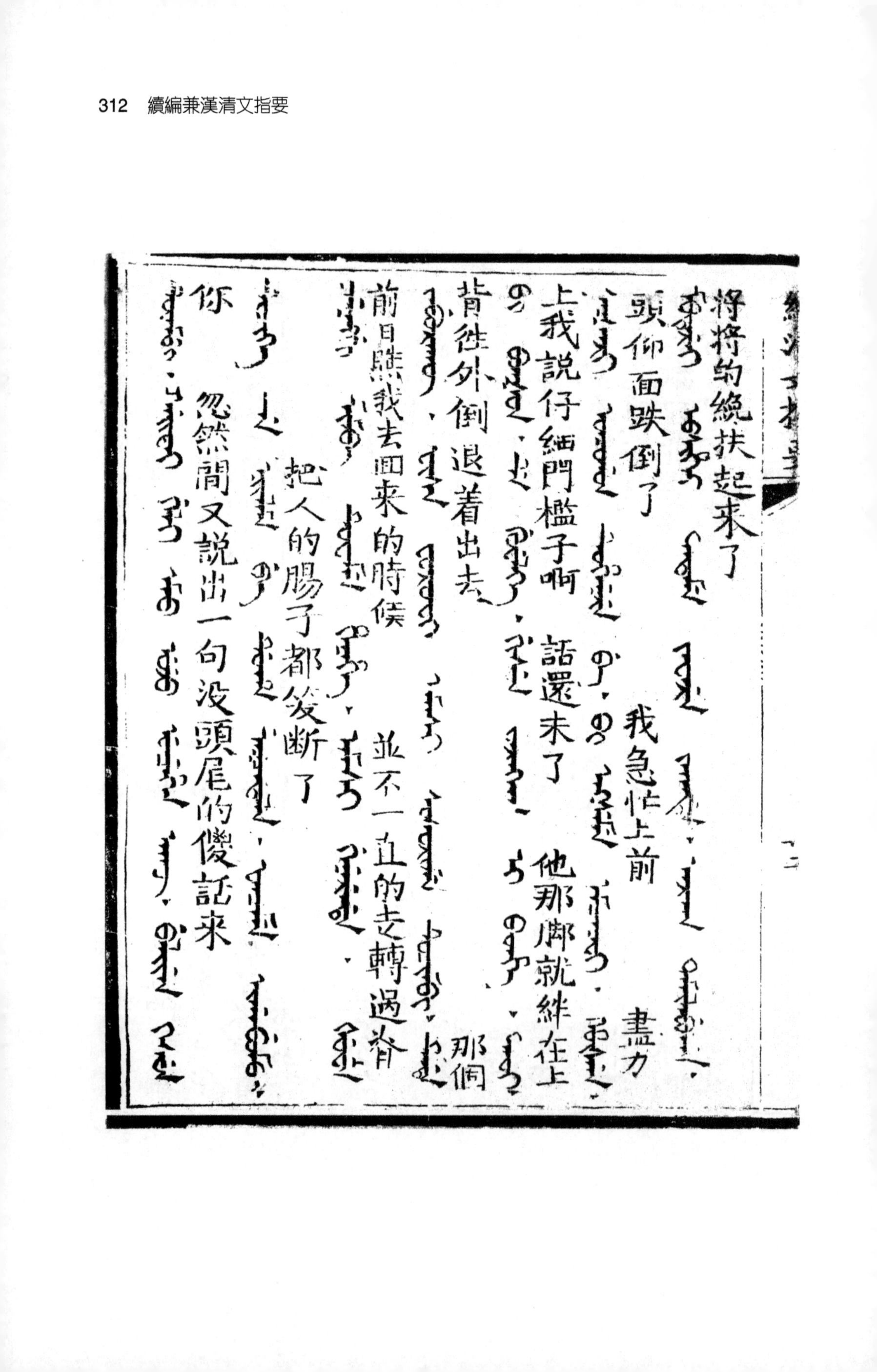

將將的纔扶起來了

頭仰面跌倒了　我急忙上前　盡力

上我説仔細門檻子啊　話還未了　他那脚就絆在上

背往外倒退着出去　那個

前日瞧我去回來的時候　並不一直的走轉過脊

把人的腸子都笑斷了

你　忽然間又説出一句沒頭尾的儍話來

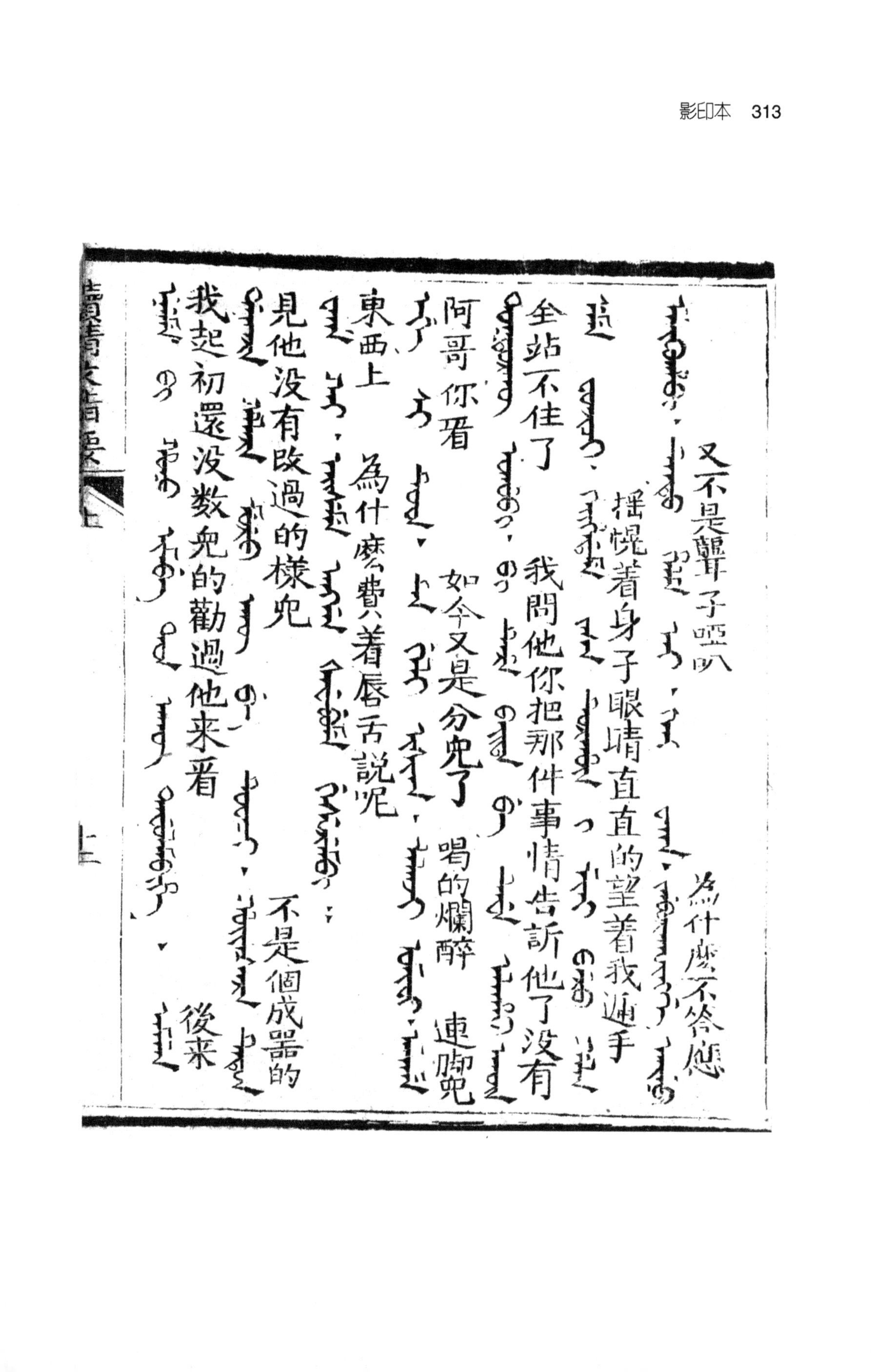

我起初還没数兒的勸過他来着　後来
見他没有改過的樣兒　不是個成器的
東西上　為什麼費着唇舌說呢
阿哥你看　如今又是分兒了　唱的爛醉　連脚兒
全站不住了　我問他你把那件事情告訴他了没有
搖幌着身子眼睛直直的望着我通手
又不是聾子啞叭　為什麼不答應

永遠斷了酒揔不許喝 可是說的

看我的臉上饒過這一次罷 往後

今日遇見我在這裡

不知道嗎 皆因是那樣怕的上沒有答應的話了

別 他大畧忘了沒去罷 他的不是他豈

不重重的打他的時候 我就說誓了 阿哥你

像這個叫人生氣的也有呢 今日要

子上的血還　這一次饒過了的時候　就說

灵兒　一説喝酒　就死也不肯放比他阿媽脖

了　阿哥你如何知道呢　生來是一個不成器的魂

哥的意兒責發罷　我雖再遇見了　也就難求情

要是不改　還要是喝的這樣爛醉的時候　隨阿

摸着頭頂的主子啊　他可往那裡去　要改就改了

驢子容易騎　奴才容易壓派　你實在是

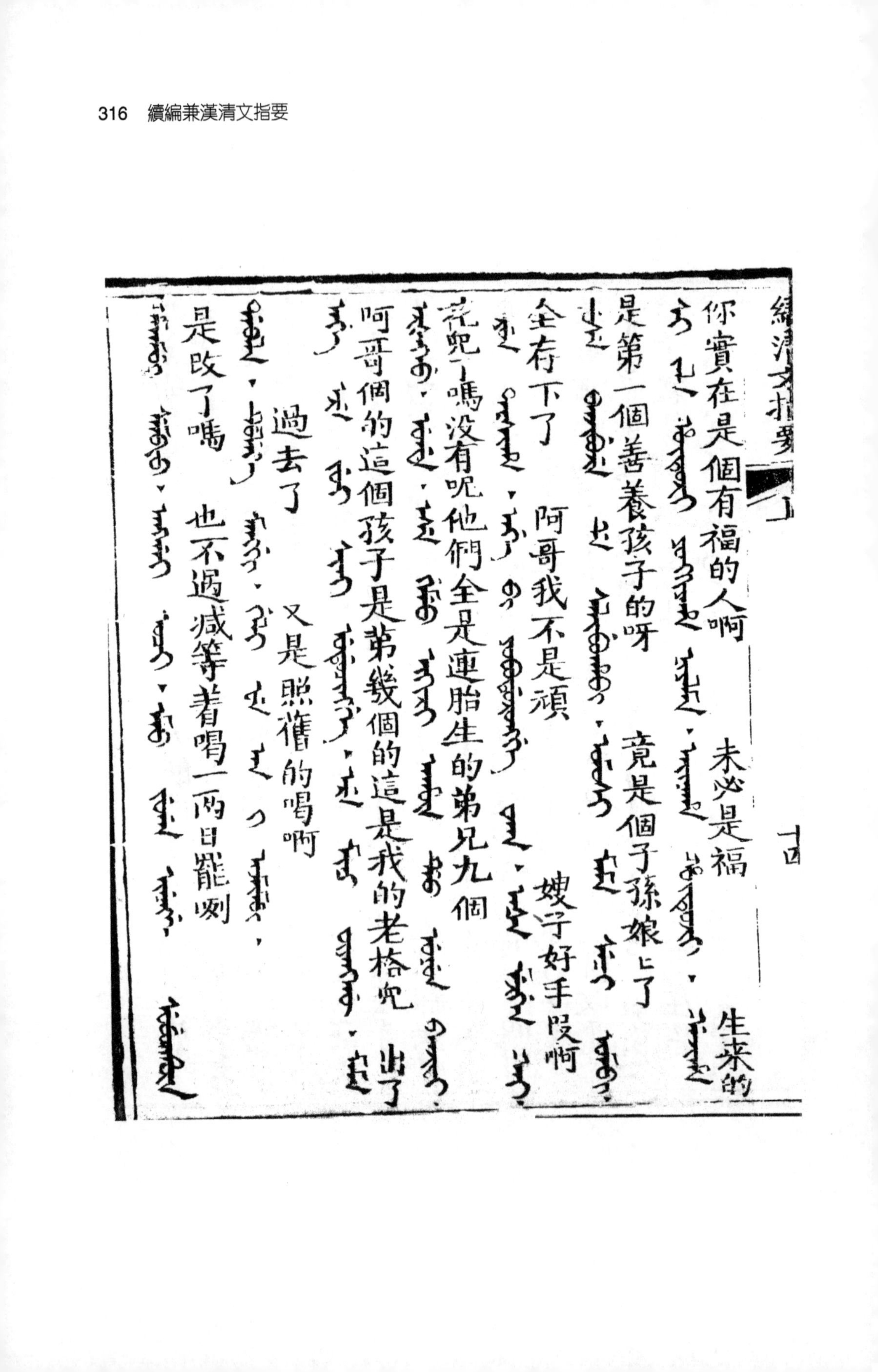

你實在是個有福的人啊 未必是福 生來的

是第一個善養孩子的呀 竟是個子孫娘娘了

全存下了 阿哥我不是頑 嫂子好手段啊

花兒上嗎沒有呢他們全是連胎生的弟兄九個

阿哥個的這個孩子是第幾個的這是我的老格兒 出了

過去了 又是照舊的喝啊

是改了嗎 也不過減等着喝一兩日罷咧

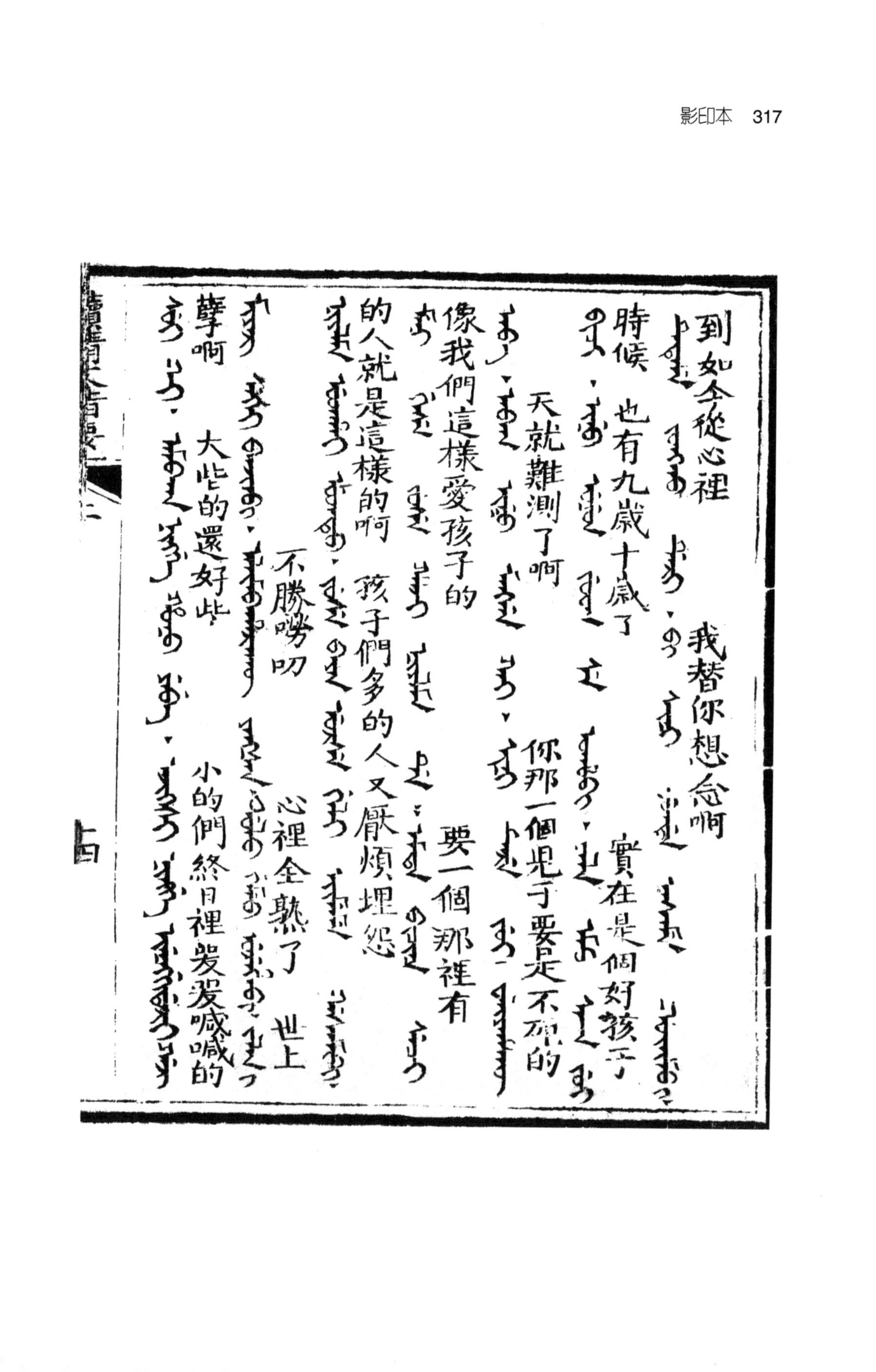

到如今從心裡　我替你想念啊

時候　也有九歲十歲了　實在是個好孩子

天就難測了啊　你那一個兒子要是不死的

像我們這樣愛孩子的　要一個那裡有

的人就是這樣的啊　孩子們多的人又厭煩埋怨

不勝嘮叨　心裡全熟了　世上

孽啊　大些的還好些　小的們終日裡嗳嗳喊喊的

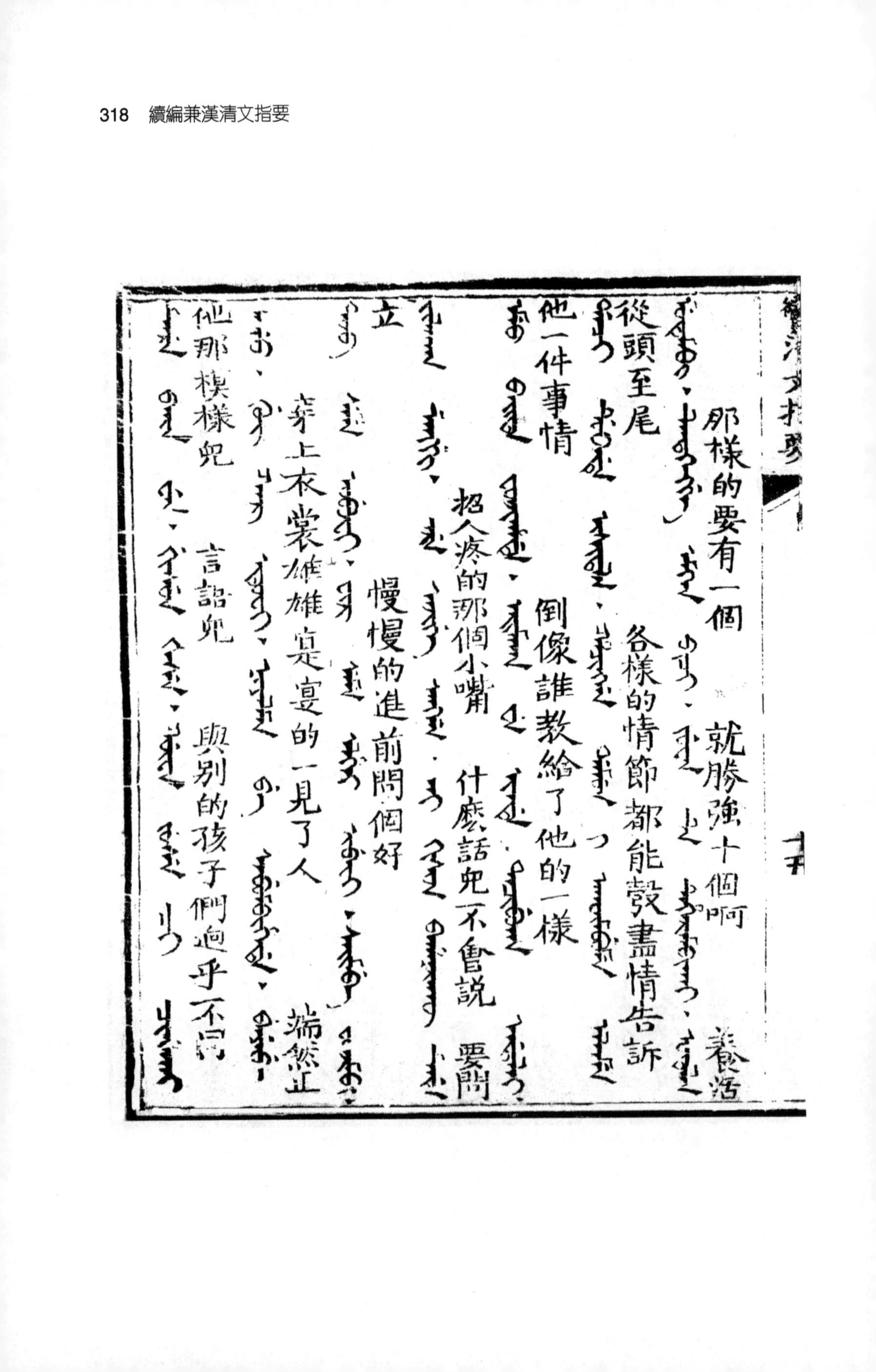

那樣的要有一個 就勝強十個啊 養活

從頭至尾 各樣的情節都能彀盡情告訴

他一件事情 倒像誰教給了他的一樣

招人疼的那個小嘴 什麼話兒不會說 要問

立 慢慢的進前問個好

穿上衣裳雄雄寔寔的一見了人 端然正

他那模樣兒 言語兒 與別的孩子們迥乎不同

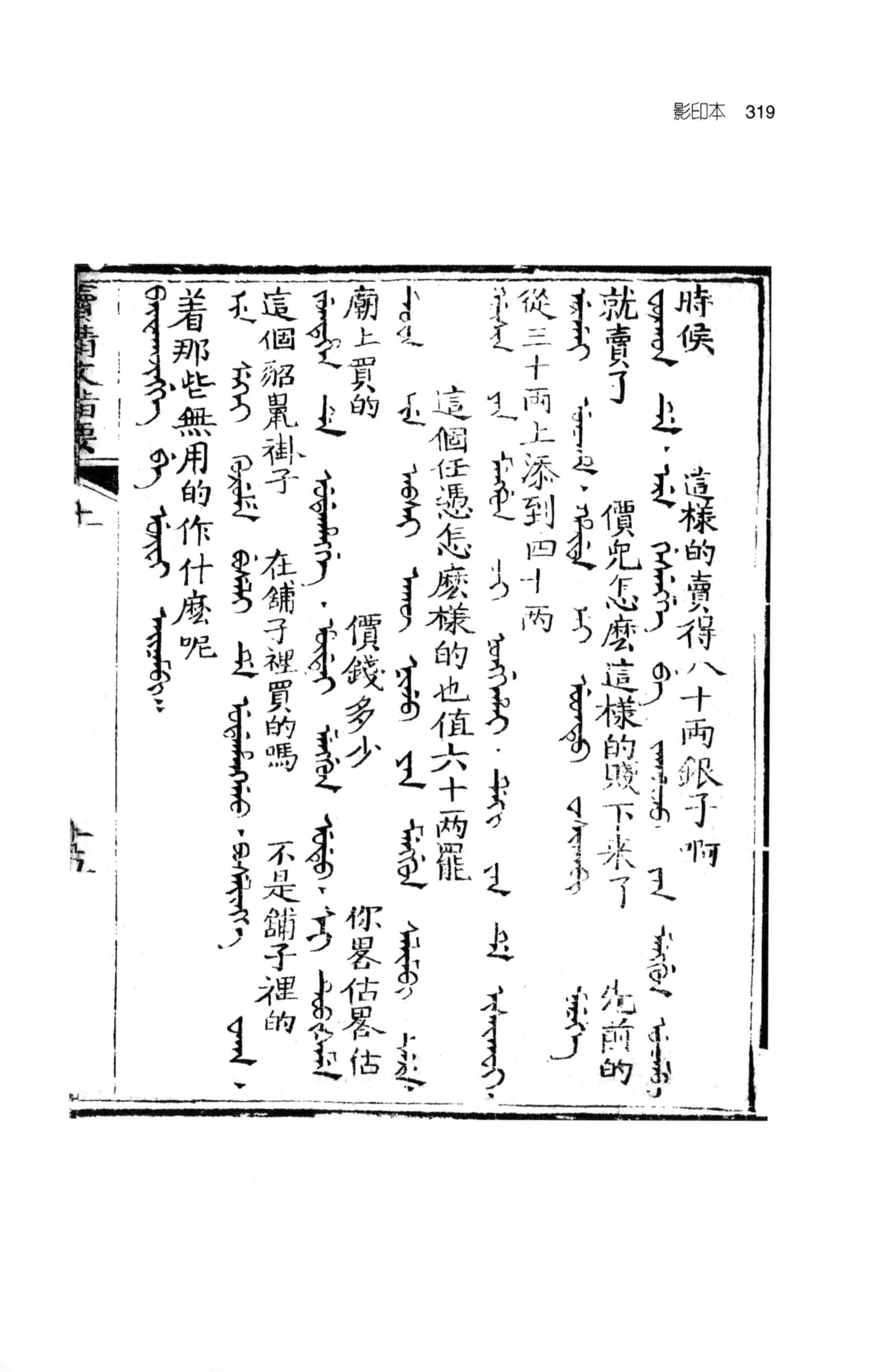

時候 這樣的賣得八十兩銀子啊

就賣了 價兒怎麼這樣的賤下來了 先前的

從三十兩上添到四十兩

這個任憑怎麼樣的也值六十兩罷

廟上買的 價錢多少 你畧估畧估

這個貂鼠褂子 在鋪子裡買的嗎 不是鋪子裡的

着那些無用的作什麼呢

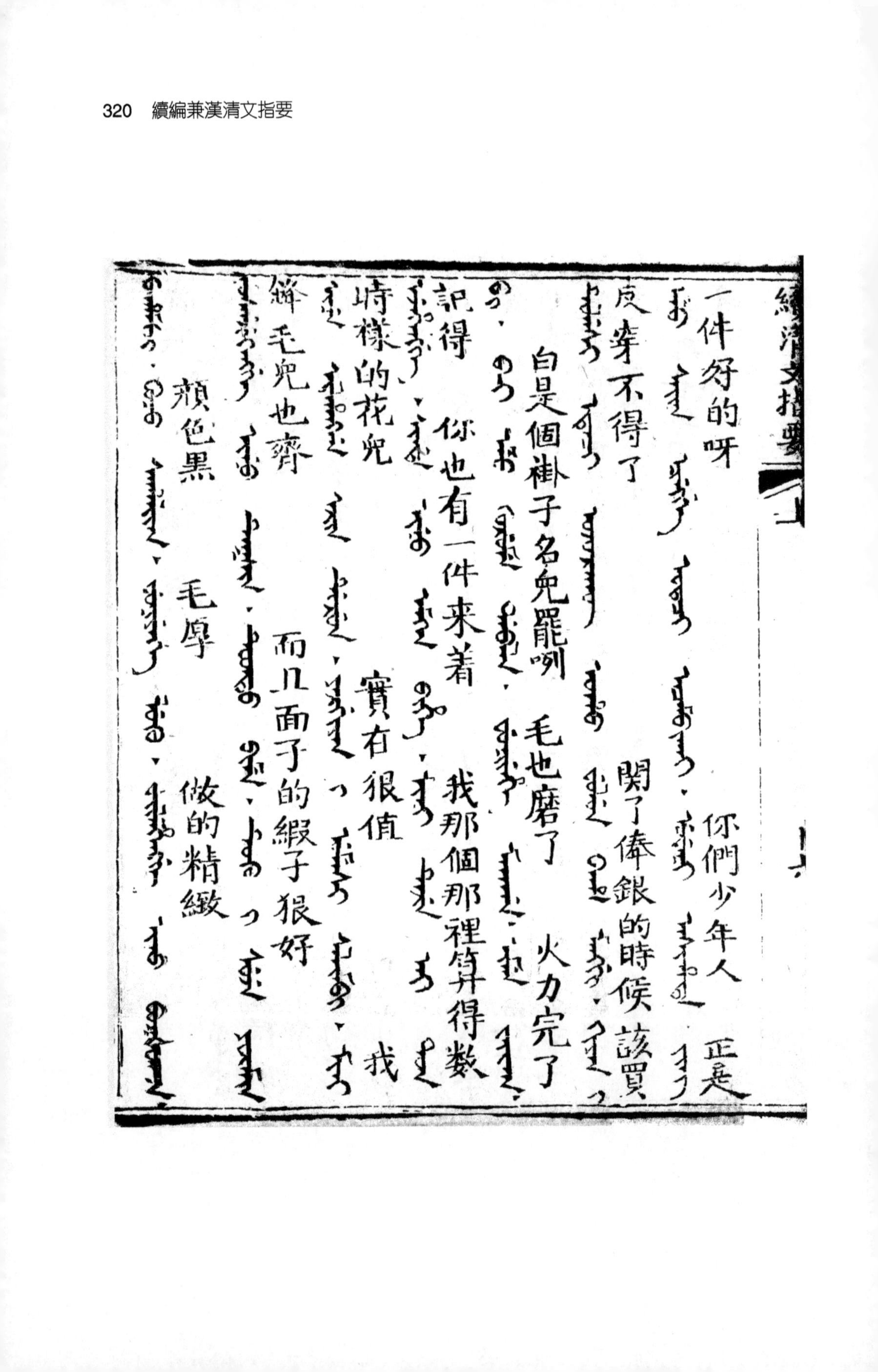

你們少年人　正是

閙了俸銀的時候該買

皮穿不得了

一件好的呀

白是個褂子名兒罷咧　毛也磨了　火力完了

記得　你也有一件来着　我那個那裡筭得數

晴樣的花兒　實在很俏　我

鮮毛兒也齊　而且面子的緞子很好

顏色黑　毛厚　做的精緻

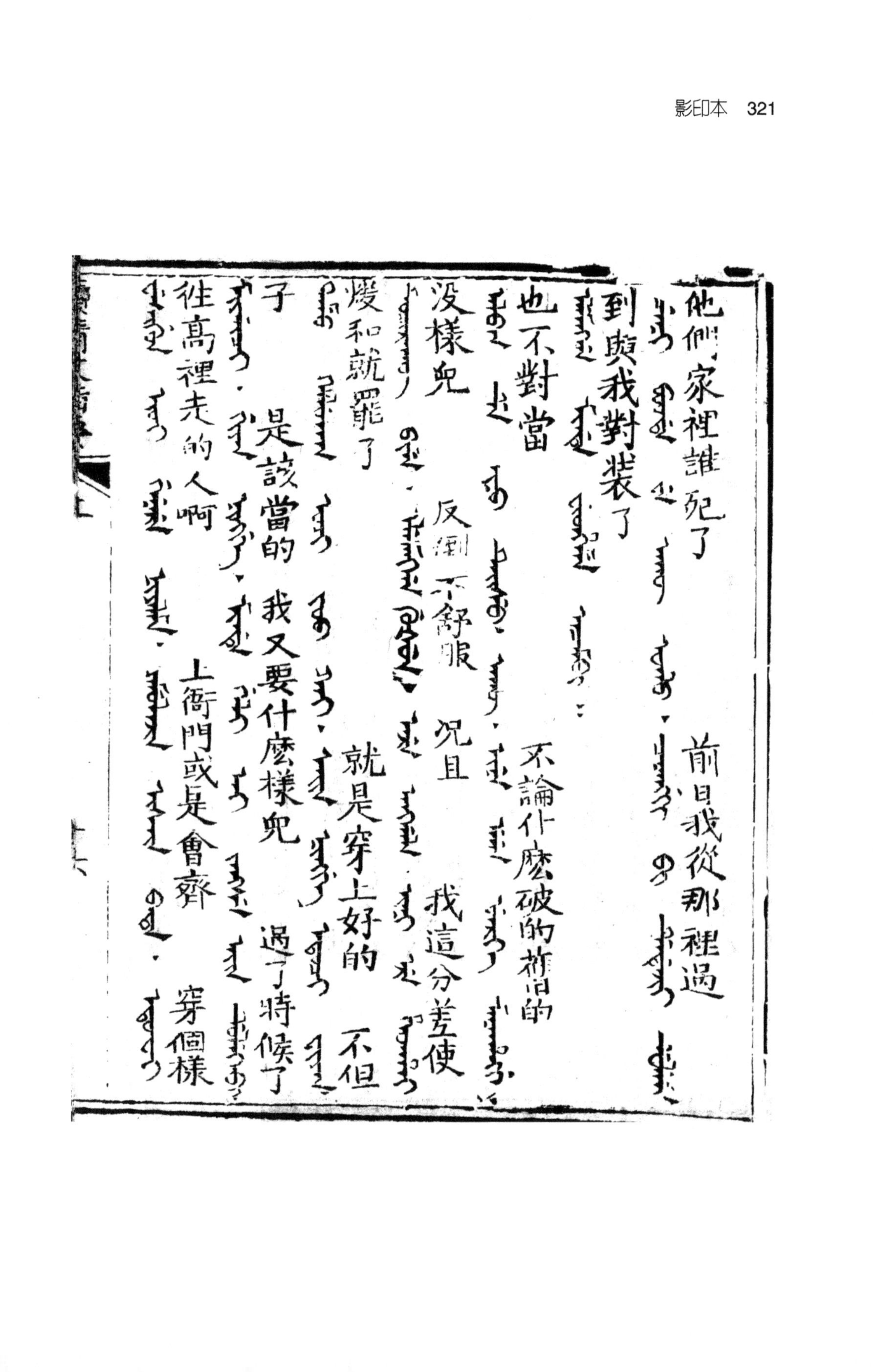

他們家裡誰死了　前日我從那裡過

到與我對裝了

也不對當　不論什麼破的補的

沒樣兒　反倒不舒服　況且　我這分差使

煖和就罷了　就是穿上好的　不但

子　是該當的　我又要什麼樣兒　遇了時候了

往高裡走的人啊　上衙門或是會齊　穿個樣

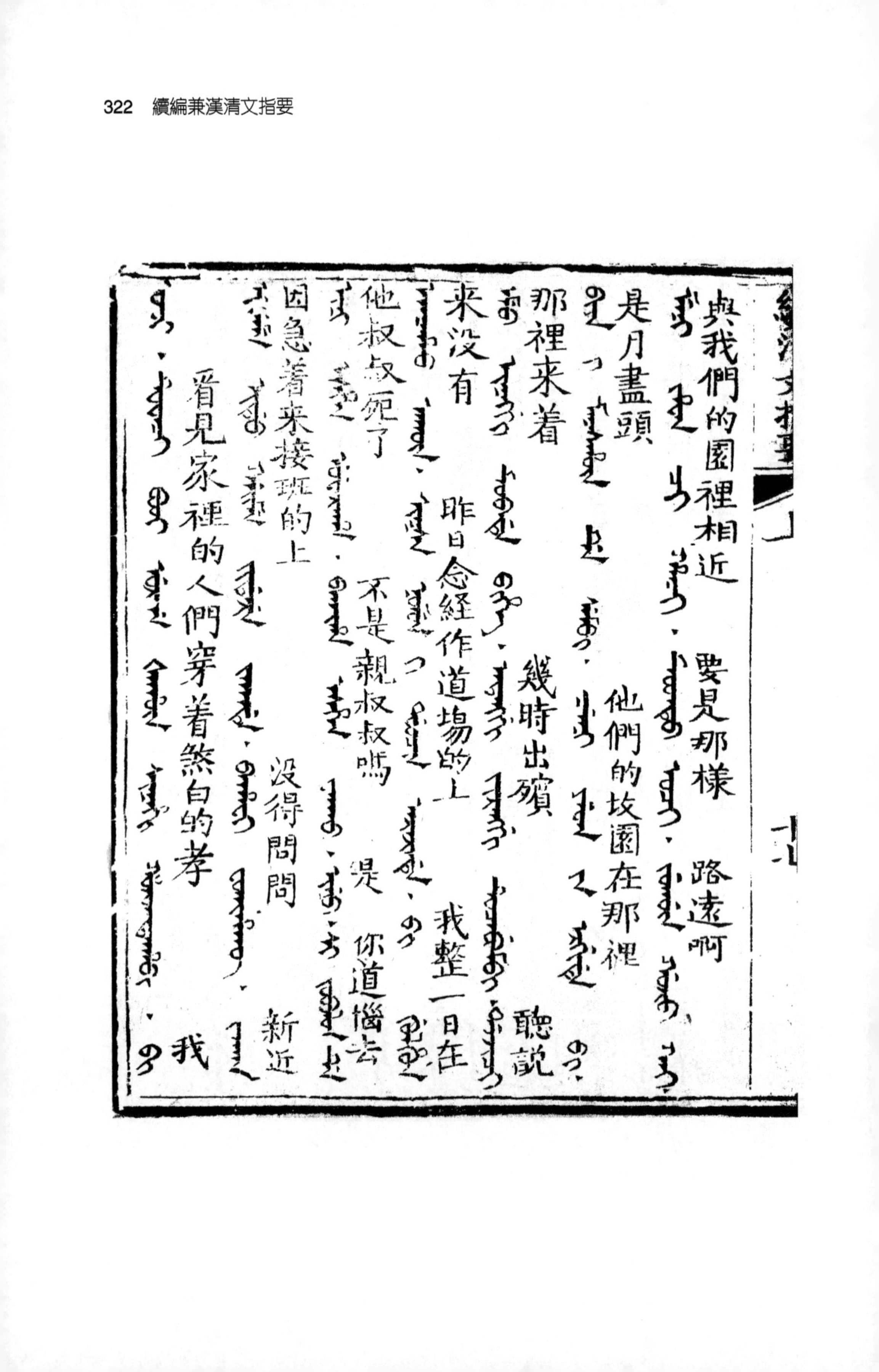

與我們的園裡相近　要是那様　路遠啊

是月盡頭　他們的坟園在那裡

那裡来着　幾時出殯　聽說

来没有　昨日念経作道場的上　我整一日在

他叔叔死了　不是親叔叔嗎　是　你道惱去

因急着来接班的上　没得問問　新近

看見家裡的人們穿着煞白的孝　我

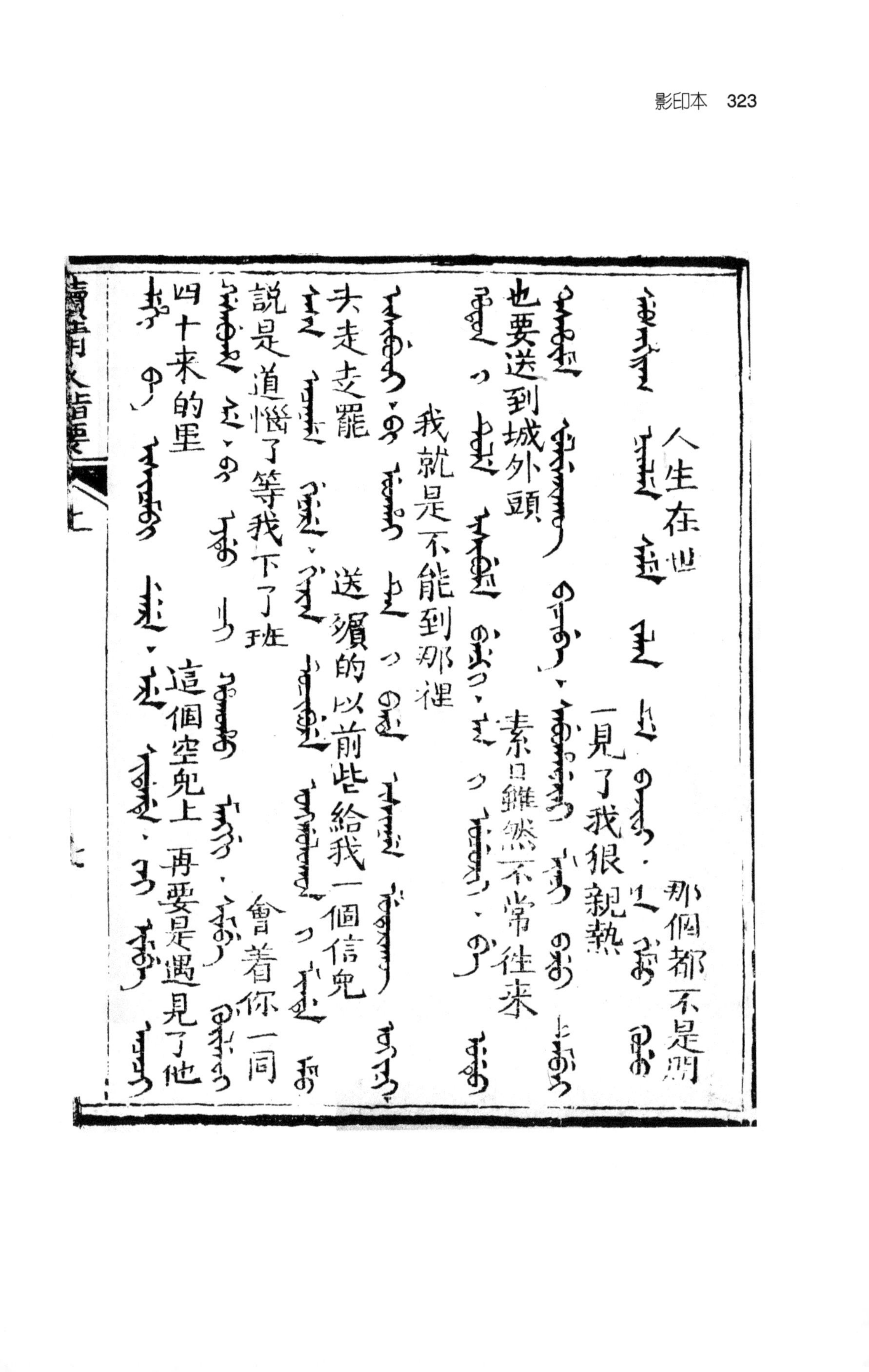

人生在世
那個都不是朋
一見了我很親熱
也要送到城外頭
素日雖然不常往来
我就是不能到那裡
夫走走罷
送殯的以前些給我一個信兒
說是道惱了等我下了班
會着你一同
四十来的里
這個空兒上
再要是遇見了他

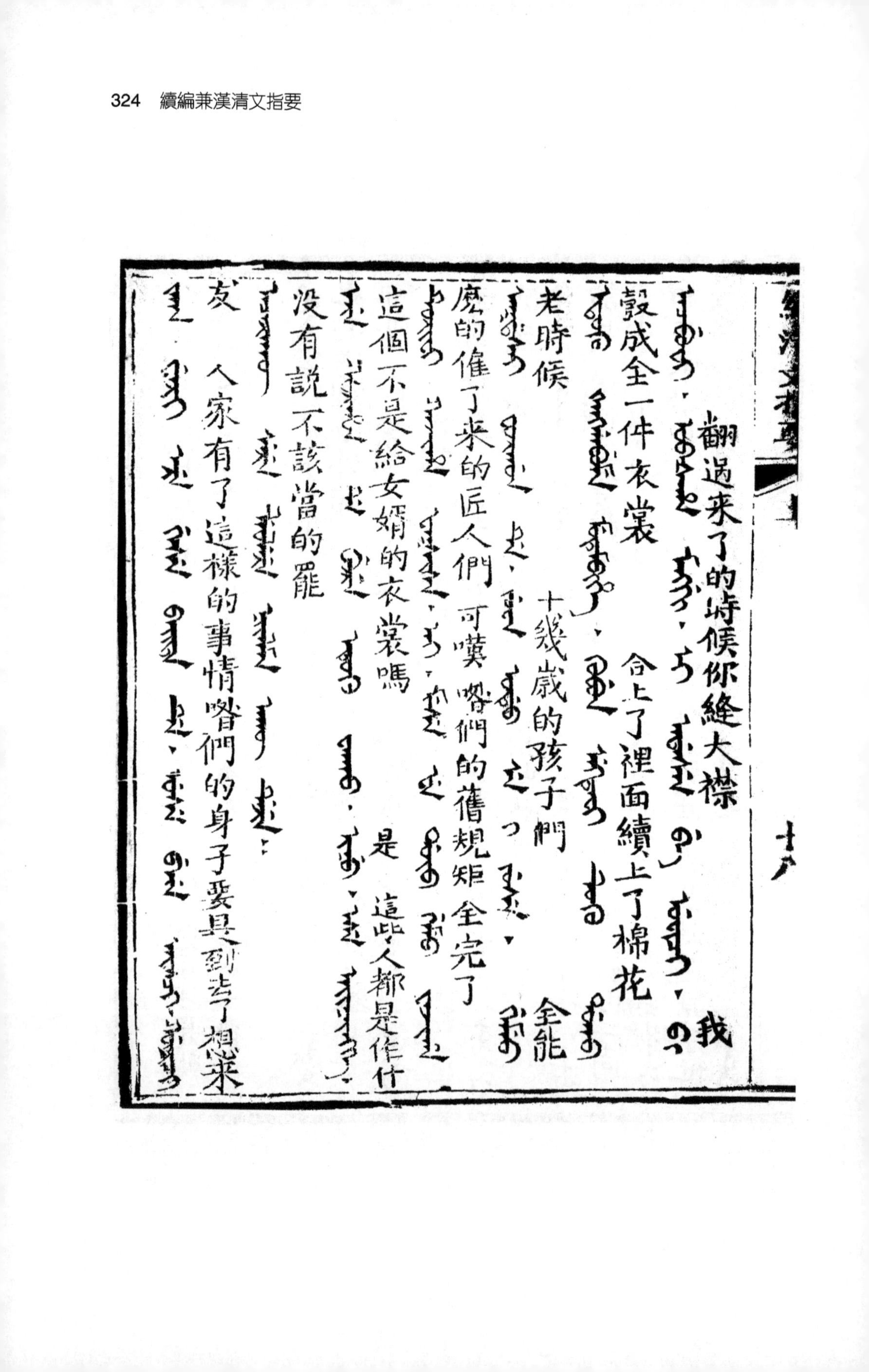

十八

翻過来了的時候你縫大襟 我

縠成全一件衣裳 合上了裡面續上了棉花

老時候 十幾歲的孩子們 全能

麽的僱了来的匠人們 可嘆 咱們的舊規矩全完了

這個不是給女婿的衣裳嗎 是 這些人都是作什

没有說不該當的罷

友 人家有了這樣的事情咱們的身子要是到去了想来

話雖有理 但你只知其一 阿哥的

的時候人家全從鼻子眼裡效的 或者拿錢買着穿

給工錢僱人做

不但那樣 連帽子全是家裡做來着

不過一兩天的工夫就完了

咯袙子的咯袖子 釘鈕子的釘鈕子

這個拿腰肯 那個上領子

就行

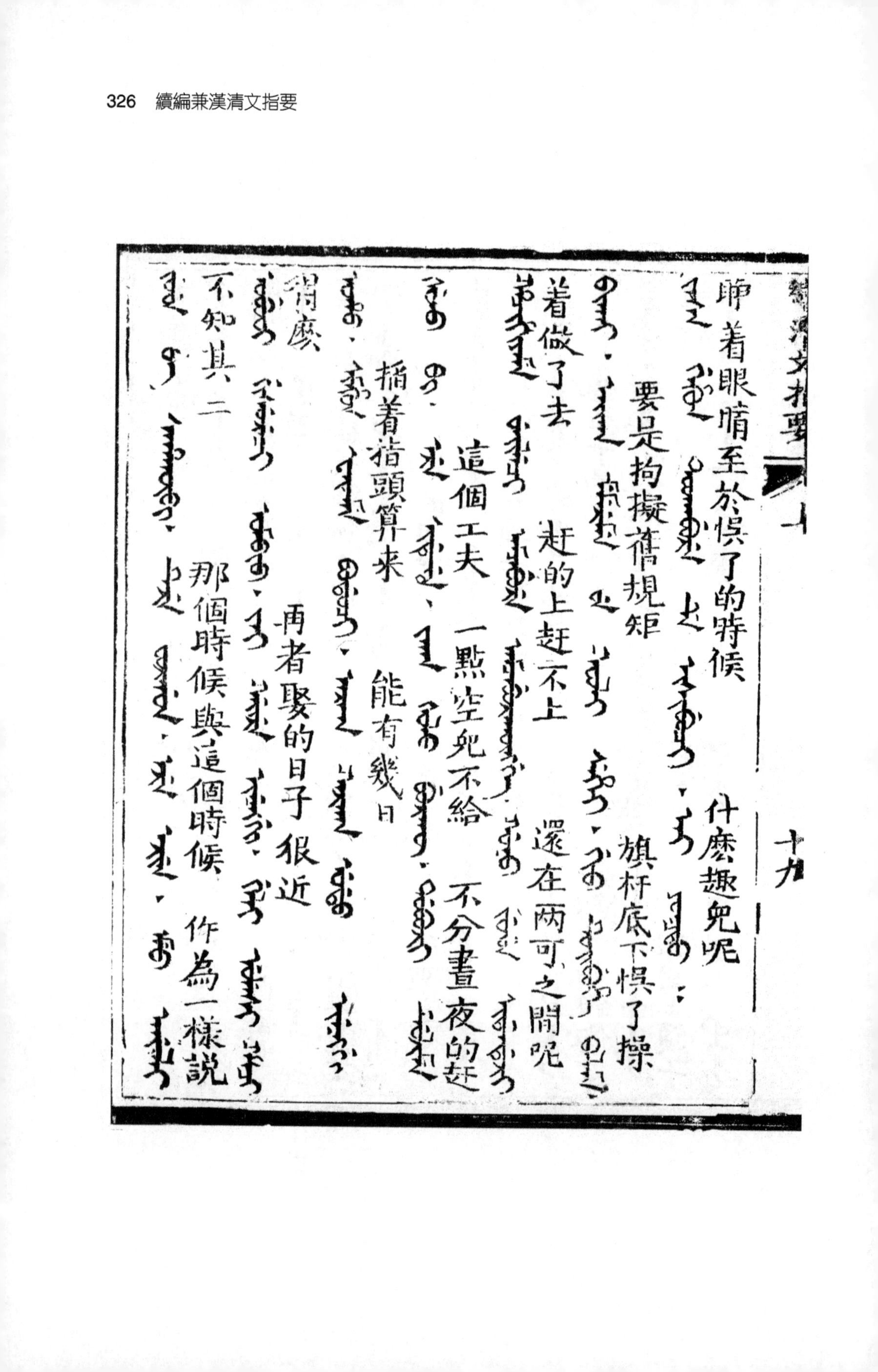

瞅着眼睛至於悞了的時候 什麽趣兒呢

要是拘擬舊規矩 旗杆底下悞了操

着做了去 趕的上趕不上 還在兩可之間呢

這個工夫 一點空兒不給 不分晝夜的趕

掯着指頭算來 能有幾日

們麽 再者娶的日子很近

不知其二 那個時候與這個時候 作為一樣說

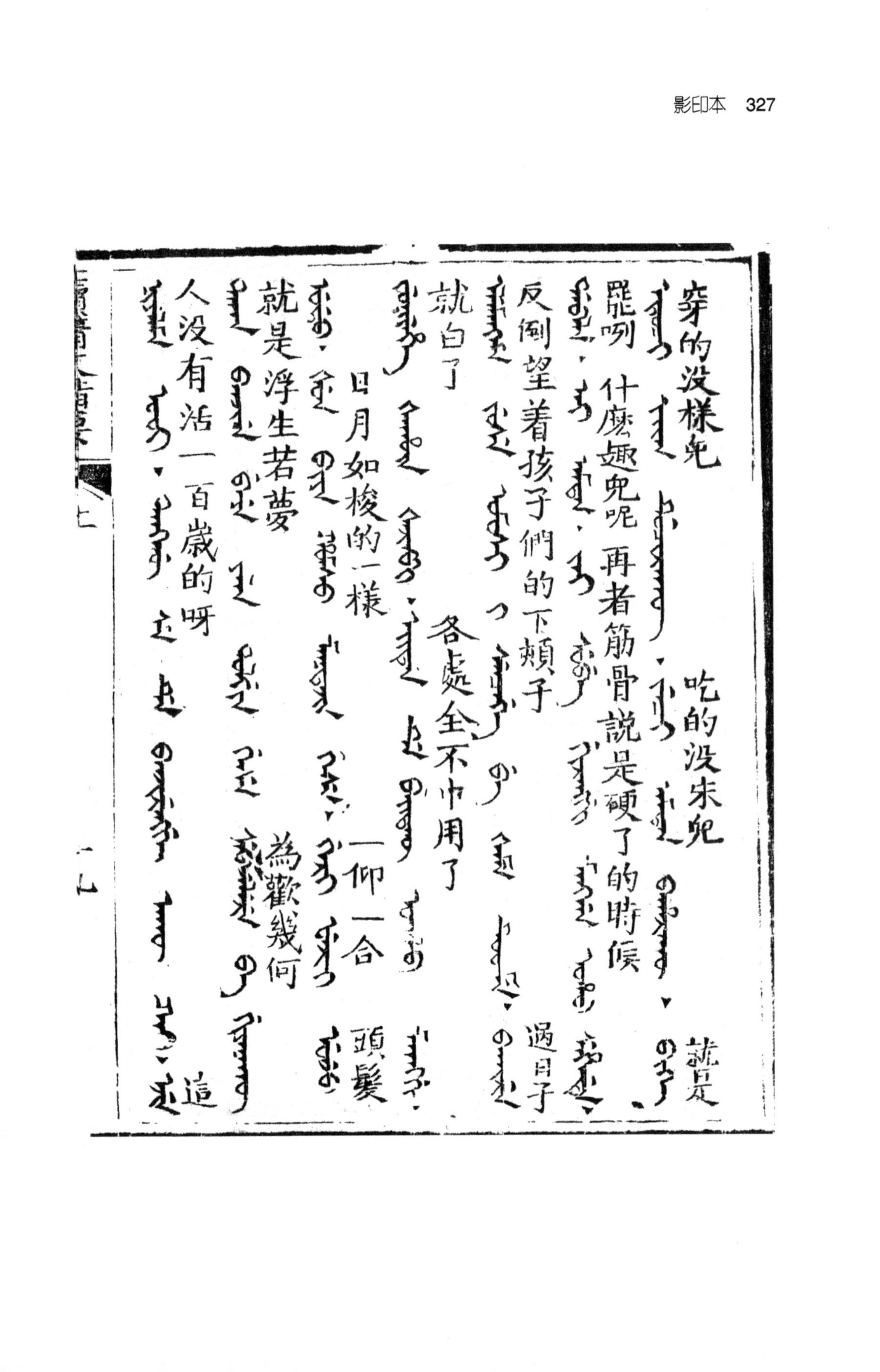

穿的没樣兒　吃的没味兒　就是
罷咧　什麽趣兒呢　再者筋骨說是硬了的時候
反倒望着孩子們的下頦子　過日子
就白了　各處全不中用了
日月如梭的一樣　一仰一合　頭髮
就是浮生若夢　為歡幾何
人没有活一百歲的呀　這

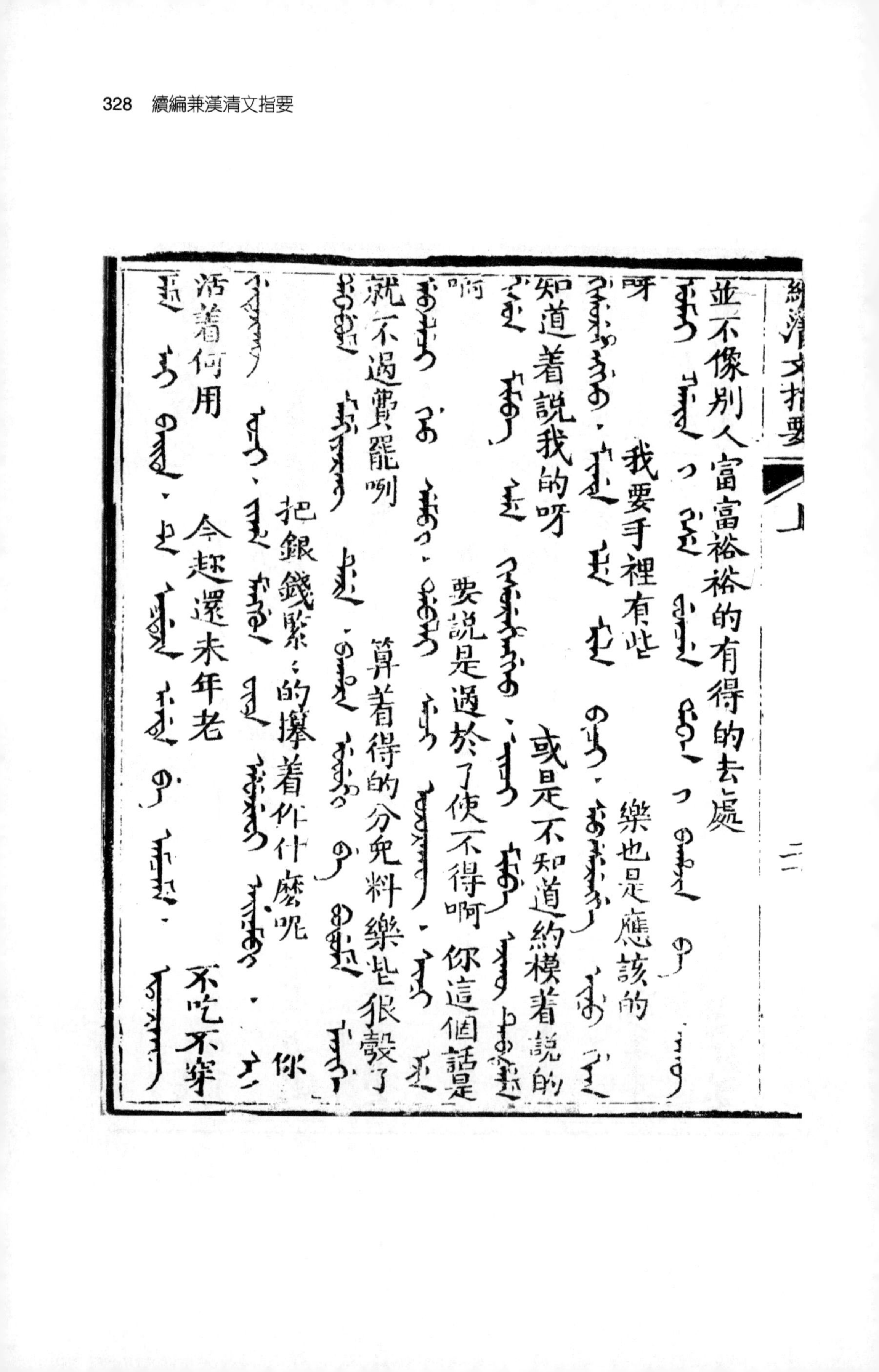

並不像別人富富裕裕的有得的去處

呀　我要手裡有些　樂也是應該的

知道着說我的呀　或是不知道約模着說的

啊　要說是過於了使不得啊　你這個話是

就不過費罷咧　算着得的分兒料樂些很彀了

把銀錢緊緊的攥着作什麼呢　你

活着何用　今趁還未年老　不吃不穿

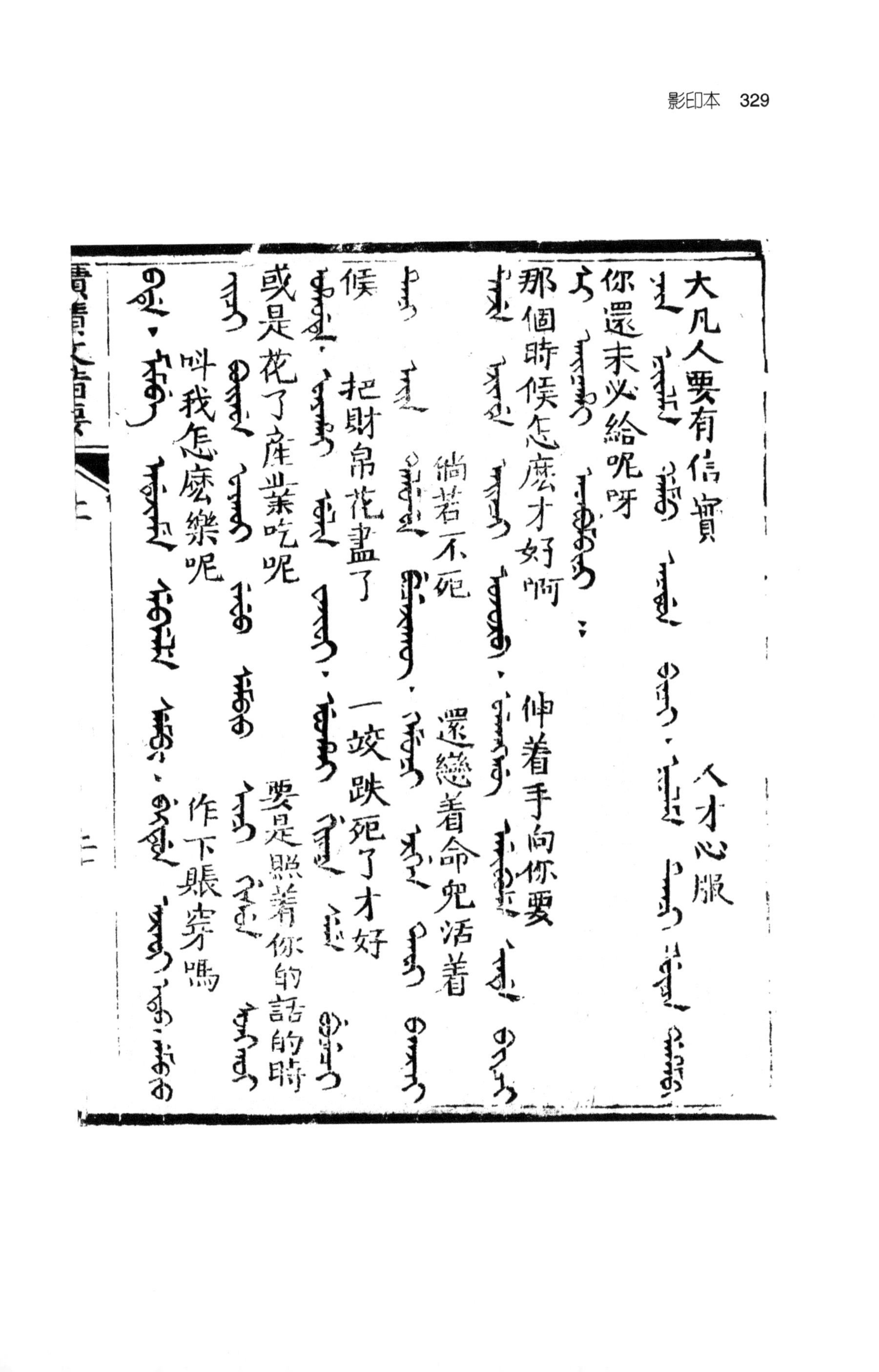

大凡人要有信實　人才心服

你還未必給呢呀

那個時候怎麽才好啊　伸着手向你要

倘若不死　還戀着命兒活着

候　把財帛花盡了　一跤跌死了才好

或是花了産業吃呢　要是照着你的話的時

叫我怎麽樂呢　作下賬穿嗎

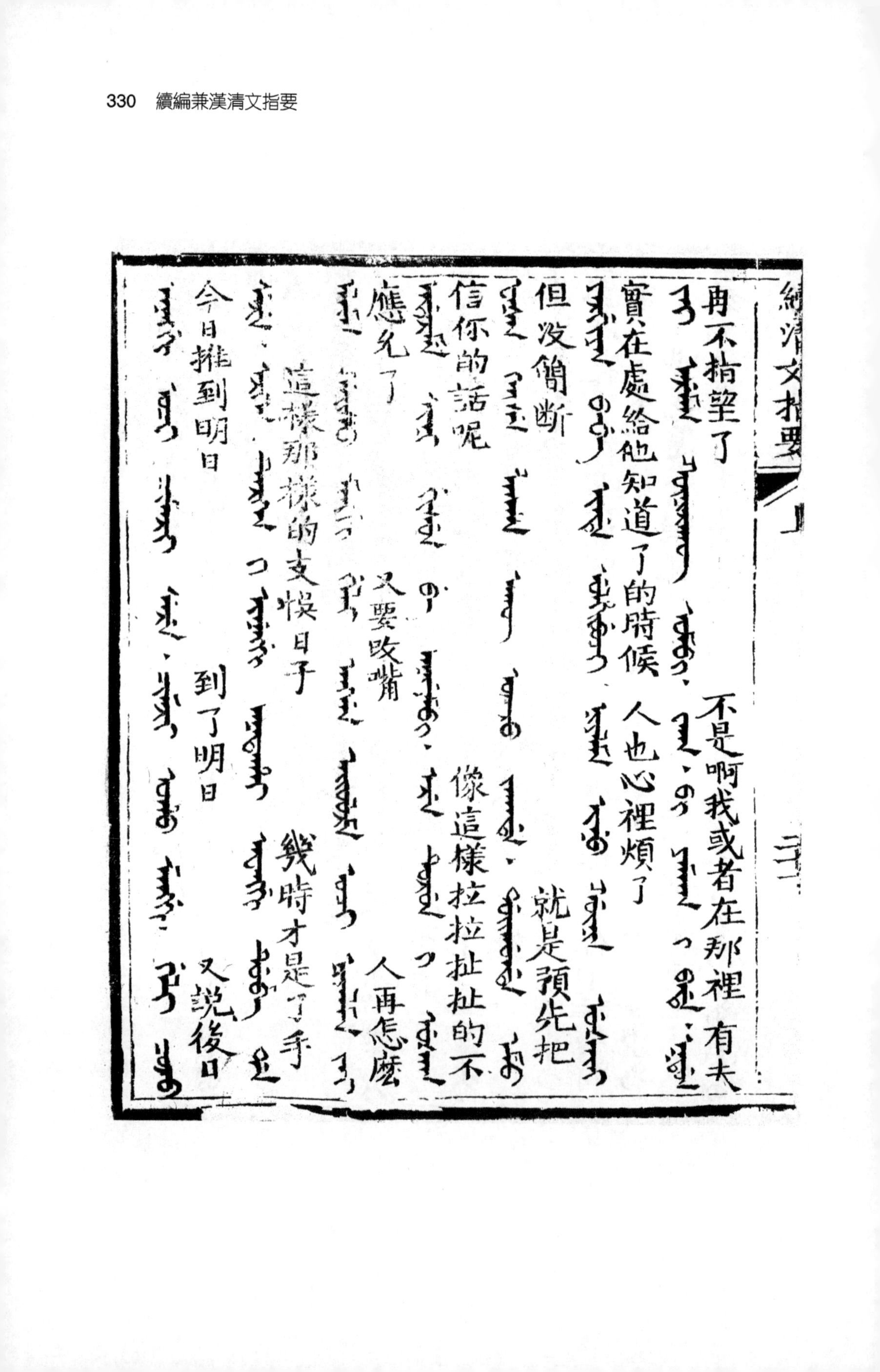

再不指望了　不是啊我或者在那裡有失
實在處給他知道了的時候　人也心裡煩了
但沒個斷　就是預先把
信你的話呢　像這樣拉拉扯扯的不
應允了　又要咬嘴　人再怎麼
這樣那樣的支悞日子　幾時才是了手
今日推到明日　到了明日　又說後日

不走也在我 你催我作什麽

怪我使得唯 况且 走也在我

人也服啊 你知道的不真切 白白的

又斟酌 得了主意了 再說人的不是

麽急 遇見了各樣的事情了的時候 斟酌了

就這樣揚聲誹謗的 沒影兒的事情啊 替我着什

信的去處嗎 你如今指出來 什麽什麽的頭裡

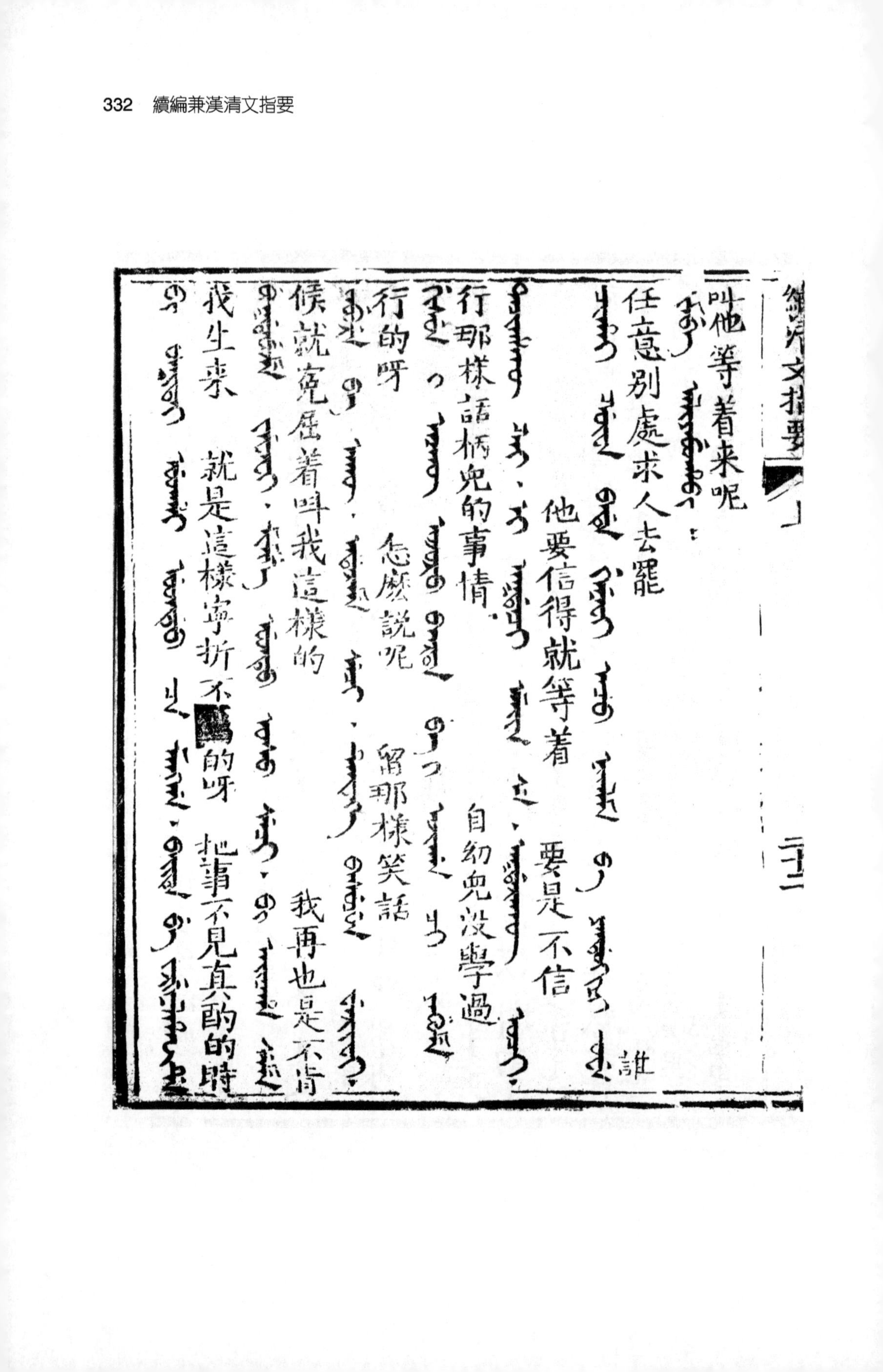

叫他等着来呢

任意别處求人去罷 他要信得就等着 要是不信 詿

行那様話柄兒的事情 自幼兒没學過

行的呀 怎麽說呢 留那様笑話

候就窩屈着叫我這様的 我再也是不肯

我生来就是這様寧折不[illegible]的呀 把靠不見真酌的時

頭髮 在地下跳呢 我一見了 大吃了
眼睛裡流血 渾身雪白的 鬆着
裡一個怪物站着呢 臉像紙一樣的白
聽見响了一聲帶困睜開眼一看 頭前
候 轉過去面望裡正睡着 耳朵裡
支着 在外間夜裡睡覺來着 到了五更的時
這幾日 因為悶熱的上 把窗户

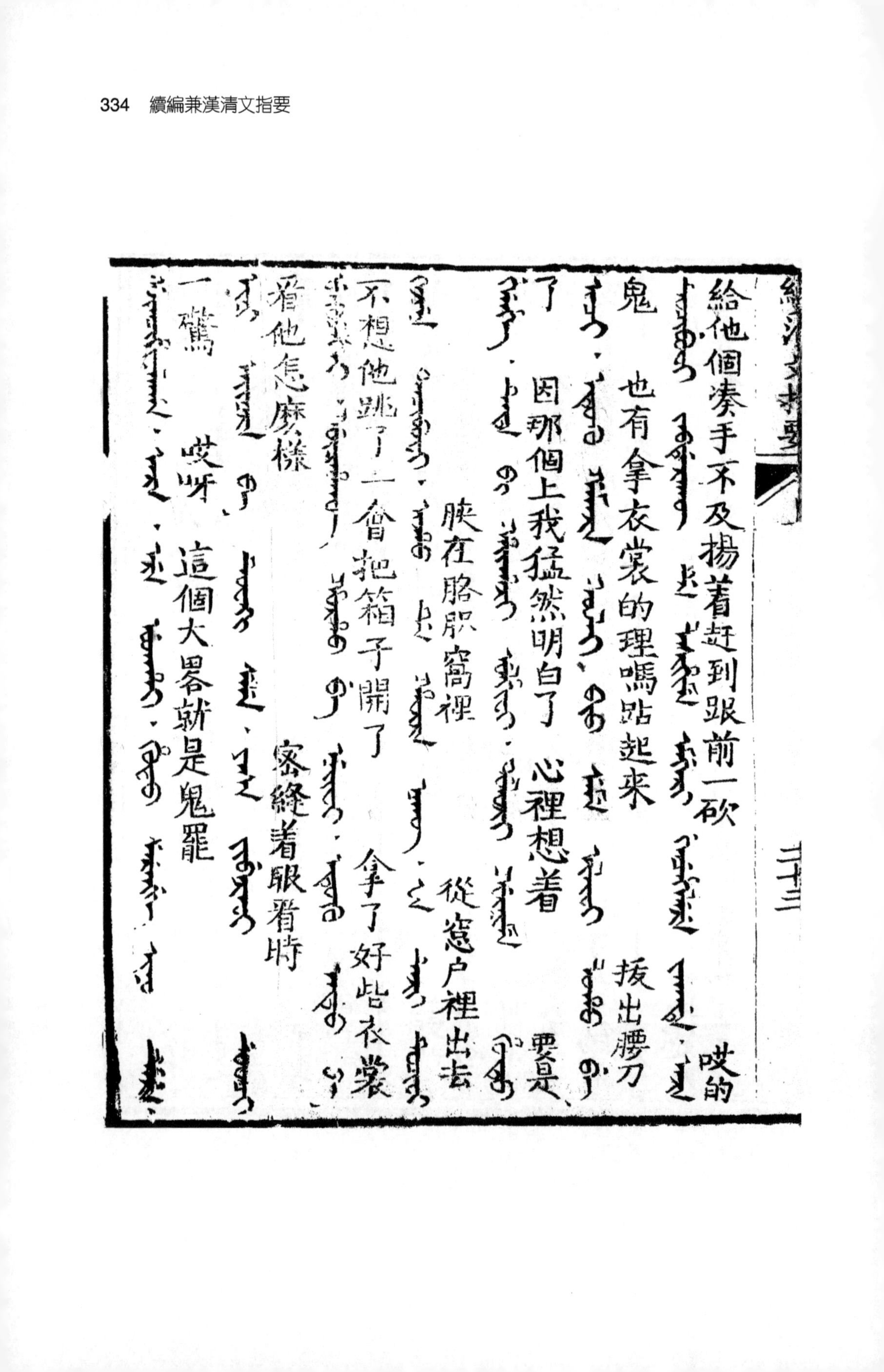

一驚 哎呀 這個大畧就是鬼罷

看他怎麽様 客縫着眼看時

不想他跳了一會把箱子開了 拿了好些衣裳

肷在胳肢窩裡 從窓户裡出去

了 因那個上我猛然明白了 心裡想着 要是

鬼 也有拿衣裳的理嗎 站起来 抜出腰刀

給他個湊手不及揚着趕到跟前一砍 哎的

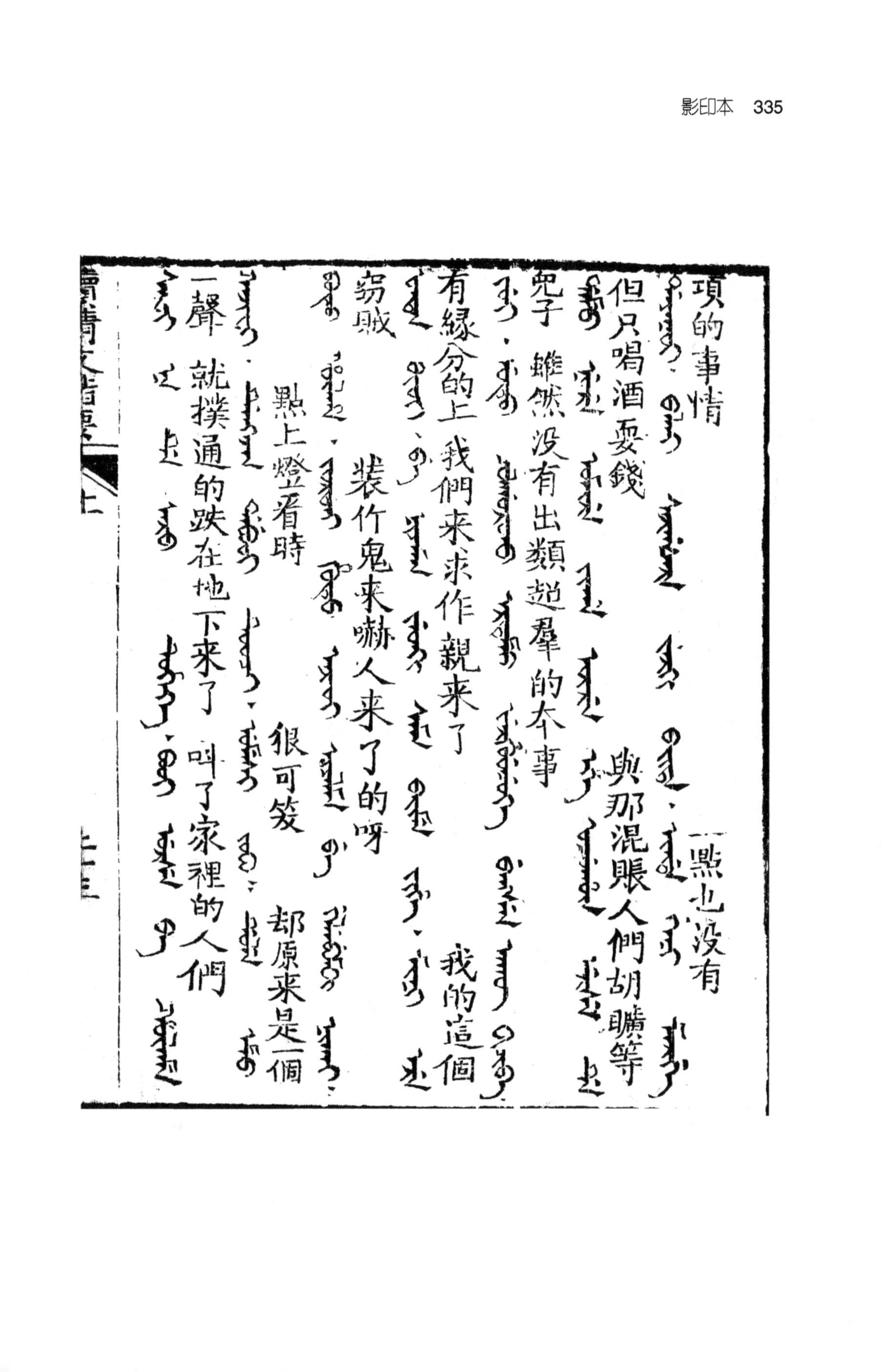

項的事情　一點也没有

但只唱酒要錢　與那混賬人們胡瞞等

兒子　雖然没有出類超羣的本事

有緣分的上　我們来求作親来了

窃賊　裝竹鬼来嚇人来了的呀　我的這個

點上燈看時　很可笑　却原来是一個

一聲　就撲通的跌在地下来了　叫了家裡的人們

親身眼看着成雙成對的了 為父母的那些勞

不是由着人的啊 養活着孩子們啊

但只夫妻啊 全是前世裡造定的啊

呢全是舊親戚 而且一樣兒的骨頭肉兒 誰不知道誰的

老爺們別 坐下聽我一句話 咱們

阿哥你往前些来 咱們給老爺磕着頭求啊

要是不饒 老爺給句疼愛的話罷

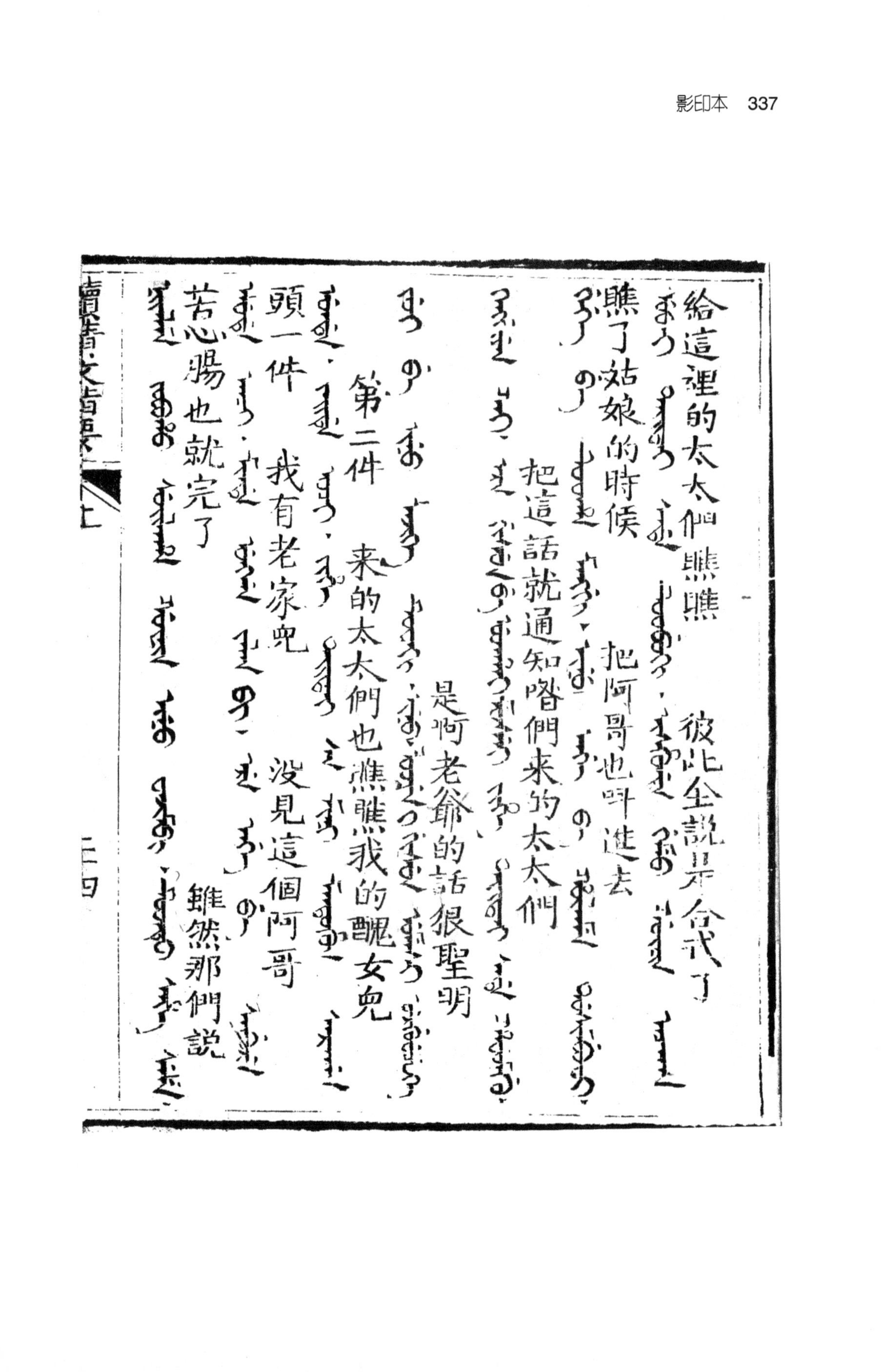

給這裡的太太們瞧瞧 彼此全說是合式了

瞧了姑娘的時候 把阿哥也叫進去

把這話就通知咱們來的太太們

是阿老爺的話很聖明

第二件 来的太太們也瞧瞧我的醜女兒

頭一件 我有老家兒 沒見這個阿哥

若忍腸也就完了 雖然那們說

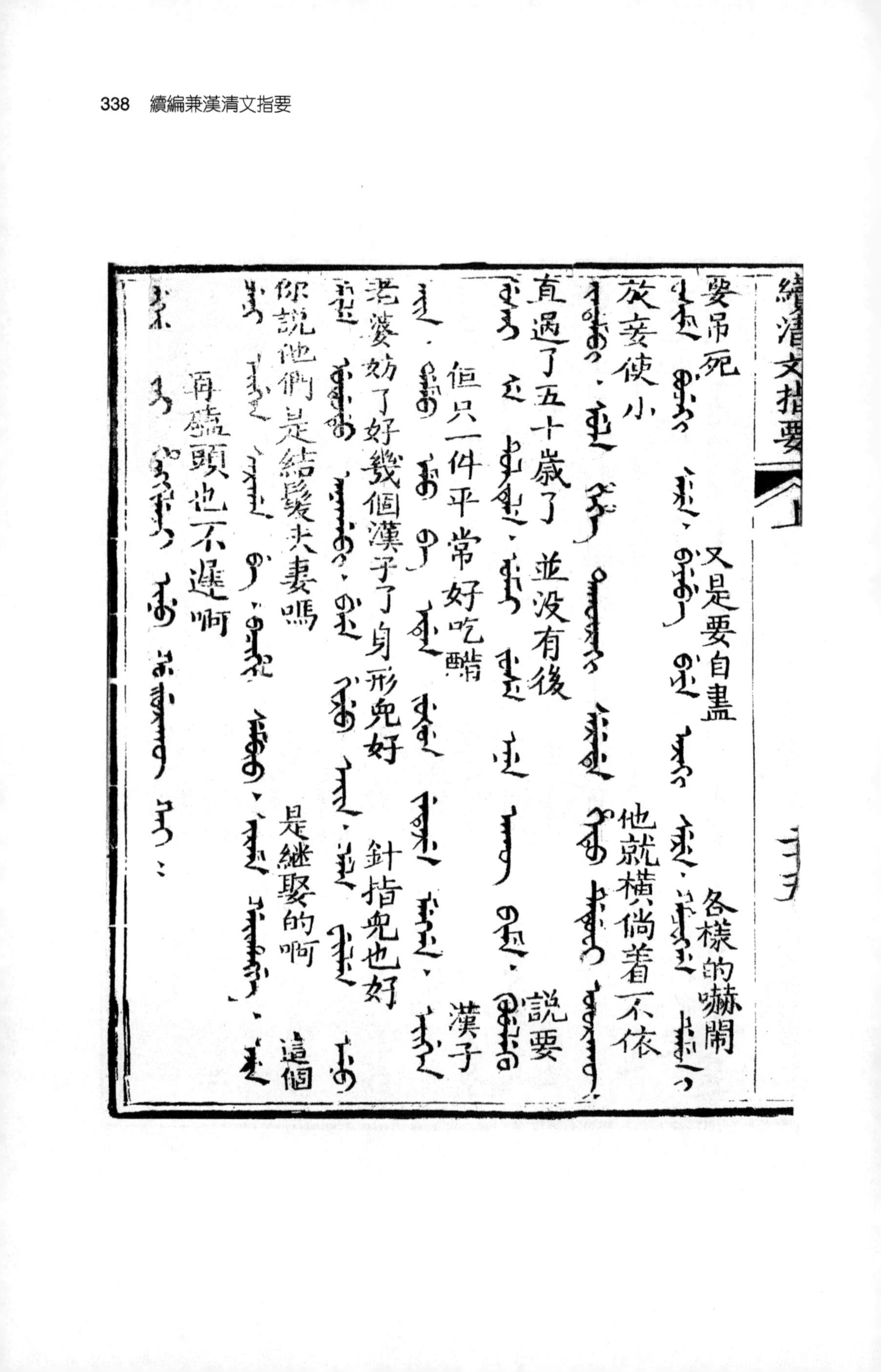

要吊死　又是要自盡　各樣的嚇鬧

放妾使小　他就横倘着不依

直過了五十歲了　並没有後　說要

但只一件平常好吃醋　漢子

老婆妨了好幾個漢子了身形兒好　針指兒也好

你說他們是結髮夫妻嗎　是繼娶的啊　這個

再醜頭也不遲啊

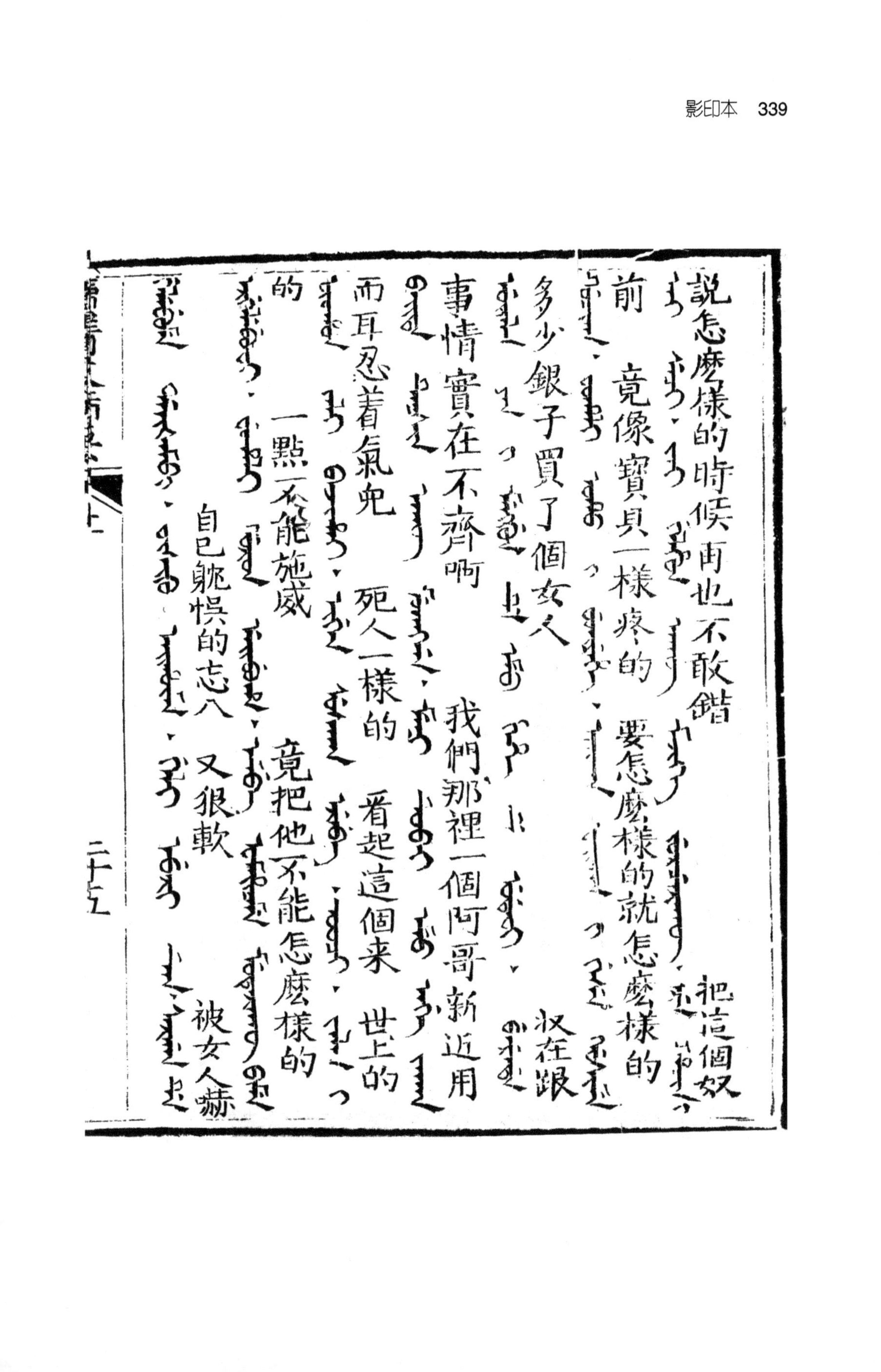

說怎麼樣的時候再也不敢錯 把這個奴

前 竟像寶貝一樣疼的 要怎麼樣的就怎麼樣的

多少銀子買了個女人 才在跟

事情實在不齊啊 我們那裡一個阿哥新近用

而耳忍着氣兒 死人一樣的 看起這個來 世上的

的 一點不能施威 竟把他不能怎麼樣的

自己躭悞的忘八 又狠軟 被女人嚇

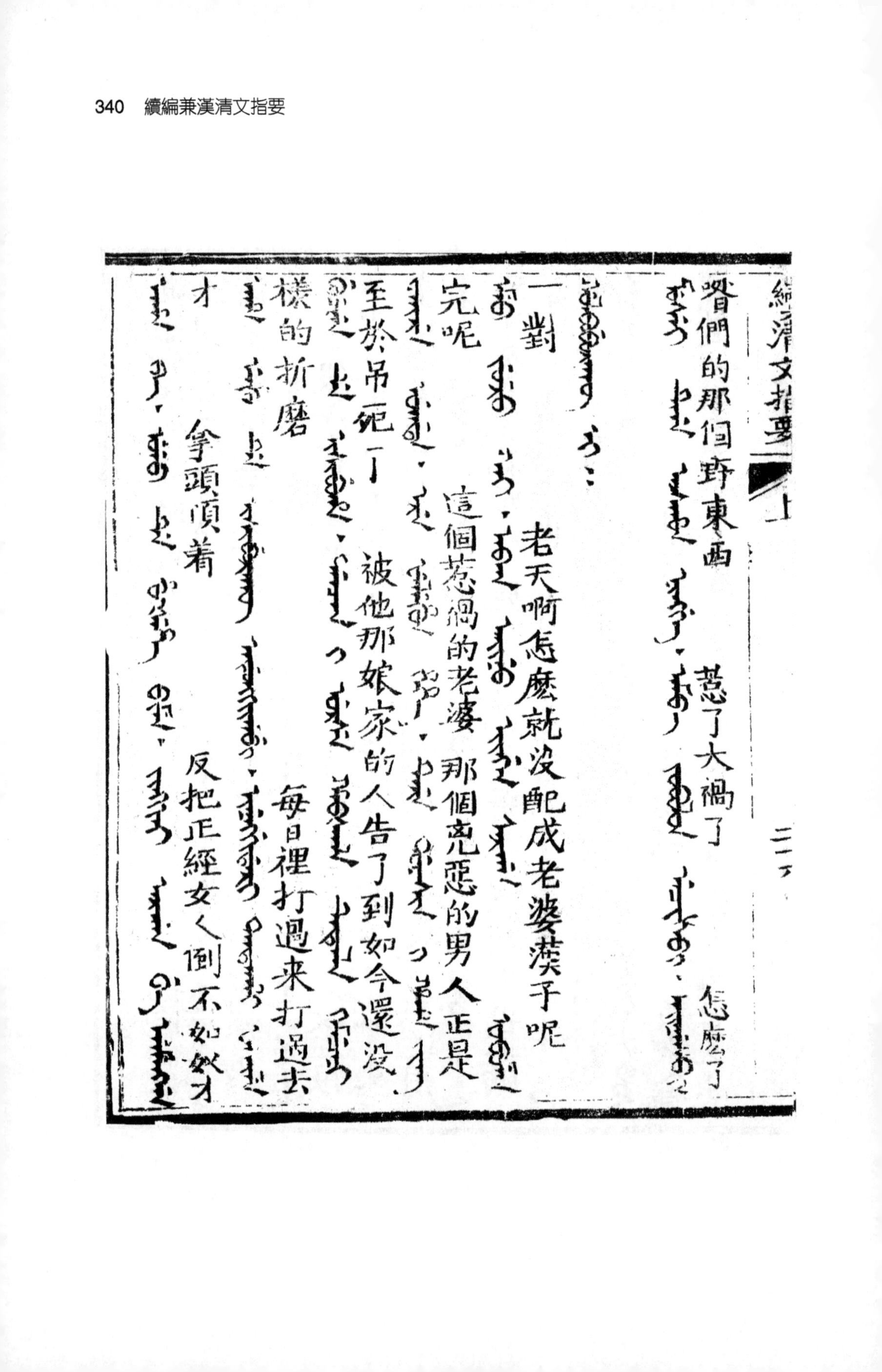

咱們的那個野東西 惹了大禍了 怎麼了

一對 老天啊 怎麼就沒配成老婆漢子呢

完呢 這個惹禍的老婆 那個兇惡的男人正是

至於吊死了 被他那娘家的人告了 到如今還沒

樣的折磨 每日裡打過來打過去

才 拿頭頂着 反把正經女人倒不如奴才

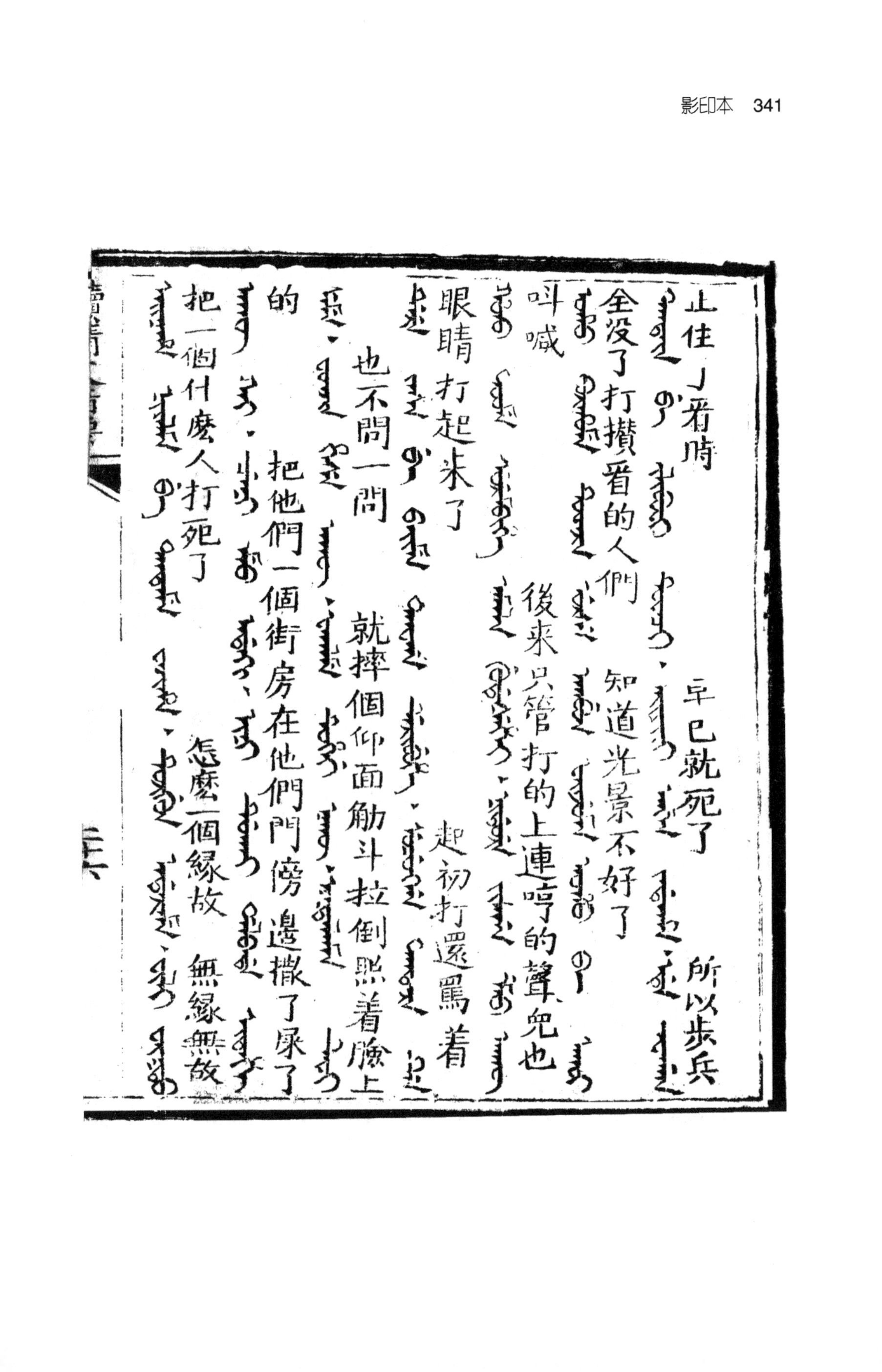

止住了看時 早已就死了 所以步兵

全沒了打攢看的人們 知道光景不好了

吗喊 後來只管打的上連哼的聲兒也

眼睛打起來了 起初打還罵着

也不問一問 就摔個仰面觔斗拉倒照着臉上

的 把他們一個街房在他們門傍邊撒了尿了

把一個什麼人打死了 怎麼一個緣故 無緣無故

與誰什麽相干

報應啊　這是他自己惹的罷咧

日上了刑了　阿哥你沒有听見說嗎惡人自有惡

路遠　昨日剎部裡去了　說令

連死全揭了　喊叫的聲音　直聽到二三里

把他家鬧了個七零八落　傢伙器皿打了個净

們　把他拿了去　死人家裡的人們全来了

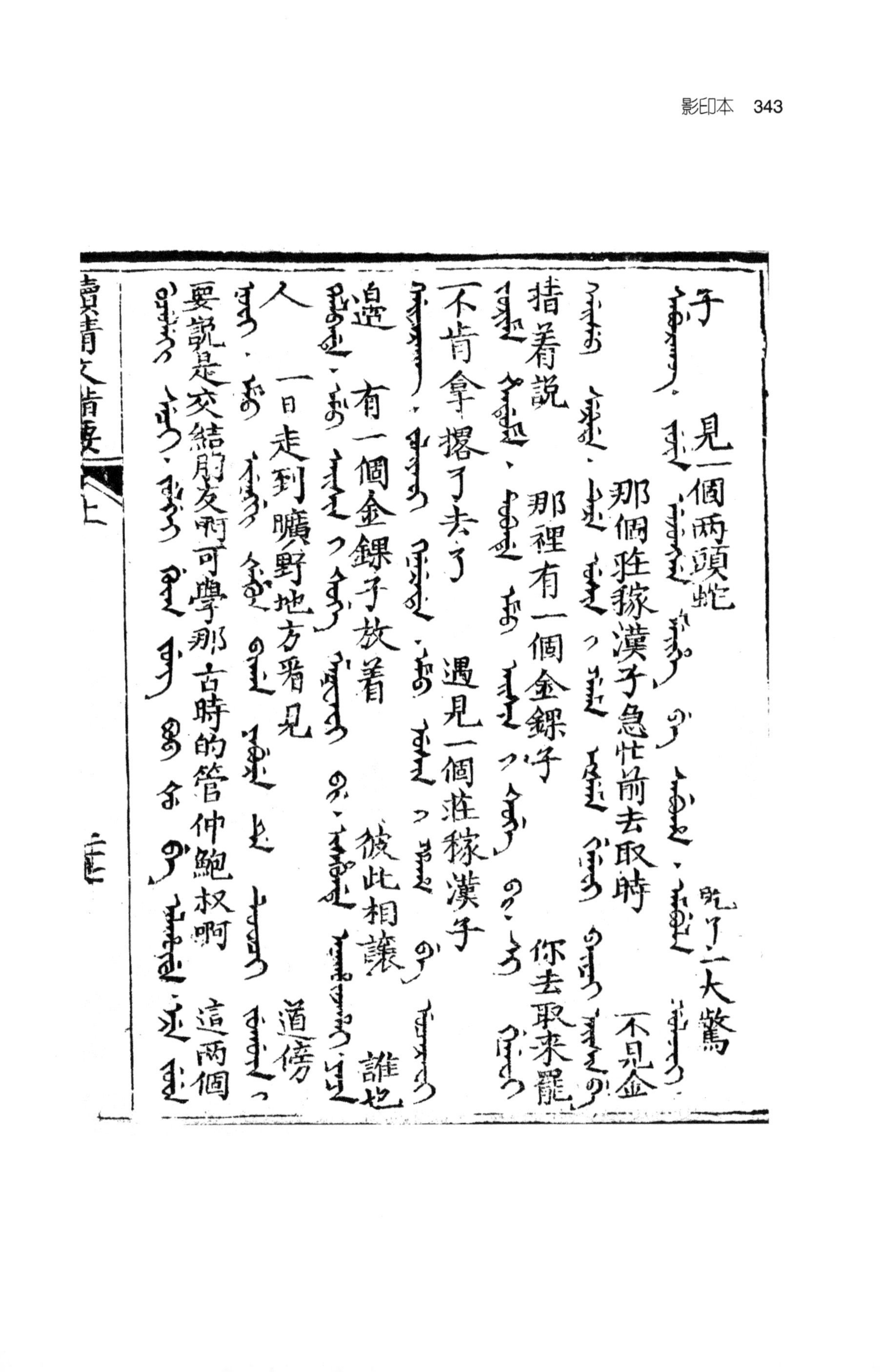

要說是交結朋友啊　可學那古時的管仲鮑叔啊　這兩個

人　一日走到曠野地方看見　道傍

邊　有一個金錁子放着　彼此相讓　誰也

不肯拿　撂了去了　遇見一個莊稼漢子

猜着說　那裡有一個金錁子　你去取來罷

那個莊稼漢子急忙前去取時　不見金

子　見一個兩頭蛇　吃了一大驚

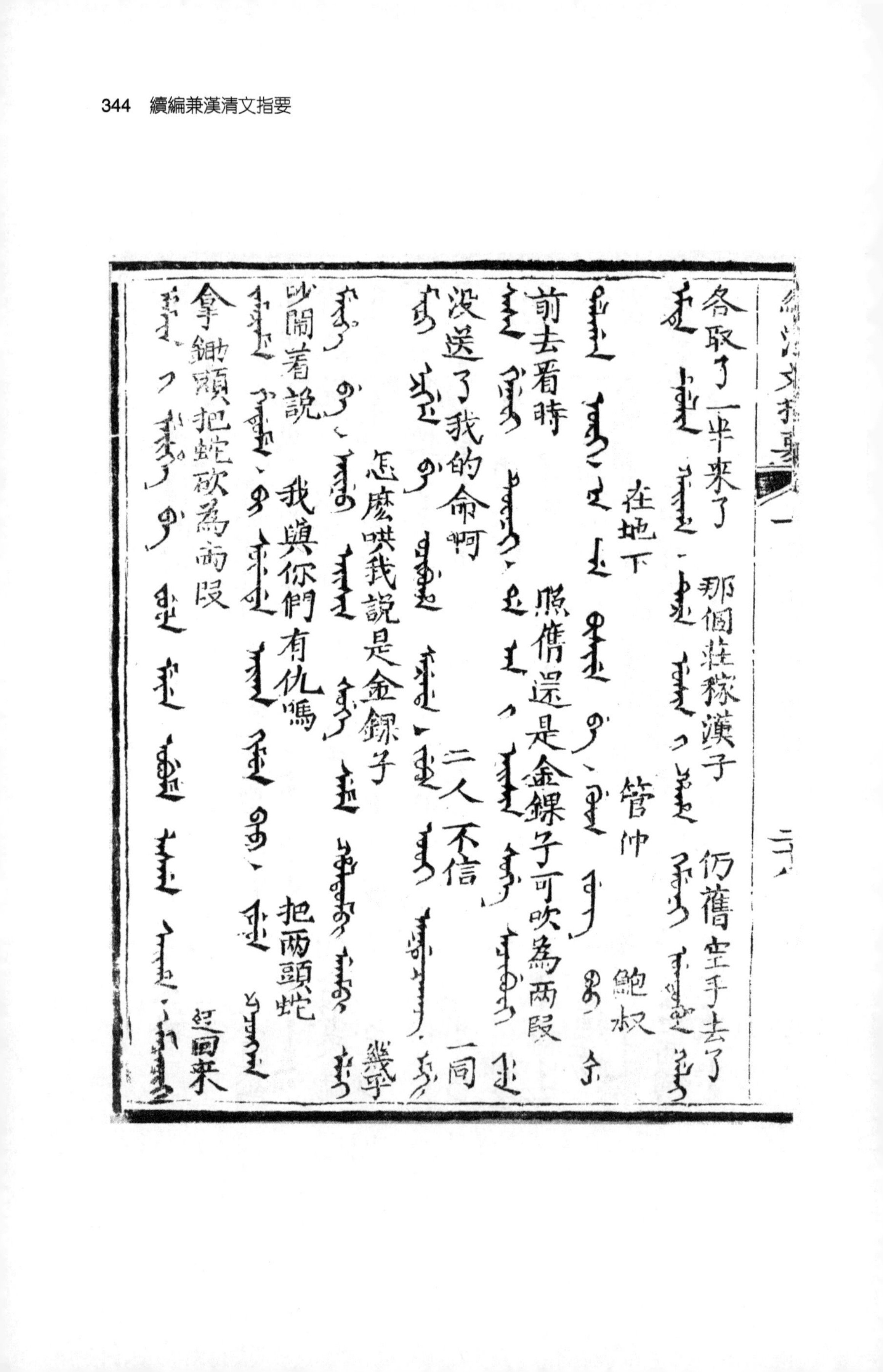

各取了一半來了　那個莊稼漢子　仍舊空手去了

在地下　管仲　鮑叔

前去看時　照舊還是金錁子可吹為兩段

没送了我的命啊　二人不信　一同

怎麽哄我說是金錁子　幾乎

吵鬧着說　我與你們有仇嗎　把兩頭蛇

拿鋤頭把蛇砍為兩段　趕回來

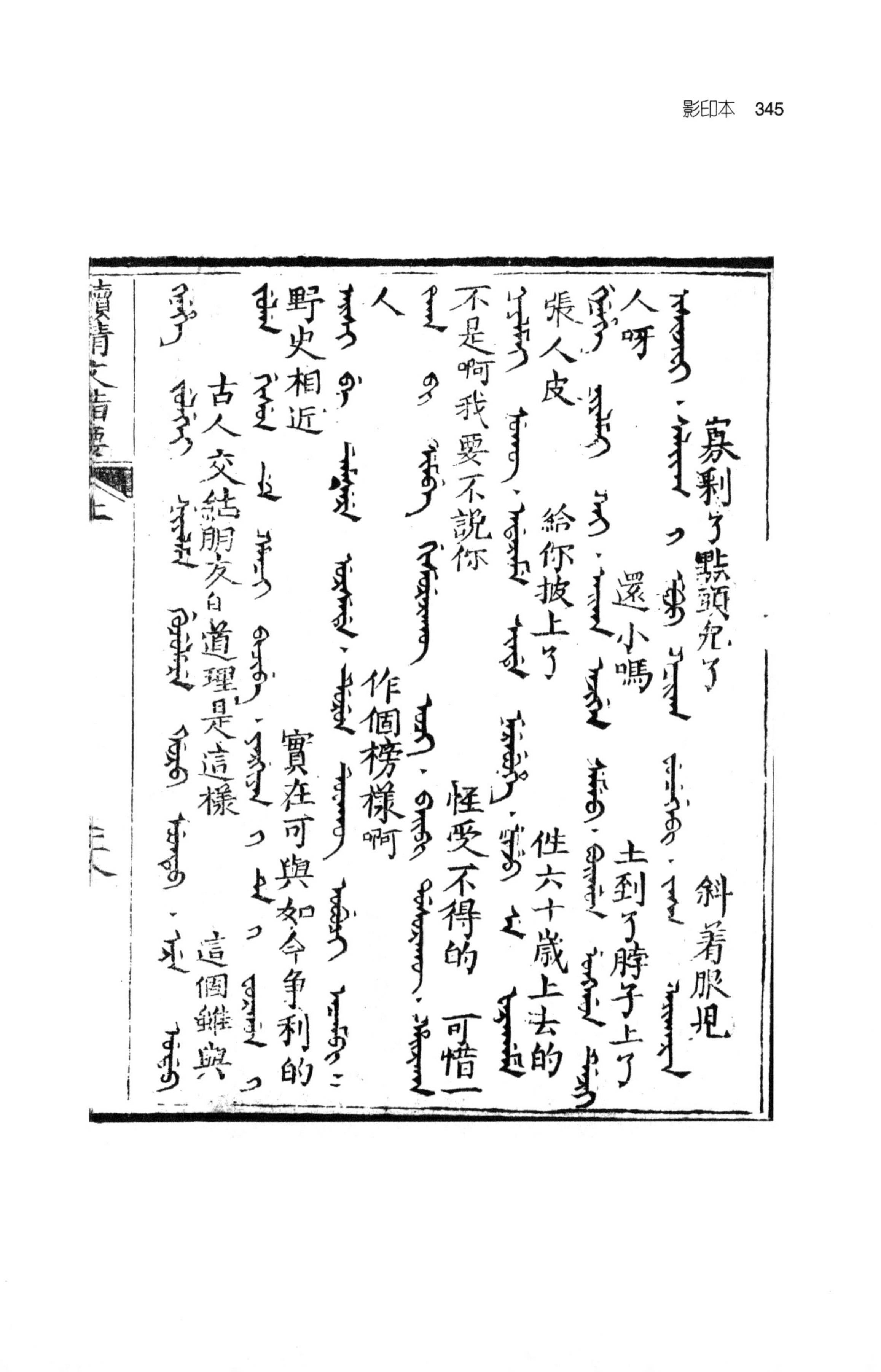

寡剩了點頭兒了 斜着脖兒

人呀 還小嗎 上到了脖子上了

張人皮 給你披上了 往六十歲上去的

不是啊我要不說你 怪受不得的 可惜一

人 作個榜樣啊

野史相近 實在可與如今爭利的

古人交結朋友的道理是這樣 這個雖與

如今的天低啊

陰德兒不積 寡要行這樣吃屎的事情

如影隨形的一樣的啊 若大的年紀了一點

善有善報 惡有惡報的話呀 善惡的報應

你的女人的時候 你心裡怎麼樣

子的怎麼說呢譬如人在背地裡 怎長怎短的講論

必定在婦人們的羣裡躲躲閃閃的晃着稀軟的身子擺浪

乱喘

樹葉兒青青

春風兒

桃紅似火

綠柳被風擺動摇扭活軟

雀鳥兒

曠野地方一看

春景

何等的可愛

的愁悶啊

所以出了便門

到了

昨日我兄弟來會我

往城外頭曠去

這是春來的時候

静坐在家裡

何等

叫怎麼替你愁呀

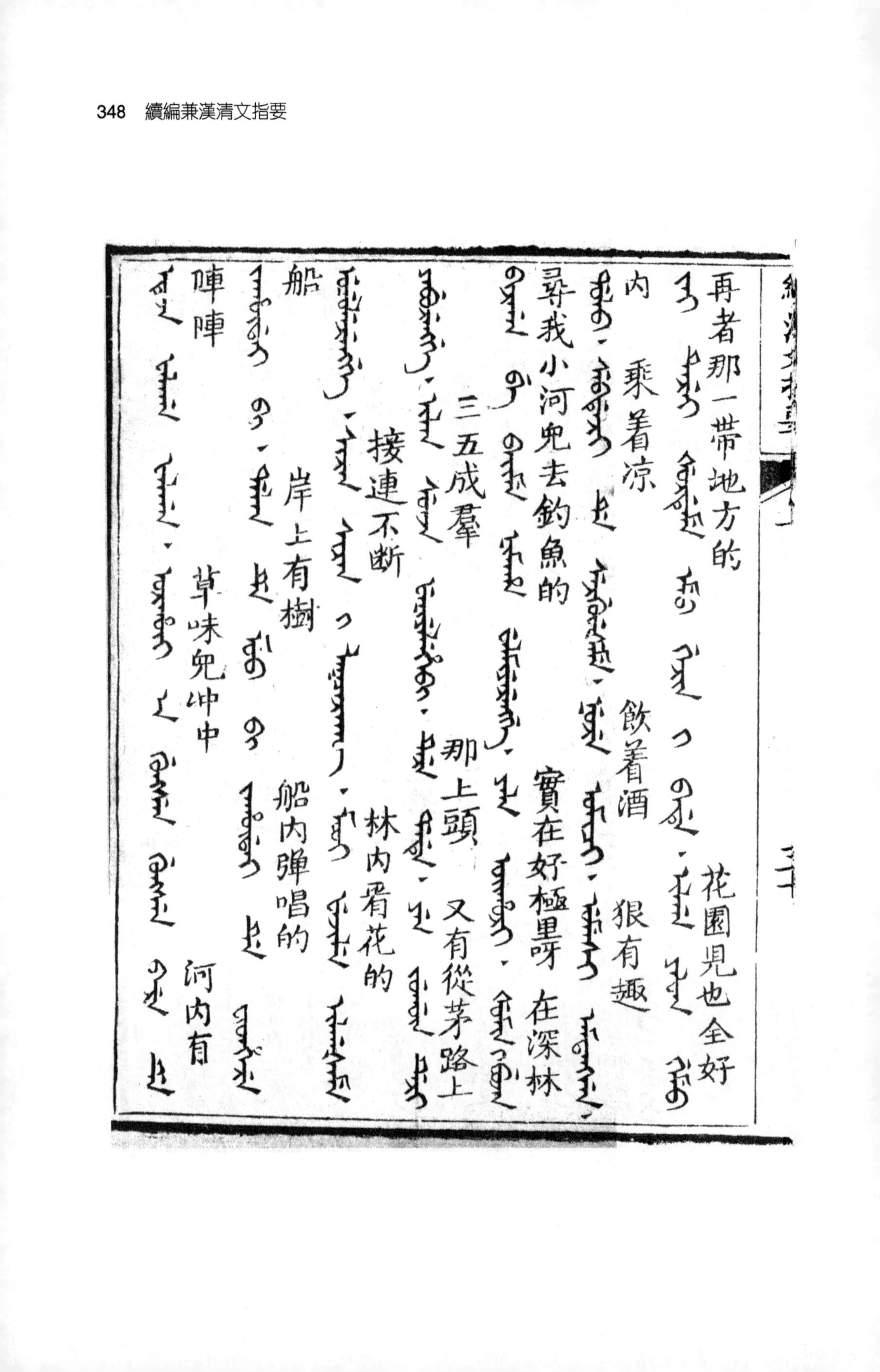

再者那一帶地方的 花園兒也全好

內 乘着涼 飲着酒 狠有趣

尋我小河兒去釣魚的 實在好極星呀 在深林

三五成羣 那上頭 又有從茅路上

接連不斷 林內看花的

船 岸上有樹 船內彈唱的

陣陣 草味兒冲中 河內有

討吃的一樣了

打着戥兒咕推在土坑上

聽說喒們的那個饞阿哥衣裳狼糟濫艱難的至極

當的人啊

着

沒給你信的緣故

這裡頭

有與你不對

並不是有心偏你

一天

論理

該當會你來

大廟也潔靜

所以我們盡量曠了

菜好　像有的人們一樣各處里去曠的上

愛着罪　還有什麼心腸說這裡的酒艷　那裡的

學着富的去了的時候　必要窮的净光的呀

心的時候　也改悔里呀　俗語說的

没受過　什麼樣的苦沒經過呢　料有一點人

呀　砍頭的豈不是走到四逢運氣裡了嗎　去年什麼罪

披着一個破被窩呢　好啊

仍就是死死的罷咧 剩下什麽呢 討
道嗎 想來到了手裡吃完了的時候
還無益 怎麽好呢 他的毛病兒你豈不知
公同攢湊攢湊纔好 銀子
麽樣呢 眼看着叫死嗎 我心裡 咱們
如今實在苦了 雖然這樣說 或者怎
到了那凍着的時候 再瞧罷咧

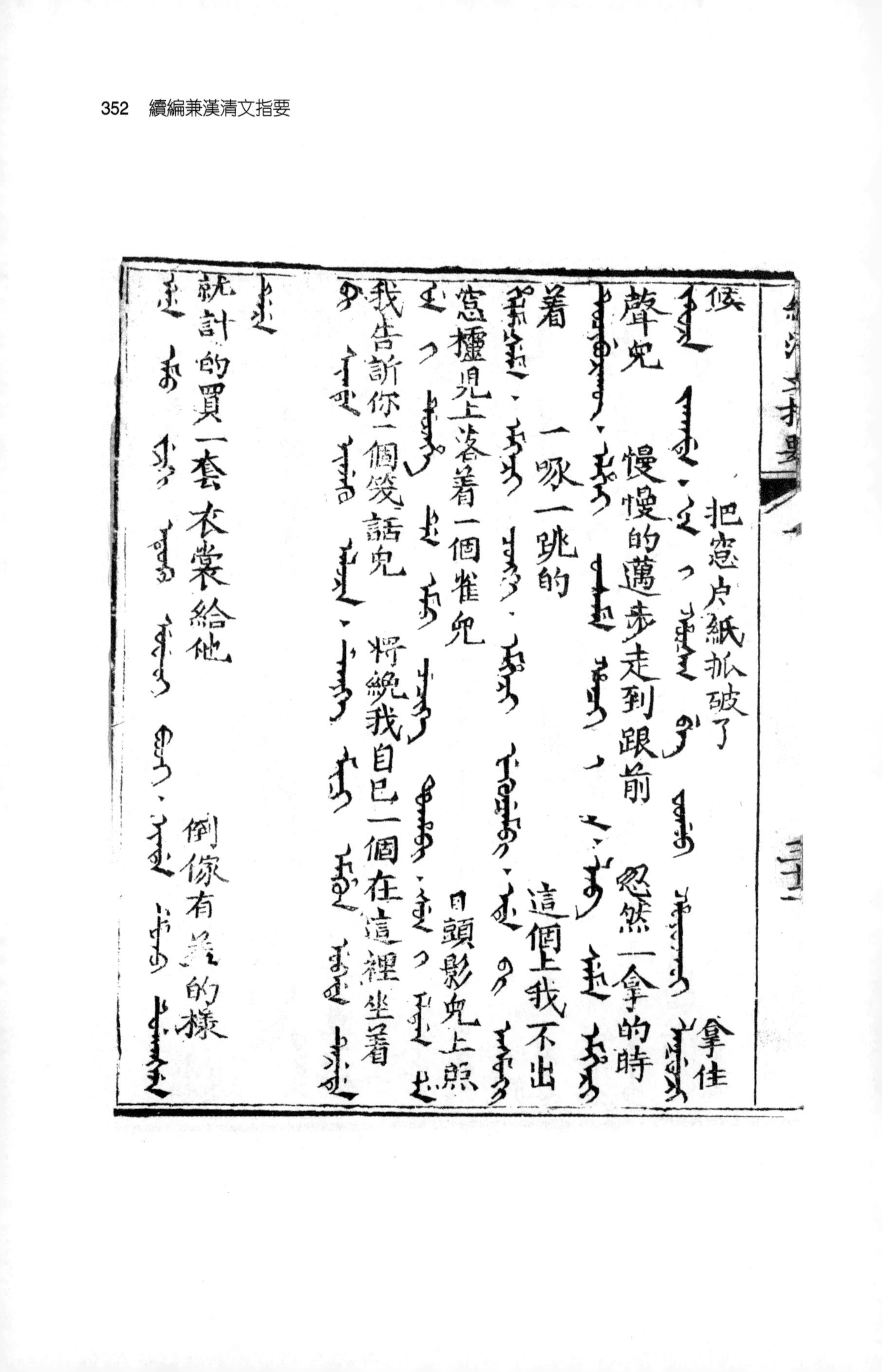

候 把窗戶紙抓破了 拿住

聲兒 慢慢的邁步走到跟前 忽然一拿的時

着 一啄一跳的 這個上我不出

窗櫺兒上落着一個雀兒 日頭影兒上照

我告訴你一個笑話兒 將纔我自己一個在這裡坐着

就計的買一套衣裳給他 倒像有氣的樣

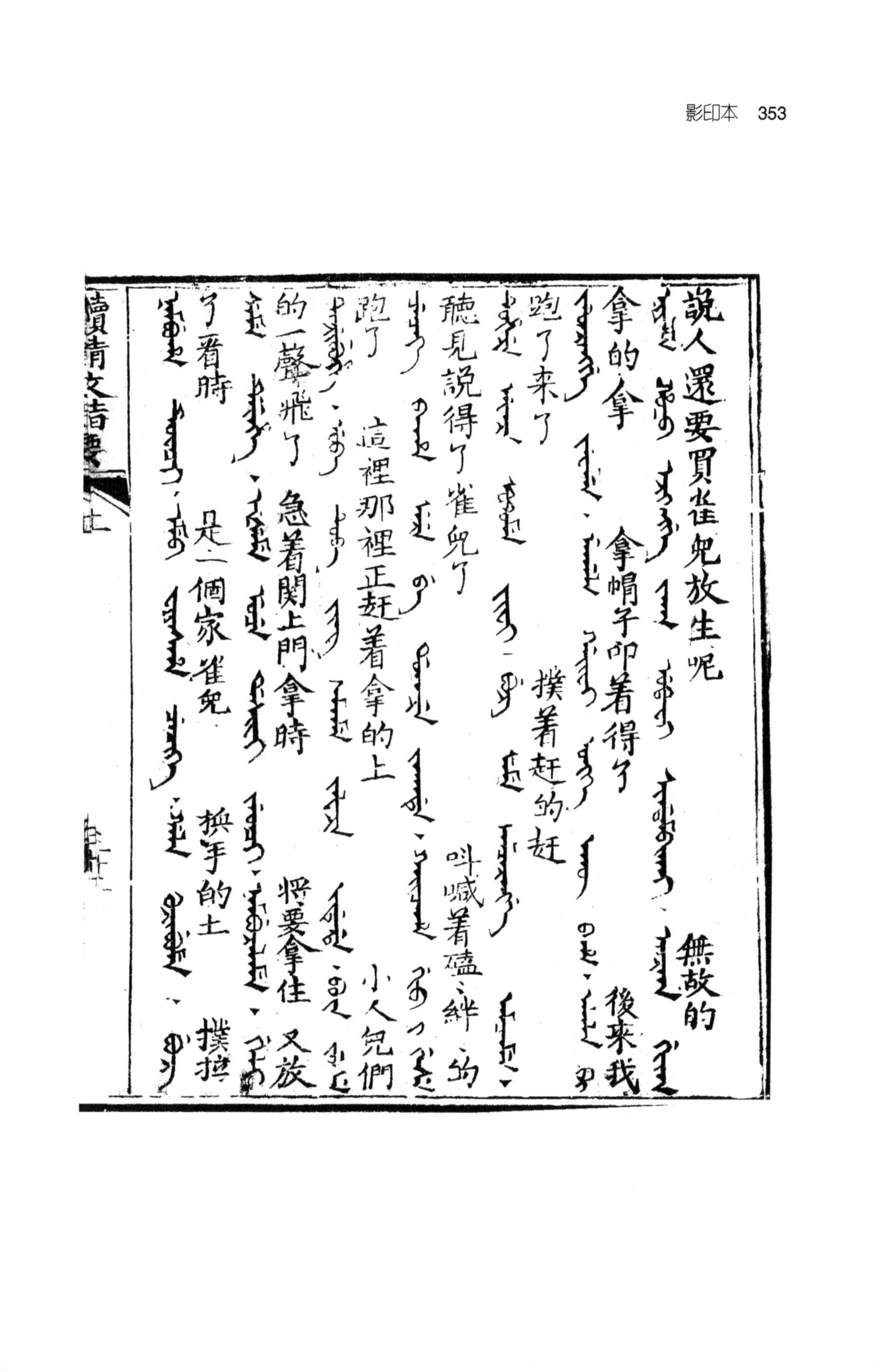

說人還要買雀兒放生呢 無故的

拿的拿 拿帽子叩着得了 後來我

跑了来了 撲着赶的赶

聽見說得了雀兒了 叫喊着磕、絆、的

跑了 這裡那裡正赶着拿的上 小人兒們

的一聲飛了 急着關上門拿時 將要拿住 又放

了看時 是一個家雀兒 換手的土 撲撲

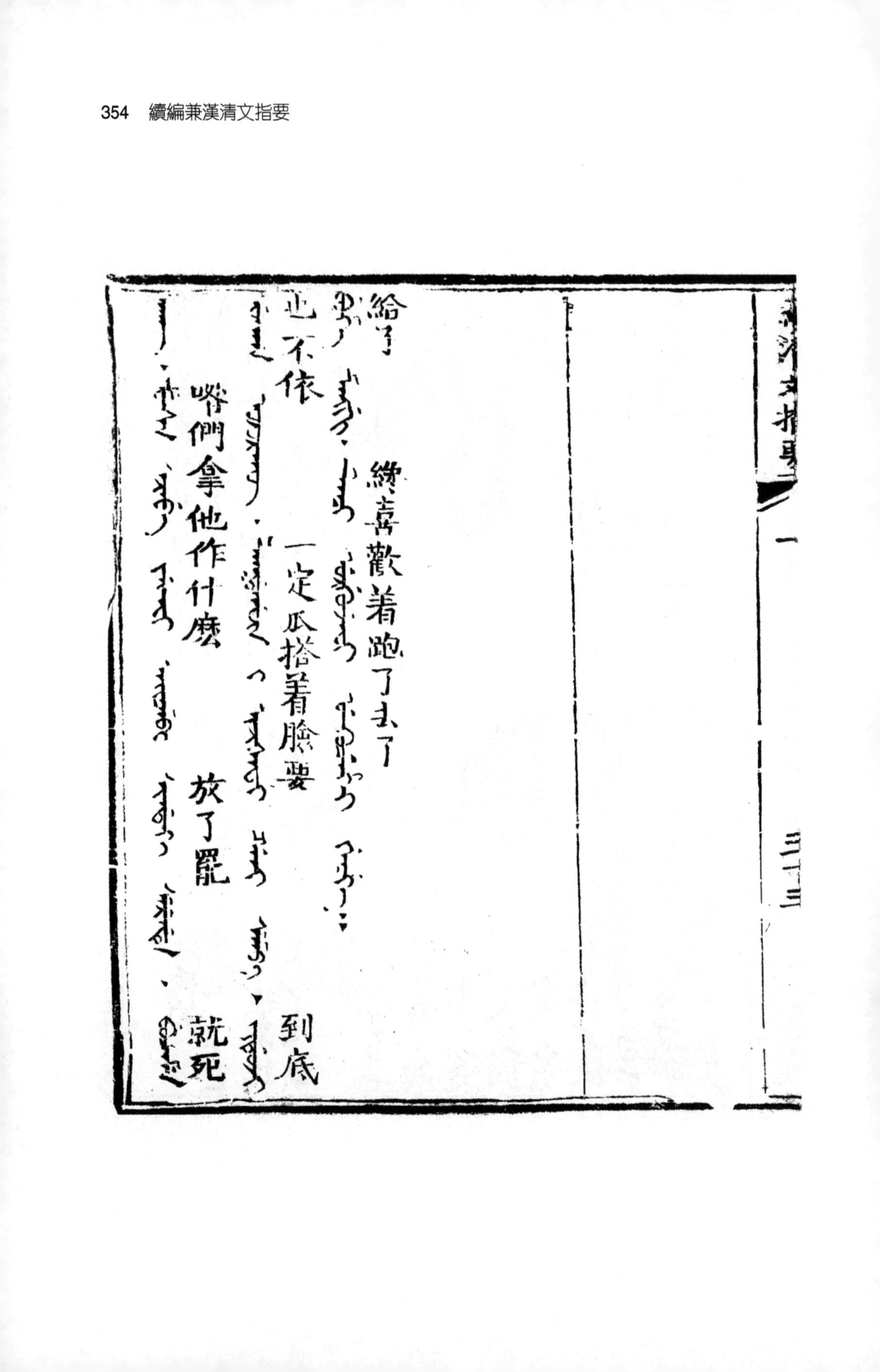

給了　纔喜歡着跑了去了

也不依　一定瓜搭着臉要　到底

咱們拿他作什麼　放了罷　就死

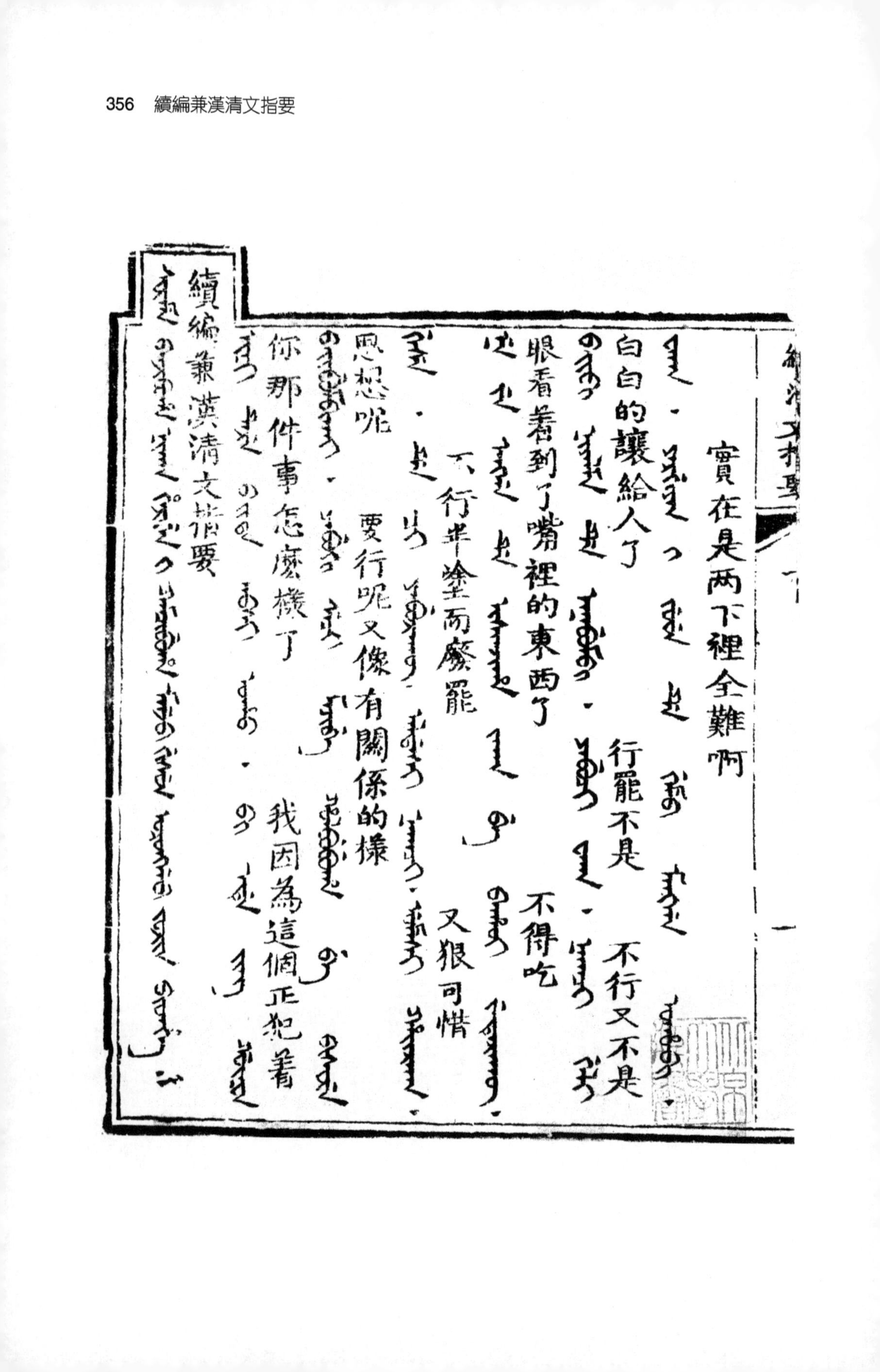

實在是兩下裡全難啊

白白的讓給人了 行罷不是 不行又不是

眼看着到了嘴裡的東西了 不得吃

不行半途而廢罷 又狠可惜

思想呢 要行呢又像有關係的樣

你那件事怎麼樣了 我因為這個正犯着

要是不行　是你的便易　要說是
得主意的去處　日後必定是要露出來的呀
戚何孟呢　這個事情是明明顯顯的有什麼不
要是草草了事的照着答應了去　要親
討個主意來了　阿哥你合我商量來了　我
因這個上　特來你這裡
怎麼得萬無一失的計策纔好

總圖便易　必定是有

正是明顯着把日後的大患的根隱藏着

這個眼前的小利也算得喜嗎

把

而言之　有聖人人無遠慮必有近憂的話呀

總

時候　那纔難了呢

至於衆論的

行了　掩得住誰的嘴

啊
全定不得呀 那個時候 別怨我看着不勸
米 反把口袋丟了 出什麼樣的醜
疑惑着不果斷 到了個絆住的時候了不但不得
一摔手 就完了 要不聽我的話 催着
心裡 你別想着商量 爽爽快快的
失的呀難保不無有利無害啊 我的

任憑是誰全不理了 去年不知被什麽逼着了

他的事情一完了 把臉一抹

喒們怎麽說 就怎麽樣的照着樣兒的行呀

着說呀 求人的時候

於老實了 把那個混賬東西算在那個數兒裡儘

嘴們題說是你的朋友 太過

說比你徃那們好的人再沒有的呀 還不住

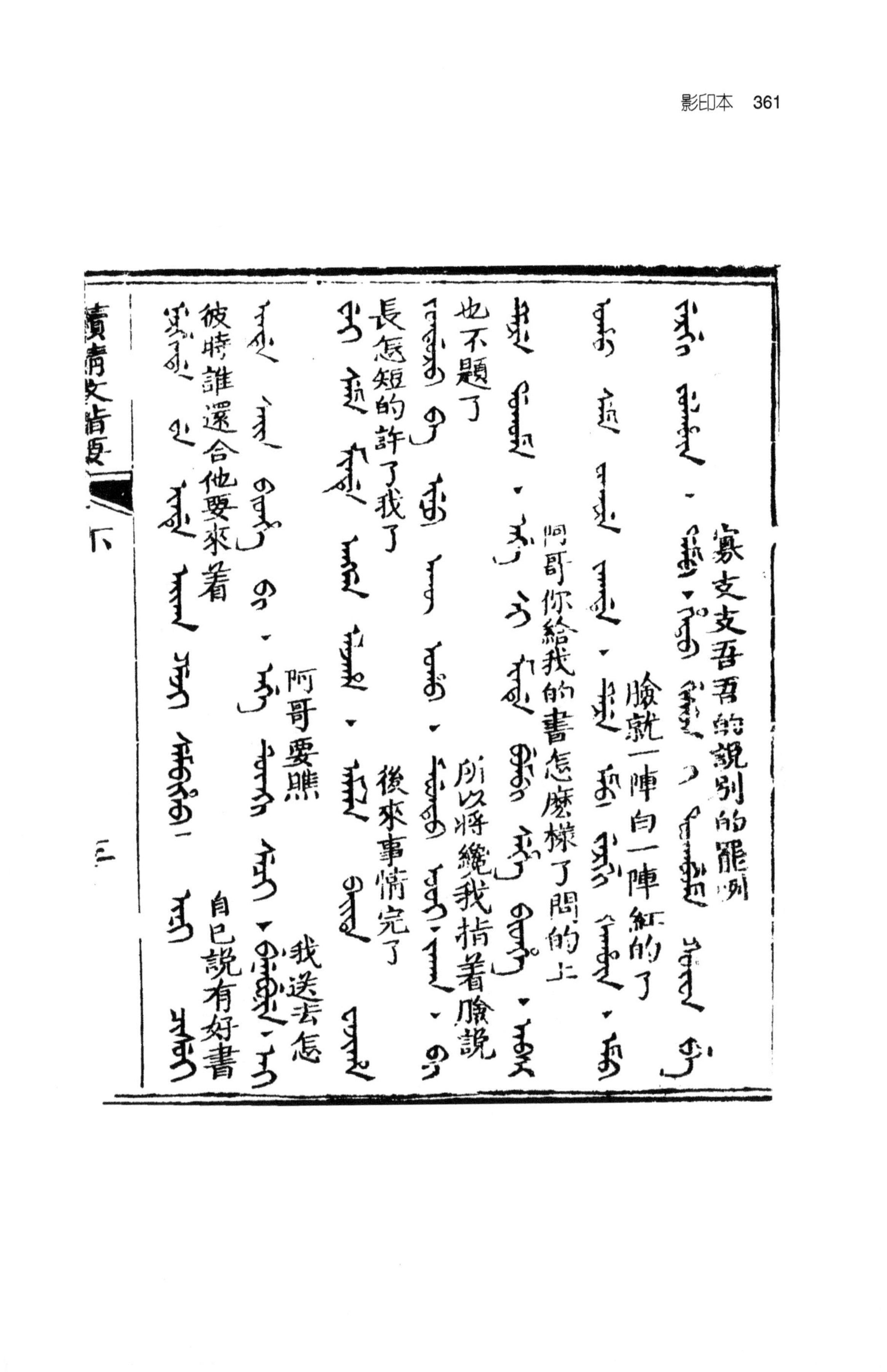

彼時誰還合他要來着
自己說有好書

阿哥要瞧
我送去怎

長怎短的許了我了
後來事情完了

也不題了
所以將纔我指着臉說

阿哥你給我的書怎麼樣了問的上

臉就一陣白一陣紅的了

寡支支吾吾的說別的罷咧

什麼說呢

倘要悞了他的事情的時候

道就說知道

要不知道

就說是不知道就完了

撒的是

你這是怎麼說

人家恭恭敬敬的來求你

要是知

無緣無故的哄人的

狠討人嫌

給是怎麼樣的

不給又是怎麼的

但只

即如一套書什麼情罕

總不得答應的話了

大錯了啊

實在不是我的意思啊

阿哥

你反倒行這個樣的刻薄事情

別人看他是這樣

咱們該勸的罷咧

看起他那個賴怠樣兒來就知道了

着

他是一個老實可憐的呀

要是一個攖攖弄弄的厭惡人

我也不說來

倒像你有心陷害他的一樣

他

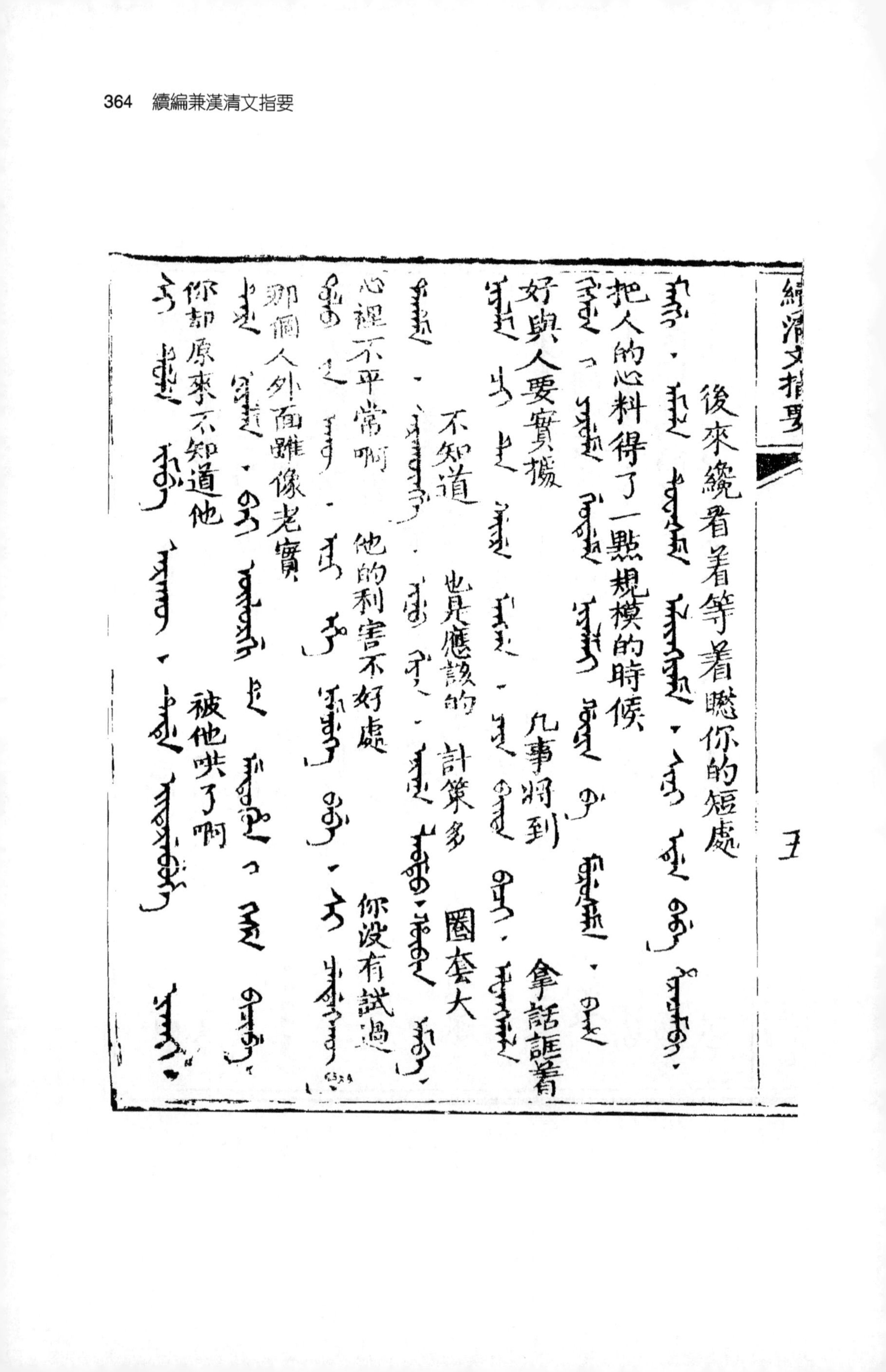

後來纔看着等着瞧你的短處

把人的心料得了一點規模的時候

好與人要實據 凡事將到 拿話誆着

不知道 豈應該的 計策多 圈套大

心裡不平常啊 他的利害不好處 你沒有試過

那個人外面雖像老實

你却原來不知道他 被他哄了啊

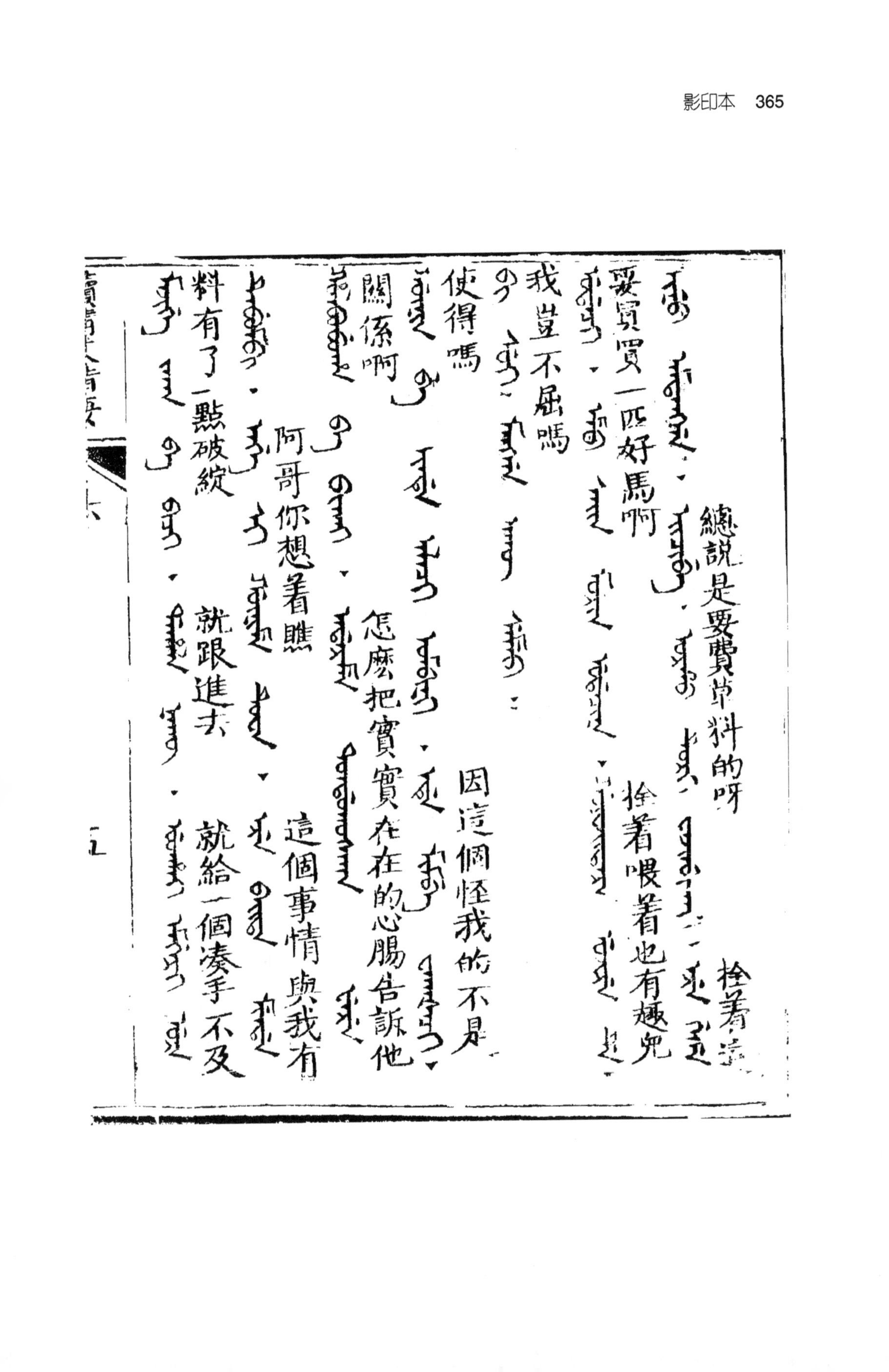

總說是要費草料的呀
撿着這
撿着喂着也有趣兒
要買買一匹好馬啊
我豈不屈嗎
使得嗎
因這個怪我的不是
關係啊
怎麼把實實在在的心腸告訴他
阿哥你想着瞧
這個事情與我有
料有了一點破綻
就跟進去
就給一個湊手不及

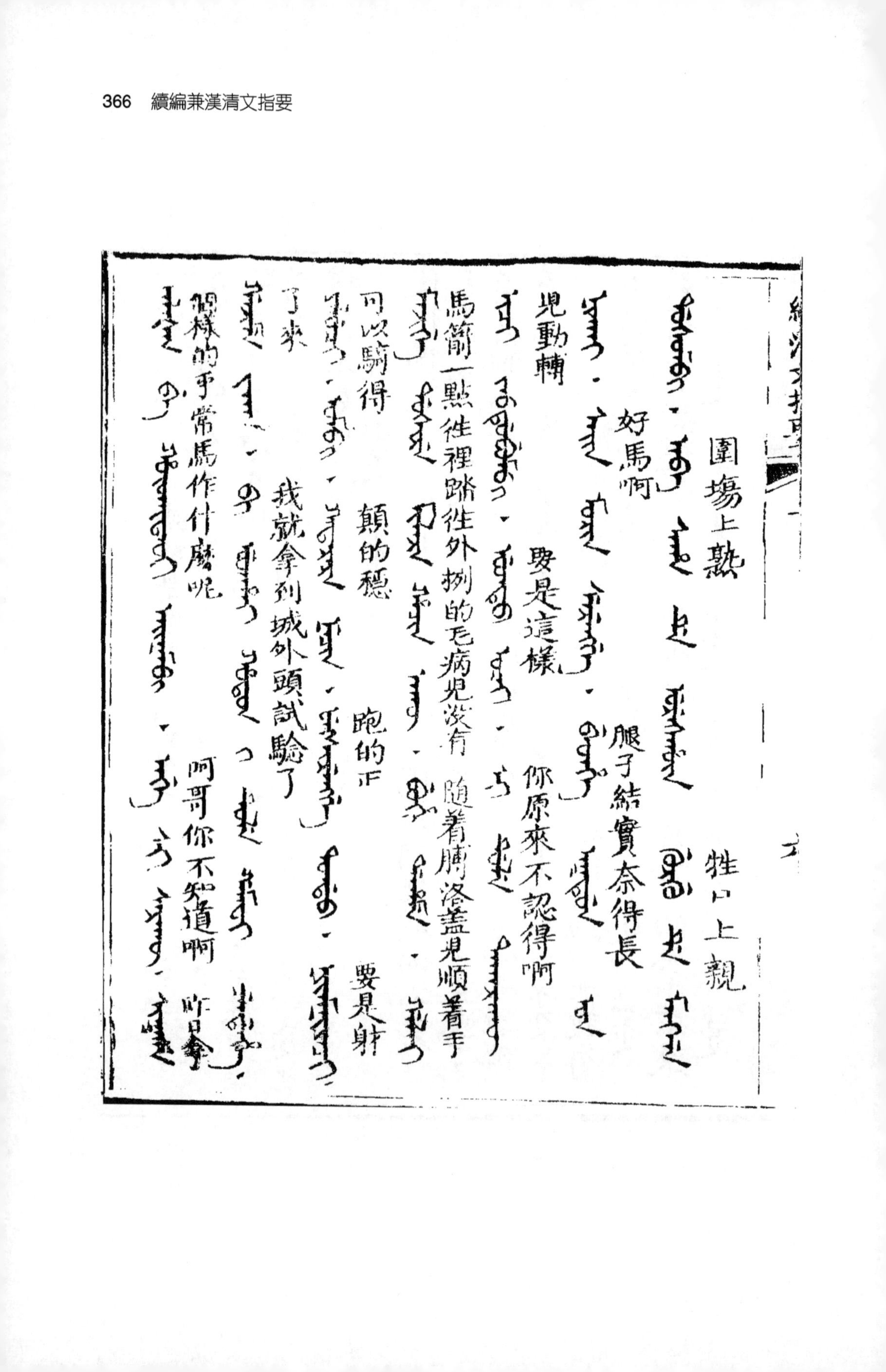

圍場上熟　牲口上親

好馬啊　腿子結實奈得長

兒動轉　要是這樣　你原來不認得啊

馬箭一點往裡踹往外捌的毛病兒沒有　隨着膊洛蓋兒順着手

可以騎得　顛的穩　跑的正　要是射

了來　我就拿到城外頭試驗了

個樣的手常馬作什麼呢　阿哥你不知道啊　昨日拿

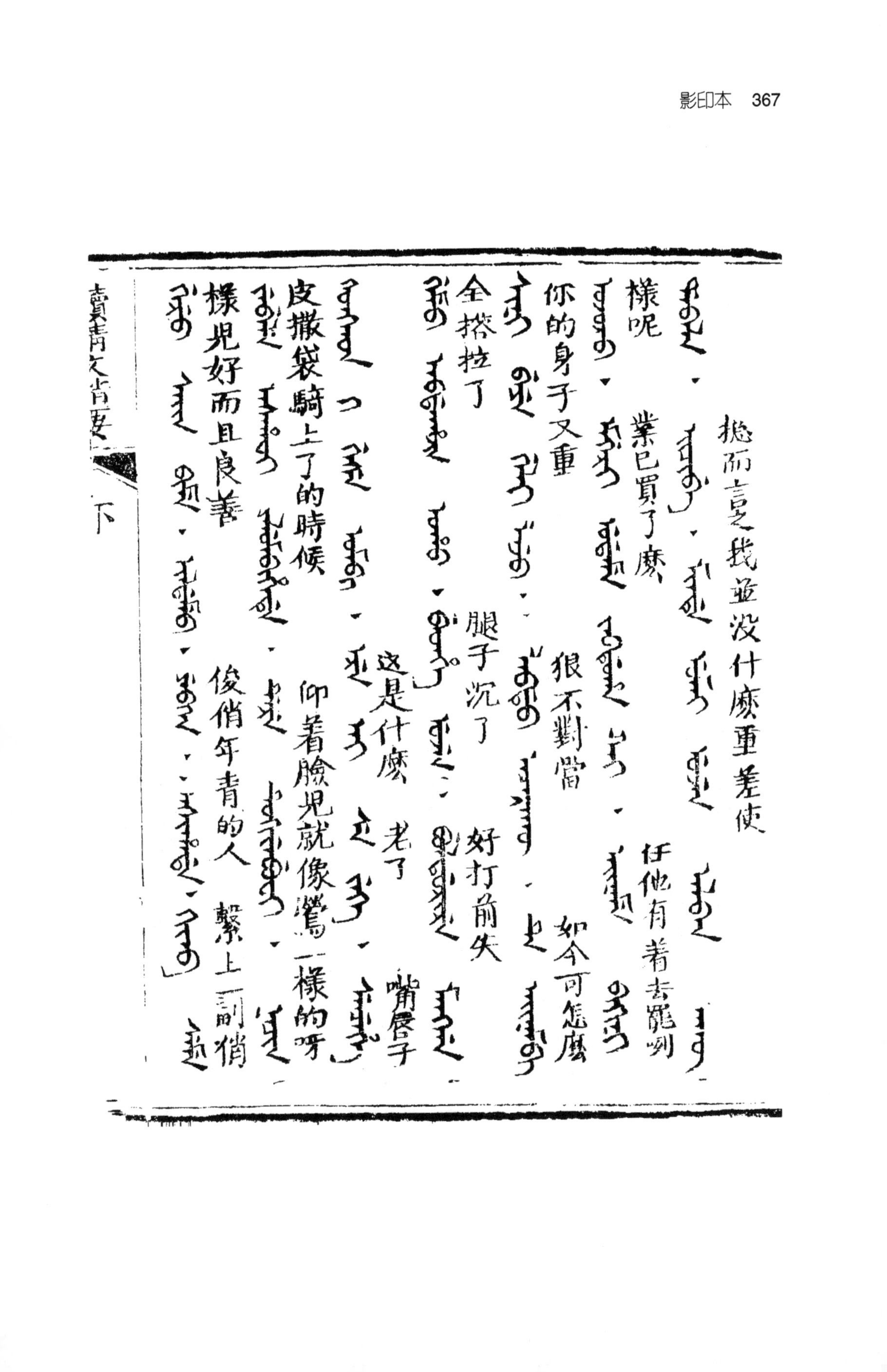

摠而言之我並沒什麼重差使
任他有着去罷咧

樣呢
業已買了麼
如今可怎麼

你的身子又重
狠不對當

全搭拉了
腿子沉了
好打前失

這是什麼
老了
嘴唇子

皮撒袋騎上了的時候
仰着臉兒就像鷺鷥一樣的呀

樣兒好而且良善
俊俏年青的人
繫上一副俏

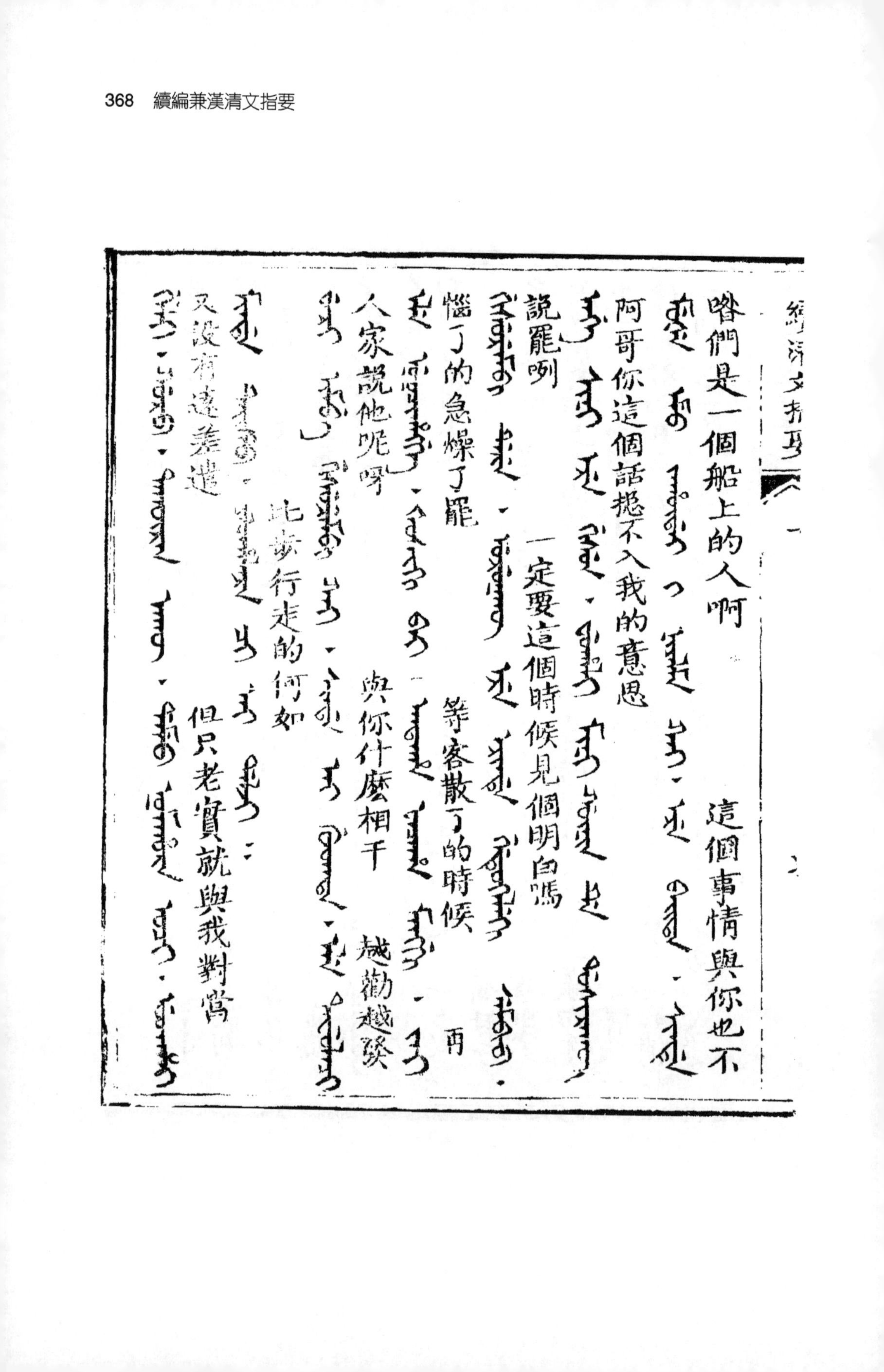

這個事情與你也不

喒們是一個船上的人啊

阿哥你這個話揔不入我的意思

說罷咧　一定要這個時候見個明白嗎

惱了的急燥了罷　等客散了的時候　再

人家說他呢呀　與你什麼相干　越勸越發

比步行走的何如

又設有違差遣　但只老實就與我對當

裡坐着的人們
全爲你的事情來的
說是呢
生氣鬪完了嗎
你看這
不說你的是
不是那們
有話慢慢的找着理
家的意思說的
什麼心
我實在
就罷了
反倒一溜神氣的隨着人
要議論他
也帶着喒們啊
你不替說說
甚爽利說一點關碍沒有嗎

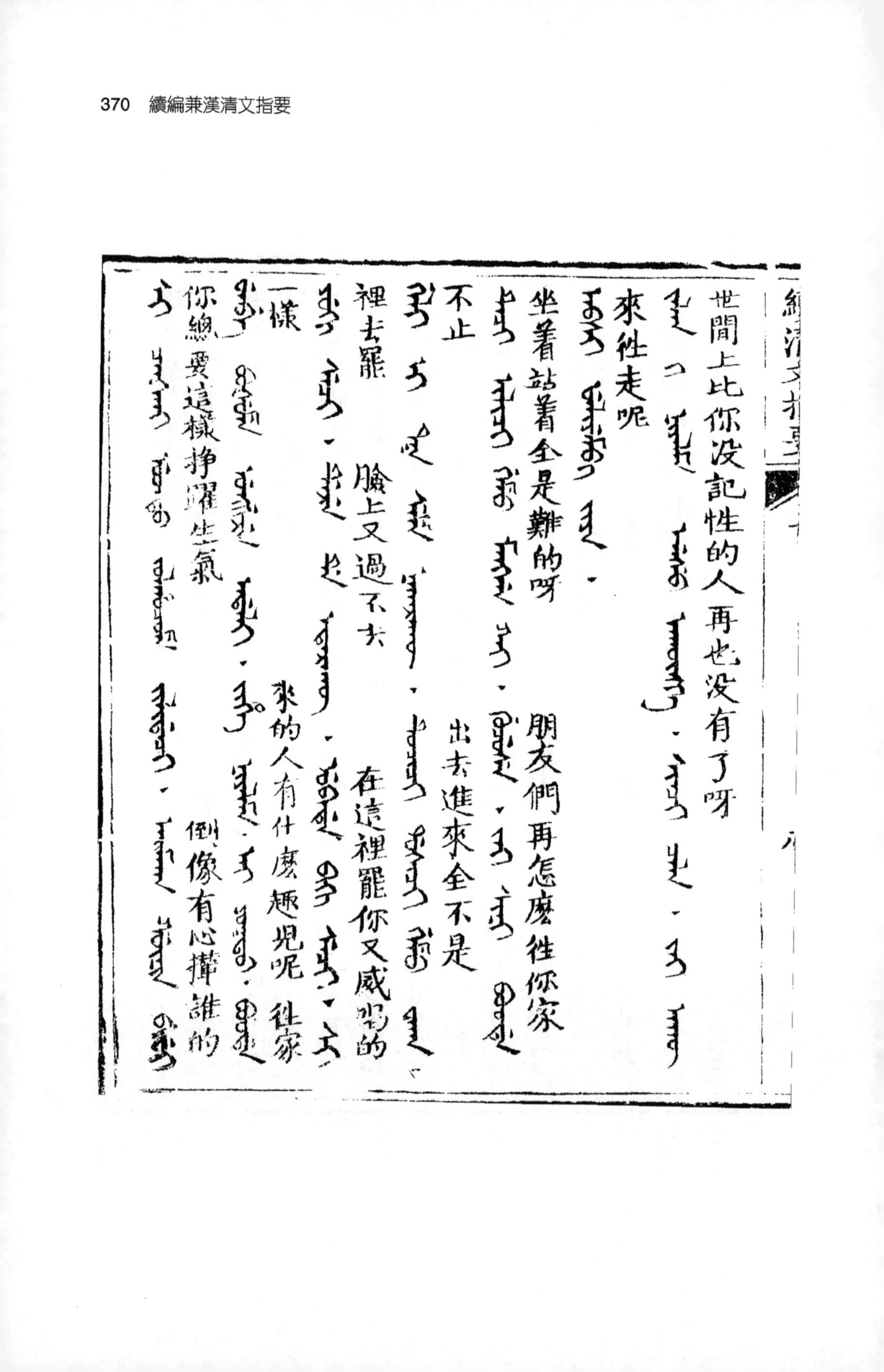

你總要這樣掙羅生氣 倒像有心攆誰的一樣 來的人有什麼趣兒呢 往家裡去罷 臉上又過不去 在這裡罷你又威嚇的不止 出去進來全不是 坐着站着全是難的呀 朋友們再怎麼往你家來往走呢

世間上比你沒記性的人再也沒有了呀

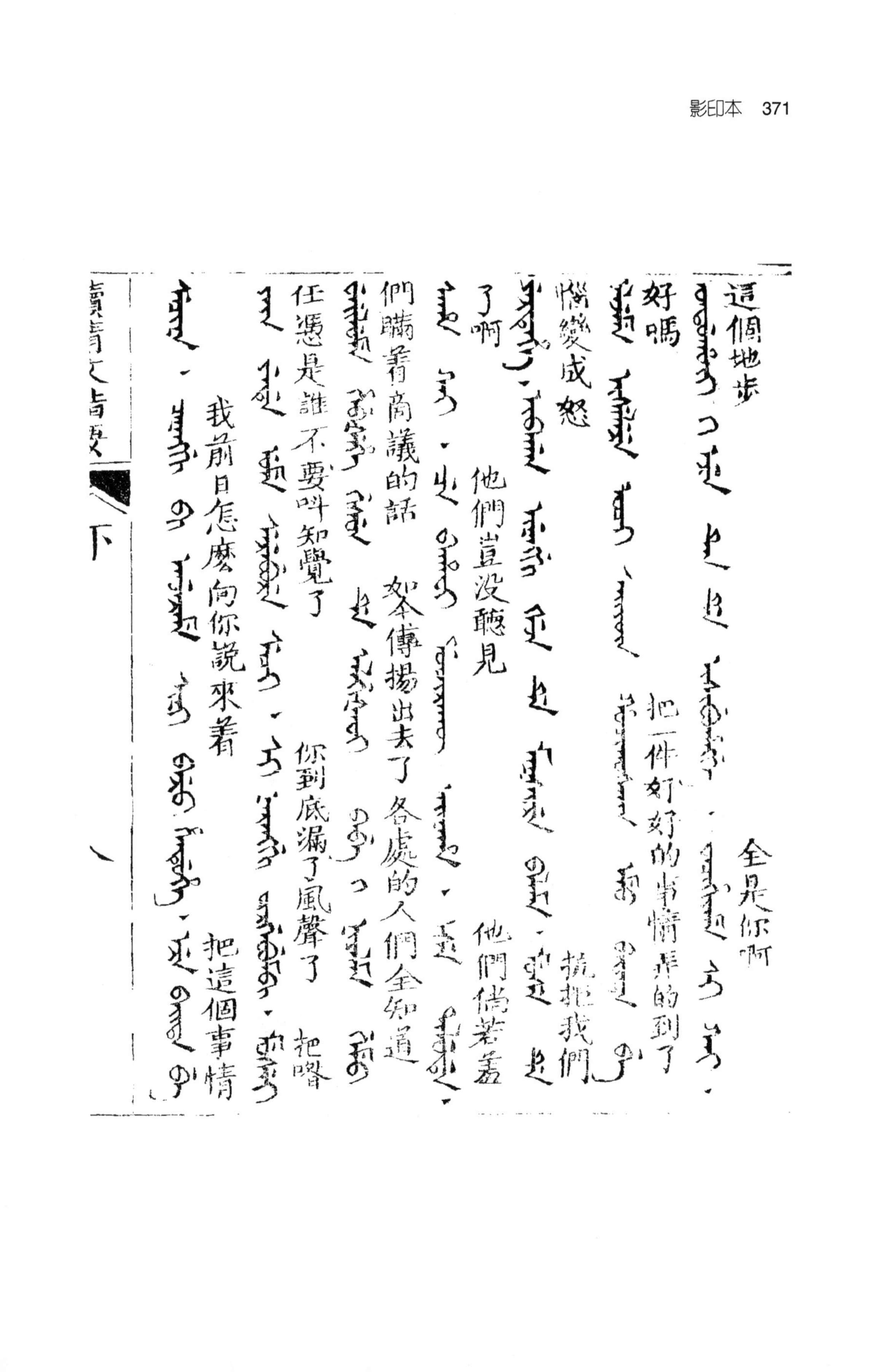

這個地步 全是你啊

好嗎 把一件好好的事情弄的到了

惱變成怒 撓把我們

了啊 他們豈沒聽見 他們倘若羞

們瞞着商議的話 如今傳揚出去了 各處的人們全知道

任憑是誰不要叫知覺了 你到底漏了風聲了 把咱

我前日怎麼向你說來着 把這個事情

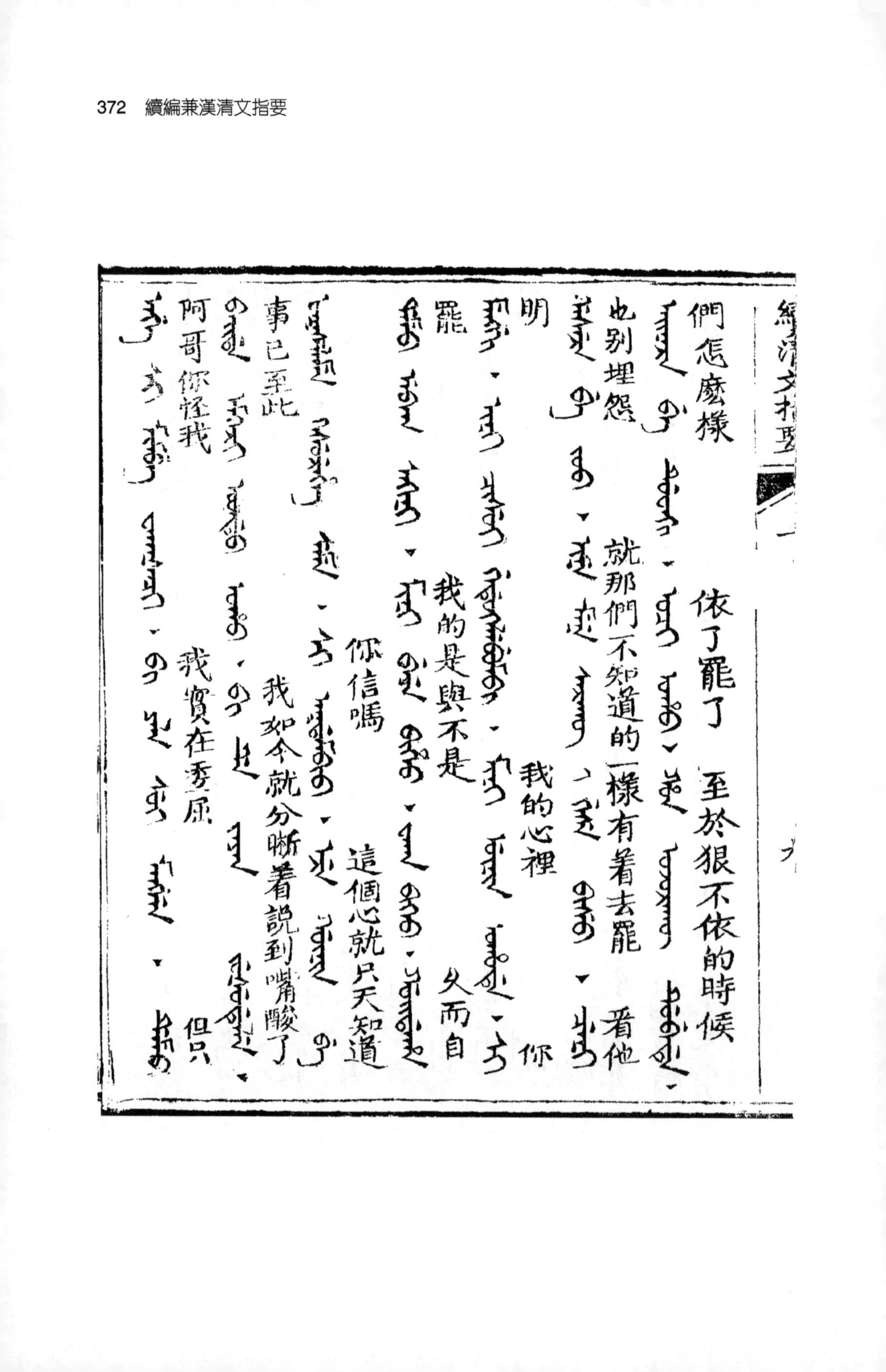

們怎麼樣 依了罷了 至於狠不依的時候
也別埋怨 就那們不知道的一樣有着去罷 看他
明 我的心裡 你
罷 我的是與不是 久而自
你信嗎 這個心就只天知道
事已至此 我如今就分晰着說到嘴酸了
阿哥你怪我 我實在委屈 但只

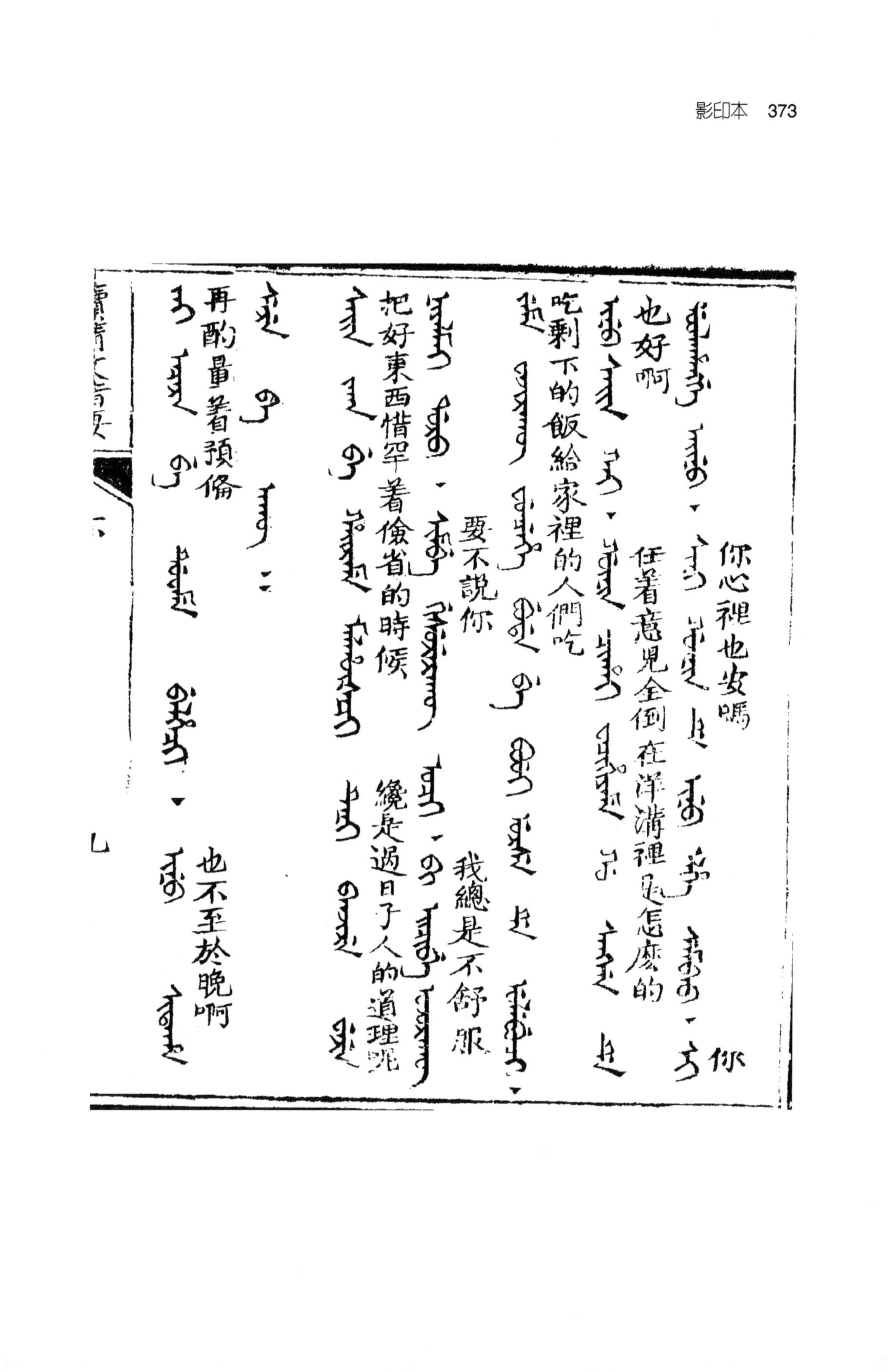

你心裡也安嗎

任着意兒全倒在洋溝裡是怎麼的

你

也好啊

吃剩下的飯給家裡的人們吃

要不說你

我總是不舒服

把好東西惜罕着儉省的時候

纔是過日子人的道理呢

再酌量着預備

也不至於晚啊

吃有什麼盡休啊
一味的要是這樣的時候
就買了來
拋拋撒撒的花費了
嘴有什麼規矩
吃着這個
想着那個
想來想去
得的嗎
況且咱們又是什麼富翁呢
勞碌
纔到了這裡來了
就是一粒是輕易
處啊
耕種的與那販運的人們是怎麼樣的心苦
雖然知道吃飯
但只未知米糧的艱難

夏天的時候 還可以勉强來着 久而久之

呢呀

受餓的時候 纔悔之不及

這樣的抛撒五谷 到了折受的

長煖的話呀 你能有多大福啊

有老家兒們說的惜食長飽 惜衣

不但折福啊 就有什麽不完呢

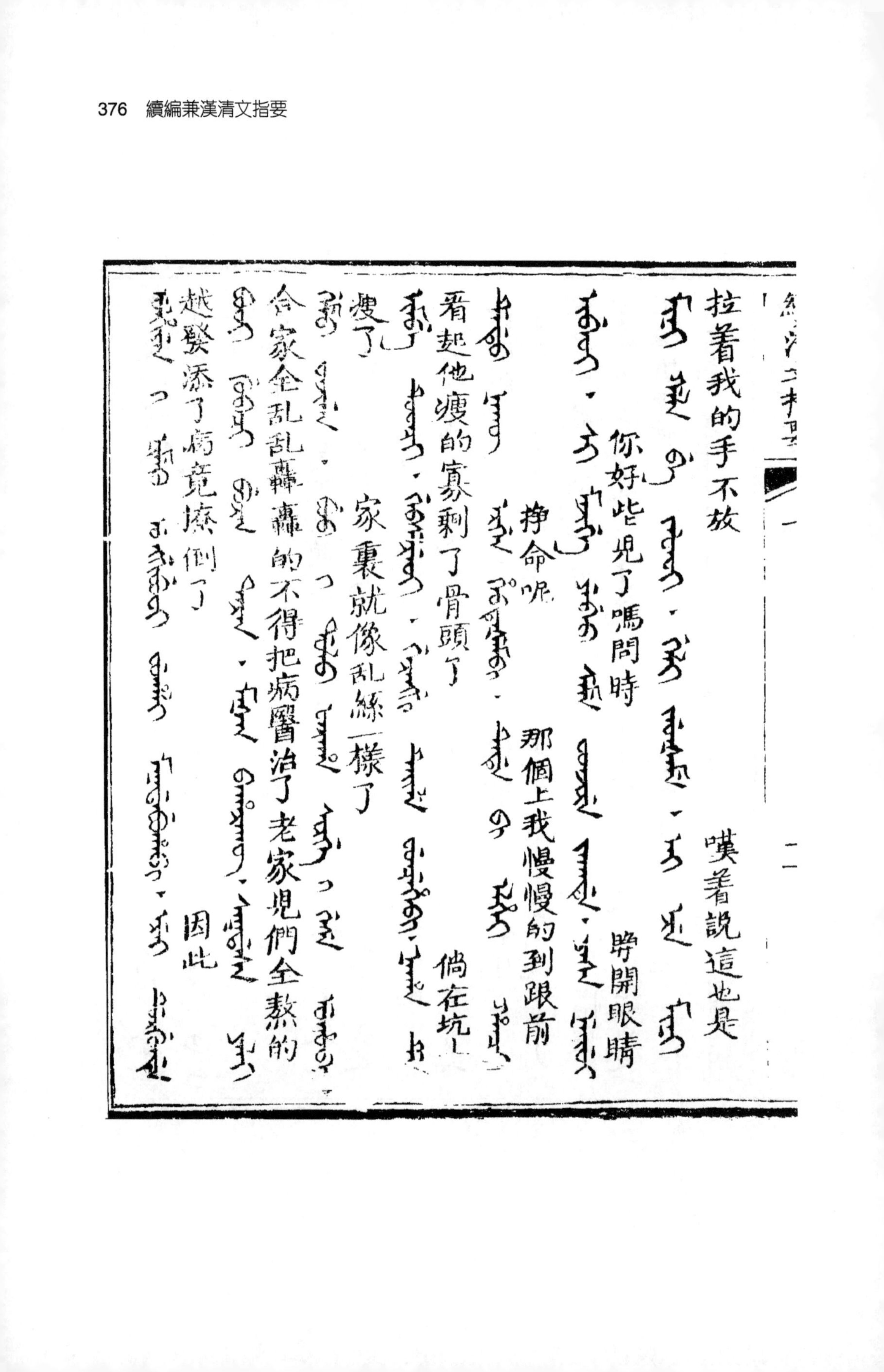

拉着我的手不放 嘆着說這也是

你好些兒了嗎問時 睜開眼睛

掙命呢 那個上我慢慢的到跟前

看起他瘦的寡剩了骨頭了 倘在坑上

瘦了 家裏就像乱絲一樣了

合家全乱乱轟轟的不得把病醫治了老家兒們全數的

越發添了病竟擦倒了 因此

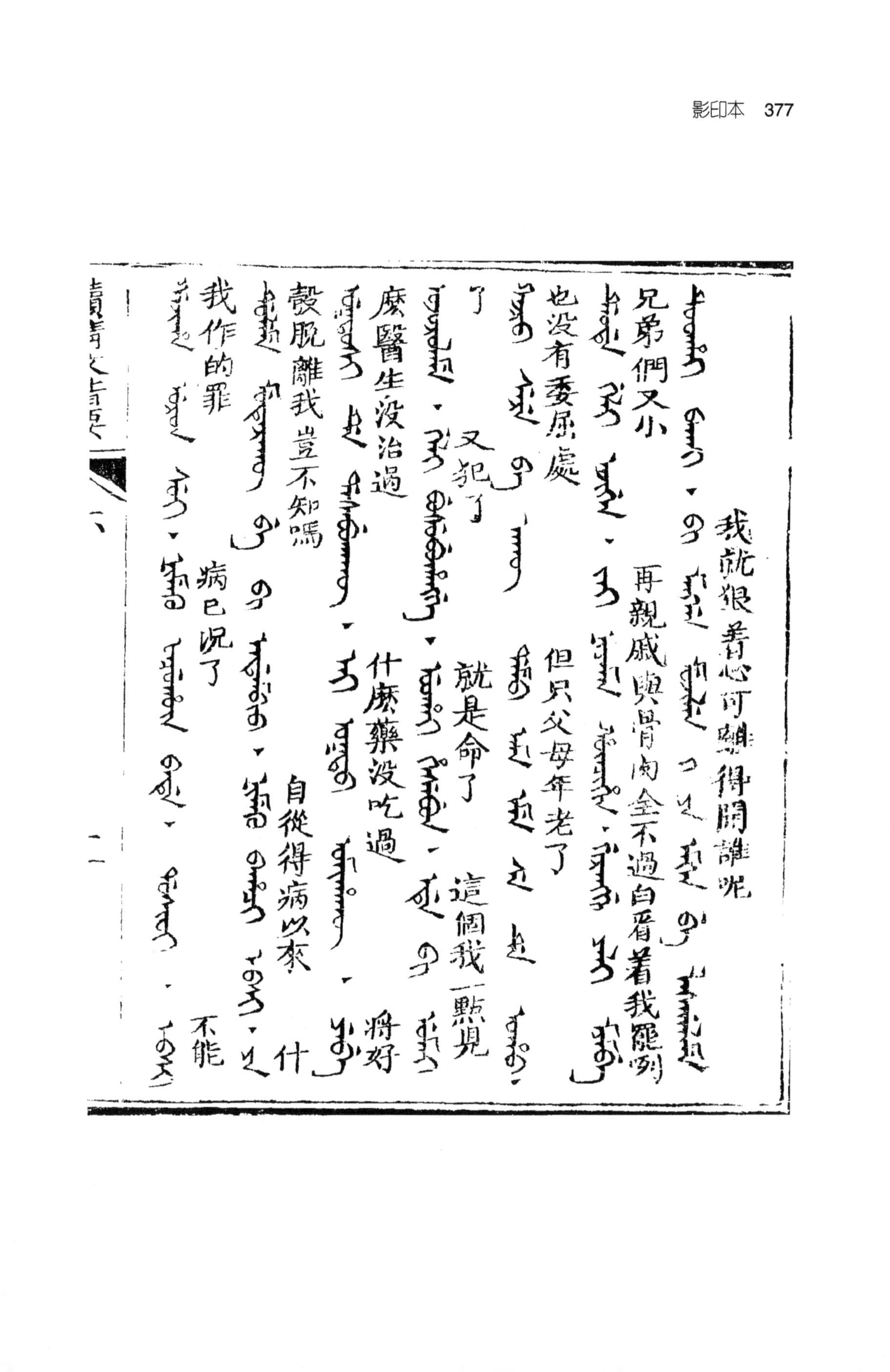

我作的罪 病已沉了 不能

軀殼離我 豈不知嗎 自從得病以來 什

麼醫生沒治過 什麼藥沒吃過 將好

了 又犯了 就是命了 這個我一點兒

也沒有委屈處 但只父母年老了

兄弟們又小 再親戚與骨肉全不過白看着我罷咧

我就狠着急可離得開誰呢

什麽看不見　混撞啊　嘴裡打唔嚕

怎麽討人嫌啊　大凡使了去的地方　閉着眼睛

阿媽一樣　實在是他阿媽的種兒　怎麽解

什麽下賤東西也有呢　不是人辮子　生的活像他

不動心的呀

哎何等的可嘆　就說是鐵石人心聽見那個話沒有

話將完了眼淚直流

一樣的跳踏　一時性子上來了　把這個穉種
放下這個去　一會兒不閒着　猴兒
的狠不堪　竟是個天生的惡人　拿起那個來
叶在跟前服侍着使喚還好　料離了乜的時候　陶氣
一說頑起來沒有對兒　一點空兒不給
懂得他的話呢　正經地方狠無用
倒像戲弄人的一樣　誰

我望你説話不是分內的嗎 來了

安的是什麼心腸 把我輕視的至極了

他些兒

家生子兒 所得的與吃的去處 又不由的多疼

第一件火燎雖短倒比手強 第二件是

的時候 又想着可怎麼樣呢 實在的殺他嗎

的撻開了 纔稱心入意罷咧 過癮了

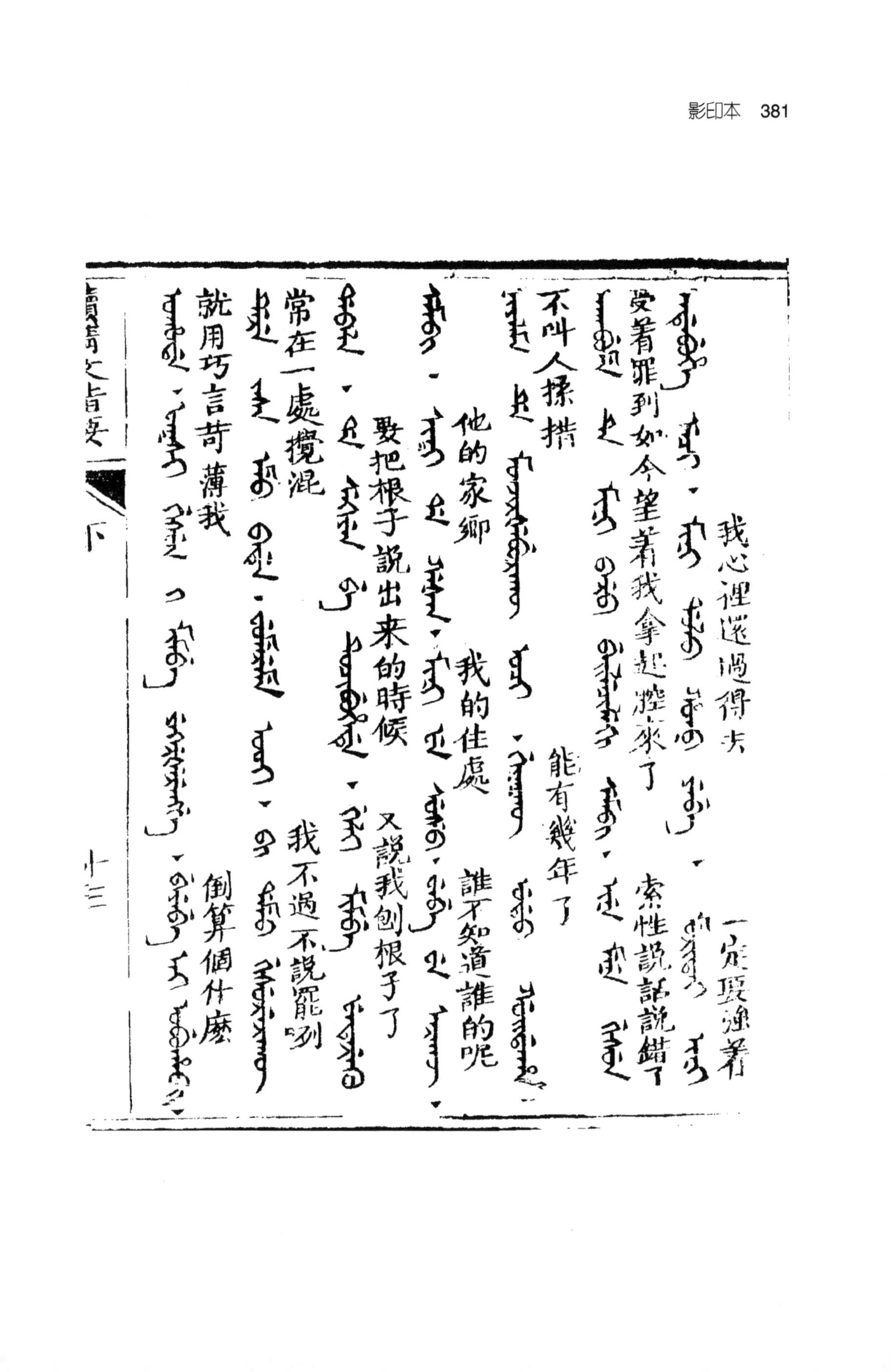

我心裡還過得去 一定要強着

受着罪到如今望着我拿起腔來了 索性說話說錯了

不叫人揉搓 能有幾年了

他的家鄉 我的住處 誰不知道誰的呢

要把根子說出來的時候 又說我刨根子了

常在一處攪混 我不過不說罷咧

就用巧言苛薄我 倒算個什麼

滴滴搭搭的連霪了這些日子了 心裡

要是料料的遲㬠的時候也就不是漢子了啊

呢 要是個高低上下 倒狠稱我的恩罷咧

我索的呀 實在誰把誰怎麼樣呢 誰怕誰

易了 仗着誰的威勢 今日招呼特意叫

因那個上不由的叫人生氣啊 怎麼把我看容

說他的話是 任憑怎麼的不認不是

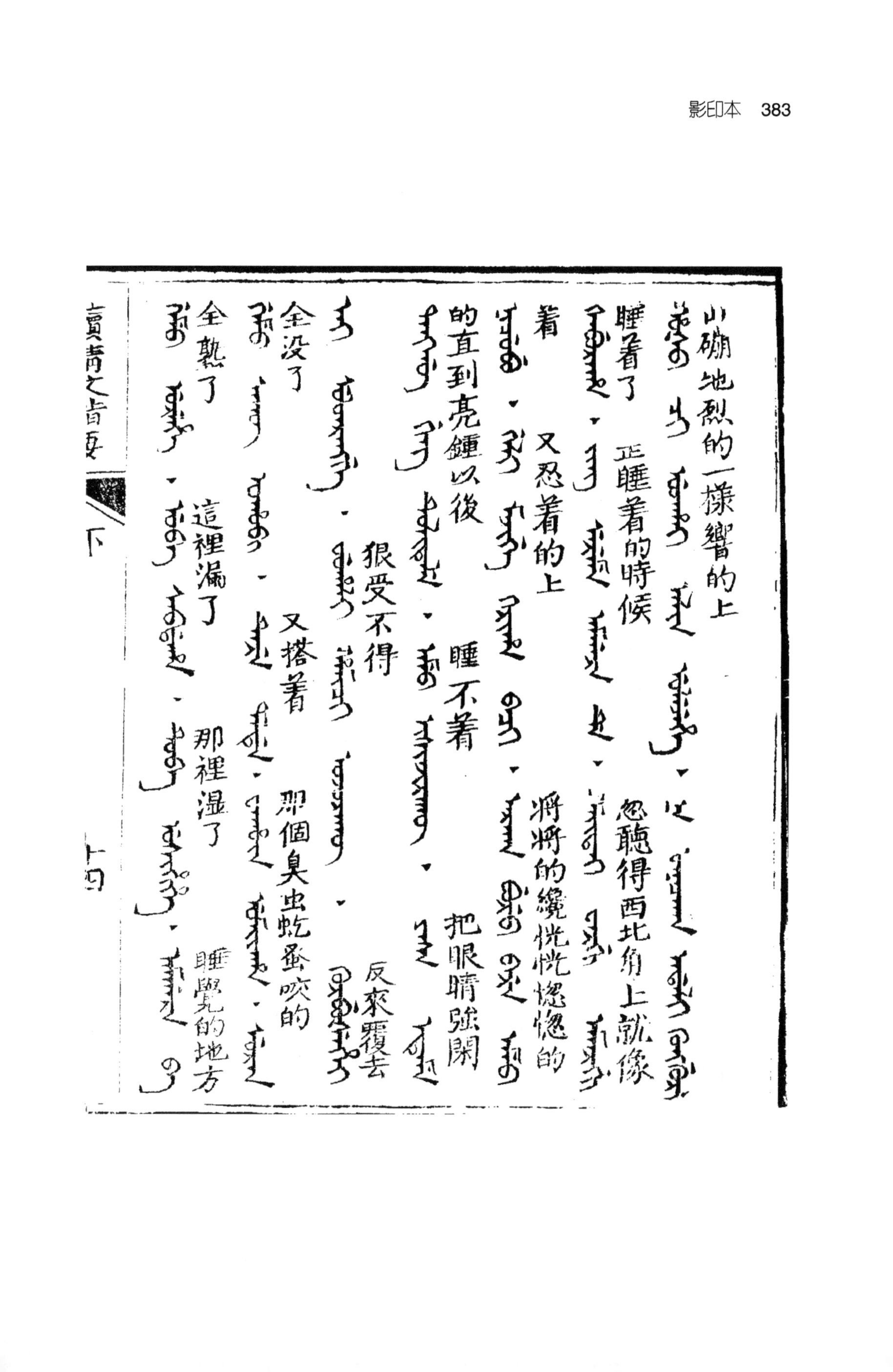

山硼地烈的一樣響的上

睡着了　正睡着的時候　忽聽得西北角上就像

着　又忍着的上　將將的纔恍恍惚惚的

的直到亮鍾以後　睡不着　把眼睛睜開

狠受不得　反來覆去

全没了　又搭着　那個臭虫蛇蚤咬的

全熟了　這裡漏了　那裡濕了　睡覺的地方

聲音怎麼那樣的大呢

那個响聲

在睡夢中聽見的上

說是間壁的房山墻被雨濕透倒下來了

怎麼樣的

急忙使人去看

睜眼一看

屋裡坑上以切器具並沒

那些工夫身子打戰心還跳呢

我兢兢的驚醒了

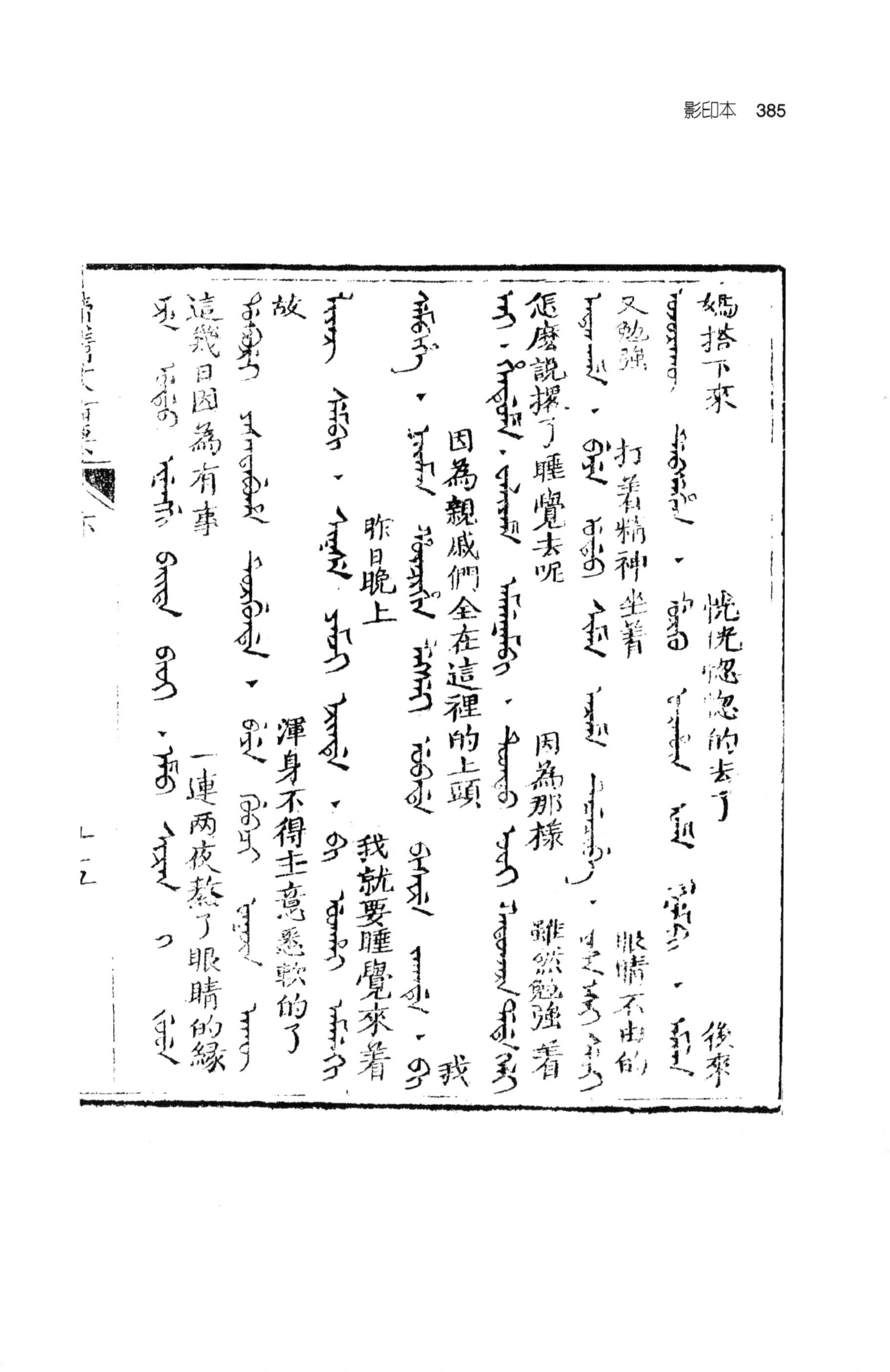

這幾日因為有事
一連兩夜熬了眼睛的緣
故
渾身不得主意惡軟的了
昨日晚上
我就要睡覺來着
我
因為親戚們全在這裡的上頭
怎麼說擺了睡覺去呢
因為那樣
雖然勉強着
打着精神坐着
又勉強
眼睛不時的
嫣搭下來
恍恍惚惚的去了
後來

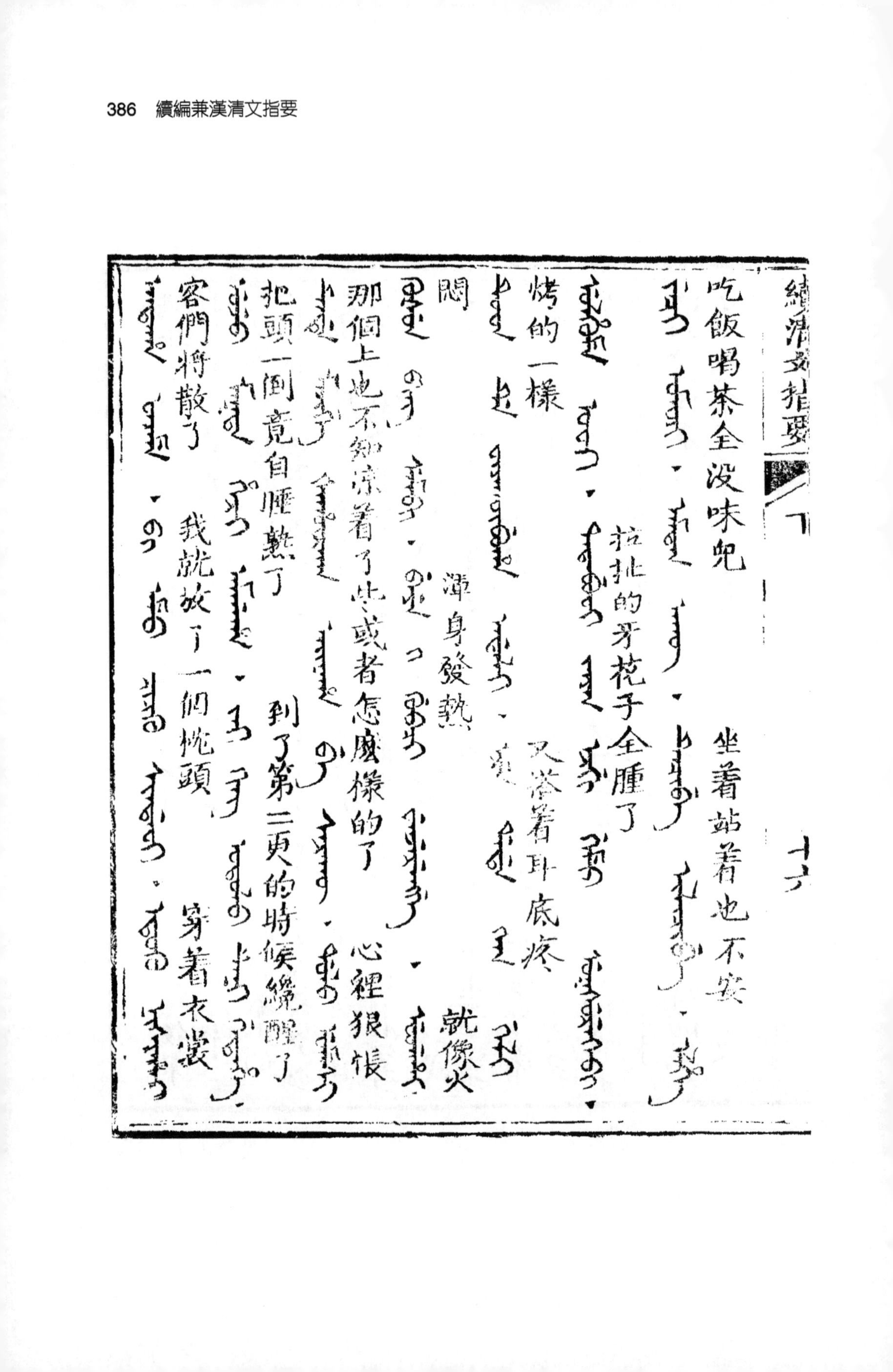

吃飯喝茶全沒味兒 坐着站着也不安

拉扯的牙花子全腫了

又搭着耳底疼 就像火烤的一樣

渾身發熱 心裡狠悵悶

那個上也不知凉着了些或者怎麼樣的了

把頭一倒竟自睡熟了 到了第二更的時候纔醒了

客們將散了 我就放了一個枕頭 穿着衣裳

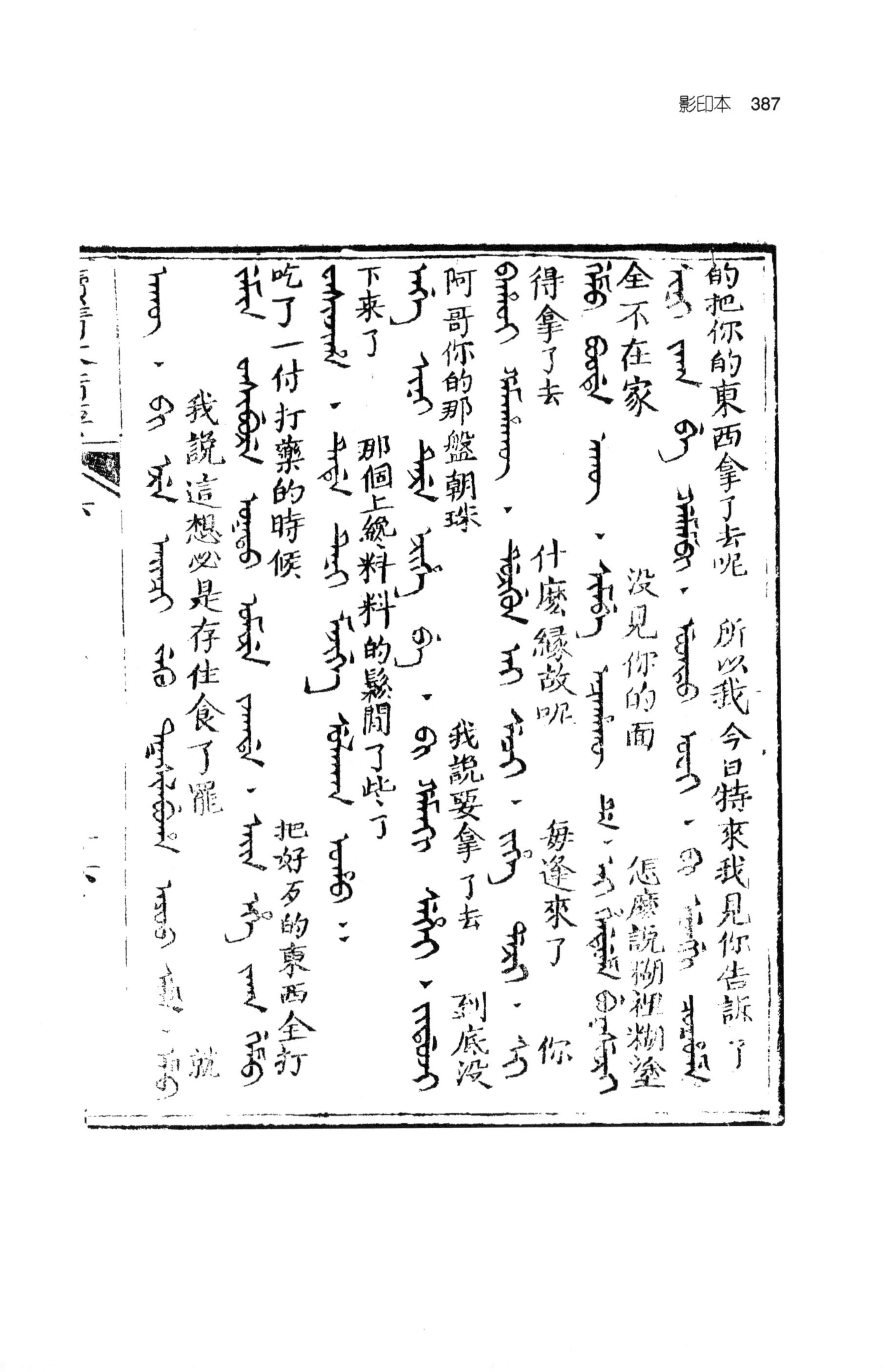

的把你的東西拿了去呢 所以我今日特來我見你告訴了

全不在家 沒見你的面 怎麼說糊裡糊塗

得拿了去 什麼緣故呢 每逢來了 你

阿哥你的那盤朝珠 我說要拿了去 到底沒

下來了 那個上緞料料的鬆閒了些了

吃了一付打藥的時候 把好歹的東西全打

我說這想必是存住食了罷 就

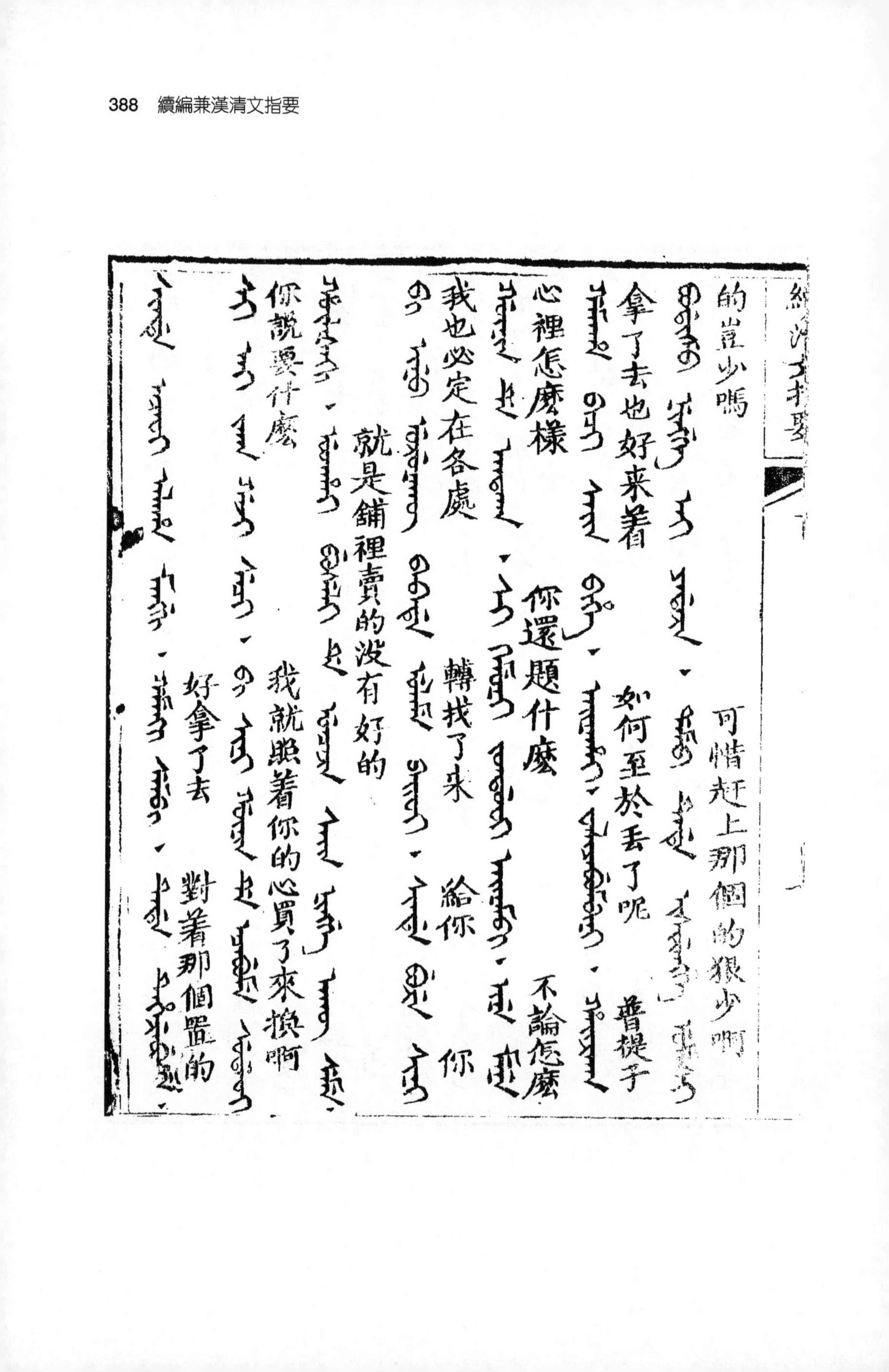

的豈少嗎

可惜赶上那個的猴少啊

拿了去也好来着

如何至於丢了呢

普提子

心裡怎麼樣

你還題什麼

不論怎麼

我也必定在各處

轉找了来

給你

你

就是鋪裡賣的沒有好的

你說要什麼

我就照着你的心買了來換啊

好拿了去

對着那個罷的

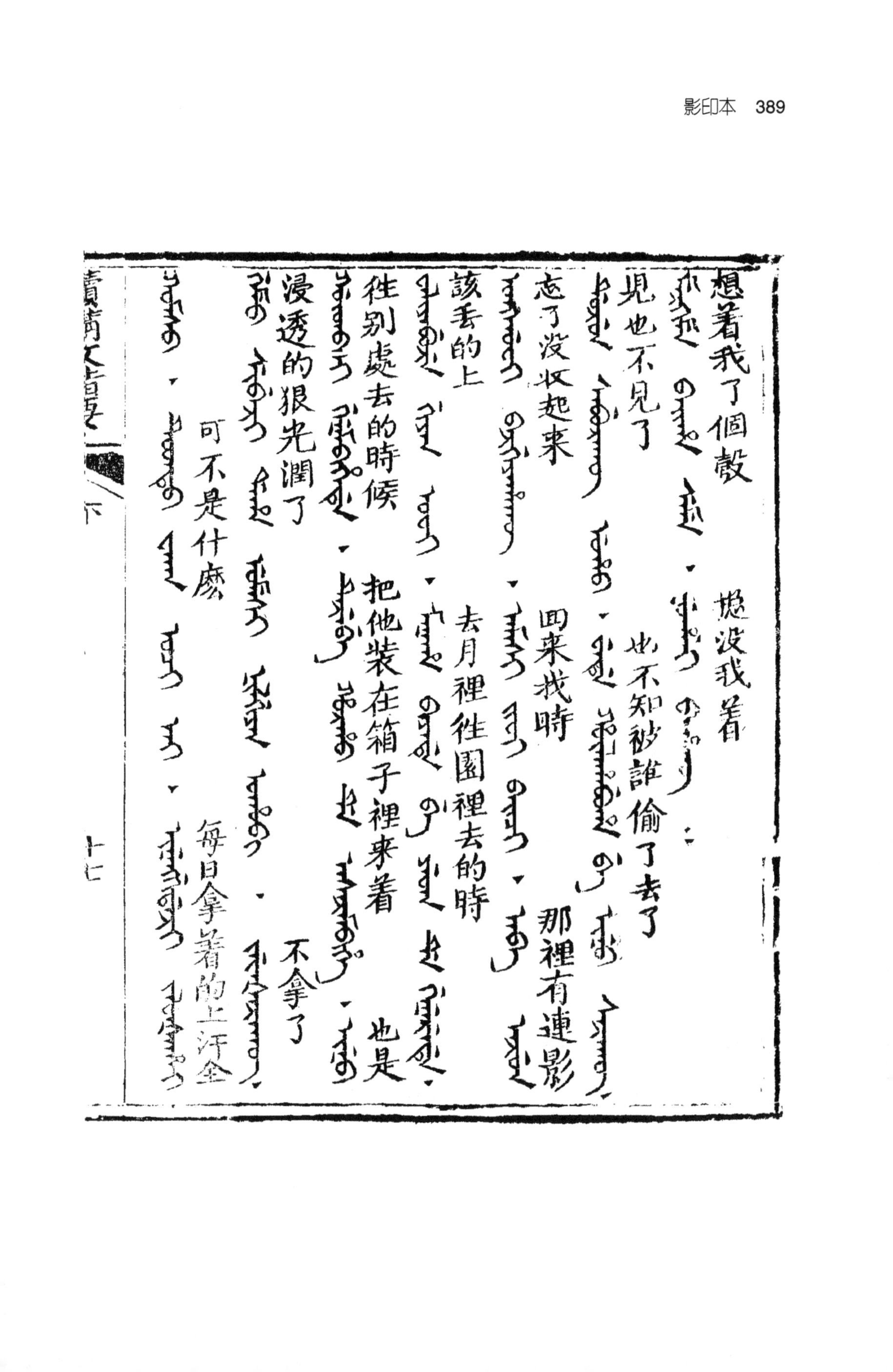

想着我了個殼
搃没我着

見也不見了
也不知被誰偷了去了

忘了没收起来
回来找時
那裡有連影

該丢的上
去月裡往園裡去的時

往别處去的時候
把他裝在箱子裡来着
也是

浸透的狠光潤了
不拿了

可不是什麼
每日拿着的上汗全

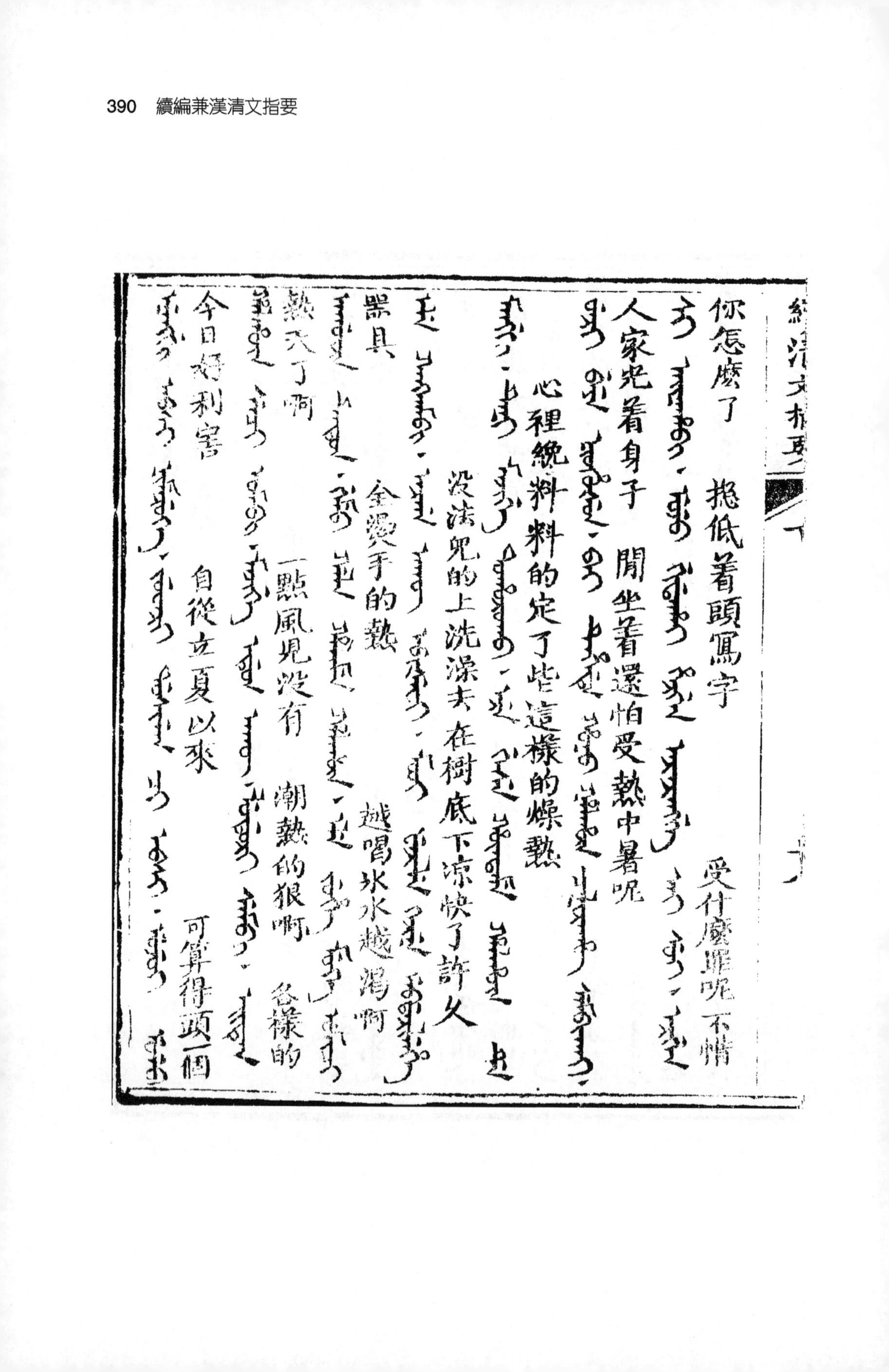

你怎麽了　搊低着頭寫字　受什麽罪呢　不情

人家兜着身子　閒坐着還怕受熱中暑呢

心裡纔料料的定了些這樣的燥熱

沒法兒的上洗澡去　在樹底下涼快了許久

器具　全憑手的熱　越喝水越渴啊

熱天了啊　一點風兒沒有　潮熱的狠啊　各樣的

今日好利害　自從立夏以來　可算得頭一個

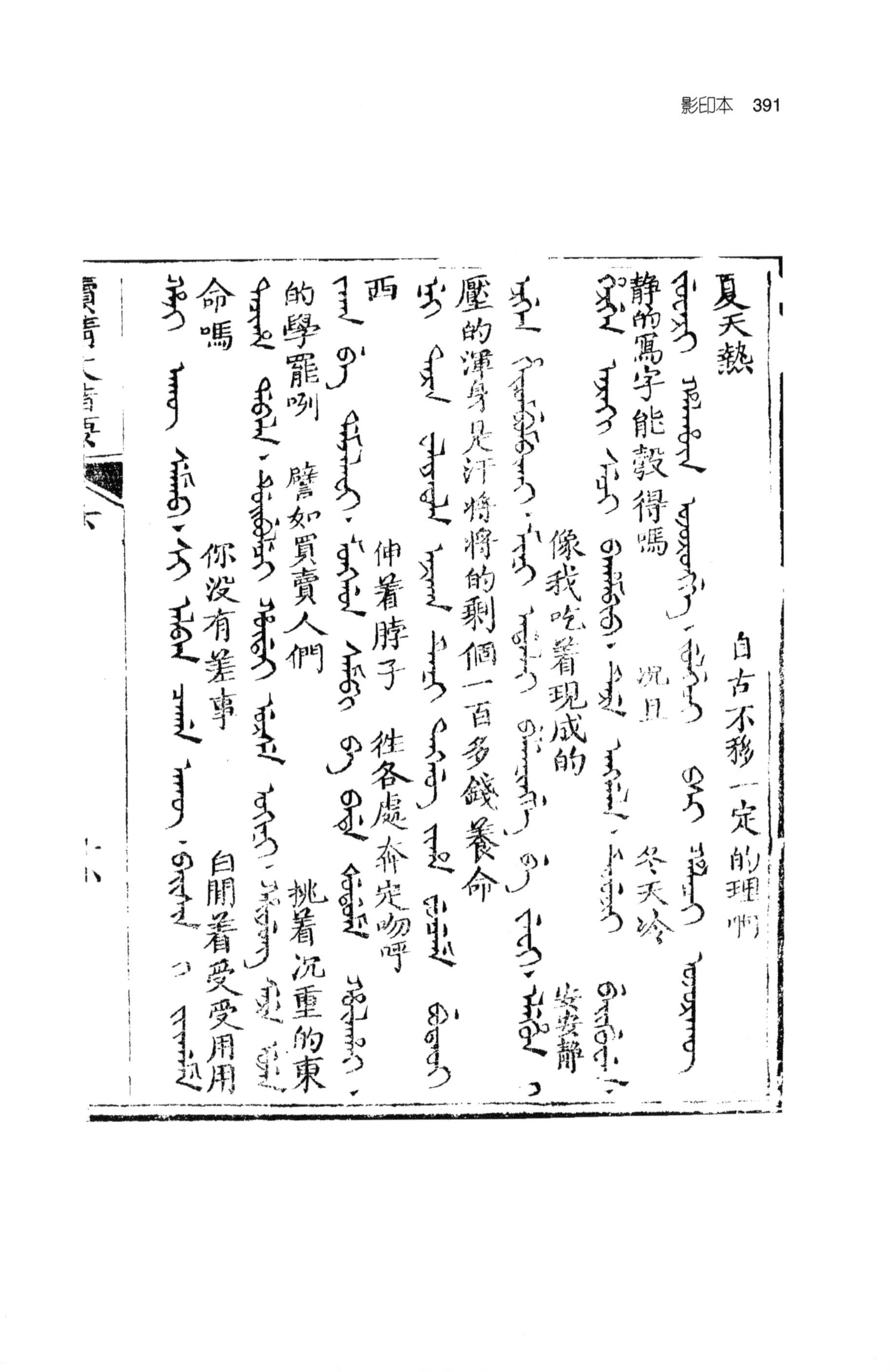

夏天熱　自古不移一定的理啊

靜的寫字能彀得嗎　況且　冬天冷

像我吃着現成的　安安靜

壓的渾身是汗將將的剩個一百多錢養命

西　伸着脖子　徃各處奔走吆呼

的學罷咧　譬如買賣人們　挑着沉重的東

命嗎　你沒有差事　白閒着受受用用

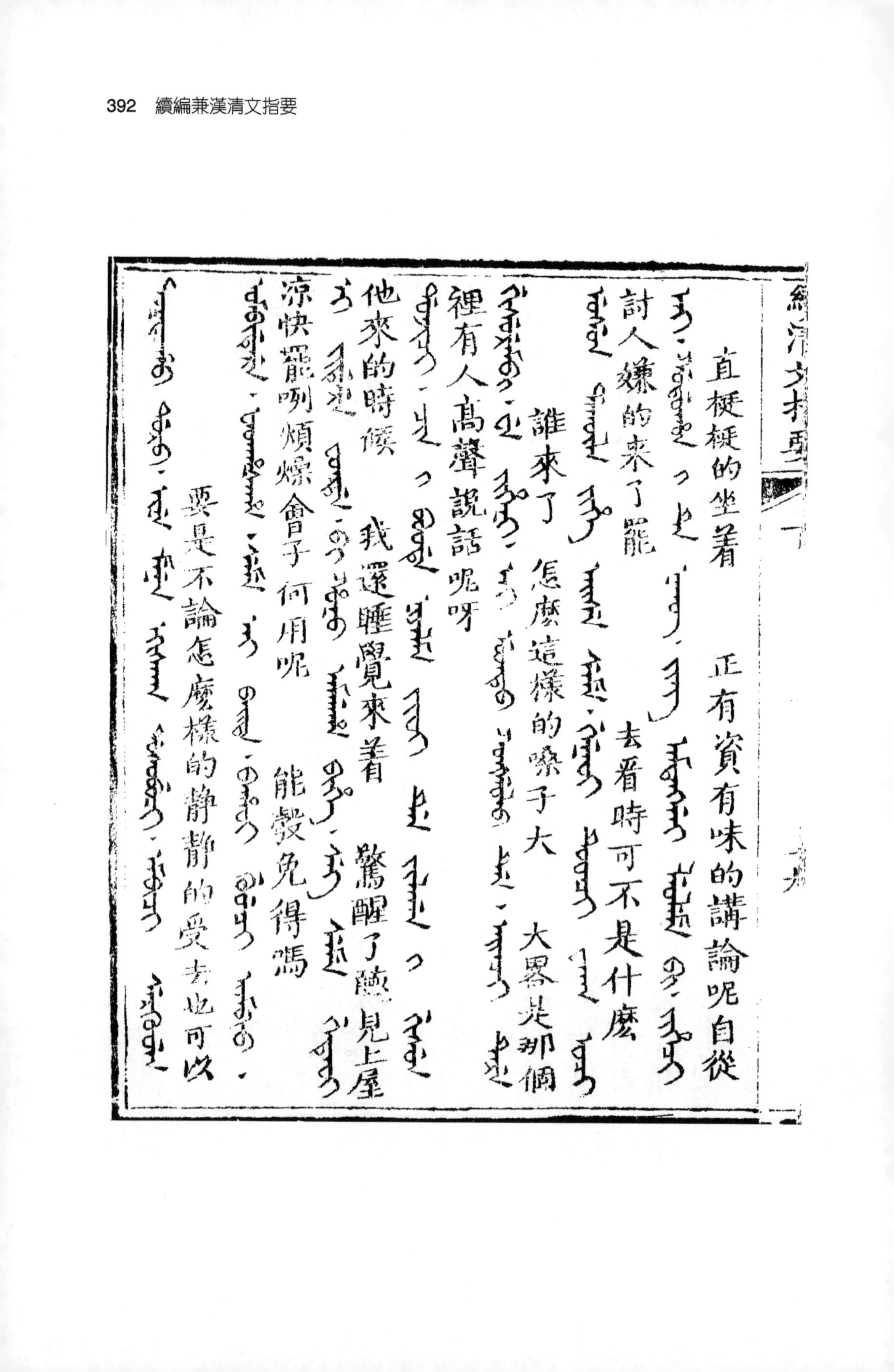

直梃梃的坐着 正有資有味的講論呢自從

討人嫌的來了罷 去看時可不是什麽

誰來了 怎麽這樣的嗓子大 大畧是那個

裡有人高聲說話呢呀

他來的時候 我還睡覺來着 驚醒了聽見上屋

涼快罷咧煩燥會子何用呢 能穀免得嗎

要是不論怎麽樣的靜靜的受去也可以

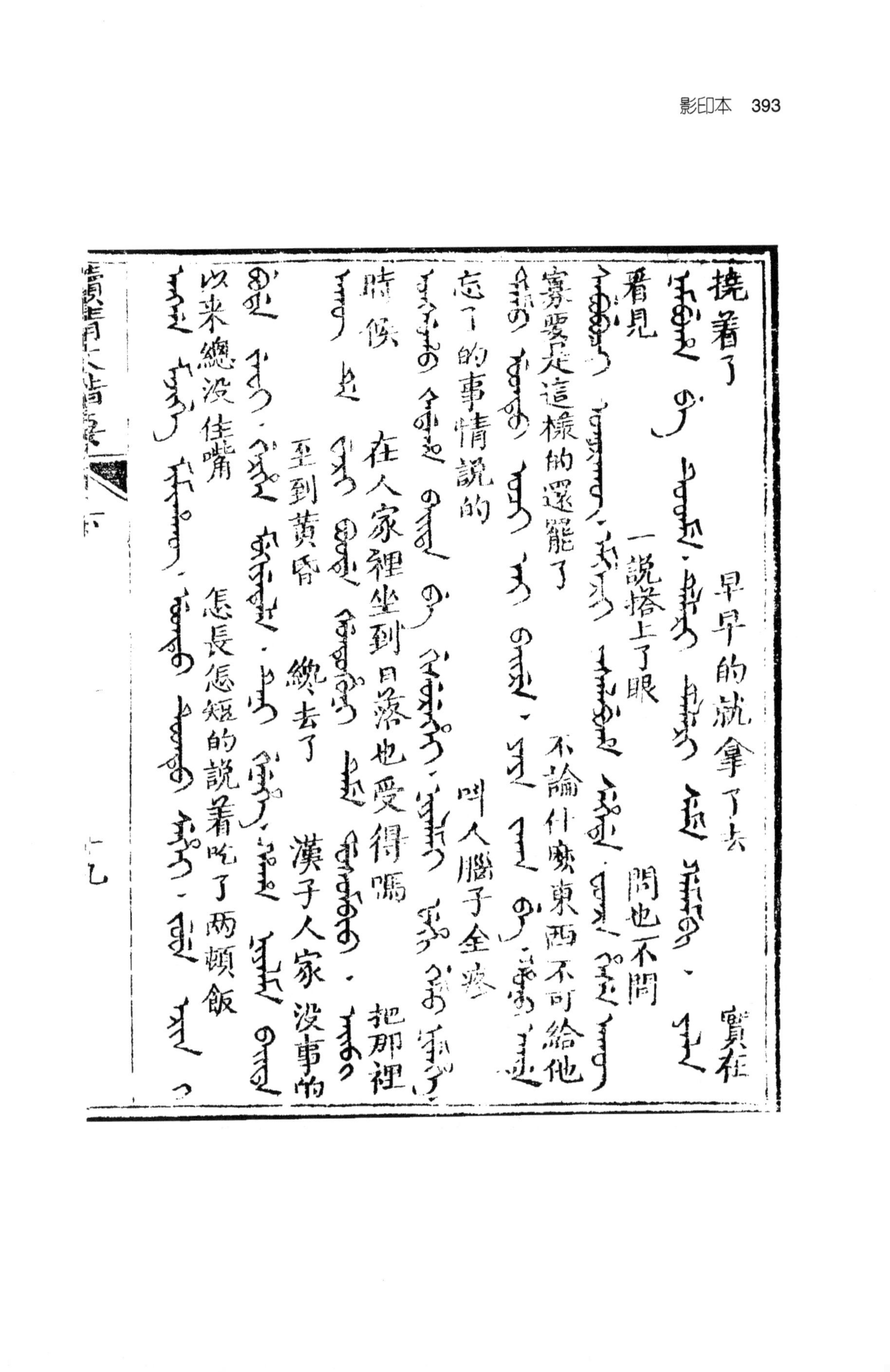

撓着了 早早的就拿了去 實在

看見 一説搭上了眼 問也不問

寡要是這樣的還罷了 不論什麽東西不可給他

忘了的事情説的 叫人腦子全疼

時候 在人家裡坐到日落也受得嗎 把那裡

至到黄昏 纔去了 漢子人家沒事的

以来總沒住嘴 怎長怎短的説着吃了兩頓飯

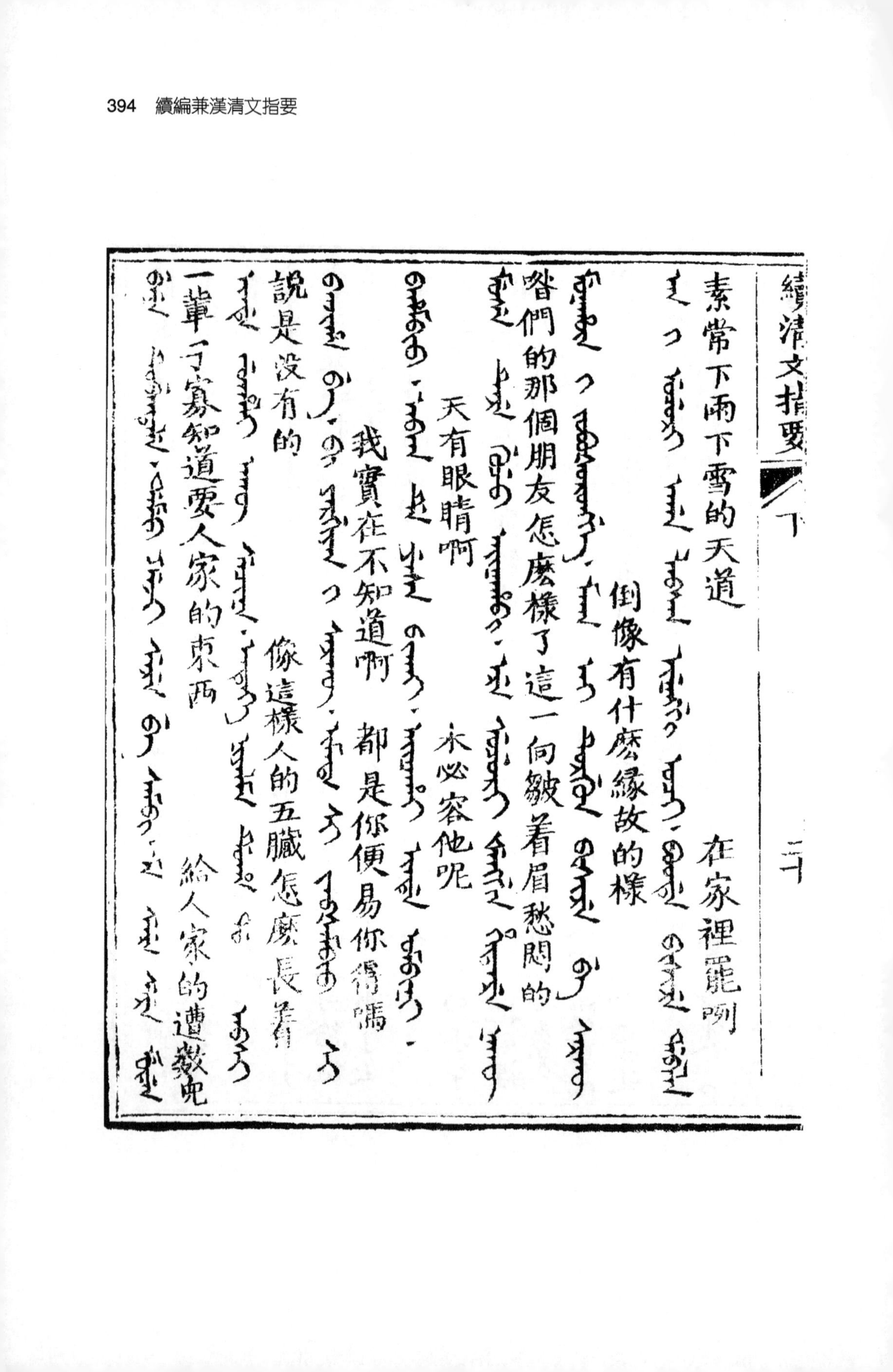

素常下雨下雪的天道　在家裡罷咧

倒像有什麽緣故的樣

咱們的那個朋友怎麽樣了這一向皺着眉愁悶的

天有眼睛啊　未必容他呢

我實在不知道啊　都是你便易你得嗎

說是沒有的　像這樣人的五臟怎麽長着

一輩子寡知道要人家的東西　給人家的遭數兒

一個親戚去了的上隔關了

哎喲 我算着了 他的

狠疑惑 他怎麽了呢 總要隔時

揔沒定準 不知要怎麽樣的 那個上我

還說像先嗎 明顯着瘦了出去進來

家裡坐着呢 昨日我去瞧的上 看那氣色什麽

着也受得嗎 這些日子不出房門 總在

除了那個無緣無故的地方全去到 白白的在家裡坐

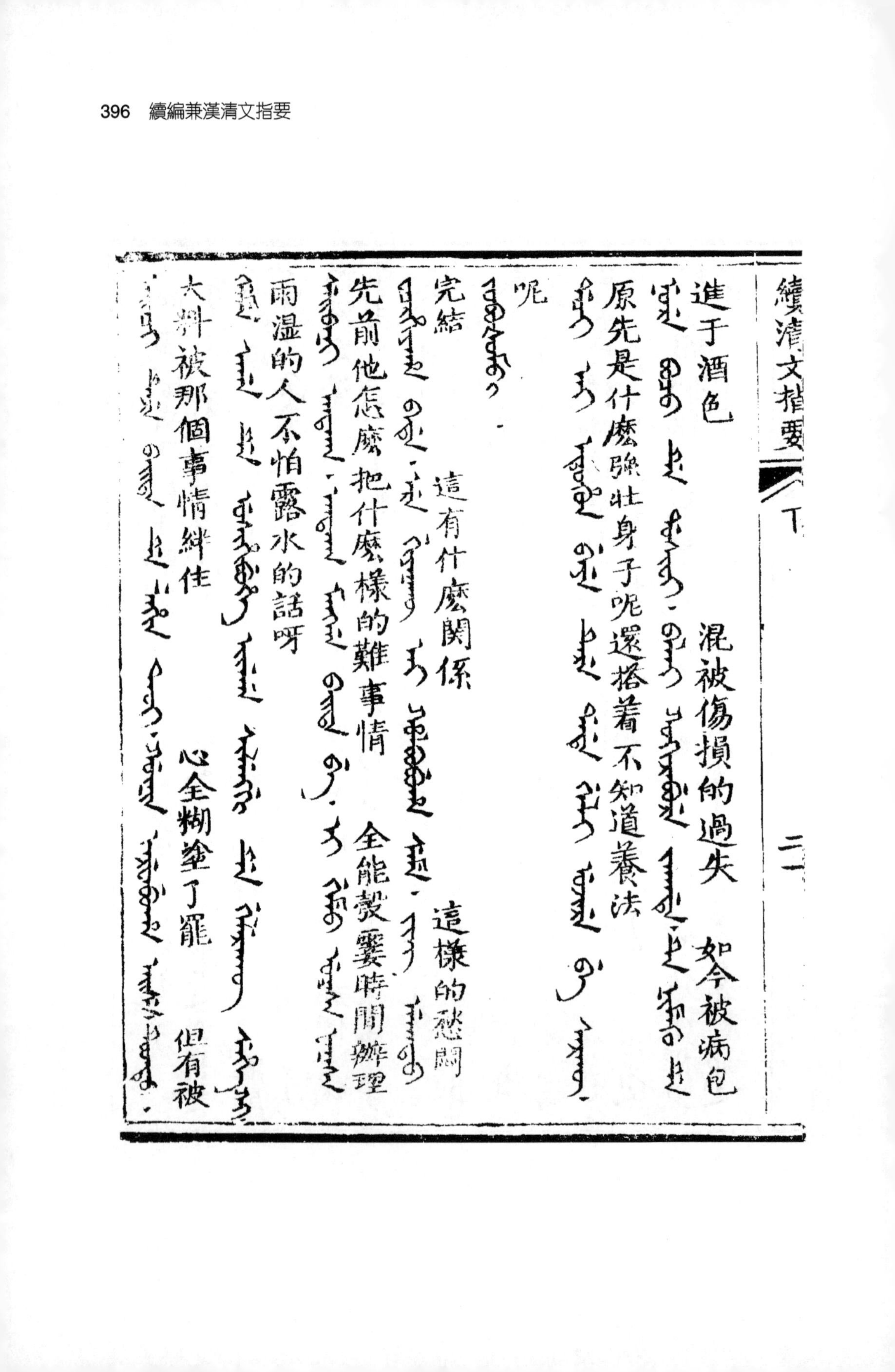

進于酒色　混被傷損的過失　如今被病包

原先是什麼强壯身子呢還搭着不知道養法

呢

完結　這有什麼關係　這樣的愁悶

先前他怎麼把什麼樣的難事情　全能彀霎時間辦理

雨湿的人不怕露水的話呀

大料被那個事情絆住　心全糊塗了罷　但有被

寡緊記在心裡　等好了的時候　再叩謝盛情罷

的還想着我嗎　我狠感激啊　不過

裡頭這樣的罣心罷咧　要是不相干

數的送東西來　狠乏了　着實的費心了也是親戚

這個樣的燥熱的時候　常常的來瞧　而且沒遍

强着來上屋裏來　說阿哥勞乏了

着　瘦的一條兒了　昨日我瞧去的時候還勉

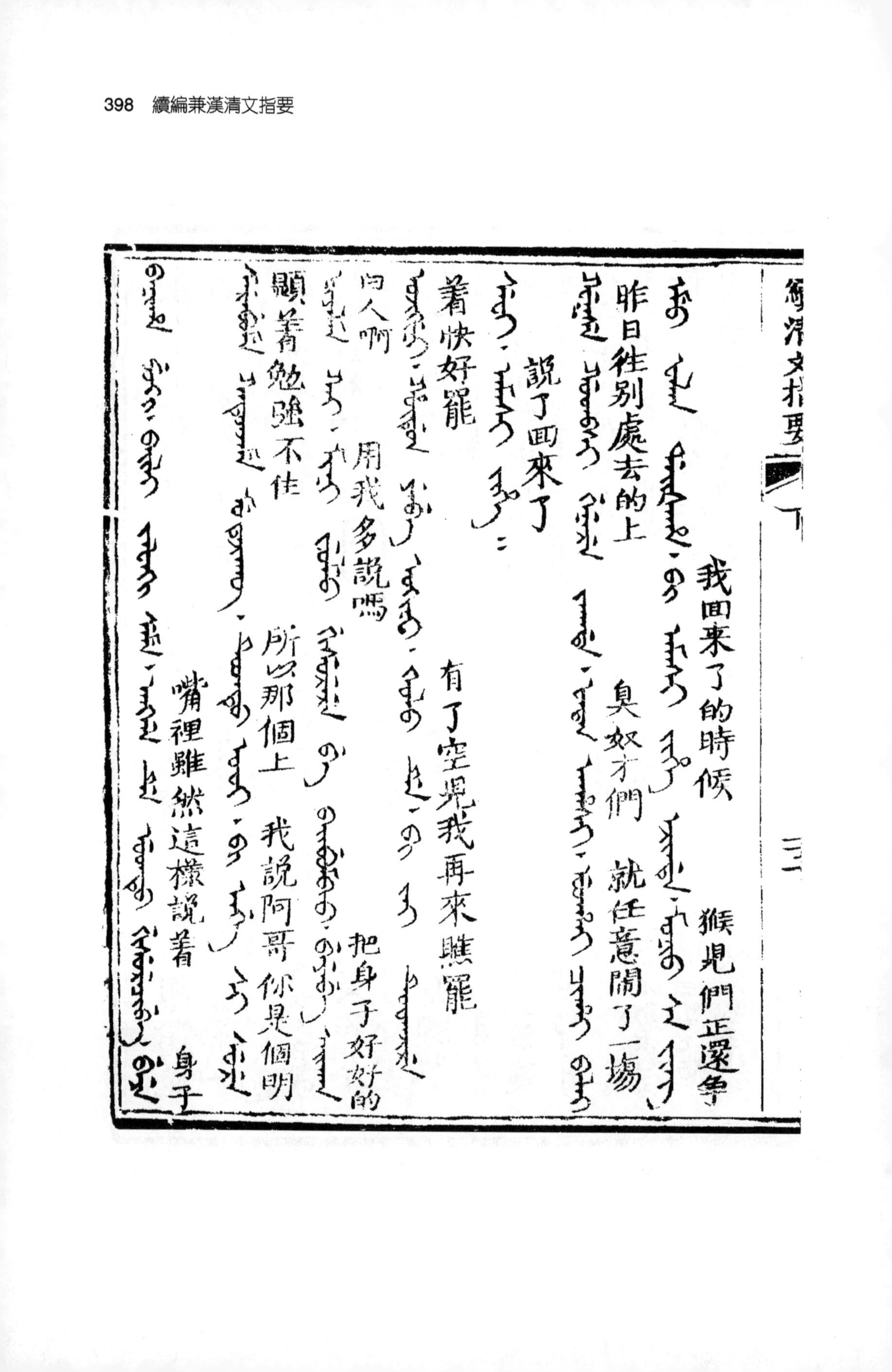

我回來了的時候　猴兒們正還爭

昨日往別處去的上　臭奴才們　就任意鬧了一場

說了回來了

着快好罷　有了空兒我再來瞧罷

的人啊　用我多說嗎　把身子好好的

顯着勉強不住　所以那個上　我說阿哥你是個明

嘴裡雖然這樣說着　身子

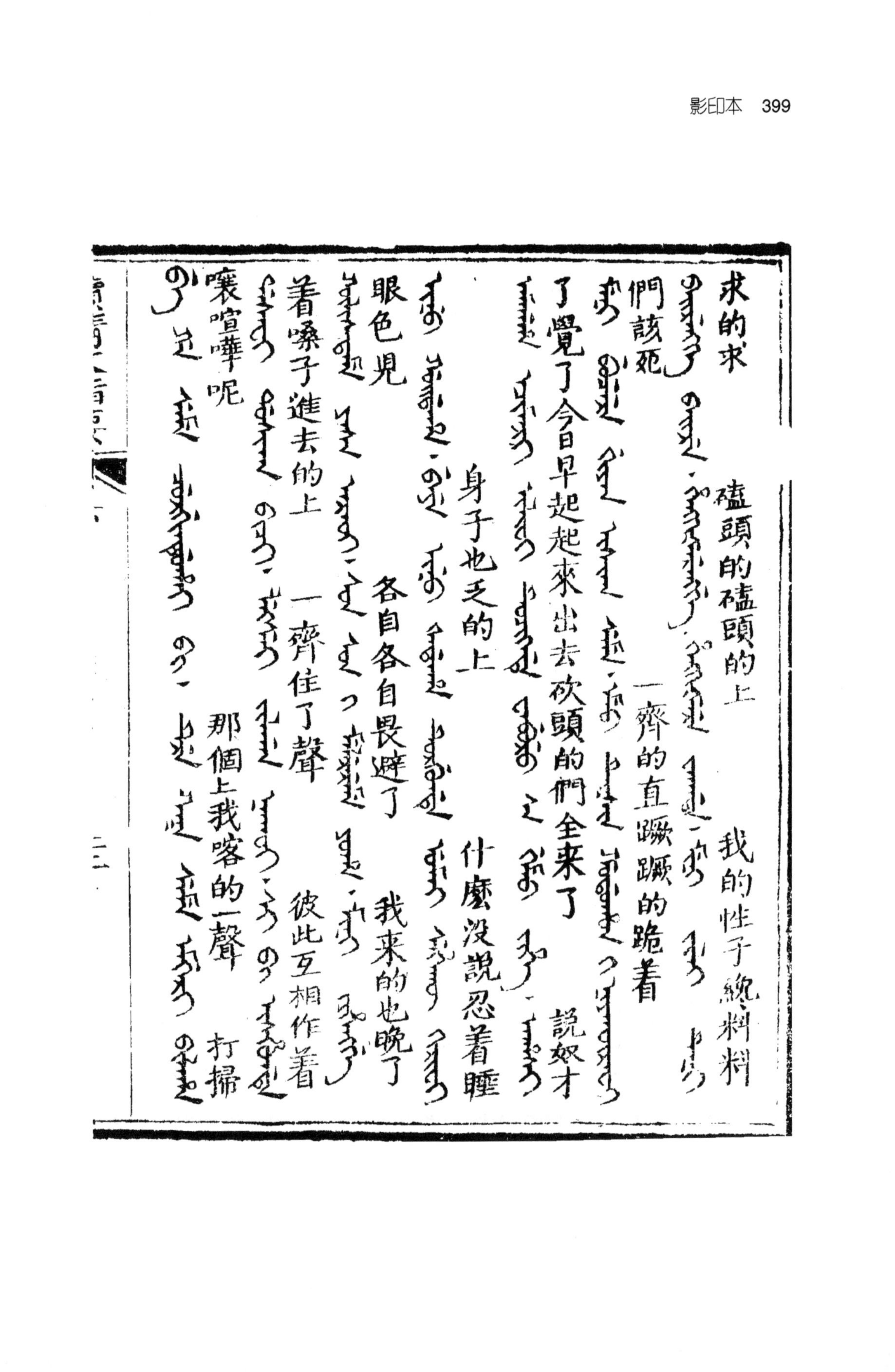

求的求

磕頭的磕頭的上

我的性子總料料

們該死

一齊的直蹶蹶的跪着

了覺了今早起起來出去砍頭的們全來了

說奴才

身子也乏的上

什麼沒說忍着睡

眼色兒

各自各自畏避了

我來的也晚了

着嗓子進去的上

一齊住了聲

彼此互相作着

嚷喧嘩呢

那個上我喀的一聲

打掃

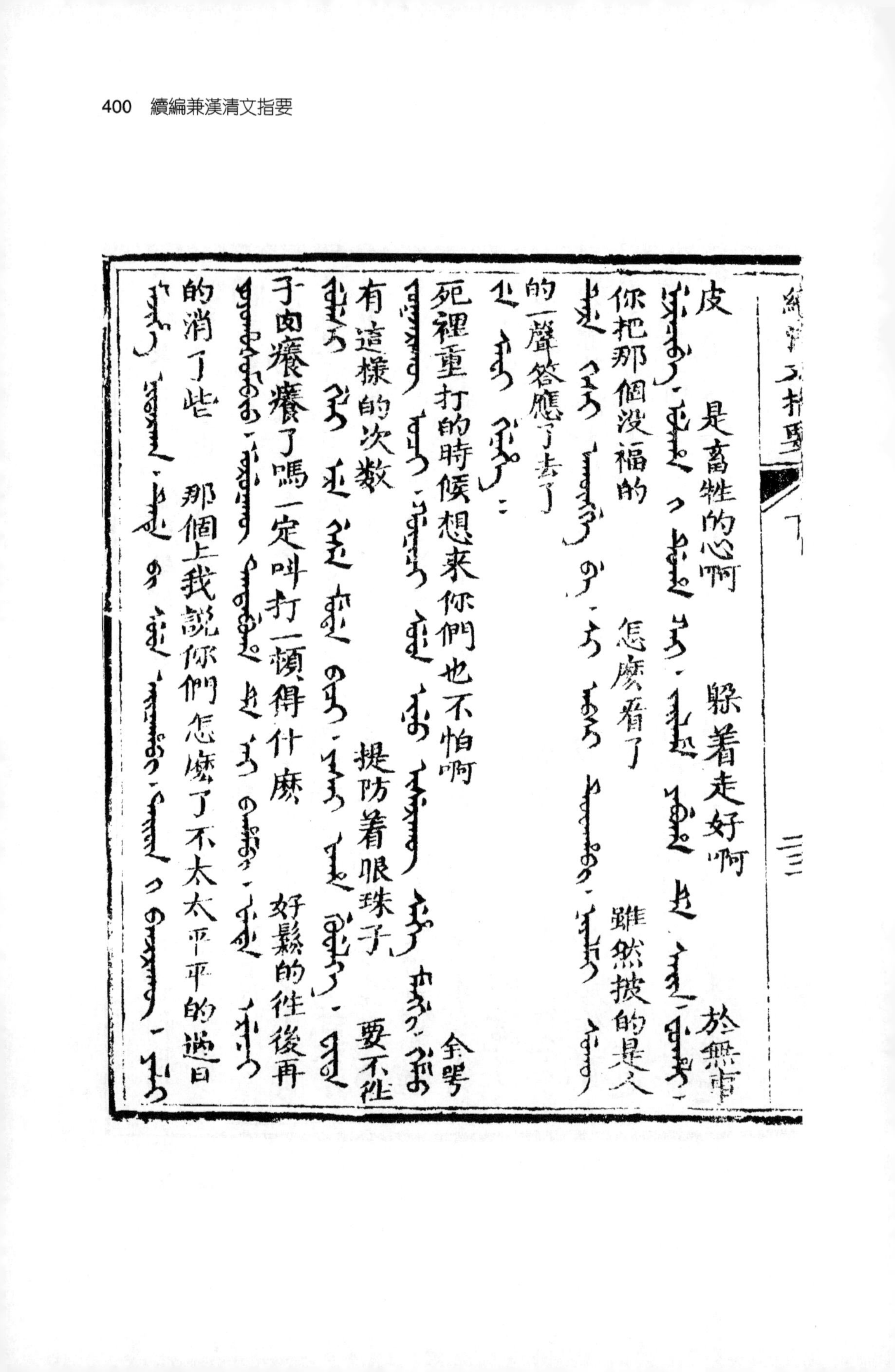

皮 是畜牲的心啊 躲着走好啊 於無事

你把那個沒福的 怎麼看了 雖然挨的是人

的一聲答應了去了

死裡重打的時候想來你們也不怕啊 余咢

有這樣的次數 提防着眼珠子 要不住

子肉癢癢了嗎一定叫打一頓得什麼 好鬆的往後再

的消了些 那個上我說你們怎麼了不太太平平的過日

要說我的話沒憑據　你看　不但沒人合
他一溜神氣的從中間作好人
那裡的話兒告訴這裡来　把兩下裡成了仇了
的嘴裡的時候說到一個離乎了把這裡的事情告訴那裡去
觔斗聽見了的就抖露起来有像虮子一樣的小事兒到了他
善用說間　實在叫他眼睛看見的就是一個仰面
的裡頭生事作乱的頭兒啊　心苦

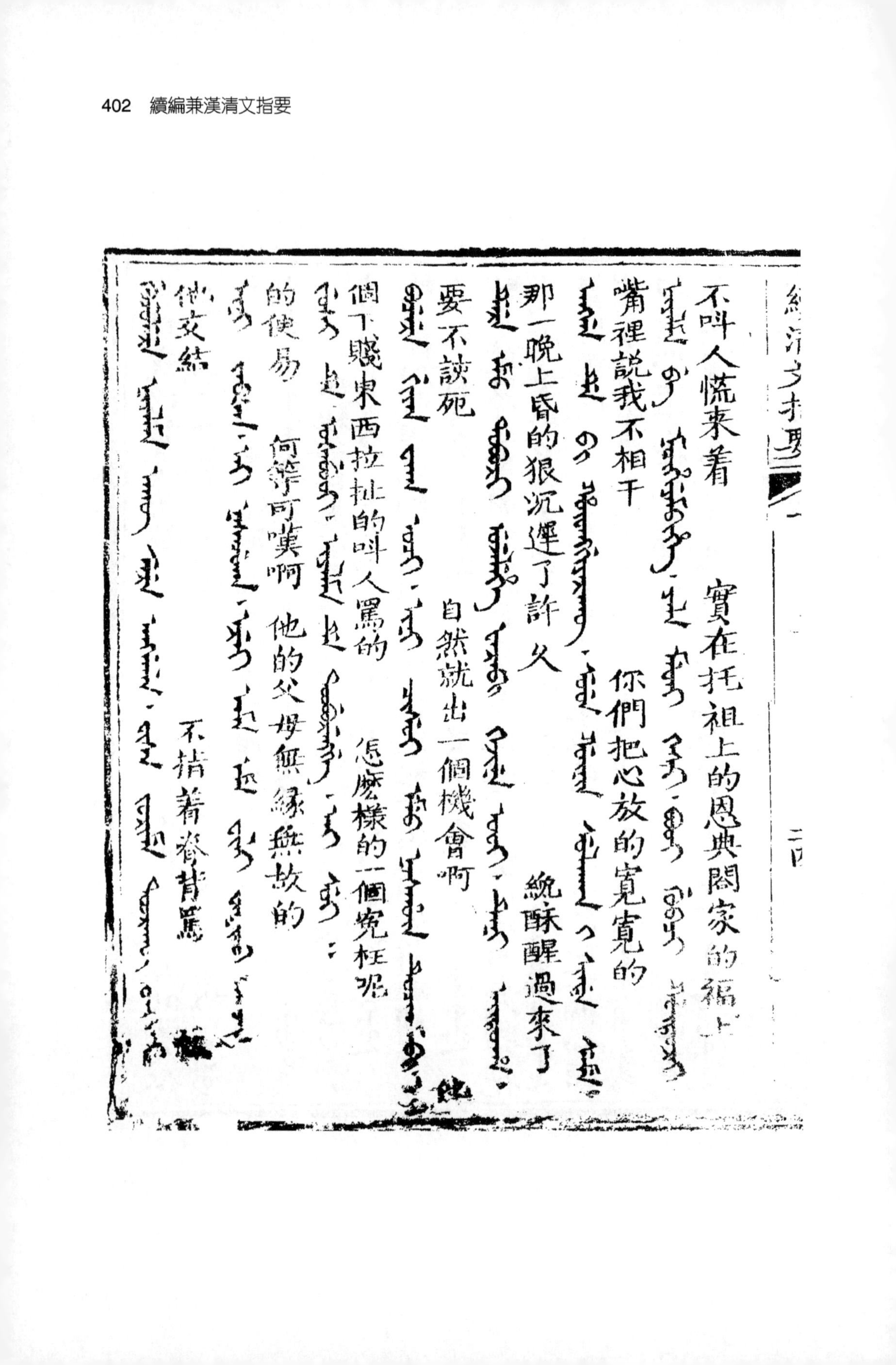

不叫人慌來着　實在托祖上的恩典闔家的福上

嘴裡說我不相干　你們把心放的寬寬的

那一晚上昏的狠沉遲了許久　纔蘇醒過來了

要不該死　自然就出一個機會啊

個下賤東西拉扯的叫人罵的　怎麽樣的一個冤枉呢

的使易　何等可嘆啊　他的父母無緣無故的

他文結　不指着脊背罵

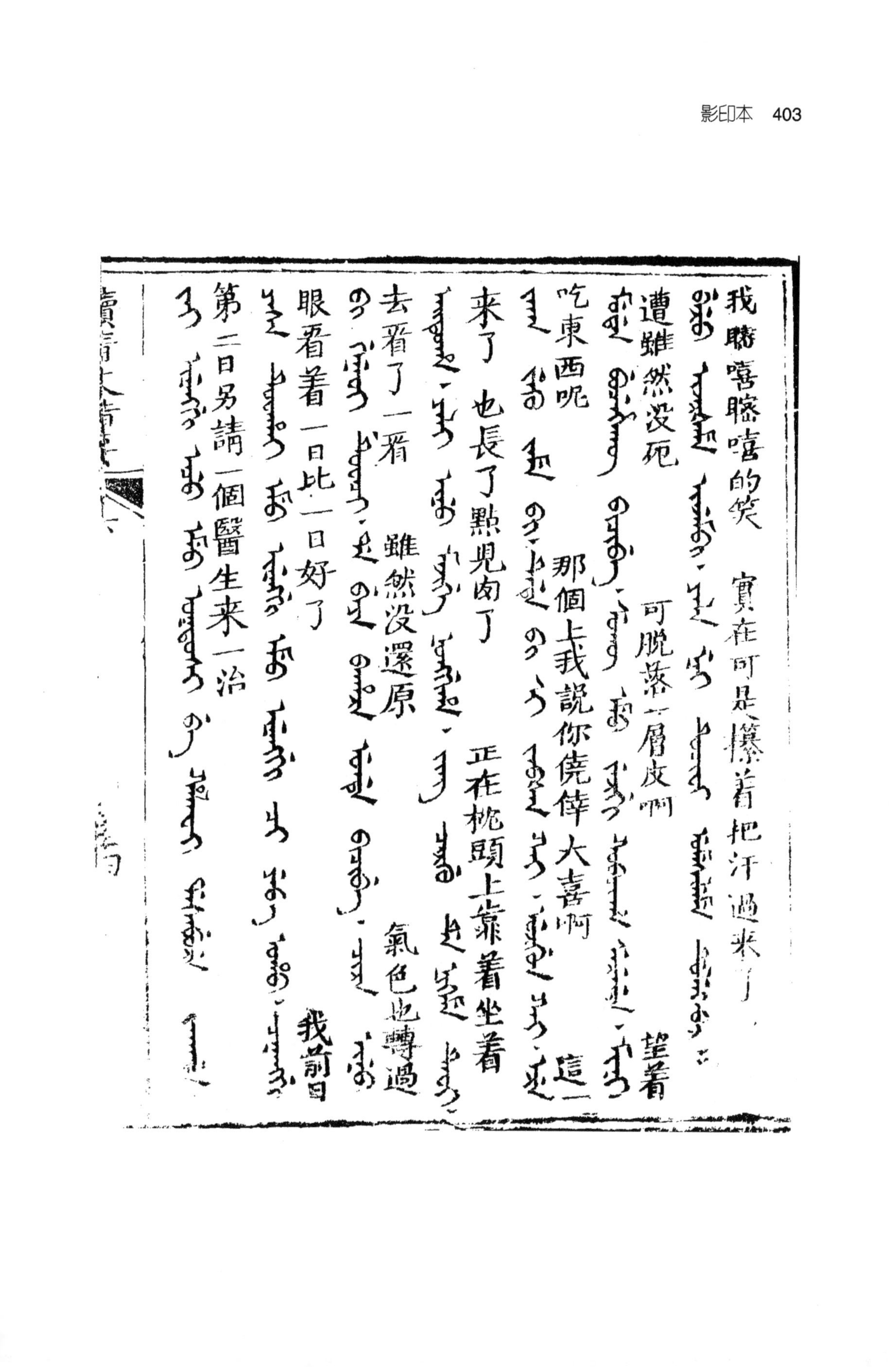

我聽嘻聽嘻的笑 實在可是擦着把汗過来了
遭雖然没砨 可脱落一層皮啊 望着
吃東西呢 那個大夫我說你僥倖大喜啊 這一
来了 也長了點兒肉了 正在枕頭上靠着坐着
去看了一看 雖然没還原 氣色也轉過
眼看着一日比一日好了 我前日
第二日另請一個醫生来一治

子了的時候你纔說哎喲 原來這樣的利害呀啊

多嗜你遇見一個狠刻薄的人 磞了丁

你不覺罷咧 傍人全受不得啊

惹惹這個 招招那個 有什麽樂處

個啞吧嗎 倒像給誰作笑的一樣

你是個木頭墩子嗎 不說話 誰說你是

你怎麽這樣沒定準 規規矩矩的坐着 誰說

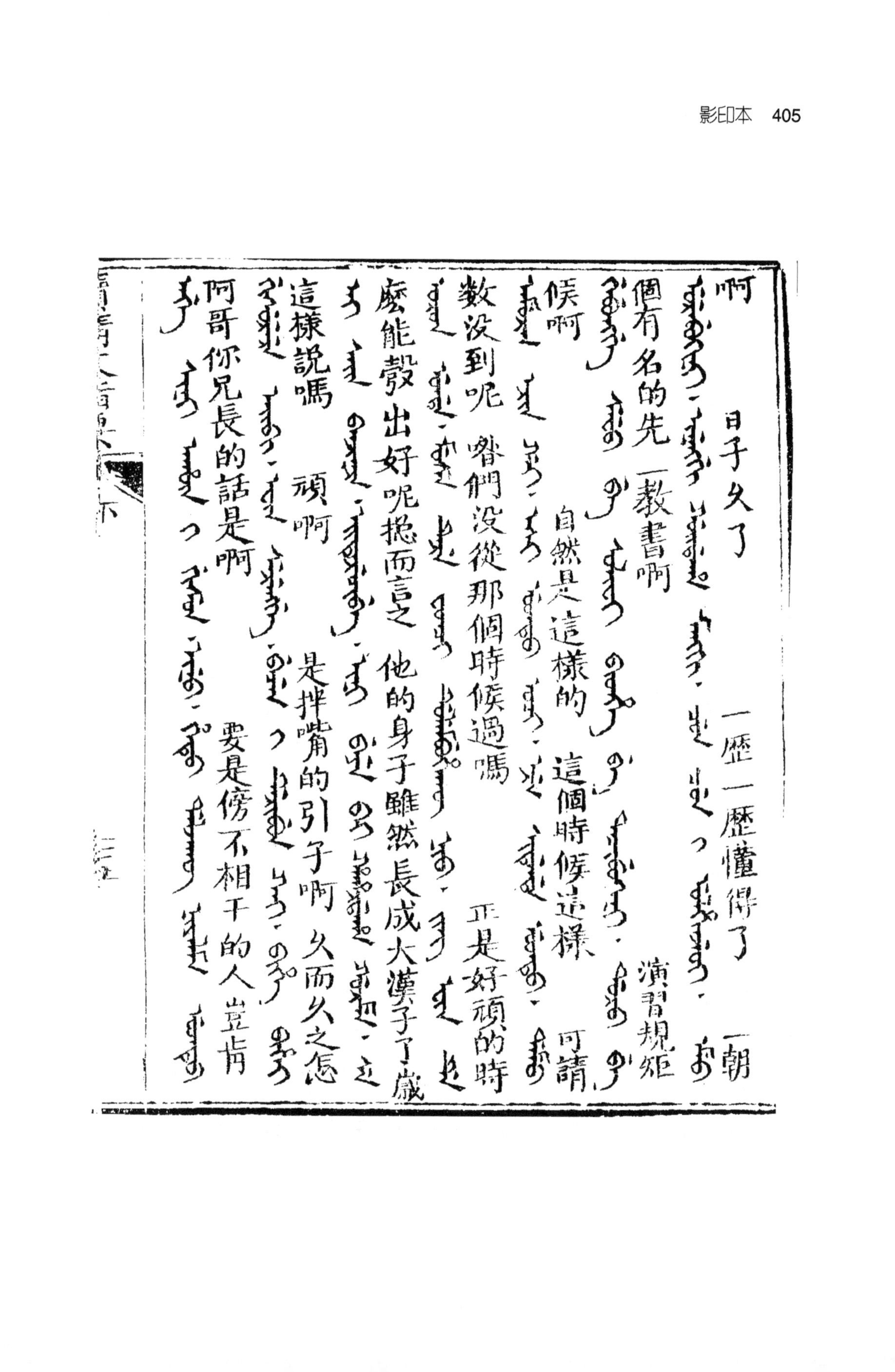

啊　日子久了　一歷一歷懂得了　一朝
個有名的先　一教書啊　演習規矩
候啊　自然是這樣的　這個時候這樣　可請
數沒到呢　喒們沒從那個時候過嗎　正是好頑的時
麼能彀出好呢揔而言之　他的身子雖然長成大漢子了歲
這樣說嗎　頑啊　是拌嘴的引子啊　久而久之怎
阿哥你兄長的話是啊　要是傍不相干的人豈肯

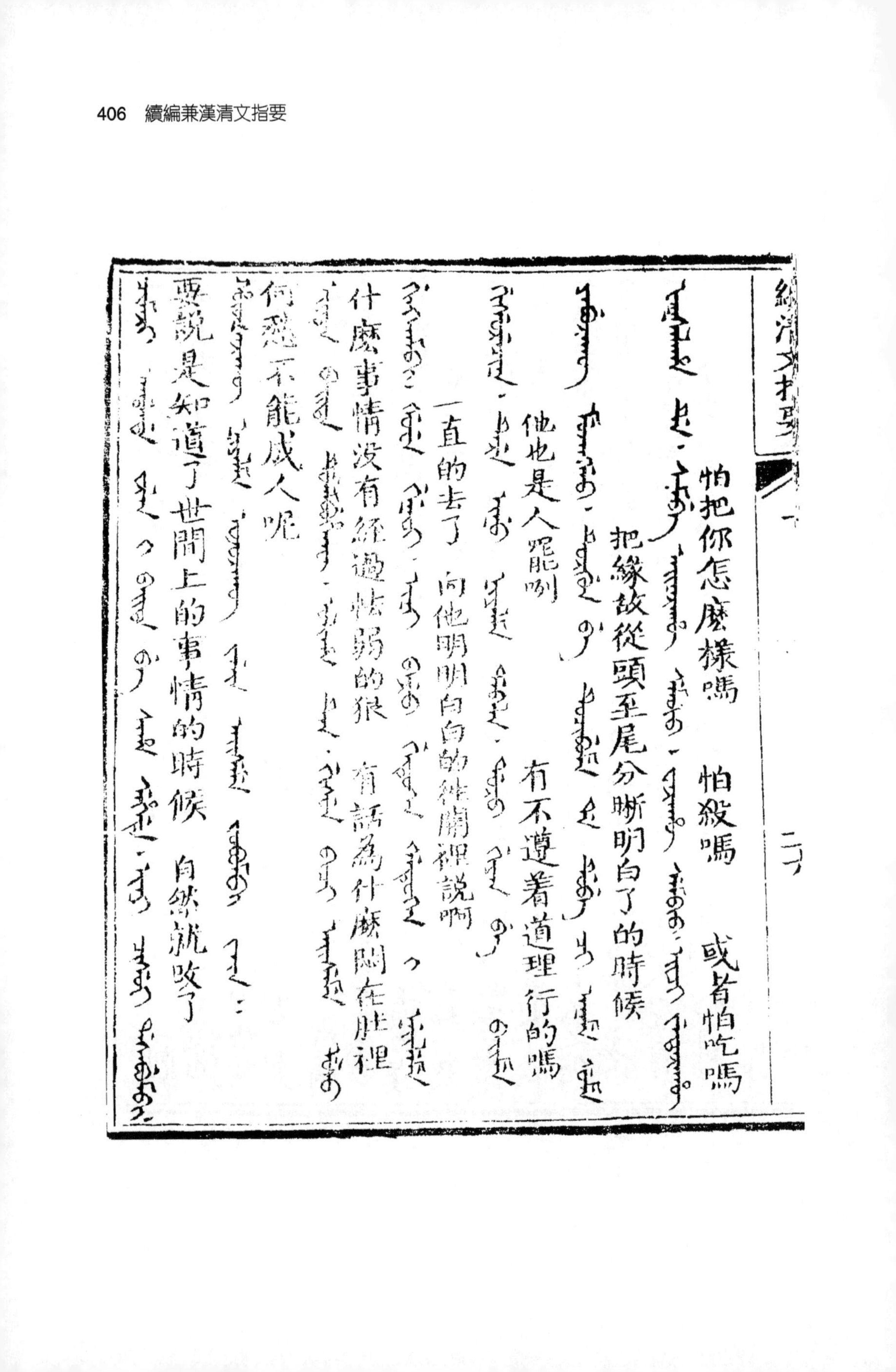

怕把你怎麼樣嗎　怕殺嗎　或者怕吃嗎

把緣故從頭至尾分晰明白了的時候

有不遵着道理行的嗎

他也是人罷咧

一直的去了　向他明明白白的往腑裡說啊

什麼事情沒有經過怯弱的狠　有話爲什麼悶在肚裡

何愁不能成人呢

要說是知道了世間上的事情的時候　自然就改了

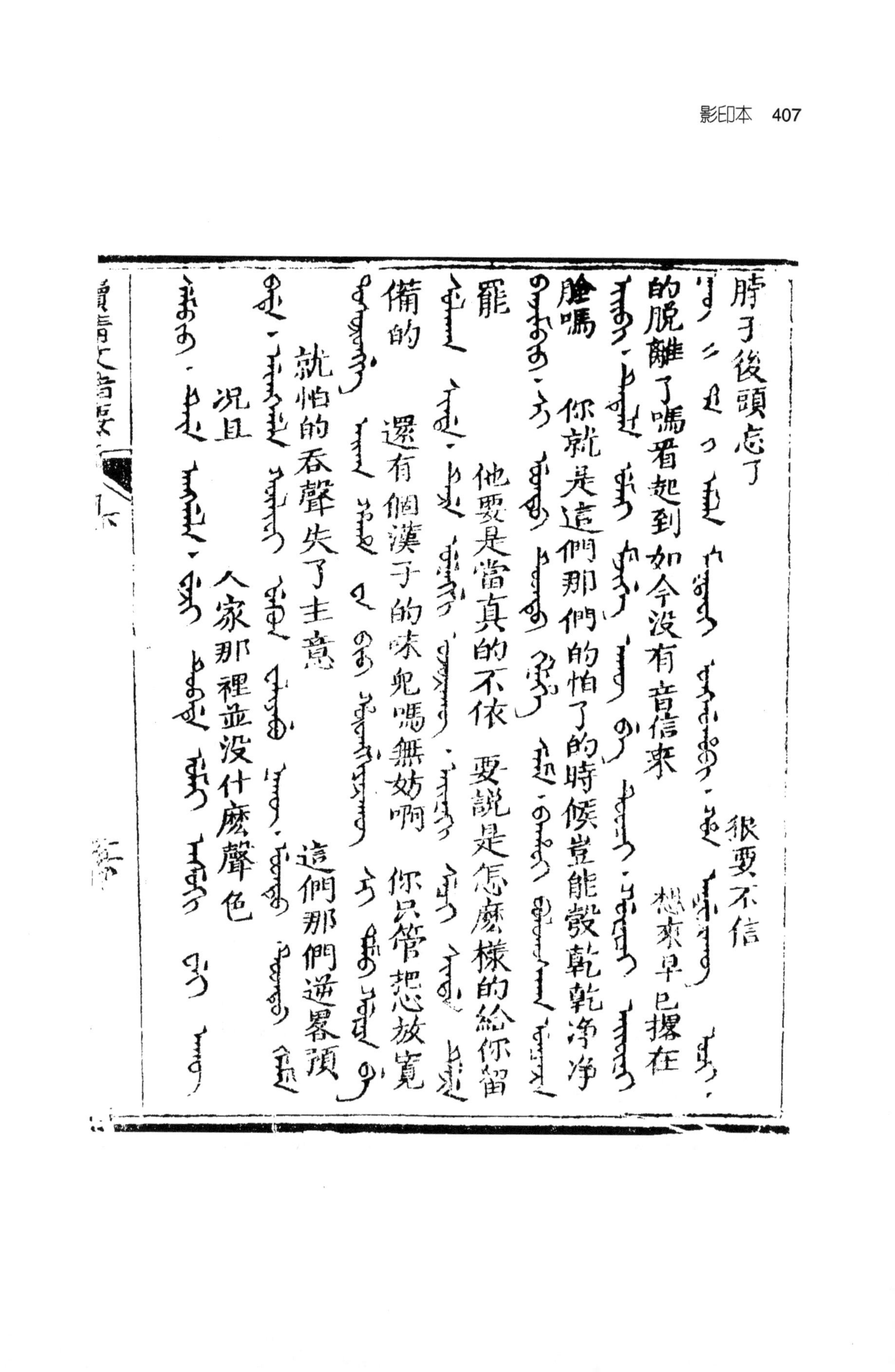

脖子後頭忘了 很要不信
的脫離了嗎看起到如今沒有音信來 想來早已擱在
臉嗎 你就是這們那們的怕了的時候豈能彀乾乾淨淨
罷 他要是當真的不依 要說是怎麼樣的給你留
備的 還有個漢子的味兒嗎無妨啊 你只管把心放寬
就怕的吞聲失了主意 這們那們逆畧頭
況且 人家那裡並沒什麼聲色

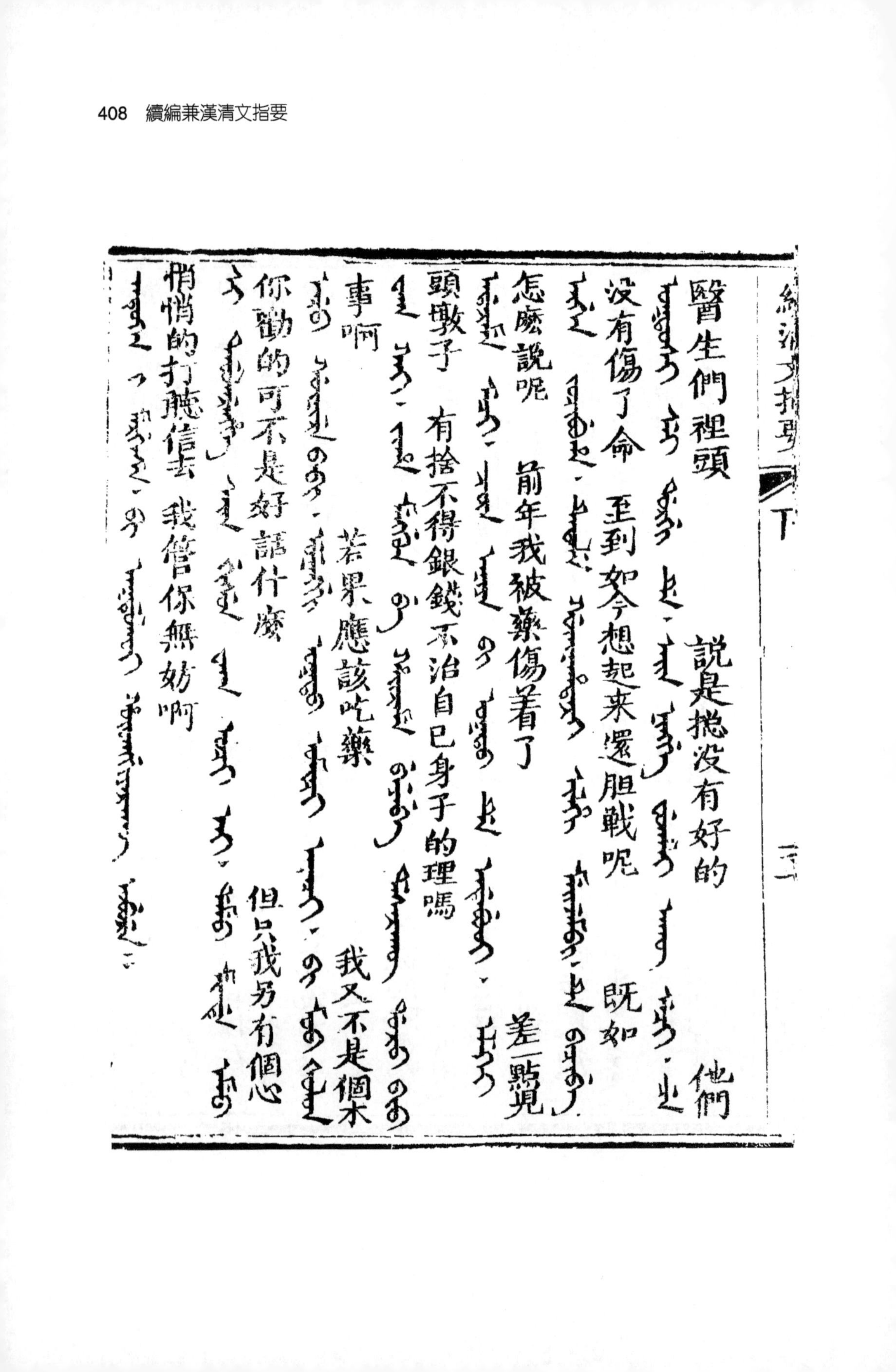

醫生們裡頭 說是總沒有好的 他們

沒有傷了命 至到如今想起來還胆戰呢 既如

怎麽說呢 前年我被藥傷着了 差一點兒

頭墩子 有捨不得銀錢不治自已身子的理嗎

事啊 若果應該吃藥 我又不是個木

你勸的可不是好話什麽 但只我另有個偲

悄悄的打聽信去 我管你無妨啊

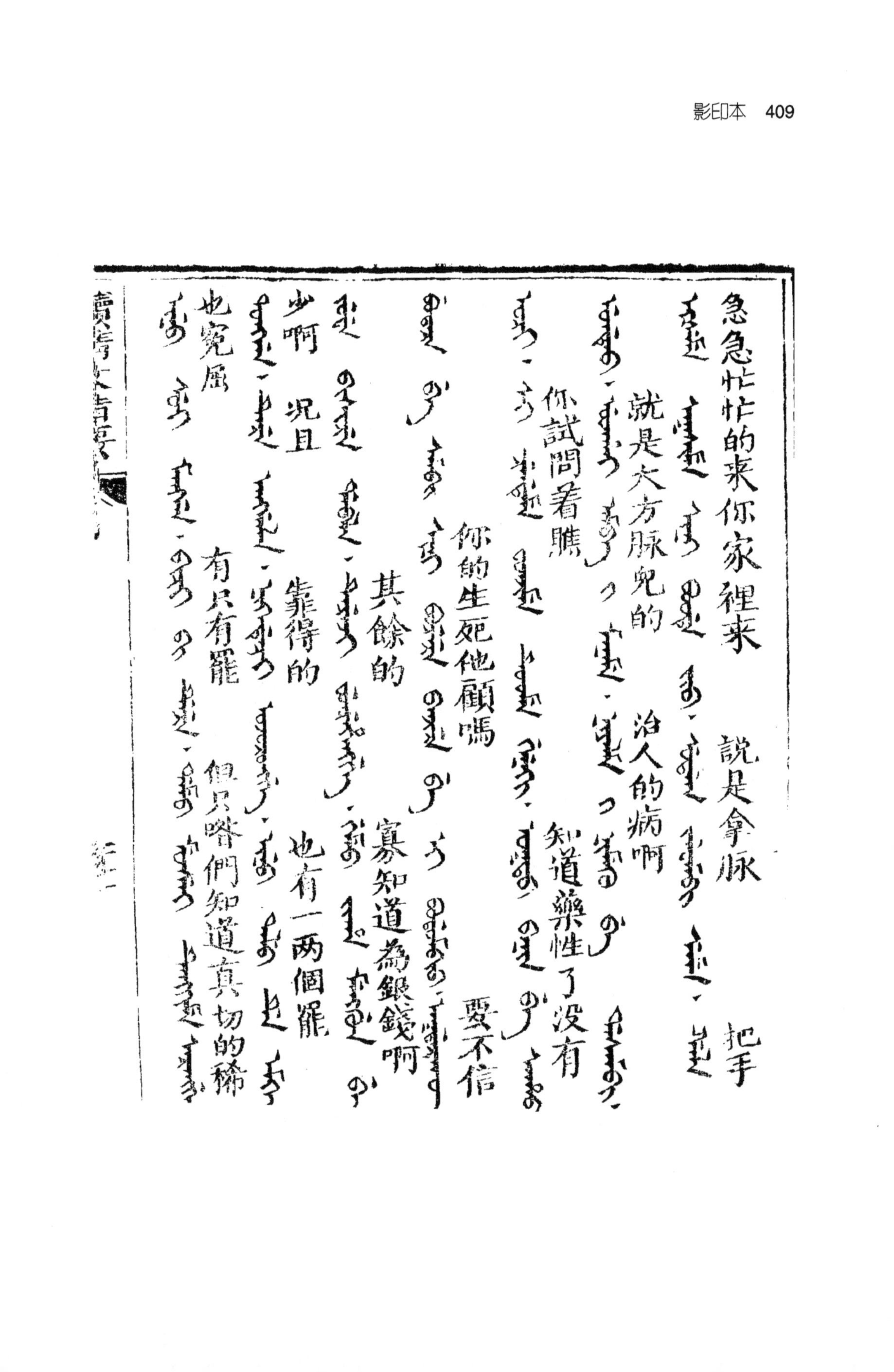

急急忙忙的来你家裡来 説是拿脉 把手
就是大方脉兒的 治人的病啊
你試問着瞧 知道藥性了没有
你的生死他顧嗎 要不信
其餘的 寡知道為銀錢啊
少啊 况且 靠得的 也有一两個罷
也寃屈 有只有罷 但只咱們知道真切的稀

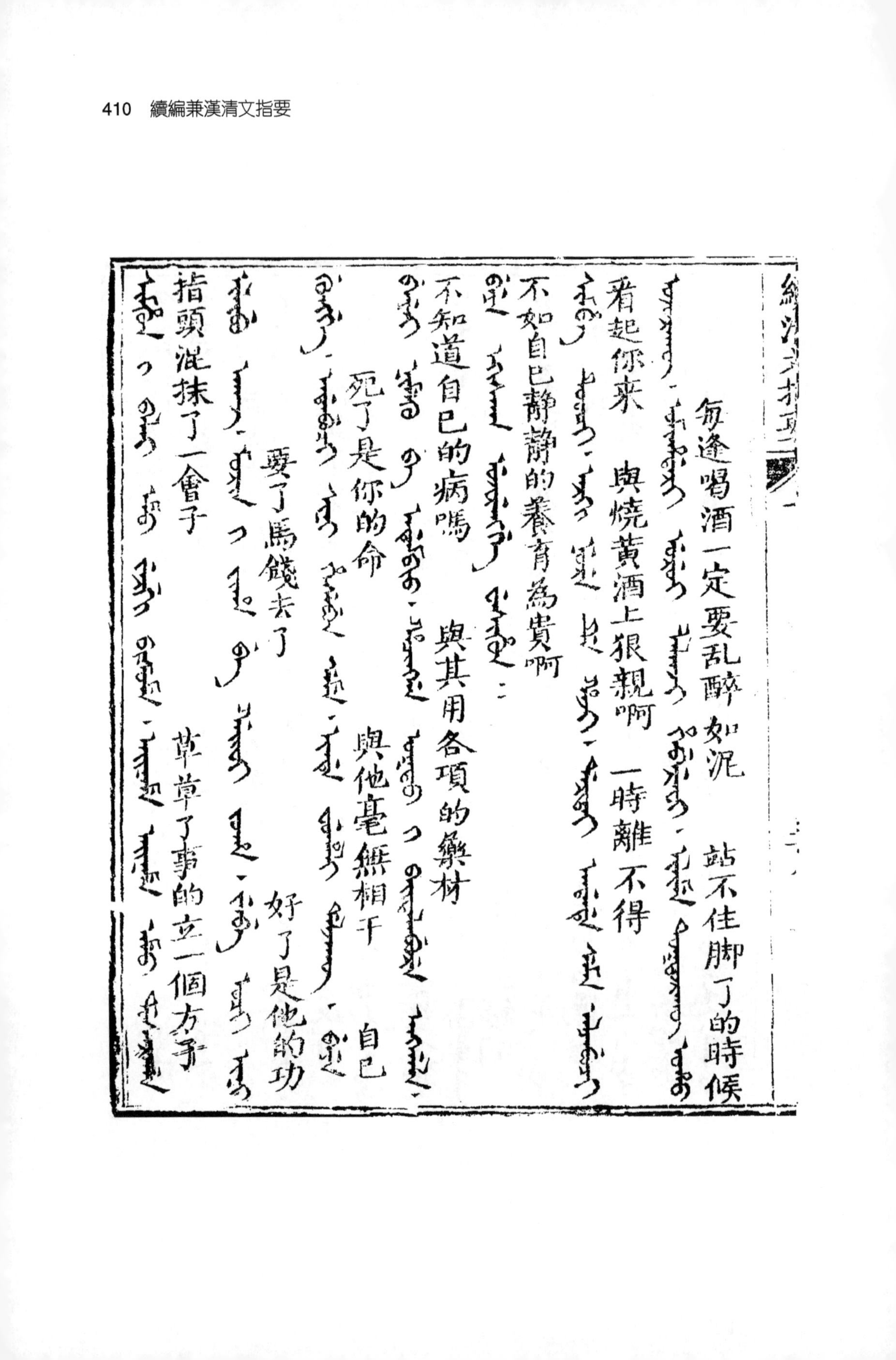

每逢喝酒一定要亂醉如泥　站不住脚了的時候

看起你來　與燒黄酒上狠親啊　一時離不得

不如自己靜靜的養育為貴啊

不知道自己的病嗎　與其用各項的藥材

死了是你的命　與他毫無相干　自己

要了馬錢去了　好了是他的功

指頭混抹了一會子　草草了事的立一個方子

喝酒算學了那樣本事長了才學　叫人恭敬

躭悞要緊的事情罷咧　實在没聽見會

只看見得罪老家兒　犯大罪

拿着鐘了不肯放稱賛起來　有什麽好處

麽樣呢拿着喝些兒有什麽　無事的時候把他當一件事情

要是筵席上　可怎麽説不喝呢有事故的時候可怎

總撥開手　不是好事啊　料戒一戒見好啊

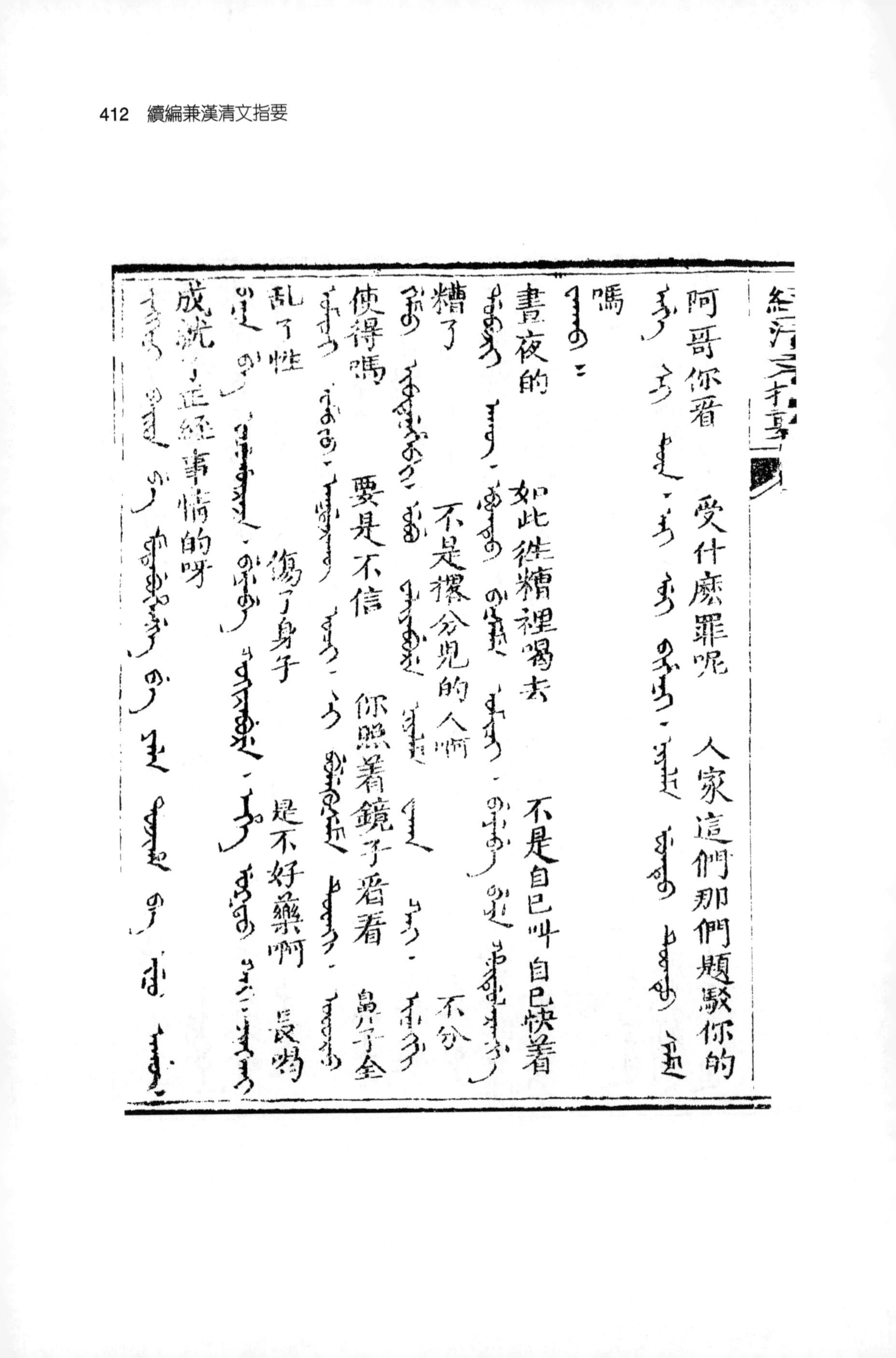

阿哥你看　受什麽罪呢　人家這們那們題駁你的嗎

晝夜的　如此往糟裡喝去　不是自己叫自己快着糟了　不是擺分兒的人啊　不分

使得嗎　要是不信　你照着鏡子看看　鼻子全

亂了性　傷了身子　是不好藥啊　長喝

成就了正經事情的呀

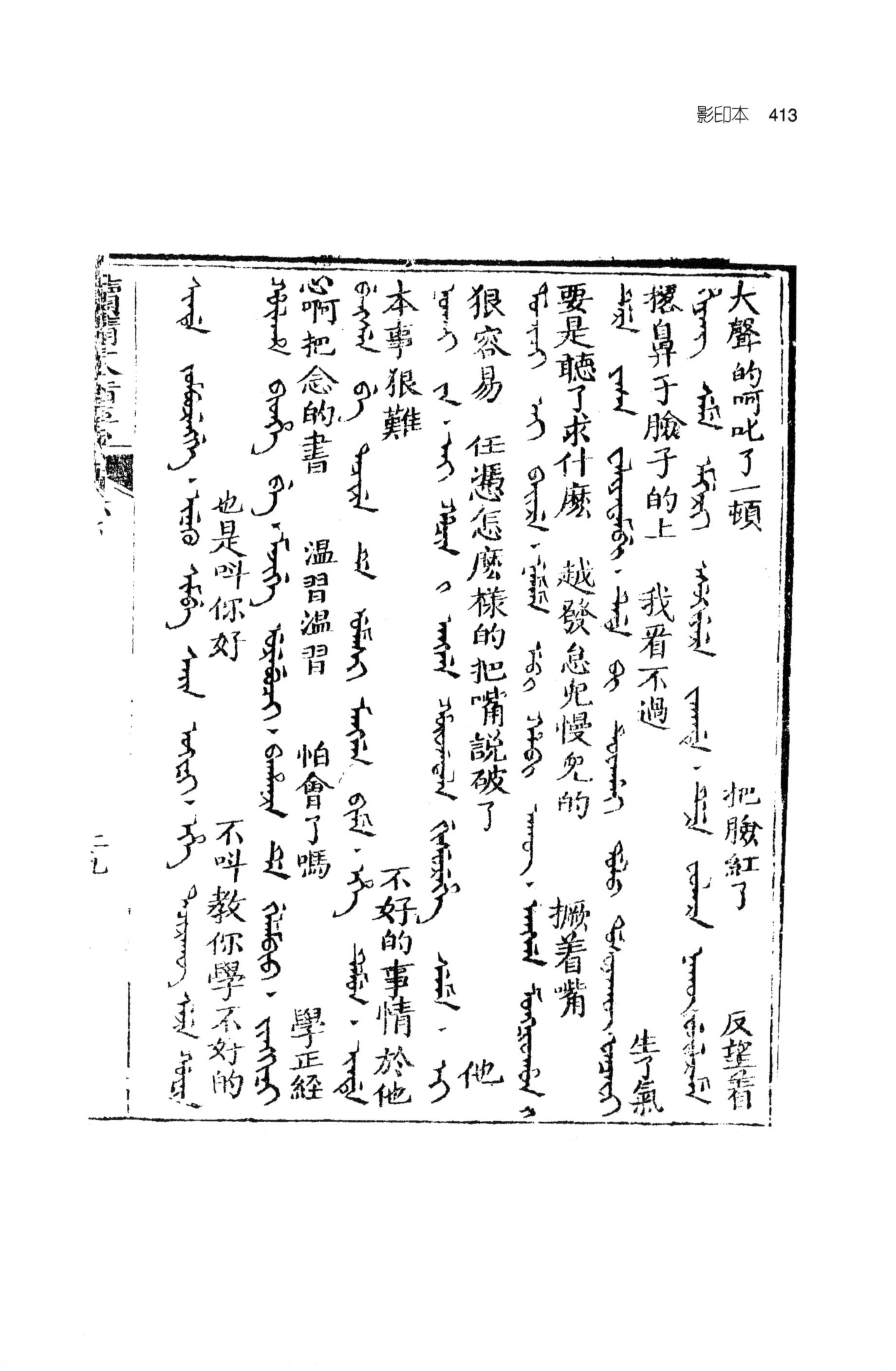

大聲的呵叱了一頓 把臉紅了 反望着

擦鼻子于臉子的上 我看不過 生了氣

要是聽了求什麽 越發怠兒慢兒的 撅着嘴

狠容易 任憑怎麽樣的把嘴說破了 他

本事狠難 不好的事情於他

心啊把念的書 温習温習 怕會了嗎 學正經

也是叫你好 不叫教你學不好的

啊

為什麼一定叫他厭煩呢

是骨肉

我寡共着他叫他喜歡就完了

苦口

忠言

逆耳的話呀

要不

何苦的糊塗啊沒福的罷咧

可是說的

良藥

我呢

你尋我的寔作什麼呢

眼淚汪汪的

“早期北京話珍本典籍校釋與研究”
叢書總目録

早期北京話珍稀文獻集成

（一） 日本北京話教科書匯編

《燕京婦語》等八種

華語跬步

亞細亞言語集

北京風土編·北京事情·北京風俗問答

伊蘇普喻言·今古奇觀·搜奇新編

四聲聯珠

官話指南·改訂官話指南

京華事略·北京紀聞

（二） 朝鮮日據時期漢語會話書匯編

改正增補漢語獨學

高等官話華語精選

速修漢語自通

速修漢語大成

中語大全

修正獨習漢語指南

官話華語教範

無先生速修中國語自通

官話標準：短期速修中國語自通

“内鮮滿”最速成中國語自通

（三） 西人北京話教科書匯編

尋津録

語言自邇集

官話類編

華語入門

漢英北京官話詞彙

漢語口語初級讀本·北京兒歌

北京話語音讀本

語言自邇集（第二版）

言語聲片

華英文義津逮

北京官話初階

（四）清代滿漢合璧文獻萃編

清文啓蒙
清話問答四十條
一百條·清語易言
清文指要
續編兼漢清文指要
庸言知旨
滿漢成語對待
清文接字·字法舉一歌
重刻清文虛字指南編

（五）清代官話正音文獻

正音撮要
正音咀華

（六）十全福

（七）清末民初京味兒小説書系

新鮮滋味
過新年
小額
北京
春阿氏
花鞋成老
評講聊齋
講演聊齋

（八）清末民初京味兒時評書系

益世餘譚——民國初年北京生活百態
益世餘墨——民國初年北京生活百態

早期北京話研究書系

早期北京話語法演變專題研究
早期北京話語氣詞研究
晚清民國時期南北官話語法差異研究
基於清後期至民國初期北京話文獻語料的個案研究
高本漢《北京話語音讀本》整理與研究
北京話語音演變研究
文化語言學視域下的北京地名研究
語言自邇集——19世紀中期的北京話（第二版）
清末民初北京話語詞彙釋